8 Lk 2 4690 (8)

Le Mans
1906

Anonyme

Inventaire des titres de l'abbaye de Beaulieu du Mans - 1124-1413

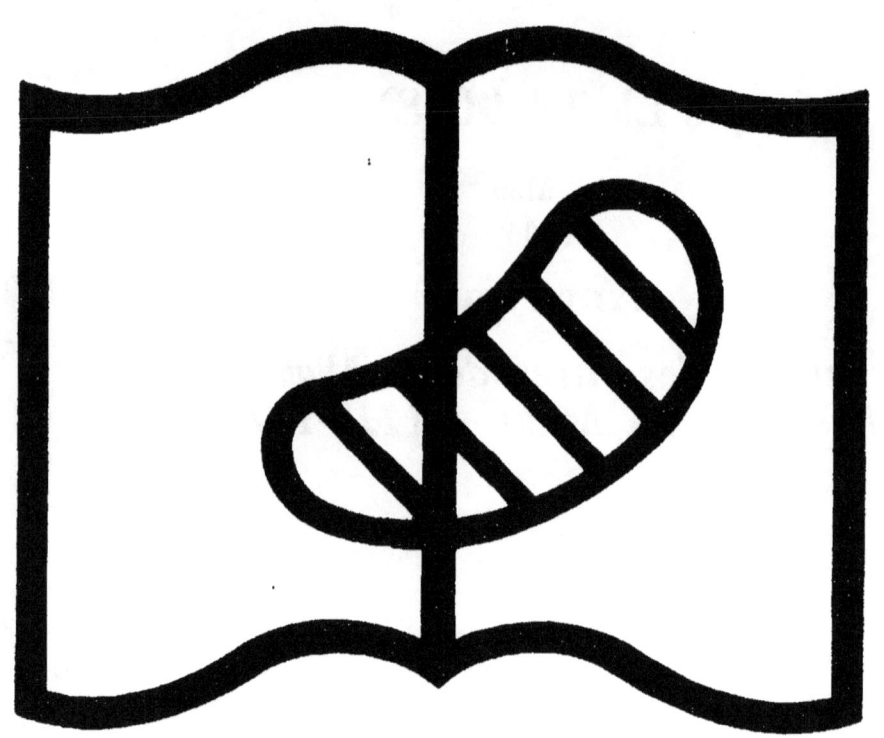

Symbole applicable
pour tout, ou partie
des documents microfilmés

Original illisible

NF Z 43-120-10

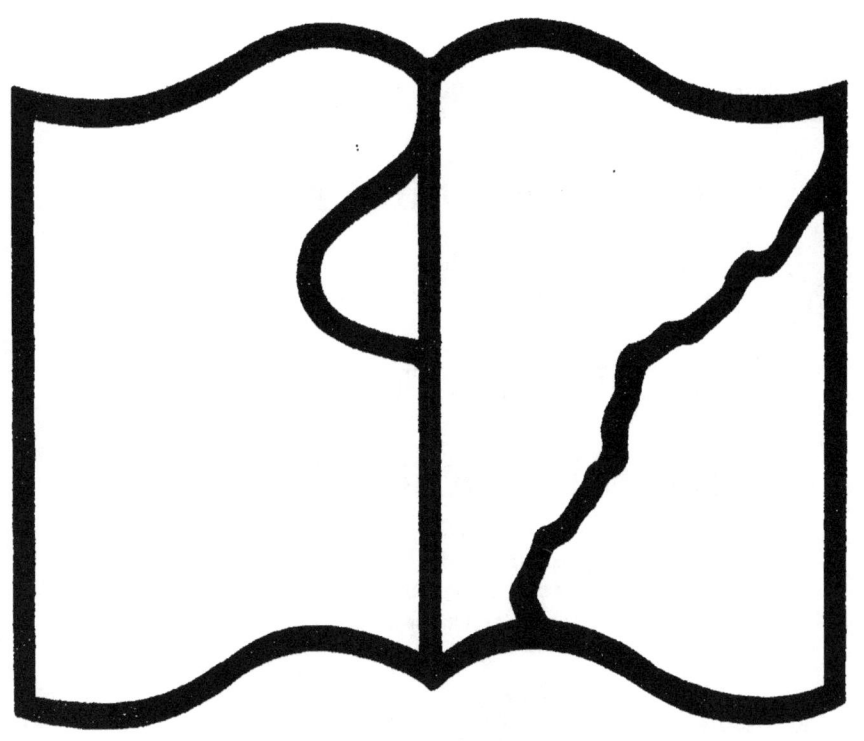

**Symbole applicable
pour tout, ou partie
des documents microfilmés**

Texte détérioré — reliure défectueuse

NF Z 43-120-11

SOCIÉTÉ DES ARCHIVES HISTORIQUES DU MAINE

ARCHIVES HISTORIQUES
DU MAINE
VIII

INVENTAIRE DES TITRES
DE
L'ABBAYE DE BEAULIEU
DU MANS (1124-1413)

PUBLIÉ PAR
LE CHANOINE L. FROGER
AVEC UNE TABLE ALPHABÉTIQUE DES NOMS
DRESSÉE PAR EUGÈNE VALLÉE

AU MANS
AU SIÈGE DE LA SOCIÉTÉ, 15, RUE DE TASCHER
1907

ARCHIVES HISTORIQUES DU MAINE

VIII

INVENTAIRE DES TITRES

DE

L'ABBAYE DE BEAULIEU

DU MANS (1124-1413)

Tiré à cent cinquante exemplaires.

N°

SOCIÉTÉ DES ARCHIVES HISTORIQUES DU MAINE

ARCHIVES HISTORIQUES DU MAINE

VIII

INVENTAIRE DES TITRES

DE

L'ABBAYE DE BEAULIEU

DU MANS (1124-1413)

PUBLIÉ PAR

LE CHANOINE L. FROGER

AVEC UNE TABLE ALPHABÉTIQUE DES NOMS

DRESSÉE PAR EUGÈNE VALLÉE

AU MANS

AU SIÈGE DE LA SOCIÉTÉ, 15, RUE DE TASCHER

1907

INTRODUCTION

L'Inventaire des Titres de l'abbaye de Beaulieu, dont on trouvera ci-après le texte, est contenu dans le manuscrit n° 276ª de la Bibliothèque municipale de la ville du Mans. C'est un volume de 173 feuillets plus 2 feuillets préliminaires, ajoutés après coup, hauts de 280 m, larges de 205 m, et dont quelques-uns sont restés en blanc [1]. On le conservait, avant 1790, dans le chartrier de l'abbaye de Beaulieu. Je n'ai pas à dire ici comment cet établissement monastique, fondé le 9 octobre 1124, par Bérard de Sillié et par ses fils, en faveur des chanoines réguliers de l'Ordre de Saint-Augustin, fut ensuite approuvé, d'abord, par l'évêque du Mans, Hildebert de Lavardin, puis, par le pape Honorius II [2]. Mais il importe d'établir à quelle date cet Inventaire fut dressé.

Il ne saurait l'avoir été avant 1413, puisque l'on y rencontre l'analyse d'un acte daté de cette dernière année [3]. Par contre, il ne l'a pas été non plus après l'an 1425, époque où les Anglais devinrent les maîtres de la province du Maine tout entière, car on ne fait pas mention des déprédations que ces envahisseurs y commirent alors, tandis que celles-là sont signalées qui avaient eu lieu dans la première partie de la guerre de Cent-Ans [4]. Bien plus, comme, dès 1418, certaines

---

1. Ce sont les feuillets 2, 67ᵛᵒ, 68ʳᵒ, 141, 142, 143, 144, 145, 157ᵛᵒ.
2. Voir plus loin, p. 1, n° 1.
3. Voir plus loin, p. 208, n° 574.
4. Voir plus loin, p. 87 et 88.

possessions de l'abbaye, situées dans la partie du diocèse du Mans qui avoisine la Normandie, furent exposées aux ravages des Anglais, si jamais, quand il est question de ces dépendances, on ne fait allusion aux désastres auxquels on ne put les soustraire, c'est donc qu'elles en étaient encore indemnes, et, conséquemment, c'est entre les années 1413 et 1418 que nous avons à situer la rédaction de notre Inventaire.

Il n'est pas l'œuvre d'un seul et même écrivain, mais bien de deux, l'un s'étant plus spécialement occupé de l'analyse des titres des propriétés, biens fonciers ou rentes constituées, appartenant à l'abbé et aux religieux du monastère ; l'autre, des redevances en deniers ou en nature auxquelles avaient droit, dans le régime féodal, les propriétaires des fiefs. On trouvera, dans notre édition, la part du premier de ces rédacteurs, du n° 1 au n° 628 ; le surplus revient au second, sauf bien entendu, les additions postérieures que nous avons eu soin de signaler là-même où nous pensons les avoir rencontrées. De ces deux écrivains, l'écriture n'est pas absolument semblable ; celle du second est plus ferme. En plus, leur orthographe diffère pour certains mots, le second transcrivant *signeur*[1] pour *seigneur*, et *chapelen*[2] pour *chapelain*.

On serait heureux de connaître leurs noms, mais cela nous échappe, et il n'y a pas à faire état de cette mention que l'on trouvera plus loin, page 268, n° 808 : « C'est le papier de frère Guillaume Cochereau, partie escript de sa men et partie... ». Il y faut simplement voir ou une addition postérieure, ou mieux, le nom de l'un des détenteurs du manuscrit.

Comment ont-ils, l'un et l'autre, conçu et exécuté leur travail, ceci importe davantage. Ont-ils pris la peine de bien lire les documents dont ils nous ont laissé l'analyse et pouvons-nous nous y reporter en toute sécurité. L'examen auquel on pourra

---

1. Voir plus loin, p. 239, n° 685, et p. 267, n°ˢ 797 et 803.
2. Voir plus loin, p. 261, n° 770, et p. 262, n° 772.

se livrer après nous et les rapprochements que nous avons pu établir entre ces analyses et les titres originaux d'après lesquels elles ont été faites, nous prouvent clairement que cette rédaction a été hâtive, et qu'il s'y est glissé des erreurs. Ainsi, pour nous borner à ces exemples, le rédacteur a lu, tantôt *Ysabeau de Genases*, tantôt *de Gennes*, quand il y avait *Ysabeau de Gemages* [1]. Ailleurs, il transcrit à tort *Gaultier*, pour *Gontier* [2] ; *Montgaust*, pour *Montbaust* [3] ; *Pelignac* et *Pondignac*, pour *Polignac* [4] ; il lit *buies* là où il y a *buces* [5]. Il y a donc obligation de se reporter aux documents originaux, chaque fois que la chose est possible, c'est-à-dire quand on les possède encore, et, malheureusement, le nombre n'en est pas grand. On les trouvera pour la plupart aux Archives départementales de la Sarthe, et le docte et laborieux archiviste qu'était M. Duchemin les a très exactement analysés dans le tome III des *Archives antérieures à 1790* [6]. Quelques-uns font partie des Archives du Cogner, et les plus importants ont été reproduits intégralement dans la publication du même nom, série B, p. 219 et suivantes.

On pourrait se demander si ceux qui ont dressé cet Inventaire y ont fait passer tous les titres qui remplissaient à leur époque le chartrier de l'abbaye de Beaulieu. S'il en est ainsi, c'est que ce chartrier ne renfermait pas alors tous les documents relatifs à ce monastère qui sont parvenus jusqu'à nous, et la chose n'a rien qui puisse surprendre, puisque les prieurés qui dépendaient de l'abbaye pouvaient avoir leurs archives particulières.

Il me reste maintenant à remercier M. le comte B. de Brous-

1. Voir plus loin, p. 6.
2. Voir plus loin, p. 135.
3. Voir plus loin, p. 152.
4. Voir plus loin, p. 182 et 183.
5. Voir plus loin, p. 173, note 2.
6. Cf. p. T. III, p. 172-178.

sillon et M. Eug. Vallée du concours empressé qu'ils m'ont prêté l'un et l'autre dans la correction des épreuves de ce volume. C'est au second de ces deux Messieurs que l'on doit la table qui le termine et qui, dressée avec toute l'exactitude qu'il y sait mettre, permet, seule, d'en tirer parti. M. S. Menjot d'Elbenne nous a fourni quelques notes qui nous ont mis à même de rectifier les erreurs où était tombé l'un des rédacteurs de l'*Inventaire*. Il voudra bien trouver ici l'expression de mes remerciements.

L. F.

INVENTAIRE DES TITRES

DE

L'ABBAYE DE BEAULIEU

L'Abbaye.

1. — [1124, 9 octobre]. — Après [1] l'incarnation du Rédempteur de humaine lignée noustre Sauveur Jesus Crist, l'an mil cent XXIIII, VII ide du meys de octobre, Calixte pape obtinent léalment le gouvernement de l'église romaine, et Loys, fils du roy Philippe, gouvernant réalment les Francezois, Bérard de Sillié et Hugues, Richard et Macé, chanoine, Hubert et Simon, enffans dudit Bérard, donnèrent à Dieu, à la benoiste Vierge et mère de Dieu et aux chanoines de Lucé, une terre de leur héritage, située près la cité du Mans, en pure aulmousne exempte de toute servile exaction, à nulle subjecte, sinon à l'Église romaine et de monseigneur Saint-Juliain du Mans, par tele condicion et convenant que, oudit lieu, ilz feront un monastère en l'onneur de la Vierge Marie et mère de Dieu, chieff du dit lieu de Lucé et de touz les lieux appertenans à Lucé, ouquel monastère ilz vivroint régulièrement selon la règle de monseigneur saint Augustin et jouste la tradicion des sains pères. Laquelle chouse en celle manière

---

1. La lettre A du mot *après* n'a jamais été écrite. On avait réservé l'espace suffisant pour l'y transcrire, enjolivée de dessins tels qu'on les voit sur les mss. du XVe siècle.

fut dispousée, des deux parties octriée, et par vénérable évesque du Mans, Hildebert, ainxin que il esconvenoit, confirmée. Le dit Hildebert, qui après fut archevesque de Tours, du commun assentement de ses chanoines et o la joye de très puissant seigneur Geffroy, conte de la terre, de ses barons et du peuple, qui [1] confirma et consacra ledit lieu. Après, par la prière dudit évesque, Honorius, pape de Rome, grandement soy esjoyssant du désir de la dévocion chrétienne, donna un privilège de bénédiction et absolucion apostolique à touz aucteurs, conseilleurs, aideurs et deffenseurs du dit monastère, et, par opposite, de malédiction à touz impugneurs et destruceurs du dit monastère. Ad faire le fondement du dit monastère, Philippe, canoyne, filz de Godefroy Gaudrie, pour l'âme de son père, de sa mère et de luy, donna IIII^{xx} IIII unces de or et XXXVIII mares d'argent et le féage que ilz avoint vers la Saulnerie [2], et plusieurs autres donnèrent de leurs biens, pour le dit édifice, com il apparest par un rôle escript de lettre fourmée.

2. — [**1145-1186**]. — Un previlège de révérend père en Dieu, Guillaume [3], évesque du Mans, comment il donna à Lambert, par la grâce de Dieu abbé du dit lieu de Beaulieu, et à touz ses successeurs, les églises o leurs appartenances de Saint-Père-d'Auvers, de Saint-Front-en-Champagne, saulves la part des religieux de Saint-Micheil [4] et les dismes de l'église

---

1. Ce mot est peu lisible.
2. On célébrait l'anniversaire de Philippe, le 16 des kalendes d'avril, soit le 17 mars, ainsi que nous l'apprend cet article du nécrologe de l'abbaye : « XVI kalendas aprilis. Obiit Philippus, archidiaconus et canonicus Cenomanensis, filius Godefridi Gaudrici, fundator huius ecclesie, qui, ad collocandum primum huius monasterii fundamentum, pro animabus patris sui, matris sue et sua, dedit quater XXIII^{or} uncias auri et triginta et octo marchas argenti et totum fedum quod habebat apud Salnariam. Cuius anniversarium solemniter est merito per nos celebrandum, ac pro eo semper orandum. Anima eius in pace quiescat. » *Nécrologe de l'abbaye de Beaulieu. Bibliothèque mun. du Mans, ms. n° 256. Cf. Nécrologe-obituaire de la cathédrale du Mans*, p. 66.
3. Guillaume de Passavant, évêque du Mans de 1145 à 1187.
4. Il s'agit des religieux de l'abbaye du Mont-Saint-Michel, au diocèse d'Avranches.

de mon seigneur Saint-Julian-du-Mans et les chouses appartenans aux droitz épiscopaulx, de Sainte-Marie-du-Boys et le boys de la Gutta, la terre de Riomer. Item, par la dite lettre, il confirma ce que ses prédécesseurs avoient donné à la dite abbaie, c'est assavoir : l'église de Diçoy, saulves les pars des religieux de Saint-Florent et des religieuses de Sainte-Marie-de-la-Charité, l'église de Saint-Albin, l'église de Saint-Fraimbauld, l'église de Saint-Médard-de-Vernie, l'église de Saint-Sauny, saulve la part des nonains du Pré, l'église de Chassillié, saulve la part desditz religieux, l'église de Courcité, l'église de Villaine, saulve la prébende de l'évesque du Mans, de Marsillié, de Loupfougière, de Brétignolle, du Houssel, de Tessé, de la Basouge, de Beaulandois, de Saint-Front-en-Passais, de Courberie, et les chappelles o leurs appartenances de Saint-Jehan-de-Courcelle, de Uncineulle [1], de Javen [2] et autres, ainxi qu'il est contenu en ladite lettre.

3. — [1331]. — Une lettre donnée à Yvré-l'Évesque M CCC XXXI, signée par Jehan Larget, publique notoire par auctorité apostolique, comment révérend père en Dieu, Guion [3], évesque jadis du Mans, donna à ladite abbaie de Beaulieu ce que il povoit avoir à Rouillon, oultre la prieuré qui de long temps estoit annexée à ladite abbaie, ainxin comme il apparest par ladite lettre.

4. — [1289, 12 juillet]. — Une aultre lettre donnée l'an mil CC IIII^{xx} IX, le mardi après les ottaves de saint Père et de saint Poul, comment les religieux, abbé et couvent de Saint-Jaque-de-Montfort [4], ou diocèse de Saint-Malou-de-

1. Très probablement Ancinettes, sur les confins de la paroisse d'Ancinnes et de celle de Louvigny.
2. Chapellenie de Sainte-Madeleine-de-Javaine, à Tessé-la-Madeleine (Orne).
3. Il s'agit vraisemblablement de Gui Ier (Gui d'Étampes), qui occupa le siège épiscopal du Mans de 1126 à 1135.
4. Saint-Jacques-de-Montfort, abbaye de chanoines réguliers de l'ordre de Saint-Augustin, fondée en 1152 dans l'ancien diocèse de Saint-Malo. Elle avait probablement pour abbé, au moment où cette confraternité s'établit, Geoffroy Le Maynart, qui mourut en 1296. Cf. *Gallia Christiana*, t. XIV, col. 1027.

l'Isle, en Britaigne, receupurent en mutue charité et confraternité, les religieux, abbé et couvent dudit monastère de Beaulieu.

5. — **[1226, septembre]**. — Une aultre lettre donnée l'an mil CC XXVI ou meys de septembre, comment les religieux, prieur et couvent de Saint-Cosme-et-Damiain, en la diocèse de Tourainne, receupurent lesdits religieux, abbé et couvent de Beaulieu, en mutue confraternité et charité, et auxi du contraire.

6. — **[1341]**. — Une aultre lettre de l'official du Mans, signée par G. Raderoy, donnée l'an mil CCC XLI, comment les religieux de Saint-Jacques-de-Montfort, et de la Roue, en l'évesché d'Angier, receppvoint les diz religieux de Beaulieu, en mutue confraternité.

7. — **[1229]**. — Une autre lettre donnée l'an mil CCXXIX, comment Gervaise, prieur de Châteaux-l'Ermitaige[1], et tout son couvent, prindrent et receupurent les religieux, abbé et couvent de Beaulieu, en mutue charité et confraternité. Ainxi que quand l'abbé dudit lieu ira de ce monde en l'autre, ilz feront solennelment service, ainxi com pour leur prieur. Semblablement anniversaire feront pour ledit abbé, ainxi com pour leur dit prieur. Aussi, quand un religieux du dit lieu de Beaulieu trépassera, feront service pour lui et anniversaire, ainxi com pour un des leur du lieu. Aussi il est adjoint à la dicte société que se il plaist au dit abbé envoyer un de ses religieux ou pour recréacion ou pour pouvreté du dit lieu ou pour pénitence faire, ilz le recevront ainxin com un des leurs en le tractant jusques ad ce que il aura pleu au dit abbé de le rapeler, ou ad ce que ilz le aint renvoyé, s'ilz avoint aulcunement apperceu avoir esté envoyé ou par malice ou, et cetera. Aussi il est adjoint à la dite société que, quand ledit abbé ira au dit lieu de Châteaux, à

1. Château-l'Hermitage, prieuré de chanoines réguliers de l'ordre de Saint-Augustin, fondé en 1144 par Geoffroy Plantagenet. Cf. Cauvin, *Géographie ancienne du diocèse du Mans*, in-4°, p. 216, et *Documents historiques sur le prieuré conventuel de Château-l'Hermitage*, in-8°. Le Mans, 1868.

auleune solennité, il sera leur prieur, en célébrant le divin office, et cetera.

Lesquelles lettres sont ensemble cousues et signées en lettre fourmée par : Lettres caritatives.

Prieuré de la Garrellière [1].

8. — [**Sans date**]. — Premièrement, une lettre escripte de lettre de fourme en parchemin, faisante mencion comment ledit prieuré fut fondé. Laquelle lettre est apparaissante de avoir esté sellée de quatre seaulx en soye.

9. — [**1305, 1ᵉʳ juin**]. — Une lettre du dit prieuré, de la court du Mans, sellée, signée et donnée le mardi avant Penthecoste mil CCC V, comment Geffroy Guarel, escuyer, vendit à honorable homs maistre Pierres Goujul [2], dayen en l'Église du Mans, XVIII^l de tournois ou monnoie courrant de annuel et perpétuel rente, à avoir et lever sur le lieu de la Garrelière et sur toutes les appartenances du dit lieu, lesquelles appartenances sont tant en mesons, terres, boys, garennes que autres chouses.

10. — [**1306, 23 novembre**]. — Une autre lettre annexée o la dessus ditte, sellée, signée et donnée le merquedi après les octabes de Saint-Martin d'yver mil CCC VI, de la dicte court du Mans, faisant mencion comment le dit Goujul confessa soy avoir quitté et delessé à Richard de Loudon [3], chevalier, par raison de retrait par prochainneté de lignage, lesdits XVIII livres de rente, assises sur le dit lieu de la Garrelière, lequel Goujul enreceput du dit chevalier CCVII livres, ainsi qu'il apparest par la dite lettre.

11. — [**1313, 6 novembre**]. — Une autre lettre dudit prieuré de la dite court du Mans, sellée, signée et donnée le mardi après la Toussains l'an mil CCCXIII, faisant mencion

---

1. Cette chapellenie de la Garrelière ou de Sainte-Catherine était desservie dans l'église abbatiale de Beaulieu. Les revenus en étaient évalués à 300# au XVIIIe siècle.
2. Pierre Gougeul fut doyen du chapitre Saint-Julien du Mans de 1304 à 1312. Cf. *Gallia Christiana*, t. XIV, col. 428.
3. Cf. sur Richard de Loudon la note suivante.

comment Ysabeau de Genases, dame de Loudon [1], vendit à Thomas Dufresne, prebstre, pour le prix et somme de xi^{xx} ii livres x sols tournois, le herbergement de la Garrelière ovesques ses appartenances sises ès paroisses de la Magdeleine, de Saint-Germain, de Notre-Dame-du-Pré, de Saint-Jean-de-la-Chevrerie, de Saint-Hilaire, de la Chapelle-Saint-Albin, de Saint-Sauvy, de Notre-Dame-de-Gourdaine et de Saint-Georges-du-Plain, tant ès fiez monsieur Guillaume d'Usages [2], au chapitre du Mans et de Saint-Père-de-la-Court [3], aus seigneurs d'Athenay, de Maule [4], de Paluel [5], à l'abbasse du Pré comme en quelxcunques autres fiez et sei-

1. Elle est nommée plus loin Ysabeau de Gennes ; il faut en réalité lire Ysabeau de Gemages. Mariée en 1296 à Richard de Loudon, seigneur de Loudon et de Champmarin ou Champmorin, elle était fille de feu Macé de Gemages. Béatrix, comtesse de Dreux et de Montfort, donna à Richard de Loudon, pour lui et ses hoirs, toute la haute et basse justice de la Faigne, en Parigné-l'Évêque, et la chasse à toutes bêtes, en ses bois. Richard fit son testament en 1306, au mois de novembre. Par ce testament, il assigna un douaire à Ysabeau de Gemages, sa femme, sur la terre de Champmarin. Il fut enterré en la chapelle de Loudon. Ysabeau de Gemages, sa veuve, vécut jusqu'en 1339, qu'elle fut présente au testament d'Alix de Loudon, sa fille. La même Ysabeau avait testé en 1324, et avait légué plusieurs aumônes à toutes les abbayes de la cité et de la comté du Maine... Elle fonda des anniversaires aux églises d'Aubigny, de Parigné et de Loudon. En 1335, elle fit un codicille approuvant le susdit testament et donna à Robert, son fils aîné, un hanap d'argent doré, marqué aux armes de Dreux de Montfort ; à Jehanne de Juillé, sa bru, un autre hanap d'argent, aux armes de Loudon ; à Alix de Loudon, sa fille, un autre hanap d'argent doré, marqué aux armes d'Escoré, et à Jehan de Loudon, son petit-fils, fils de Robert, son fils aîné, et son hoir, une coupe d'argent doré que la reine avait donnée à ladite Ysabeau. Bibliothèque nationale, ms. Duchesne, vol. 37, f° 117. Communication de M. S. Menjot d'Elbenne.
2. Il s'agit probablement ici de Guillaume d'Usages, qui donna quarante livres de rente au prieuré de Notre-Dame de la Perrigne, en Saint-Corneille. Cf. Dom P. Piolin, *Histoire de l'Église du Mans*, t. IV, p. 472.
3. Voir sur Saint-Pierre-de-la-Cour, le cartulaire de ce chapitre royal, publié par M. S. Menjot d'Elbenne. Un vol. in-8°.
4. Cf. sur les seigneurs de Maule, l'article de M. S. Menjot d'Elbenne dans *la Province du Maine*, t. II, p. 136.
5. On trouve un Guillaume de Paluel en 1367. Cf. B. de Broussillon, *Cartulaire de Saint-Victeur du Mans*, in-8°, p. 193.

gneuries. En faisant, tant de rente que de cens, à plusieurs seigneurs tant réguliers que séculiers, xii livres xviii sols x deniers obole tournois et trois sommes de vin, ainxi qu'il apparest par la dite lettre.

12. — [1328, 29 décembre]. — Une aultre lettre de la court du Mans, sellée, signée et donnée le jeudi après Nouel l'an mil CCC XXVIII, faisant mencion comment le dit Thomas Dufresne donna en pure et perpétuel aumoune à Dieu, à Notre-Dame-de-Beaulieu, à l'abbé et au couvent du monastère du dit lieu de Beaulieu, son dit herbergement de la Garrelière, lequel il achata de la dite Ysabeau, dame de Loudon, contenant en prez, terres ou autres chouses, xxviii journelx de terre, journée à vii faucheurs, douze quartiers de vigne et autres chouses.

13. — [1328, 29 décembre]. — Une aultre lettre de la court de l'official du Mans, sellée, signée par Doucet et donnée ou jour et an de la darenière lettre, faisant mencion, uinxain com ycelle lettre darenièrement escripte, que Thomas Dufresne donna à Notre-Dame-de-Beaulieu le dit lieu de la Garrelière, ovesques ses appartenances et cens de sur Sarte et de Montoulain, de la rue de la Tennerie et [Verrerie?] du Mans, ainxi com plus à plain appiert au regardant les dictes deux lettres de la court ecclésiastique et séculière.

14. — [1315, 26 novembre]. — Une aultre lettre de la court de l'official du Mans, sellée de troys seaux, signée par J. Févre, donnée le mercredi après la feste de sainte Katherine, l'an mil CCC XV, faisant mencion que comme débat et contens fust esmeu entre vénérable home et discret l'abbé de Beaulieu et Jehan de Esses, prieur de la Garrelière, d'une part, et Thomas Dufresne, seigneur temporel du dit lieu de la Garrelière, sur ce que le dit prieur disoit que le dit Thomas li estoit tenu faire chacun an, à cause de son prieuré, la somme de LX soulz manczois sur ledit lieu de la Garrelière. En laflin ilz vindrent à accort que, pour lesdiz LX sols manczois, le dit Thomas bauldroit au dit prieur, sa vie durant, un pré contenant journée de deux faucheurs et demy ou environ,

situé près le pont de Colières, ou féage du seigneur de la
Maule, jouste le pré Hervé Clergerie, d'un cousté, et d'autre,
le pré Thébauld Fraisure, lequel pré est appelé le pré Jeffroy
Guarel[1], chevalier. Et ovesques ce, LXIX sols tournois de perpétuel rente, laquelle rente certaines personnes luy sont tenuz
faire, c'est assavoir : le maistre et les frères de la meson-
Dieu des Ardens du Mans, XXIII sols tournois, à la feste de
Pasques ; Geffroy des Broces[2], à la feste de Toussains,
XX sols tournois ; les heirs feu Geffroy Bote, au terme de l'Angevine, XIII sols tournois, et la Durelle, audit terme, XI sols
tournois. Et ovesques les faneurs qui doivent faner ledit pré.
Et le dit Thomas confessa soy estre tenu envers les diz religieux, abbé et couvent de Beaulieu, en la somme de diz sols
tournois de annuel et perpétuel rente.

15. — [**1310**]. — Une aultre lettre de la court de l'official
du Mans, signée et sellée et donnée l'an mil CCC X, faisant
mencion que, comme Thomas Dufresne, prebtre, eust droit en
un estre appelé la Guarrelière ovesques ses appartenances, sis
en la paroisse de la Magdeleine, ou fié d'Averton et alleur, et
aussi eust droit de lever et avoir, par chacuns ans, sa vie
durant solement, XXV livres de tournois ou monnoie courrante
de rente sur toutes les chouses de feu Geffroy Guarel, escuyer,
et de Marguerite, sa femme, à cause de certaine vendicion
avoir esté faicte desdits espoux au dit Thomas, laquelle vendicion les dits vendeurs debvoint audit achateur gurantir et
deffendre envers touz et contre touz. En laffin, pour ce que la
dite Marguerite, ne povoit deffendre et guarantir les dites
choses et affin qu'elles fussent deschargées de rente, elle
ballia au dit Thomas CCL livres tournois ou monnoie courrante, à certains termes, en la dite lettre divisez, ainxi qu'il
appiert par la dite lettre.

1. Il se peut que ce Geffroy Guarel appartienne à la famille de Geoffroy
de la Garrelière, chevalier, qui figure dans un acte passé en la cour du
Mans, en 1290. Cf. Bilard, *Analyse des documents historiques*, t. I, p. 103.

2. On trouve, au XIII° siècle, un Odon des Broces, sur le domaine
duquel sont assises des dîmes dues au prieuré de Saint-Victeur du Mans.
Cf. *Cartulaire de Saint-Victeur*, p. 156.

16. — [**Vers 1206**]. — Une aultre lettre, scellée et signée du seau de monsieur l'abbé de Beaulieu, comment Geffroy Mauchien, homme vénérable, et Julianne, son espouse, de Dieu digne, oultre la fondacion de leur dite prieuré de la Garrelière[1], donnèrent à leur chapelains du dit lieu, xv livres tournois, pour achater et avoir XL sols tournois au jour de la dédication de leur dite église. Lesquelx xv livres tournois print du consentement des dits espoux, et assigna les dits XL sols tournois paier aux sinodes de Toussaint et Penthecoste, par moitié, sur l'église de Vernie, dépendant du dit monastère de Beaulieu, Pierres[2], par divine disposition abbé du dit lieu de Beaulieu, aux diz chapelains de la Garrelière, par le dit prieur du dit lieu de Vernie. Laquelle rente de XL sols tournois assigna le dit abbé sur une ferme que il avoit au dit lieu de Vernie, oultre le blié et autres rentes qu'il avoit au dit lieu.

17. — [**1342, 29 novembre**]. — Une aultre lettre de la court de l'official du Mans, scellée, signée et donnée le venredi avant la Saint-André, faisant mencion mil CCC XLII, que comme eust débat et contencion entre Robert de Loudon, chevalier, à cause et par raison de noble dame Ysabeau de Gennes[3], dame de Loudon et mère du dit Robert, d'une partie, et Thomas Dufresne, prebstre, d'autre partie, disant le dit chevalier que, japieçza, sa dame de mère lui avoit vendu et le dit prebstre avoit achaté de le et acquis aulcunes chouses meubles nuncupées la Garrelière, près le Mans situées, pour certaines sommes de pécune, ainxi qu'il apparoissoit par un iugié de la court laye du Mans, en la somme de CCIX livres tournois, lesquelles sommes il n'avoit pas du tout paiés ; et le

---

1. Cf. aux archives départementales de la Sarthe, H 384, la pièce originale sur parchemin, scellée jadis de quatre sceaux, et donnée, sans date, vers l'an 1206, par laquelle Geoffroy Mauchien fonde la chapellenie de la Garrelière. Il se peut que ce Geoffroy Mauchien soit le sénéchal du Mans dont il est question dans un document daté de 1184. Cf. Bertrand de Broussillon, *Cartulaire de Saint-Victeur*, in-8°, pp. 27, 52, 53.

2. Pierre Morel, abbé de Beaulieu.

3. Lire Gemages ; voir plus haut, p. 6, note 1.

presbtre disoit que la dite somme il avoit à sa dame de mère. En laffin ilz vindrent à accort, pour eschiver tout plet et débat, que le dit prebstre bauldroit au dit chevalier la somme de cinquante livres tournois. Laquelle somme il paia et le dit lieu de la Garrelière du tout à toursiourmes lui demoura.

18. — [**1296, 16 juin**]. — Une aultre lettre de la court de l'official du Mans, signée et donnée le samadi après Saint-Barnabé mil CC IIII^{xx} XVI, comment Jehan Pailler, prieur du dit prieuré de la Garrelière, à cause de son dit prieuré demandoit à Geoffroy de la Garrelière [1], chevalier, par chacun an, la somme de LX sols tournois, lequel prieur en avoit esté paié dudit chevalier, tout le temps passé, exepté de ceste année. Lequel chevalier disoit que il n'estoit plus en pocession. En la parfin ilz vindrent à accort, en la main de certains arbitres, que ledit chevalier pairoit audit prieur, pour celle dite année, la somme de XL sols tournois dedans XV jours prochains venant, à la peinne de cent soulx. Lequel chevalier desprisa ledit arbitre et les dits XL sols tournois ne voulit paier. De rechief les dits chevalier et prieur pacifièrent en la main d'autres certains arbitres et condempnèrent ledit chevalier paier au dit prieur la dicte somme de XL sols tournois pour ce présent terme, et les dits XL sols paier et continuer par chacuns ans, du dit chevalier au dit prieur, aux termes et jours accoustumez.

19. — [**Vers 1206**]. — La manière de la fundacion du dit prieuré de la Garrelière est telle. Geffroy Malchien, vénérable homme et seigneur du dit lieu de la Garrelière, avec l'assentement de révérends pères en Dieu, Guillaume [2], évesque du Mans, Hamelin, et Guillaume, archidiacre et

---

1. Ce Geoffroy de la Garrelière est vraisemblablement le même que celui qui était témoin d'un acte passé en 1270. Cf. Bilard, *Analyse des documents historiques*, t. I, p. 103.

2. Celui qui a rédigé l'analyse de l'acte original, conservé, nous l'avons déjà dit, aux Archives dép. de la Sarthe, H. 384, s'est trompé en inscrivant ce nom de Guillaume, ou mieux il l'a écrit deux fois, car l'évêque du Mans, comme il le dit d'ailleurs, était Hamelin. Guillaume était alors archidiacre du Mans.

archeprebtre du Mans, Pierres, par divine inspiration abbé du dit lieu de Beaulieu, institua et fonda une chapelle de sainte Katherine, vierge et martyre, en son dit menoir de la Garrelière à l'abbaie de Beaulieu adiointe. Lequel Geffroy voulit que quicunques seroit possesseur de son dit domnaine de la Garrelière paie à la dite abbaie, par chacun an, LX sols cenomanenses. Pour vestir, le dit chapelain possède trois quartiers de vigne estans ou fié d'Averton et un journal de terre [1]. Pour le luminaire de la dite chapelle, donna une place qui fut jadis Raoul Pautonneir [2] et la moitié de l'estal en la porte où participent les familles Hubert Malchien. Emprés, ledit Geffroy, ovec Julianne, sa femme, affin que fussent deux chapelains, ilz donnèrent cent livres andegavenses à la dite abbaie pour rente achater ad la sustentacion des diz deux chapelains. Juliainne, femme du dit Geffroy, depuis donna X livres cenomanenses de sa partie, pour rachater rentes et affin que le chapelain, darenièrement institué, fust vestu. Institucion pour le luminaire ; voulit que, ès grans solemnitez de notre Sauveur Jésus-Crist et de sa glorieuse mère la vierge Marie et de sainte Katherine, IIII cierges, au semadi, au dimainche, aux festes appostre, II cierges soint allumés. Item, voulit que, ès vigilles des festes de IX leçons, par toute nuit la lampe enlumierge la dite chapelle. Après donna X sols cenomans à la veille de sainte Katherine estre paiez à la cuisine des chanoines du dit lieu de Beaulieu pour faire procession, la journée de sainte Katherine, à la dite chapelle fondée de la dite manière. Et ovec ce institua, ordenna et donna plusieurs autres chouses, com il appiert par la dite lettre [3].

20. — [**1404, 9 juin**]. — Une aultre lettre de la court du Mans, sellée, signée par J. Sion et donnée le IX⁰ jour du juign l'an mil CCCC IIII, comment Gervesote, jadis femme de feu

---

1. Ce journal de terre, d'après l'acte original, lui était concédé pour indemnité de logement.
2. L'acte original ajoute que cette place était située devant la maison de Lambert Lebotellier.
3. Voir plus haut, p. 9, note 1.

Jehan Esdin, autrement Lemoulnier, parroissiain de Notre-Dame-de-Gourdaine, du Mans, vendit à religieux homme frère Guillaume Vallier[1], prebtre, chapelain de la dite chapelle de la Garrelière, et à ses successeurs en la dite chapelle, viii sols tournois de annuel et perpétuel rente, à avoir et percepvoir du dit chapelain et de ses successeurs, sur toutes et chacunes les chouses immeubles et héritaux de la dite venderesse et de ses heirs, à paier à Nouel et à la Nativité-Saint-Jehan-Baptiste, par moitié. Et fut faicte ceste présente vendicion pour le prix de quatre livres tournois ou monnoy courrante.

Nota que ces xii lettres, qui sont de la dite chapellenie de la Garrelière, sont ensemble cousues et merchées en lettre fourmée: Guarrelière, sur la première.

Cité du Mans.

21. — [1351, 30 septembre]. — Une lettre sellée, signée et donnée le venredi après Saint-Micheil de septembre M CCC LI, faisant mencion comment Guillaume Angier[2], clerc, et Benoiste, sa femme, parroissiains du Crucifi de l'église de Saint-Père-de-la-Court, du Mans, vendirent à monsieur Micheil Lechangeour, chanoine et religieux de l'abbaie de Beaulieu, une maison si comme elle se poursuist o le fons et o le courtil derrière, sise en la paroisse du Crucifi de monseigneur Saint-Juliain du Mans, entre la maison du prieur curé de Saint-Padvin-de-la-Cité, d'une part, et la maison de monsieur Hébert Bodin, d'autre part, en la rue de Vaudegrat. Et fut faicte la dicte vendicion pour le prix et somme de quarante livres tournois ou monnoie courrante et en faisant à la maison-Dieu de Caudfort vingt soulx tournois ou monnoie courrante de rente, aux termes de Nouel et de

---

1. On trouve, en 1367, un Jean Vallier, prieur de Saint-Saturnin, prieuré dépendant de Beaulieu, et qui, vraisemblablement, était parent de Guillaume Vallier. Cf. B. de Broussillon, *Cartulaire de Saint-Victeur*, in-8°, pp. 193, 197, 203, 204, 210.

2. Ce nom pourrait se lire : *Augier*. Cf. *Bulletin de la Société d'Agriculture, etc., de la Sarthe*, t. XVI, pp. 194, 195.

Saint-Jehan, par moitié. Laquelle lettre est de la court laye du Mans.

22. — **[1351, 30 septembre]**. — Une aultre lettre de la court de l'official, sellée du seau du dit official, signée par J. de Valle, donnée ou jour et an dessur dit, faisante mencion ad maire confirmacion com la dessur dite.

23. — **[1308, 12 août]**. — Une aultre lettre de la court de l'official du Mans, sellée du seau du dit official, signée par R. et donnée le lundi avant la fête de l'Assumpcion-Notre-Dame, faisant mencion comment Gillet Sarrazin ou Péan, clerc, et Jehanne son espouse, demourans en la cité du Mans, vendirent à vénérables et discretz hommes l'abbé de Beaulieu et son couvent, et aux maistre et frères de la meson-Dieu de Caudfort, près le Mans, toute la porcion et tout le droit qu'ilz povoint avoir en une meson, en un pressouer estant dedens la dicte meson, et en un courtil sis derrière la dite meson, sise en la paroisse de Rouillon, ou féage du seigneur de Poherie [1], près certaines vignes qui furent feu Juliot Le Vallet et Agnès, jadis son espouse, laquelle meson soy appelle le Pressouer-au-Gras [2]. Laquelle vendicion fut faicte pour le prix et somme de diz livres tournois. Laquelle lettre fut donnée l'an mil CCC VIII.

Et sera trouvé ceste lettre ovesques les lettres de Rouillon.

24. — **[1246]**. — Une aultre lettre de la court de l'official du Mans, sellée et donnée l'an mil CC XLVI, comment Estienne Chevillé, citaien du Mans, cognut davant le dit official que Hugues de Chevillé [3], son père, avoit donné en pure et perpétuel aulmonne, ad l'ouvre de certaine chapelle,

---

1. Plus ordinairement : *Pourrie*. Cf. L. Froger : *Rouillon féodal*, in-8.
2. On trouve dans le nécrologe de Beaulieu la mention suivante : « XII kalendas februarii. Obiit Iuliotus dictus Le Vallet, civis Cenomanensis, qui dedit et legavit nobis medietatem pressorii dicti Le Gras siti in parrochia de Roillon, cum suis pertinenciis, tam in vineis quam aliis, per nos tenendam post mortem Agnetis, uxoris sue. Et nos tenemur missam pro eo ter in ebdomada, et semel in anno anniversarium solenniter celebrare. »
3. Il s'agit très probablement ici d'Hugues de Chevillé, dont le nom figure au *Cartulaire de Saint-Victeur*, pp. 30, 35, 39, 89.

xxx sols mançois [1] de perpétuel rente, à l'abbé et au couvent de Beaulieu, sur la vigne de la Bocherie, que fut jadis au dit Hugues, à estre paiez dedens la quinsaine après la Toussains, jousques ad ce que ledit Estienne ait assigné alleurs les diz xxx sols, laquelle assignation les diz abbé et couvent seront tenuz recepvoir par tele condicion que ce soit hors leur fé et sans leur dommage, mes o le profit de leur dit monastère. Ainxi, la dite assignation faicte, sera deschargée la dite vigne des diz deniers.

25. — [**1291 (v. s.), 17 mars**]. — Une aultre lettre de la court du Mans, sellée, signée et donnée le lundi après la mi-caresme l'an mil CC IIIIxx XI, comment Jehanne la Lingueite confessa devoir à Guillaume Vergier, bourgoys du Mans, XVI livres de tournois ou monnoie courante, à cause de huit sols manczois de rente que elle lui debvoit sur sa vigne de Doulezamie, et de xv sols manczois de rente que elle lui debvoit sur sa vigne de Maupalu, pour lesquelles XVI livres voulit la dite Jehanne que le dit bourgeois prensist les dictes vignes ovesques les fruiz et émolumens iusques ad ce que elle fust quicte envers le dit bourgeois.

26. — [**1329, 17 juillet**]. — Une aultre lettre de la court du Mans, sellée, signée par R. Doucet et donnée le lundi avant la Magdeleine, faisant mencion comment Colas Lointaing confessa qu'il estoit tenu faire rendre et poyer, par chacun an, à Jaquet Bouju, bourgois du Mans, par raison d'une maison appentice, qu'il tient en la Grant-Rue, sise iouste la venelle par laquelle l'on vait de la verene à la salle, d'un cousté, iouste la meson de religieux abbé et couvent de Beaulieu, laquelle souloit tenir Perrot Le Tondeur et laquelle tiennent à présent Jehan Belart et sa femme, la somme de cinquante soulz tournois ou monnoie courrante à la valeur des diz tournoys, de annuel et perpétuel rente, laquelle rente de L sols tournois ledit Jaquet a baillé aux diz abbé et couvent de

---

1. Le ms. porte en cet endroit, à la marge extérieure, écrite au XVIIIe siècle, cette note : *trente solz mançois, rente sur la vigne de Bocherie*.

Beaulieu, en descomptant de cent solx tournois de rente qu'il estoit tenu faire, chacun an, aux diz religieux, par raison d'une baillée à lui faicte des diz religieux, c'est assavoir de une meson de pierre et d'une place, sises près la meson dudit Jaquet, le chemin entre deux, et entre la meson Jehannot Ascelin et l'église de Saint-Padvin, pour quoy le dit Colas, de la volunté et de l'assentement du dit Bouju, pour lui et pour ses heirs, promet et est tenu rendre et poier la dicte rente aux diz religieux et à leurs successeurs ou à ceulx qui de eulx auront cause, aux termes de Nouel et Saint-Jehan, par moitié. Laquelle lettre fut donnée l'an mil CCC XXIX.

27. — [**1365, 22 juillet**]. — Une aultre lettre de la court du Mans, sellée, signée par Trousseau et donnée le xxii⁰ jour du julliet l'an mil CCC LXV, faisant mencion comment Pierres Bouju de la Flesche, et bourgois du Mans, ballia et octria à Jehan Barbot et Marion, son espouse, quatre journelx de terre ou environ, tant en une pièce où il avoit un pressouer, que en places de mesons. Item, o tout ce, une pièce de terre contenant le quart d'un journel ou environ, qu'il a eu de l'abbé de Beaulieu. Item, un quartier de terre qui fut en vigne, sis soubz les vignes du dit Pierre, ès flez de Notre-Dame-du-Pré et de Beaulieu, appellées toutes les dites chouses, la Saunerie, pour le prix et somme de seixante soulz tournois ou monnoie courante et quatre poucins, de annuel et perpétuel rente, à paier par moitié à Toussains et Nouel, les diz LX sols, et les diz poucins à l'Angevine. Ainxin com mielx apparest par la dite lettre, et cetera.

28. — [**1316, 20 décembre**]. — Une aultre lettre de la court de l'official du Mans, sellée, signée et donnée le lundi avant Nouel mil CCC XVI, faisant mencion comment contencion et débat fut meu entre révérend père en Dieu, Gillet, abbé de Beaulieu, et maistre Jehan de Bouays, chanoine du Mans, lequel chanoine disoit et propousoit contre ledit abbé que il tenoit et possidoit une meson o le fons et o ses appartenances, sise en la cité du Mans, en laquelle souloit demeurer Gervaise Pertherain ou temps qu'il vivoit, sur laquelle maison disoit avoir vii livres tournois de rente perpétuel par cause de vendition faite au dit chanoine du dit Gervaise au temps qu'il vivoit, et le dit abbé disoit au contraire. En la partin ilz vindrent à accort, du conseil de probes hommes, que le dit abbé pairoit au dit chanoine la somme de quarante livres tournois ou monnoie courrante. Ainxin possideroit le dit abbé franche et quicte la dite meson de toutes chouses que le dit chanoine povoit avoir, tant de rente, arrérages, propriété ou possession.

29. — [Vers 1200]. — Une aultre lettre de H., par la grâce de Dieu évesque du Mans, sellée, comment Estienne Gondoin et Agatha, son espouse, ou temps du roi Jehan, c'est à savoir que la ville du Mans fut premièrement brullée, leur meson de pierres sise près l'église de Saint-Padvin-de-la-Cité o les places soy estendentes jusques à la Grand-Rue, après en plain chapitre de Notre-Dame-de-Beaulieu, et la meson et les places prédites à l'abbaie de Beaulieu donnèrent en pure aumonne. Et d'icelle donnoison et l'abbé et les canonnes et après l'aulter ovec livre vestirent [1].

30. — [1309 (v. s.), 4 janvier et 1315]. — Une aultre lettre ou copie soubz le seau de l'official du Mans, d'une lettre de la court du Mans, faisant mencion comment Gervaise Porcheron et Agatha, sa femme, vendirent à Guillaume Doultreleau une meson, unes places, une appentiz, joignant la meson à l'Asceline, et les places près celle meson, jouste le chemin par lequel l'en vait de Saint-Padvin-de-la-Cité à la vereno ou fié d'Ascé, et deux pièces de terres contenant journel et demi, sises près les vignes Micheil Lepeletier et les terres à la Chalumelle et les terres monsieur Guérin Le Boesne ou fié d'Averton. Et fut faicte celle vendicion pour le prix et somme de trente livres tournois ou monnoie courrante, en rendant du dit achateur ou de ses hoirs, à cause des dites mesons, III sols VI deniers tournois de

1. Cf. aux archives dép. de la Sarthe, H 384, la charte originale sur parchemin dont on n'a ici que l'analyse. Cette charte, non datée, a été donnée vers l'an 1200, sous le pontificat d'Hamelin, évêque du Mans.

rente à la feste de Saint-Martin d'yver, à monsieur Guillaume Camelin, et, à cause des dites terres, à mestre Geffroy Mahot, à la dite feste, x sols tournois de rente, donnée la dite lettre, le dimainche avant la Tiephainne M CCC IX, signée par Moeson. Ovec ce, une autre lettre faisant mencion comment maistre Jehan Mahot, clerc de la dite court et advocat, recognut avoir confirmé la vendicion dessur dicte, en tant com lui povoit appartenir, donnée l'an M CCC XV. Laquelle copie est sellée du seau de l'official du Mans.

31. — [**1330, 5 novembre**]. — Une aultre lettre de la court de l'official du Mans, signée par Tiercelen? et donnée le lundi après le synode de Toussains l'an M CCC XXX, comment Jehanne, femme feu Jehan Lefebvre, clerc et notoire du Mans, demourant en la paroisse de Saint-Padvin-de-la-Cité du Mans, vendit à frère Guillaume Bergier [1] et à ses successeurs, xL sols tournois du monnoie courrante de annuel et perpétuel rente, à paier à la feste de Toussains. Et fut faicte la dite vendicion pour la somme de vingt livres tournois, de laquelle somme la dite venderesse se tint pour contente.

32. — [**1247 (v. s.), 7 janvier**]. — Une aultre lettre de la court de l'official du Mans, sellée, signée et donnée le mardi après la Tiephaine M CC XLVII, comment Ynguet Barbier et Marguerite, son espouse, vendirent à Guillaume de Lexoviis, citaien du Mans, xxx sols tournois de annuel et perpétuel rente, à paier à la Toussains, sur paine de xII deniers manczois pour chacun jour de la solucion différée, laquelle rente est assise sur unes vignes du dit Barbier, sise en la paroisse de Sainte-Croez, ou féage de l'abbé de la Coulture, laquelle vigne est appellé la vigne Avole, sise près Malpalu, davant le pressouer du dit lieu.

33. — [**1405, 29 novembre**]. — Une aultre lettre de la court laye du Mans, sellée, signée et donnée le pénultième

---

1. Guillaume Bergier fut, au xiv° siècle, prieur de Rouillon. On en célébrait l'obit le 5 novembre « Nonas novembris. Obiit.... et Guillelmus Le Bergier, prior de Roillon. » Obituaire de Beaulieu, ms. n° 256 de la Bibliothèque mun. du Mans.

jour de novembre l'an mil CCCC V, comment Jehan Bouju, de la paroisse de Saint-Padvin-de-la-Cité, tant en son nom privé comme soy faisant fort de Guillaume Boursart, son frère, demourant en la ville de Sillié-le-Guillaume, vendit à Jehan Jobin, paroissiain de Saint-Hilaire du Mans, cinq soulx tournois de rente, moitié de diz solx tournois de rente perpétuelle et touz les arrérages qui en sont deuz, esquelx paier furent obligés feu Geffroy de Souvré, dit Leroy, et Thomasse, son espouse, avec tout leur chouses et chacun pour le tout, envers Philipot et Jehan les Boursards, au temps qu'ilz vivoint, et leurs hoirs, par raison de huyt journelx de terre ou environ, avec une meson et autres appartenances, sises en la dite paroisse de Saint-Hilaire, ou lié de Paluau, entre le chemin qui vient d'Usaiges aux moulins des religieux de Saint-Vincent et au chemin tendant de Colières au Mans, et duquel Jehan Boursard, les diz Guillaume et Jehan, frères, sont enfans et héritiers souls et pour le tout, à avoir, demander et percepvoir par le dit Jobin, ses hoirs et aians sa cause, les diz v sols tournois de rente et arrérages, et faire sa volunté par le tiltre de ceste présente cession, laquelle fut faicte pour le pris de vii livres tournois ou monnoie courrante du dit Jobin au dit Boursard, transportant dès à présent le dit Jehan au dit Jobin et à ses successeurs, touz les droitz et toutes les actions, saisines, possessions, demandes réelles et personnelles, qu'il avoit et povoit avoir en la dite rente, ne és chouses obligées et ypothéquées à icelle, ainxi qu'il apparest par la dicte lettre.

34. — [**1408, 17 mai**]. — Une autre lettre annexée o la dessus dite, sellée du seau des contraz, signée par Fouquet Mortier, et donnée le xvii° jour de may l'an mil CCCC VIII, faisant mencion comment ledit Guillaume Boursart, demourant en la dicte ville de Sillié, confessa de sa volunté avoir agré et acceptable la vendicion tele comme Jehan Boursard, son frère, demourant en la dite ville du Mans, avoit faicte à Jehan Jobin, paroissiain de Saint-Hilaire du Mans, de cinq soulx tournois, moitié de x sols tournois de rente.

35. — [1277]. — Une autre lettre de la court de l'official du Mans, sellée, signée par Angliterre, donnée l'an M CC LXXVII, comment Gaultier Le Taillandier et Jehanne, son espouse, paroissiains de Saint-Padvin-de-la-Cité, confessèrent avoir vendu à Guillaume Ligier, citoien du Mans [1], v sols manczois de annuel et perpétuel rente, lesquelx Hamelot Le Barbier et Jehanne, sa femme, estoint tenuz faire au dit Gaultier, ad la feste de Toussains, sur une vigne qui fut feu Yuguet Le Barbier, sise en la paroisse de Sainte-Croez, ou lié de l'abbé et couvent de la Coulture, près Maupalu. Et fut faicte ceste présente vendicion, pour le pris de III livres tournois, desquelx les diz Gaultier et sa femme se tindrent pour contens. Et promidrent le dit Gaultier et sa femme au dit Guillaume et à ses hoirs, que le dit Barbier poiroit au dit Guillaume la dite rente à la dite feste.

36. — [1277]. — Une aultre lettre de la dite court, sellée, signée et donnée avant la Nativité-Notre-Dame ou dit an, faisant mencion que, comme le dit Gaultier eust vendu au dit Ligier v sols manczois de annuel et perpétuel rente de xv sols manczois, lesquelx xv sols manczois le dit Hamelot estoit tenu faire, chacun an, à la feste de Toussains, sur une pièce de vigne contenant un arpent ou environ, sise près Maulpalu, lesquelx xv sols manczois appartenoint aux diz Gaultier et sa femme, partie, par raison d'une eschoite de la partie de feue Sedille, jadis femme de feu Guillaume de Lisieux, et partie, par raison de acquisicion. En laffin, les diz Gaultier et sa femme vendirent au dit Guillaume Ligier ce que estoit demouré des diz xv sols manczois de rente, pour le prix de huyt livres tournois ou monnoie courante, de laquelle somme les diz vendeurs se tindrent pour contens.

37. — [1200]. — Une autre lettre, sellée, et de Hébert Riboule, et donnée à Beaulieu, l'an M CC, faisant mencion comment le dit Hébert Riboule, chevalier, confirma la donnoison des mesons et places que Estienne Goudoin et Agatha, sa

1. Voir plus loin, le n° 73.

femme¹, sises en la Grand-Rue en la cité du Mans près l'église de Saint-Padvin, donna aux dix religieux, abbé et couvent de Beaulieu, en rendant et donnant des diz religieux au dit chevalier la somme de xxx livres tournois, de laquelle somme il se tint pour content et poiant au dit Riboule xxvi deniers manczois de cens, à la feste de saint Padvin, par chacun an.

38. — [1200]. — Une autre lettre de la court de l'official du Mans, sellée et donnée com la dessur dite, faisant mencion comment le dit official disoit avoir veu les dites lettres du dit Hébert Riboule, chevalier, sellées.

39. — [1200-1214]. — Une autre lettre de Hamelin, par la grâce de Dieu évesque du Mans, faisant mencion comment le dit évesque confessoit que le dit chevalier avoit donné les dites chouses comme dessurs.

40. — [1298, 27 mai]. — Une autre lettre de la court de l'official du Mans, sellée, signée et donnée le mardi après Penthecoste MCC IIII^{xx} XVIII, faisant mencion comment ilz cognoissoint avoir veu unes lettres de seau sellées de feu Hébert Riboule, chevalier, faisant mencion comment le dit chevalier notifioit avoir donné aux diz religieux, abbé et couvent de Beaulieu, unes places sises en la Grand-Rue du Mans, lesquelles ilz avoint achaté de Guillaume Savoure, assises ou féage du dit Hébert, et tout ce que povoit avoir ès dictes places, exepté vi deniers manczois de cens. Et les diz religieux, ne voulans point estre ingratz de tel don, donnèrent au dit chevalier la somme de xii livres tournois.

Lesquels xx lettres sont ensemble cousues et merché la première sur le dors de lettre fourmée : La cité du Mans.

Gourdaine.

41. — [1314]. — Unes lettre de la court de l'official du Mans, sellée, signée et donnée le mardi après Johanne ²

---

1. Il convient de rapprocher cet article de la charte signalée plus haut, p. 16, note 1.
2. Peut-être devrait-on lire ici : *Invocavit me*, car le mot *Johanne* ne correspond à rien.

M CCC XIIII, comment Regnaud Chapelain, demourant en la dite paroisse de Gourdaine, du Mans, print des diz religieux, abbé et couvent, à touz temps mes, une pièce de terre contenant un journel ou environ, sis près la terre du dit Regnaud, que il tient de l'évesque du Mans, d'un cousté, et d'autre, la terre à la Morillonne, ou féage des diz religieux, et aboutant d'un bout à la venelle où est un puiz et à la terre Faucon Mouschoit, une haye mediante, pour le pris et somme de x sols tournois de rente perpétuel, à paier, par chacun an, à la feste de Toussains.

42. — **[1330]**. — Un aultre lettre de la court du Mans, sellée, signée et donnée l'an mil CCC XXX, comment Jehan Blondeon, paroissiain de la dite paroisse, vendit à monsieur Estienne Fuschet, religieux du dit monastère de Beaulieu, un setier de froment, bon, sec et loyal, à la mesure du Mans, de annuel et perpétuel rente, à paier du dit vendeur et de ses hoirs au dit achateur ou à ses hoirs, par chacuns ans, au jour de la Saint-Remy. Et fut faicte ceste présente vendicion pour le pris et somme de un livres tournois, de laquelle somme le dit Jehan se tint pour content.

43. — **[1384, 26 mai]**. — Une autre lettre de la court du Mans, sellée, signée et donnée le jeudi après l'Ascencion l'an M CCC IIII^{xx} IIII, comment Guillaume Deul et Juliote, sa femme, paroissiains de la dicte paroisse, vendirent à Belot Lenourriczon et à Ysabeau, sa femme, paroissiains de Notre-Dame-du-Pré, et à leurs hoirs, cinq setiers de froment, bon, sec et loial, à la mesure du Mans, de rente perpétuel, laquelle rente de Chaufor, demourant à la Gabelle, en la paroisse de Longne-en-Champaigne, leur estoit tenu faire, par chacun an, à Nouel, sur toutes et chacunes les chouses immeubles et héritaux du dit Chaufor. Et fut faicte cette présente cession et quictance pour le prix et somme de xx livres tournois, de laquelle somme le dit Guillaume Deul se tint pour content.

44. — [**1328**]. — Une autre lettre, donnée par manière de copie, comment P. Hébert, de Gourdaine, autrement dit Erquengier, et Edeline, sa femme, de la dite paroisse, donnèrent de leur bonne et pure volunté, à religieux, abbé et couvent de Beaulieu, touz leurs biens meubles et immeubles queulx qu'ilz soint et comment qu'ilz soint appellez, à en faire toute leur plenière voulenté, ainxi com de leurs autres chouses. Laquelle lettre est de la court du Mans.

45. — [1328 (v. s.), 15 mars]. — Une autre lettre de la court de l'official, sellée, signée et donnée le merquedi après *Invocavit me*, l'an M CCC XXVIII, faisante mencion en la propre manière que la dessur dicte.

46. — [1328]. — Une autre lettre de la dicte court de l'official, signée et donnée l'an desur dit, comment le dit Hébert et sa dicte femme vendirent à Guillaume deux pièces de vigne, contenant un quartier et demy ou environ, desquelles l'une est assise d'un cousté près la vigne Jehan Jouste, et d'autre, la vigne Pierre de Couldroy, et l'autre pièce est près la vigne Gillet Lengloys, en la paroisse de Ségrie, ou féage du seigneur de Lomont. Laquelle chouse fut vendue pour le prix et somme de huyt livres tournois, de laquelle somme le dit Hébert se tint pour content et bien poyé.

Lesquelles seix lettres sont cousues ensemble et merchées sur la première des dites, en lettre fourmée pour mielx apparetre, par : Gourdaine.

Saint-Hilayre.

47. — [1324, 24 novembre]. — Une lettre de la court du Mans, sellée, signée et donnée le sebmedi après Saint-Clément M CCC XXIIII, comment Jehan Ledoulx et Juliote, sa femme, parroissiains de la dite paroisse, baillièrent à Jehan, lours le plus jeune, clerc, pour le pris et somme de VIII sols tournois, ou monnoie courrante, de annuel et perpétuel rente, à paier au jour de Toussains, une pièce de terre et de vigne joignant ensemble, contenant demy journel ou environ, sis en la paroisse de Saint-Hilaire, ou fié aux religieux, abbé et couvent de Beaulieu, près la vigne du dit preneur et la terre au prebtre de Saint-Jehan près le Mans.

48. — [1324]. — Une autre lettre de la court de l'official du Mans, sellée, signée et donnée du temps que la darenière, faisante mencion du tout comme la dessur ; et sont ensemble annexées.

49. — [1314, 12 septembre]. — Une autre lettre de la court du Mans, sellée, signée et donnée le jeudi après l'Angevine M CCC XIIII, comment Jehan Ledoulx et Juliote, sa femme, baillièrent à Jehan, lours clerc, le plus jeune, pour le pris de LX sols tournois ou monnoie courrante de annuel et perpétuel rente à paier, un herbergement sis en la Veille-Tennerie du Mans, o les appartenances qui sont en mesons, o les cuves, o les noz, o le fournel et o la chaudière, sises en la dicte paroisse de Saint-Hilaire, ou lié à l'abbé de la Coulture, près le courtil feu Huet de Chevillé et près la meson feu Jehan de Châteaufort, à en faire toute leur pleine volunté. Et est tenu faire, rendre et poyer le dit preneur aux diz bailleurs la dicte rente, par chacun an, au jour de Noueil, et, ovec ce, rendront et pairont à la meson-Dieu de Caudfort, les diz preneurs pour les diz bailleurs, à la meson-Dieu de Caudfort, vingt sols tournois de perpétuel rente, et IIII deniers tournois de cens au dit abbé de la Coulture.

50. — [1308, 26 novembre]. — Une autre lettre de la court de l'official du Mans, signée par Ysabeau ? et donnée le mardi avant la Saint-André M CCC VIII, comment Guillaume Adam et Thomasse, sa femme, paroissiains de la dicte paroisse, confessèrent avoir eu en pur achat, des religieux, abbé et couvent de Beaulieu, la moitié de une ouseraye sise aux Rousières et près le presssouer du dit lieu des Rousières qui fut feu Micheil Taillandier, en la dicte, pour le pris de seix soulx tournois ou monnoie courrante à paier desd. acheteurs ou de ceulx qui auront cause d'eulx au dit abbé et couvent, à la feste de Toussains.

51. — [1324, 24 novembre]. — Une aultre lettre de la court du Mans, sellée, signée et donnée le sebmedi après Saint-Clément M CCC XXIIII, comment Jehan Ledoulz et Juliote, sa femme, paroissiains de la dicte paroisse, baillèrent à touz temps mes, à Jehan, lours le plus jeune, huyt sols tournois ou monnoie courante de annuel et perpétuel rente à paier au terme de Toussains, sur une pièce de terre et de vigne joignant ensemble, contenant environ demy-journel, sise en la paroisse dessus dite, ou fié à l'abbé de Beaulieu, près la vigne du dit preneur, et la terre du prebtre de Saint-Jehan près le Mans. Lequel preneur print et receput la dicte pièce de terre des diz balleurs pour faire à eulx la dicte rente au dit terme.

52. — [**1405 (v. s.), 8 janvier**]. — Une autre lettre de la court du Mans, sellée, signée et donnée le venredi après la Tiephaine M CCCC V, comment Estienne et Guillaume les Jordans et la femme Georget Potier, enffans de feu Agnès, jadis femme de feu Guillaume Jordan, et ses héritiers, chacun pour la tierce partie, ont ratifié, conferné et approuvé la vendicion et transport de moitié de x sols tournois de rente perpétuel, avec touz et chacuns les arrérages que estre deuz povaint à cause de la dicte rente que la dicte Agnès avoit faicte, au temps qu'el vivoit, à Jehan Jobin, paroissiain de la dite paroisse, ainxin com mielx apparest par la dite lettre.

53. — [**1333 (v. s.), 4 février**]. — Une autre lettre de la court de l'official, signée et donnée le venredi après la Purification, comment Jehan Tierri, clerc, paroissiain de la dite paroisse, bailla par nom de vendicion à Jehan Fourmy, clerc, et à Edeline, sa femme, à touz temps mes, pour la somme de XL sols tournois à paier, par moitié, aux termes de Nouel et Saint-Jehan, une pièce de vigne contenant troys quartiers ou environ, sise en la paroisse de Rouillon, ou fié de feu Jaquet de la Querre, entre les vignes à l'abbasse du Pré, d'un cousté, et d'autre, les terres de la Chapelle, M CCC XXXIII [1].

54. — [**1340 (v. s.), 13 février**]. — Une autre lettre de la dicte court, sellée, signée et donnée le lundi après la Sainte-Scolastice, ou meys de febvrier M CCC XL, comment le dit Jehan Tierri, clerc, ballia par nom de vendicion à Jehan

---

1. Cette date a été ajoutée après coup, mais au xve siècle.

Eschigot et Bourgière, sa femme, paroissiains de Neuville-sur-Sarte, toutes les chouses immeubles que il avoit et povoit avoir en la dite paroisse de Neuville, ou féage du seigneur du dit lieu, contenant troys journelx de terre ou environ, tant en pasture, genez et bruyères, près les chouses à la Galaise et aux religieux, abbé et couvent de Beaulieu, pour le pris de XIII sols tournois ou monnoie courrante de annuel et perpétuel rente, à paier du dit Eschigot au dit Tierri, ou à ceulx qui sa cause auront, au jour de Toussains.

55. — [**1351, 6 août**]. — Une autre lettre de la dite court, sellée, signée et donnée le sebmadi après la feste de Saint-Père-des-Liens M CCC LI, faisant mention que, comme le dit Jehan Tierri fust tenu en la somme de XIII sols VI deniers tournois, II chapons de rente perpétuel, aux religieux, abbé et couvent de Beaulieu, par raison de certaines chouses estans o une meson et o un courtil, sises en la paroisse de Rouillon, lesquelz il avoit acquis de Symon Hérigaud, et laquelle rente les diz religieux avoint acquis de Hébert Vavasseur; le dit Jehan Tierri a ballié et cédé aux diz religieux, pour les diz XIII sols tournois qu'il lui estoit tenu faire, en leu lieu et en acquit, XIII sols tournois de rente, que lui devoit faire Jehan Eschigot, paroissien de Neuville-sur-Sarte, ainxi qu'il est contenu en la lettre dessur dite, à la dite feste de Toussains, par chacuns ans.

Nota que le dit Eschigot doibt poier au seigneur du fé deux deniers de cens requérables sur les diz XIII sols tournois de rente, ainxin comme il doibt estre contenu en la lettre dessur dite. Et doibt poier le dit Tierri, par sa main, le résidu de la dite somme XIII sols VI deniers tournois, II chapons de rente, c'est assavoir VIII deniers, II chapons, à la dite feste de Toussains.

56. — [**1356, 27 décembre**]. — Une aultre de la dicte court, sellée, signée et donnée le venredi après la Saint-Thomas M CCC LVI, comment le dit Tierri confessa avoir ballié à toz temps mes, à Jehan et Hugues les Bretons, prebtres et frères, une place sise en la dite paroisse de Saint-Hilaire, entre la place Geffroy Vilain, d'un cousté, et la place du dit Tierri, d'autre, c'est à savoir à une husserie de pierres, et aboutant, d'un bout, à la rue de la Tennerie, et d'autre, à l'eau de Sarte. Et fut faicte ceste présente tradicion pour le pris de xx sols tournois ou monnoie courrante de annuel et perpétuel rente, à paier des diz preneurs ou leur cause aians, au dit Tierri ou à ses successeurs, aux termes de Nouel et Saint-Jehan, par moitié, et pour le prix de xvi flourins d'or, desquelx le dit Tierri se tint pour content et bien poyé, et en paiant au seigneur du fié, ii deniers obole de cens requérable, ainxi qu'il appiert par la dicte lettre.

57. — [1356]. — Une autre lettre de la dicte court, sellée, signée et donnée, et faisante mencion com la darenière escripte, de la tradicion d'une place sise en la dite paroisse de Saint-Hilaire, par le dit Jehan Tierri, aux diz Jehan et Hugues les Bretons.

58. — [**1358 (v. s.), 29 mars**]. — Une autre lettre de la court du Mans, sellée, signée par G. Duplessair, et donnée le vendredi après que l'en chante en sainte Église : *Oculi mei* M CCC LVIII, comment le dit Tierri confessa avoir vendu, quicté et cessé à Jehan et Hugues les Bretons, prebtres, xx sols tournois de rente perpétuel, qu'ilz lui estoint tenu faire à cause d'une place sise en la dicte paroisse de Saint-Hilaire, près la place Geffroy Voyer, laquelle place o le fons avoit japieçza baillée aux diz frères et à leurs successeurs, pour la dite rente de xx sols tournois, ainxin que il appiert par les lettres dessur dictes. Et fut faicte ceste présente vendicion pour le prix de xv flourins d'or, du coign du roi, notre sire, desquelx le dit Tierri se tint envers les diz Bretons pour content.

59. — [**1312, 4 novembre**]. — Une autre lettre de la dicte court du Mans, sellée, signée et donnée le sebmedi après la Toussains M CCC XII, comment Macé Goupil et et Marion, sa femme, Estienne de Veniete et Jehanne, sa femme, paroissiains de la dite paroisse, confessèrent que, pour XL livres tournois, en descendant et rabatant de la somme de LX livres tournois, demourant de greigneur somme de deniers, en quoy ilz estoint tenuz et obligez à Roland Machegruel [1], clerc, de vendicion et de baillée de vins, eulx vendent et octroyent, de leur commun assentement et de leur bonne volenté, au dit Roland, IIII livres tournois ou monnoie courante de annuel et perpétuel rente, à prendre et percepvoir du dit achateur et de toutes autres personnes qui auront cause de lui en la dite rente, sur toutes les chouses immeubles et héritaux des diz vendeurs, quelxconques chouses et lieux que ce soint, à paier, par chacun an, à la feste de Toussains. Et est convenu et accordé entre les diz achateurs et le dit vendeur, que, s'il avenoit que les diz vendeurs faisoint deffault de paier la dite rente en aucun terme à venir, que le dit achateur tantoust puisse prendre et avoir les dites chouses immeubles des diz vendeurs, desquelles que le dit achateur ou ceulx qui de lui auroint cause, en un lieu ou en plusieurs lieux et à leur voulenté, à la value de la dite rente et des arrérages qui seroint ou pouroint estre deuz. Et s'il avenoit que ainsi le dit achateur rendroit au dit vendeur, par chacun an, VII deniers de devoir requérable, et cetera.

60. — [**1359 (v. s.), 24 mars**]. — Une autre lettre de la court de l'official du Mans, sellée, signée et donnée le XXIIII° jour de mars M CCC LIX, faisant mencion comment Macé Le Boucher et Jehanne, sa femme, vendirent à Katherine la Boujue une place de terre sise en la Tennerie du Mans, en la paroisse de Notre-Dame-de-Gourdaine, entre la meson Guérin Dessommes, d'une partie, et la meson Jehan Angenaut, d'autre partie, aboutant près les murs de la cité du Mans, à tenir et posséder de la dicte Katherine et de ceulx qui auront sa cause, la dite place, ovec le fons, pour le pris de LX sols tournois ou monnoie courante, de annuel et perpétuel rente, estre paiez aux termes de Nouel et Saint-Jehan, par chacun

---

1. Le chapitre Saint-Pierre-de-la-Cour, en 1284, baille à Roland Maschegruel un habergement situé rue de la Verrerie, paroisse Saint-Pavin-de-la-Cité. Cf. S. Menjot d'Elbenne, *Cartulaire Saint-Pierre-de-la-Cour*, in-8°, n° 248.

an, et pour cinq flourins d'or à une foiz paiez, desquelx ilz se tindrent pour contens.

61. — [**1359 (v. s.), 24 mars**]. — Une autre lettre de la court du Mans, sellée, signée et donnée et faisante mencion comme la dessur dite ès diz an et jour, d'une place sise en la Tennerie du Mans, vendue de Macé Le Boucher et Jehanne, sa femme, à Katherine la Boujue.

62. — [**1360, 11 novembre**]. — Une autre lettre de la dicte court du Mans, sellée, signée et donnée le merquedi après les ottaves de Toussains M CCC LX, comment le dit Macé Le Boucher et Jehanne, sa femme, confessèrent avoir vendu à Denis Durand et Amelote, son espouse, la somme de LX sols tournois ou monnoie courante que Katherine la Bouine lui estoit tenu faire à Nouel et Saint-Jehan, par moitié, chacun an, par raison d'une place sise en la Tennerie du Mans, en la paroisse de Gourdaine, ou fié à l'abbasse du Pré, à laquelle abbasse est deu III deniers de cens. Et fut faicte la dicte vendicion pour le pris de trente flourins d'or du coing du roy Jehan. De laquelle somme le dit vendeur se tint pour content.

63. — [**1394, 9 décembre**]. — Une autre lettre de la court de l'official du Mans, sellée, signée et donnée le IX° jour de décembre M CCC IIII{xx}XIIII, comment Guillaume de Paluau confessa de sa volunté, des religieux, abbé et couvent de Beaulieu, cinquante sols tournois, pour finaison de l'indempnité des chouses immeubles sises ou féage du dit Guillaume Paluau, lesquelles Denis Durant et Melote, sa femme, leur avoint donné et assigné ad fundez une chapelle ou dit monastère de Beaulieu, et pour autres chouses et causes ès quelles les diz religieux estoint tenuz au dit Guillaume, pour le temps passé, jusques au date des dites présentes lettres, saulves les cens et les devoirs acoustumez luy deuz chacun an par raison des chouses davant dictes, ainxin com il appert par la dicte lettre.

Lesquelles XVII lettres sont ensemble cousues et merchées sur la première, de lettre fourmée: Saint-Hilaire.

Saint-Benoist.

64. — [**1294, 22 novembre**]. — Une lettre de la court de l'official du Mans, sellée, signée et donnée le lundi après le octave Saint-Martin d'yver M CC IIII^{xx}XIIII, comment Juliain et Macé de Aigreville, frères, paroissiains du Mans et de Prullié, donnent, quittent et delessent du tout à Hébert de Aigreville, paroissiain de Prullié, leur frère, ce que ilz avoit de droit ou povaint avoir en un estre ou menoir appellé l'estre ou menoir de Brocin [1], sis en la dite paroisse de Prullié, ou féage du chapitre du Mans et en ses appartenances, pour la partie et porcion que avoit ou povoit avoir le dit Hébert, et ce que li povoit compéter en un estre ou menoir appelé l'estre ou menoir de Aigreville, sis en la paroisse de Fiacé ?[2], venant au dit Hébert de la partie de son père.

65. — [**1280 (v. s.), 13 février**]. — Une autre lettre de la court du Mans, signée et donnée le jeudi après les octaves de la Chandeleur M CC IIII^{xx}, comment Bourgine, fille de feu Robin Lagogué et de feu Richete [3], sa femme, jadis fille feu Hébert [4] Coisnon, et jadis femme feu Estienne [5] Laguiller, vendit et octria au nom de vendicion, au dit Estienne [6] Laguiller et à Richete [7], sa femme, jadis fille feu Estienne Benerger [8] et à lors hers, toute la partie, le droit et la raison que la dite Bourgine avoit et povoit avoir et actendoit à avoir, par raison de succession de son père et de sa mère dessur diz, ou pour quelcunque autre roison, en une meson, o le fons, o le courtil derrière, et o toutes ses appartenances, assise en rue Dorée [9] du Mans, ou lié à l'abbé et au

---

1. Cf., sur les seigneurs de Broussin, L. Froger, *La seigneurie de Broussin, à Fay*, in-8° et *Province du Maine*, t. VII, pp. 254 et 288.
2. On doit lire : *Fay*, où se trouve un lieu dit : *Aigreville*.
3. Lire : *Richent*. Telle est la lecture du document original.
4. Lire : *Herbert*.
5. Lire : *Estienvre*.
6. Idem.
7. Lire : *Richent*.
8. Le document original donne : *Jehan Berengier*.
9. Lire : *rue d'Orée*.

couvent de Beaulieu, davant leur celier, entre la meson Robin de Jugle, de une partie, et la meson feu Guarauger, d'autre partie, et o touz les biens meubles qui estoint ou avoint en icelle meson. Lesquelles chouses le dit Estienne et la dite Richete [1], jadis mère de la dite Bourgine, avoint acquises et achatées ensemble. Et fut faicte la dicte vendicion pour le pris de LXXVII livres [2] tournois ou monnoie courante, de laquelle somme ilz soy tindrent pour contens.

66. — [1352, 10 octobre]. — Une autre lettre, sellée, signée, de la court du Mans, donnée le merquedi après la Saint-Denis M CCC LII, comment Sedille, jadis femme feu Jehan Nouel, et Micheil, son filz, vendirent à Martin Chouen VIII sols tournois ou monnoie courante de annuel et perpétuel rente que il leur estoit tenu faire chacun an, par raison de certaines chouses immeubles et héritaux que il tient, chargées et obligées à celle rente, et cessoit, quitoit les diz vendeurs audit achateur ou et cetera. Et fut faicte la dite vendition pour le pris de III livres tournois, de laquelle somme les diz vendeurs se tinrent pour contens. Et en faisant des diz achateurs ou et cetera, III deniers de cens à l'abbé de Beaulieu, aux termes de Nouel et de Saint-Jehan, par moitié.

67. — [1372, 12 avril]. — Une autre lettre, signée et donnée le lundi après *Misericordia Domini* l'an M CCC LXXII, de la court laye du Mans, comment Jehan Lespicier, bourgeois du Mans, ballia et octria à Ernoul Rogier et Jehanne, sa femme, paroissiains de Cergé, un journal, que vigne que terre, sis en la dicte paroisse, ou fié du dit bailleur, entre les chouses de la Pelice, d'une part, et les terres du Vesque, d'autre, pour le pris et somme de VII sols tournois ou monnoie courante de rente perpétuel, et I denier de cens à paier des diz preneurs au dit bailleur, au jour de Toussains.

68. — [1364, 26 avril]. — Une autre lettre de la dicte court du Mans, sellée, signée par J. Valée, et donnée le ven-

---

1. Lire : *Estienvre* et *Richent*.
2. Le document original porte : *sous.* au lieu de livres. Il est conservé aux archives dép. de la Sarthe, H 385.

redi après *Cantate* M CCC LXIIII, comment Jehan de Launoy, fils feu Denis de Launoy, Thevenote et Colete, ses soers, confessèrent avoir quicté, etc., à religieux, abbé et couvent de Beaulieu, tout le droit qu'ilz avoint et povoint avoir en une place de terre, sise en rue Dorée du Mans, ou flé du dit abbé, entre les chouses des diz religieux, d'une part, et les chouses feu Poignant, d'autre part, laquelle place leurs prédicesseurs prindrent les diz religieux, à xvIII sols tournois de rente et de touz les arrérages qui en estoint deuz, et pour demourer quitez et absoulz de la dite rente et des diz arrérages, comme pour xxx flourins d'or du coign du roy Jehan, paiez au dit Jehan, Thevenote et Colete, des diz religieux.

69. — [**1362 (v. s.), 1er mars**]. — Une autre lettre de la dicte court du Mans, sellée, signée par J. Vallée, et donnée après le merquedi *Reminiscere*, premier jour de mars M CCC LXII, comment Denis Gallet et Richart Bouteiller confessèrent avoir quitté aux religieux, abbé et couvent de Beaulieu, tout le droit qu'ilz avoint et povaint avoir en une place, sise en rue Dorée, ou flé des diz religieux, qu'ilz tenoint à x sols tournois de rente. Et fut faicte la dicte cession, affin que les diz Denis et Richard, ou leurs successeurs, soint et demeurent deschargez de la dicte rente et de xL sols tournois de arrérages, et affin que le dit abbé soit tenu délivrer et acquiter vers l'office de la pictancerie des diz religieux les diz balleurs de la somme de xx escuz que feu Jehan Gallet leur devoit, comme apparessoit par lettres de la court de l'official du Mans, comme pour seix frans d'or, paiez desdiz religieux au diz Denis et Richard.

70. — [**1305? (v. s.), 29 mars**]. — Une autre lettre de la court de l'official du Mans, sellée, signée par Landellier? et donnée le mardi après Pasques flouries M CCC V? comment Jehanne, fille feu Regnauld Vanier, confessa avoir donné en pure et perpétuel aulmoune à Edeline, sa seur, et à Hébert Arquengier [1], son mari, et à ceulx qui de eulx auront cause,

---

1. Voir plus haut, le n° 44, p. 21.

une meson ovec un courtil et autres appartenances que el avoit en la paroisse de Saint-Benoît, ou féage du seigneur de Brocin, entre la meson feu Fouleon de Neuvi, d'une part, et d'autre, la meson Guillaume Lesaignot, et aboutant d'un bout à Sarte, à en faire toute leur plenière volunté, et en payant au seigneur du fié, x deniers de cens au jour Saint-Jehan-Baptiste, et iiii sols tournois au dit seigneur, au jour Saint-Christofle, par chacuns ans.

71. — [**1328** (v. s.), **1er avril**]. — Une autre lettre de la court du Mans, signée par R. Douceit et donnée le dimainche que l'en chante : *Judica me* M CCC XXVIII, comment Jamet Chapuis et Perrote, sa femme, fille jadis de feu Macé d'Egreville et de Agnès, jadis sa femme, baillent et octroient à Guillaume d'Egreville et à Jehanne, sa femme, pour xx sols tournois ou monnoie courante de annuel et perpétuel rente, toutes les chouses immeubles et héritaux qui aux diz bailleurs sont avenues et escheus et qui leur povoint avenir et eschoir de la succession du dit feu Macé et de la dite Agnès, quelxcunques chouses que ce soint et comment qu'elles sont nommées ou appelées et en quelxcunques lieux, fiez ou paroisses, qu'elles sont assises, à tenir, etc. Lesquelx preneurs doivent poier la dite rente aux diz balleurs, au terme de Saint-André.

72. — [**1224** (v. s.), **janvier**]. — Une autre lettre de la court de l'official du Mans, sellée et donnée l'an M CC XXIIII, comment [Juliainne, femme feu [1]] Gilet Bouquede, donna à l'église Notre-Dame-de-Beaulieu cinq sols tournois de rente perpétuel, pour l'anniversaire de le et de son mari, lesquelx v sols tournois la dite Juliainne assigna à la dite abbaie sur ses places, sises près la Veille-Porte, entre le mur de la cité du Mans et la petrine de la dicte Juliainne, par chacuns ans, au jour que les religieux du dit lieu célébreront le dit anniversaire.

73. — [**1301** (v. s.), **19 janvier**]. — Une autre lettre de la court de l'official du Mans, sellée, signée par Rel. et

---

1. Les trois mots mis entre crochets ont été ajoutés après coup, en interligne. Le document original est conservé aux archives dép. de la Sarthe, H 384. Il est daté du mois de janvier.

donnée le venredi après la Chaere-Saint-Père M CCC I, comment Gervaise Perroyn [1], autrement dit de la Roche, clerc, et Jehanne, sa femme, paroissiains de Saint-Benoît, confessa que comme Guillaume Ligier, au temps qu'il vivoit, jadis père de la dite Jehanne, eust acheté xv sols manczois de annuel et perpétuel rente de Gaultier Taillandier et de Jehanne, sa femme, laquelle rente Hamelot Le Barbier et Jehanne, dicte Lingueste [2], par chacuns ans, estoit tenuz poier et rendre à la feste de Toussains, sur une pièce de vigne contenant un arpent ou environ, sis à Malpalu, ou féage de l'abbé de la Coulture, en la paroisse de Sainte-Croez, laquelle vigne est appellée la vigne Avole, qui fut jadis feu Yuguet Le Barbier, et la dicte rente fust eschoite en la partie de la dicte femme du dit Gervaise, de la succession ou eschoite du dit dessus son père, par division faicte entre la dite fille, le dit Gervaise, etc., après, lesquelles chouses les diz conioins vendirent aux religieux, abbé et couvent de Beaulieu, la dite rente de xv sols manczois et les arrérages, si aucuns en estoint deuz, pour le pris de xx livres tournois, de laquelle somme les diz vendeurs se tindrent pour contens.

74. — [**1322, 24 décembre**]. — Une autre lettre de la dicte court, signée et donnée le venredi avant Nouel M CCC XXII, comment Jehan du Châteaufort, clerc, confessa avoir baillé à touz temps mes, à Macé Chevreau, paroissiain de Prullié, une pièce de vigne, contenant un quartier ou environ, et journel demy de terre, sis près la dicte vigne, le tout sis en la dicte paroisse de Prullié, ou cloux de la Coheue, ou féage du déan et chapitre du Mans, près la vigne Gervaise Ccelle et la vigne Macé de Belin, pour le pris et somme de iii sols tournois de rente annuelle à paier à la feste de Toussains, et pour xv deniers tournois de cens à paier au seigneur du fié à la Saint-Martin d'yver.

1. On trouve, en 1362, Perrot Perrouin, censitaire du comte du Maine, pour une roche devant Saint-Nicolas. Cf. *Bulletin de la Société d'agriculture, sciences et arts de la Sarthe,* t. XVI, p. 254.
2. Voir plus haut, le n° 25, p. 14, et le n° 35, p. 19.

75. — [**1346 (v. s.), 16 mars**]. — Une autre lettre de la dicte court de l'official, sellée, signée par Raderay, et donnée le venredi après *Invocavit me* M CCC XLVI, comment Guillaume Lebigot, alias Sirot, et Macée, femme feu Germain Jobin, sœur du dit Guillaume, confessèrent avoir vendu aux religieux, abbé et couvent de Beaulieu, la somme de XXIII sols mançois de annuel et perpétuel rente, à paier de la dite somme XXV sols tournois à la Saint-Jehan-Baptiste, et le résidu, c'est assavoir XXI sols tournois, à la feste de Noué, sur une meson sise en rue d'Orée du Mans, près la meson Thomas Landoys, d'une part, et d'autre, la meson Symon de Vallon, et sur leur estre de Pennecières, appellé l'estre Foucher, et sur toutes leurs chouses immeubles, etc. Et fut faicte la dicte vendicion pour le pris de XXIII livres tournois, en acquit desquelles le dit G. devoit aux diz religieux de vendicion de vins.

76. — [**1383, 11 août**]. — Une autre lettre de la court du Mans, sellée, signée par J. Telaye et donnée le mardi après Saint-Laurent M CCC et IIII^{xx} III, comment Jehan Frapon, prebtre, confessa avoir vendu à frère Gervaise Bérengier, religieux du monastère de Beaulieu, et à ses successeurs à touz jours mes, c'est assavoir un setiers d'aveinne, bonne et compétente, à la mesure du Mans, à prendre et percepvoir sur toutes et chacunes les chouses immeubles et héritaux du dit vendeur ou de ses hoirs, etc. Et fut faicte la dicte vendicion, pour le pris de X livres tournois, de laquelle somme le dit vendeur se tint pour content, à paier la dicte rente, au terme de Saint-Jehan-Baptiste, franche, quicte et delivre au Mans, à l'ousteil du dit achateur, aux propres coups et despens du dit vendeur, et cetera.

77. — [**1386, 16 novembre**]. — Une autre lettre annexée à la dessur dicte, de la dicte court du Mans, sellée, signée par Chollet et donnée le venredi après la Saint-Martin d'yver M CCC IIII^{xx} VI, comment Jehan Sainton, sergent de la rayne de Jehrusalem et de Secille en sa ville et quinte du Mans, en tant que avoit esté requis dudit religieux de faire mettre les dictes chouses à exéqution, pour ce que le dit Frapon ne lui avoit point poié seix setiers d'aveinne, lesquelx estoint d'arrérages, print des chouses immeubles du dit Frapon, c'est assavoir une pièce de vigne, contenant deux quartiers ou environ, sis en la paroisse de Fay[1], ou flé de l'abbé de Beaulieu, coustéant les chouses Jehan Péan, d'un cousté, et d'autre, les chouses Juliote la Regnote, aboutant au chemin si com l'en vait de Fay à la Masserie, d'un bout, et les chouses Jehan Chatenoy, d'autre bout. Et confessoit le dit sergeant, etc. Et fut fait de recteur certain argent, etc.

78. — [**1324, 30 avril**]. — Une autre lettre de la court de l'official du Mans, signée par J. Douceit, donnée le darenier jour d'apvril M CCC XXIIII, de Jobin et Agnès la Cherelle.

79. — [**1322 (v. s.), 13 mars**]. — Une autre lettre de la dicte court de l'official, sellée, signée J. Doucet et donnée le dimainche que l'on chante : *Isti sunt dies* M CCC XXII, comment Pierres de Nogen, tenneur, et Jehanne, sa femme, vendirent à Jehan Bahu et à Clémence, sa femme, paroissiains de Saint-Ouain, une pièce de terre contenant deux journelx ou environ, qui fut jadis feu Hasart, o ses appartenances, sis en la paroisse de Cergé, près les chouses Jehan Roussel et les vignes de la Pitié et les terres qui furent feu P. Perroin, ou féage de la dame de Fram[...][2], pour le pris de XII sols tournois ou monnoie courante de annuel et perpétuel rente, à paier des diz achateurs aux Filles-Dieu du Mans, au terme ad ce accoustumé, ovesques III deniers de cens, deuz à la dame du flé.

80. — [**1323, 29 décembre**]. — Une autre lettre, annexée o la dessur dite, de la dicte court, sellée, signée par Doucet et donnée le jeudi après Nouel M CCC XXIII, comment les diz Nogen et sa femme retrairent la dicte rente de XII sols tournois, de Thomas Leroy, clerc, auquel il la avoit

---

1. On avait d'abord ajouté : *à la Masserie*. Ces mots ont été ensuite rayés.
2. Nous n'avons pu lire le nom sur le ms.

vendue. Et ballèrent au dit Roy la somme de vi livres tournois pour la dicte rente.

Lesquelles XVII lettres sont ensemble cousues et signées en lettre fourmée par : Saint-Benoist.

Saint-Ouen.

81. — [**1272, 18 juin**]. — Une lettre de la court de l'official du Mans, sellée, signée et donnée le sebmedi après Penthecoste M CC LXX II, comment Guillaume Drocon et Clémence, sa femme, paroissiains de Saint-Ouen, donnèrent à Thomas, fils du dit Guillaume, en pure et perpétuel aumonne, une pièce de vigne sise en la paroisse de Saint-Pavace, ou féage à l'abbé de Saint-Vincent, sis aux Fousses, et une huche, un tonneau et autres utensilles.

82. — [**1310, 17 novembre**]. — Une autre lettre de la dicte court de l'official du Mans, sellée, signée et donnée le mardi après Saint-Martin d'yver M CCC X, comment Guillaume Goudelier et Katherine, sa femme, paroissiains de la dicte paroisse, vendirent aux religieux, abbé et couvent de Beaulieu près le Mans, xiiii sols tournois de cens que les diz religieux estoint tenuz faire aux diz conjoins, à cause d'un cloux de vigne o ses appartenances, sis davant l'abbeye des diz religieux, et par raison d'aucunes autres chouses immeubles appartenant aux diz religieux, au fié d'Averton, lequel fié les diz conjoins ainxi com leur, et doibvent faire les diz religieux, iii oboles de cens, pour les dites chouses. Et fut faicte la dicte vendicion pour le pris de vii livres tournois, de laquelle somme ilz se tindrent pour contens.

83. — [**1329 (v. s.), 9 février**]. — Une autre lettre de la dicte court, sellée, signée et donnée le venredi après la Purification-Notre-Dame M CCC XXIX, comment Jehan Bahu et Clémence, sa femme [1], vendirent à Colin de Ouyssel la somme de xxx sols tournois ou monnoie courrante, au terme de Toussains, sur toutes, etc. Et fut faicte la dite vendi-

---

1. Cf. le n° 79.

cion pour le pris de xv livres tournois, de laquelle somme les diz vendeurs soy tindrent pour contens.

84. — [**1325, 16 décembre**]. — Une autre lettre de la court du Mans, sellée, signée et donnée le lundi après Saint-Gervaise d'yver M CCC XXV, comment Guillot de Doiau, jadis fils feu Symon de Doyau, paroissiain de la dicte paroisse, confessèrent que Jehan Bahu et Clémence, sa femme, mère du dit Guillot, li avoint fait payment et satisfaction enterigne de tout celle partie et portion comme le dit Guillot avoit et povoit avoir en touz les biens meubles qui furent au dit feu Symon, jadis son père. Et se tint le dit Guillot pour content de touz les biens meubles et que jamais rien ne demandera en deux journelx de terre, sis à la Guiaudière, en la paroisse de Cergé, entre le chemin par lequel l'en vait du four de Memme[1] au Mans, sauf et retenu au dit Guillot demy-quartier de vigne, sis ou flé au seigneur de Montfort, près les vignes feu Geffroy Ascelin, et la moitié de deux parts d'un journel de terre, sis près le demy-quartier de vigne, appellé la Pasneyère, sis près la vigne Yvon de Doiau.

85. — [**1331, mai**]. — Une autre lettre de la court de l'official du Mans, sellée, signée par Raderay et donnée M CCC XXXI, après l'Ascension, comment Jehan Bahu soy donna, o touz ses biens meubles, immeubles et autres, au monastère de Notre-Dame-de-Beaulieu près le Mans.

86. — [**1329 (v. s.), février**]. — Une autre lettre de la court du Mans, sellée, signée et donnée M CCC XXIX, après la Purification, faisant mencion de la vendicion de xxx sols tournois faicte à Colin Doissel par Jehan Bahu et Clémence, sa femme, dont il est fait mencion par avant.

87. — [**1321, 19 août**]. — Une autre lettre du seigneur de Maule, sellée par son seau, donnée le merquedi après l'Assumption-Notre-Dame M CCC XXI, comment Jehan de Maule, seigneur, confessoit avoir baillé à touz temps mes à Pierre Lepecu, paroissiain de la dicte paroisse de Saint-Ouen,

---

1. Peut-être conviendrait-il de lire : *Monnet* comme ci-après, au n° 92.

deux journelx ou environ, que terre, que vigne, que bois, que hais, sis en son dit fief, près l'estre de la Toufeite, à avoir, etc. pour la somme de x sols tournois ou monnoie courrante de annuel et perpétuel rente, à paier, etc., au jour de Toussains.

87 bis. — [1327 (v. s.), 15 mars]. — [Une autre lettre de la court de l'official du Mans, sellée, signée par ... et donnée le mardi après *Letare Iherusalem* M CCC XXVII, comment Pierres Bongoust et Colcite, sa femme, paroissiains de Saint-Ouen [1].]

88. — [1341, 25 juin]. — Une autre lettre de la court de l'official du Mans, sellée, signée et donnée le lundi après Saint-Gervaise d'esté M CCC XLI, comment Guillot de Douiau, paroissiain de Saint-Ouen, confessa avoir cédé à Jehan Bahu tout le droit qu'il povoit avoir en demy-quartier de vigne appellé la Paneyre, sis en la dicte paroisse, jouste la vigne Guillaume Pouleaze, clerc, d'une part, et, d'autre, la vigne du dit Guillaume.

89. — [1319, 4 novembre]. — Une autre lettre de la court laye du Mans, sellée, signée et donnée le dimainche avant la Toussains M CCC XIX, comment Guillot de Launoy, clerc, baillia et octria à Jehan Bahu, en nom et par reson d'eschange, une pièce de vigne contenant un quartier ou environ, sis ou tertre Saint-Morice, ou fié au seigneur de Montfort, jouste les vignes feu Henri Gueriff et les vignes Colin Chauvel, laquelle vigne le dit Guillaume acquist de feuz Pierres Le Juay et Marguerite, sa femme, à tenir, etc., en faisant au seigneur du fié, ix deniers manczois de cens, à la Saint-Gervaise d'yver, et demi-cousteret de vin, au prieur de Saint-Ouen. Et le dit Jehan ballie au dit Guillot une pièce de vigne, contenant un quartier et demy ou environ, sis en la dite paroisse, ou dit fié, près les vignes mestre Geffroy de la Chapelle et les vignes Guillot Guarnier, à tenir, etc., en faisant au dit seigneur du fié, IIII sols tournois de cens, au dit

---

1. Cet article, mis entre crochets, a été rayé après coup.

jour de Saint-Gervaise, et au dit prieur, III jallons de vin, par chacuns ans.

Lesquelles IX lettres sont ensemble cousues et signées en lettre fourmée par : Saint-Ouen, en la première.

Saint-Nicholas.

90. — [**1311, 31 décembre**]. — Une lettre de la court du Mans, sellée, signée et donnée le venredi après Nouel M CCC XI, comment Rublart et Juliote, sa femme, paroissiains de Tesloché, vendirent à Macé Letorneour II sols tournois ou monnoie courante de annuel et perpétuel rente, à avoir, etc., au jour de l'Angevine. Et fut faicte la dicte vendicion, pour XII sols manczois, desquelx il se tint, etc.

91. — [**1317, 20 novembre**]. — Une autre lettre de la dicte court, annexée o la dessus dicte, sellée, signée et donnée le dimainche avant Sainte-Katherine M CCC XVII, comment le dit Macé Letourneour, paroissiain de Saint-Nicholas, vendit au dit Jehan Rublart les dicts II sols tournois de rente.

92. — [**1312 (v. s.), 16 février**]. — Une autre lettre de la dicte court, sellée, signée et donnée le jeudi après les octaves de la Chandeleur M CCC XII, comment Hameline, femme feu Thomas Hasard, et Jehan et Micheil, leurs enfans, paroissiains de Saint-Nicholas, vendirent à Jehan Perchaz un journel et demy de terre ou environ ovec ses appartenances, sis en la paroisse de Cergé, jouste la terre Robin d'Angers et la vigne Guillaume de la Forest et les terres Jehan Rousseau, le mercier, entre le chemin du four de Monnet et le chemin de la croez feu Pasture, ou lié maistre Geffroy Mahot, et est appellée la dicte terre la Guyaudière. Et fut faicte la dicte vendicion pour IX livres V sols tournois, de laquelle somme, etc., et en faisant aux seigneurs féaux les devoirs accoustumez.

93. — [**1357, 16 avril**]. — Une autre lettre de la court de l'official du Mans, signée par Raderay et donnée le dimainche que l'en chante *Quasimodo* M CCC LVII, comment révérend père en Dieu, Macé [1], abbé de Beaulieu, et

1. Macé ou Mathieu de Montihier.

frère Estienne des Aillères, procureur du couvent du dit lieu, par manière de permutacion et d'eschange, baillèrent à Martin des Porches, clerc, et à Jehanne, sa femme, paroissiains de Saint-Nicholas, une meson o le fons, sise en la paroisse de Saint-Padvin-de-la-Cité, en Vau-de-grat, jouste la posterne de Saint-Hilaire, d'un cousté, et d'autre, la maison de la Chappelle, que souloit tenir Symon du Bois, prebtre, en l'église de Saint-Père-de-la-Court, aboutant, d'un bout, aux murs de la cité, et d'autre, com l'en vait devers le prebtre du dit Saint-Padvin à Saint-Père-l'Enterré, laquelle meson les diz religieux avoint acquise de maistre Pierres de Sur-le-pont, et le dit maistre Pierres, du dit chappitre, pour la somme de III livres tournois ou monnoie courante de annuel et perpétuel, et en faisant les devoirs accoustumez aux seigneurs du fié, à tenir, etc. Ainxin ilz feront la dite rente au dit chappitre, etc. Et les diz conjoins ballent et octroient aux diz religieux, sur la dicte meson, XL. sols tournois de annuel et perpétuel rente, au jour de l'Assumpcion-Notre-Dame et de Saint-Jean-Baptiste, par moitié, et XL. sols tournois de annuel et perpétuel rente, que estoint tenuz faire Guillaume Chignard et sa femme, paroissiains de la Coulture, sur une meson o ses appartenances sis en la dicte paroisse, au jour de Saint-Jehan-Baptiste, XX sols tournois, et la femme feu Denis Frommont, sur une meson o ses appartenances sis en la dicte paroisse, près la petite meson-Dieu de Caudfort, aux jours de Penthecoste et de l'Angevine, par moitié, x sols tournois, et Billequot, de la dicte paroisse, sur une meson o ses appartenances sis en Caudfort du Mans, aux termes de Nouel et de Saint-Jehan, par moitié, x sols tournois. Lesquelles chouses les diz conjoins ont ballié aux diz religieux à en faire, etc., ovec deux pièces de terre arable sis ou fié du prieur de Saint-Victeur, dont l'une est sise près les terres des diz religieux, et l'autre, assoiss près des dictes terres et les chouses de la confiarie de la Magdeleine, en faisant des diz religieux au dit prieur, VI sols tournois de devoir, aux termes accoustumez. Et par cause des diz XXX sols tournois, en faisant aux diz conjoins,

II deniers de cens requérable, et les diz xxx sols faiz par les diz Chignard et la femme feu Frommont, et par reson des diz dareniers x sols, à Jaquet Dupuiz, II deniers de cens.

Lesquelles IIII lettres sont ensemble cousues et signées en lettre fourmée par : Saint-Nicholas.

La Coulture.

94. — [**1280 (v. s.), 27 février**]. — Une lettre de la grand court, sellée, signée et donnée le jeudi après les Cendres M CC IIII^{xx}, comment Philippes Le Chastelain, jadis mari de Agnès Liguette, jadis fille feu Yugues Le Peletier, paroissiain de la Coulture, vendit à Guillaume Ligier, bourgeois du Mans, la tierce partie d'un herbergement o le fons et o ses autres appartenances, qui fut au dit feu Yugues et à la dite feu Agnès, assis près la meson Philipon Ferrecoc, en la paroisse dessus dite, ou fié au seigneur de Prullié, et toute la partie et le droit qu'il povoit avoir en une pièce de vigne o le fons, contenant un quartier ou environ, assise ou vau de Versé, près les vignes Pierres Piau, et une pièce de vigne qui est à la meson-Dieu, que feu Georget Lecharpentier souloit tenir ou dit fié, à avoir et tenir, etc., pour le pris de VIII livres tournois, dont les diz vendeurs se tindrent pour contens, en paiant du dit achateur au dit seigneur de Prullié et au chapitre les deniers acoustumez.

95. — [**1289, 14 juin**]. — Une autre lettre de la court de l'official, donnée le mardi après les octaves de la Trinité M CC IIII^{xx}IX, comment Hamelot Le Barbier, gendre de feu Yugues Le Barbier, et Jehanne, femme du dit Hamelot, fille jadis du dit deffunt, paroissiains de la Coulture, donnèrent à Dieu et au monastère de Notre-Dame de Beaulieu, près le Mans, en pure et perpétuel aulmoune, eulx et touz leurs biens présens et futurs, en quelxcunques lieux, etc., c'est assavoir une pièce de vigne contenant sept quartiers de vigne ou environ, appelée Douczamye, ou féage du seigneur de Tacé, en la paroisse de Sainte-Croez, jouste les vignes des religieux de Châteaux, et la moitié d'un pressouer, assis au dit lieu, o ses appartenances et o cinq cup., et une pièce de vigne, sise près Maupalu, et une meson sise en la paroisse de la Coulture, et IX sols VI deniers tournois, sis sur la terre de la Loerie, et tout le droit, propriété, etc., qu'ilz avoint et povoint avoir ès dictes chouses, et en terres, prez, vignes, mesons et boys sis en la paroisse de [1] Notre-Dame-du-Gué-Saalard, c'est assavoir en la métairie de la Rouessolerie et en quatre mesons, sis en la dite parcisse, et en une pièce de vigne, contenant demy-arpent de vigne, à en faire, etc.

96. — [**1325, 21 octobre**]. — Une autre lettre de la court du Mans, sellée, signée et donnée le lundi après Saint-Lucas M CCC XXV, comment Thomas Bouteiller et Juliaine, sa femme, paroissiains de la Coulture, baillèrent à touz temps mes, à Guillaume Chorruel et à Jehanne, sa femme, pour XVI sols tournois ou monnoie courante de annuel et perpétuel rente, à paier aux termes de Pasques et Toussains, par moitié, la moitié d'une pièce de vigne contenant demy-arpent, et la moitié d'un journel de terre ou environ, sis en la paroisse de la Magdeleine, jouste les vignes feu Thébaut Fressure et les vignes Jehan Nouel et achenent [2] de la Bazouge, et aux vignes de l'abbé de Beaulieu, ou fié du dit abbé.

97. — [**1328, 25 juin**]. — Une autre lettre de la court du Mans, sellée, signée et donnée le sebmadi après la Saint-Jehan-Baptiste M CCC XXVIII, faisant mencion que, comme Hébert d'Estriché et Martine, sa femme, parroissiains de la Coulture, fussent tenuz et obligez à feu Roland Maschegruel, en seix setiers de froment, une foiz paiez, à monsieur Guillaume Bergier, prieur de Rouillon, en certains arrérages deuz par raison d'un setier de froment de rente perpétuel, sur toutes les chouses immeubles, etc., sis à Saint-Sauny, les

---

1. Le copiste avait d'abord écrit : *de la Coulture.* Il a barré ensuite ces derniers mots. La paroisse dont il est ici question est vraisemblablement celle de Guécélard, du canton de la Suze (Sarthe).

2. Ce mot, dont le sens nous échappe, a été mal transcrit par l'auteur de l'inventaire.

diz Hébert et Martine baillèrent en acquit les dictes chouses à monsieur Denis Dufresne, auquel les diz Roland et Guillaume avoint quitté, etc., une pièce de vigne contenant demyquartier ou environ, sis ou cloux Guillot Estienne, et une pièce de pré, sis près le pré du dit Guillot, en la paroisse de Saint-Sauny, au fié au seigneur de Maule, à avoir, etc., en faisant du dit monsieur Denis ou de ceulz qui auront sa cause, aux diz termes de Saint-Jehan et de l'Angevine, xi deniers obole de cens. Et ad tout ce, etc.

98. — **[1342 (v. s.), 1er février]**. — Une autre lettre de la court du Mans, sellée, signée et donnée le sebmadi après la Saint-Julien M CCC XLII, comment Robin Dufresne, de la paroisse de la Coulture, vendit à Gervaise Morand, vi sols tournois de annuel et perpétuel rente, à paier au jour de la Chandeleur, sur une pièce de vigne appellé la Giraudière, sis en la paroisse de Rouillon, ou fié de Beaulieu ; et fut faicte la dicte vendicion, pour lx sols tournois.

99. — **[1347, 19 novembre]**. — Une autre lettre de la court, sellée, signée et donnée le lundi après les octaves de Saint-Martin d'yver M CCC XLVII, comment Robin Dufresne vendit à Gervaise Morand ii sols tournois de annuel et perpétuel rente au jour de caresme-prenant, à paier sur une pièce de vigne appellée la Giraudière, sis en la paroisse de Rouillon, ou fié de Beaulieu ; et fut faicte la dicte vendicion, pour xx sols tournois.

100. — **[1352, 31 août]**. — Une autre lettre de la court de l'official du Mans, sellée et signée le venredi après la Décollacion-Saint-Jehan M CCC LII, comment Guillaume Lequot, le plus veil, et Jehanne, sa femme, vendirent aux religieux, abbé et couvent de Beaulieu, x sols tournois de rente perpétuel, à paier aux termes de Nouel et Saint-Jehan, par moitié, laquelle rente Guillaume Drouart, paroissiain de la Coulture, estoit tenu faire aux diz conjoins. Et fut faicte la dicte vendicion pour la somme de cent sols tournois, de laquelle les diz vendeurs, etc.

101. — **[1354 (v. s.), 8 mars]**. — Une autre lettre de la court du Mans, sellée, signée et donnée le dimainche que l'en chante *Oculi mei* M CCC LIIII, comment Jehan Froger, paroissiain de la Coulture, ballia à Jehan Myneroy, paroissiain de Rouillon, pour xii sols tournois de annuel et perpétuel rente, un quartier de vigne, sis en deux pièces, en la dite paroisse de Rouillon, ou flé de Beaulieu, jouste les vignes Micheil Thoreau, d'une part, et, d'autre, les vignes au dit prenour, l'une et l'autre, entre les vignes Jehan du Rousay, d'une part, et, d'autre, les vignes Guillaume Bourdon, à paier la dicte rente au jour de Toussains, et en faisant, oultre la dicte rente, à l'abbé de Beaulieu ii deniers obole de cens et demy-cousteret de vin de disme par chacun an.

102. — [1369, 28 mai]. — Une autre lettre de la court de l'official du Mans, signée et donnée le lundi après la Trinité M CCC LXIX, comment Robin Daguier et Macée, sa femme, paroissiains de la Coulture, vendirent aux religieux, abbé et couvent de Beaulieu, deux pièces de pré, contenant journée à deux hommes faucheurs ou environ, deux journelx de terre et un quartier de boys ou environ, le tout sis en la paroisse de Prullié, en la Quinte du Mans, joignant aux chouses de l'Ospital, d'une partie, et, d'autre, aux chouses du seigneur de Brocin, ou flé Micheil de Sur-l'Estang, lesquelles chouses furent feue Martine, femme de feu Guillaume de Chantemelle, à avoir, à tenir, etc. Et fut faicte la dite vendicion pour le pris de x livres tournois ou monnoie courrante, de laquelle somme ilz se tindrent pour contens, et en faisant des diz religieux au seigneur du flé iiii sols tournois de cens, par chacuns ans, au jour de Saint-Jehan-Baptiste.

Lesquelles IX lettres sont ensemble cousues et signées en lettre fourmée sur la première : La Coulture.

Saint-Vincent.

103. — [1304, 22 mai]. — Une lettre de la court de l'official du Mans, sellée, signée et donnée le venredi avant Penthecoste M CCC IIII, comment Micheil de la Croez, paroissiain de Notre-Dame-de-Saint-Vincent, confessa que

Pierre Bouju[1] a achaté de Jehan d'Ancines, clerc, vi sols tournois de annuel et perpétuel rente, sur une vigne contenant un quartier ou environ, sis en la paroisse de Notre-Dame-du-Pré, ou fié du seigneur d'Averton, entre les vignes du prieur de la Garrelière, d'une partie, et, d'autre, les vignes Guérin Morillon, laquelle vigne fut depuis au dit Micheil, et lequel Micheil vendit au dit Pierre la dite vigne et la dite rente, etc., pour la somme de XLV sols tournois ou monnoie courante, de laquelle somme, etc.

104. — **[1307, 13 août].** — Une autre lettre de la court du Mans, signée et donnée le dimainche après la Saint-Laurent M CCC et VII, comment Jehan Brays et Jehanne, sa femme, paroissiains de Saint-Vincent, vendirent à Juliot Brays et à Agnès, sa femme, XXII sols tournois ou monnoie courante de annuel et perpétuel rente, sur une pièce de vigne sis en la paroisse de Saint-Saunyn, ou fié à l'abbé de Beaulieu, jouste la vigne feu Guillaume de la Fontaine, et sur toutes, etc. Et fut faicte la dicte vendicion pour le pris de XI livres tournois. Et doibt faire la dicte rente au terme de l'Angevine.

105. — **[1334, 11 novembre].** — Une autre lettre de la dicte court, sellée, signée et donnée le venredi après les octaves de la Toussains M CCC XXXIIII, comment Vincent Lemoyne et Macée, sa femme, vendirent à Guillaume d'Esgreville XX sols de tournois ou monnoie de annuel et perpétuel rente qu'il estoit tenu faire aux diz vendeurs au jour de la Saint-André, après le décès de Agnès, mère du dit achateur et de la dite Macée, par raison de toutes les chouses immeubles et héritaux qui aux diz vendeurs povaint avenir et eschoir aux diz vendeurs. Et fut faicte la dicte vendicion pour le pris de x livres tournois, desquelz ils se tindrent pour contens.

106. — **[1327, 27 octobre].** — Une autre lettre de la court de l'official du Mans, signée et donnée le mardi avant Saint-Symon et Saint-Jude M CCC XXVII, comment Jehan Guibert et Jehanne, sa femme, paroissiains de Saint-Vincent,

---

1. Voir sur Pierre Bouju, un acte de l'an 1274 dans les *Annales Fléchoises*, t. VI, p. 129.

vendirent à Jamet Chapuis, v sols tournois de perpétuel rente, lesquelx le dit Jamet estoit tenu faire au dit Guibert, au jour de Toussains, pour partie et porcion de x sols tournois de rente annuelle, laquelle rente le dit Jamet et sa dicte femme, jadis mère du dit Guibert, avoint achatée, etc. Et fut faicte la dicte vendicion pour L sols tournois, laquelle somme desquelx les diz vendeurs se tindrent pour contens.

107. — [**1389** (v. s.), **23 mars**]. — Une autre lettre de la court de l'official du Mans, signée et donnée le merquedi avant Pasques flouries M CCC IIII^{xx}IX, comment Jehan Mareschal et Jehanne, sa femme, paroissiains de Saint-Vincent, vendirent à frère Jehan Pichon, religieux de Beaulieu, x sols tournois de annuel et perpétuel rente, à prendre et percepvoir, etc. Et fut faicte la dicte vendicion pour le prix de cent sols tournois ou monnoie courrante, de laquelle somme les diz vendeurs se tindrent pour contens et bien poiez, en faisant la dicte rente de x sols tournois aux diz vendeurs des dits achateurs, au jour de Nouel.

108. — [**1343, 5 novembre**]. — Une lettre de la court de l'official du Mans, signée et donnée le merquedi après la feste de Toussains M CCC XLIII, faisant mencion que, comme G. d'Esgreville fust tenu bailler à Vincent Lemoigne et Macée, sa femme, et seur du dit Guillaume d'Esgreville, xx sols tournois de rente perpétuel, au jour de la Saint-André, par raison d'aucune tradicion faicte des diz Vincent et Macée, sa femme, au dit Guillaume, qui vint par succession de feu Macé d'Esgreville, voulirent que le dit Guillaume ne sa femme la dite rente ne feroint que jusques après le décès de Agnès, jadis femme du dit Macé.

109. — [**1332, 14 novembre**]. — Une lettre de la court du Mans, sellée, signée et donnée le sebmadi après Saint-Martin d'yver M CCC XXXII, comment Juliote, femme feu Micheil Escorchevilain, et Juliot, son fils, paroissiains de Notre-Dame-de-Saint-Vincent, vendirent à Guillaume d'Esgreville xx sols tournois ou monnoie courante de rente perpétuel ou jour de la Saint-André, après le décès de Agnès, femme feu Macé d'Esgreville, père et mère du dit Guillaume, par raison de certaines chouses immeubles que la dicte Juliote avoit bailliées au dit Guillaume o celle rente. Laquelle rente le dit achateur estoit tenu faire au dit vendeur, au jour de Saint-André, etc. Et fut faicte la dicte vendicion pour le pris de x livres tournois, de laquelle somme les diz vendeurs soy tindrent pour contens.

110. — [**1330 (v. s.), 4 février**]. — Une autre lettre de la dicte court, sellée, signée et donnée le lundi après la Chandeleur M CCC XXX, comment Micheil Escorchevillain et Juliote, sa femme, vendirent à Hébert Le Barrier et à Perrote, sa femme, trois mines de froment, bon, sec et loyal, à la mesure du Mans, lete de porche deux deniers manczois lache du sextier, de annuel et perpétuel rente à prendre, etc., à paier au jour de Toussains. Et fut faicte la dicte vendicion pour le prix de vi livres tournois, de laquelle somme, etc.

111. — [**1317, 17 juin**]. — Une autre lettre de la court de l'official du Mans, sellée, signée et donnée le venredi avant Saint-Jehan-Baptiste M CCC XVII, comment Micheil Leroy et Gillette, sa femme, parroissiains de Saint-Vincent, vendirent à Jehan et Jehanne, enffans de feue Macée la Goemeline, une pièce de vigne contenant deux quartiers et demy ou environ, appellé Chesne-de-Cuer, ou fié de l'évesque du Mans. Et fut faicte la dicte vendicion pour le pris de xxx livres tournois ou monnoie courante, de laquelle somme les diz vendeurs se tindrent pour contens.

112. — [**1350 (v. s.), 17 janvier**]. — Une autre annexée ovec une autre, faisant mencion une mesme chouse qui tele est. Le lundi après Saint-Hilaire, xviie jour de janvier M CCC L, Philippot Boussard, de Saint-Vincent, et Jehan Boussard, frères, de la Chapelle, hoirs de feu Guillaume Boussard et de feu Agnès, sa femme, confessèrent que, tant pour ce que Geffroy de Soure et Thomasse, sa femme, paroissiains de Saint-Hilaire, leur soint tenuz délivrer et acquiter à touz temps de lx sols tournois de rente, envers Guillaume de Chastenay, à la mi-aoust et à la Chandeleur, par moitié, par raison de certaines chouses immeubles ci après déclarées, et pour x sols tournois de rente que les diz conjoins leur feront aux diz termes, ils baillèrent aux diz conjoins VIII journelx de terre, en un tenant, en la paroisse de Saint-Hilaire, ou fié de Paluau, entre le chemin qui vient d'Lsaiges aux moulins aux Moynes, d'une part, et la terre de Bodent et au chemin de Colières au Mans, avec une meson qui y a esté faicte depuis que le dit Guillaume baillia les dictes chouses aux diz feuz, à tenir, etc., en faisant les dictes rentes et II deniers de cens au seigneur du fié, ou nom du dit Chastenay, à la Saint-Jehan. Et obligèrent les diz conjoins demi-quartier de vigne ou fié à l'abbé de Beaulieu, derrière l'église de Saint-Sauny. Item, un journel de terre, sis ou fié au sire d'Averton, etc.

Lesquelles X lettres sont ensemble cousues et signées en lettre fourmée, sur la première des dictes lettres : Saint-Vincent.

Villaret [1].

113. — [1324, 7 juin]. — Une lettre donnée le jeudi après Penthecoste M CCC XXIIII, comment Gillet, abbé de Beaulieu, ballia à perpétuité à Guillaume Picard, alias d'Oultreleau [2], et à Marguerite, sa femme, citaiens du Mans, une pièce de vigne contenant un arpent ou environ, et un journel de terre, sis près la dicte vigne, lesquelles chouses sont assises au dit lieu de Villaret, ou féage du dit abbé, sis près les vignes de Châteaux, pour la somme de XXX sols tournois ou monnoie courante de annuel rente, à deux termes, Toussains et Nouel, ainxin qu'il apparest par la dicte lettre.

114. — [1253, 26 juin]. — Une autre lettre de la court de l'official, sellée, signée et donnée le jeudi après Saint-Jehan-Baptiste M CC LIII, comment, après plusieurs débaz

---

1. Villaret, ferme de la paroisse de Coulaines, sur la route du Mans à Bonnétable.

2. On trouve, en 1394, un Guillemin d'Oultreleau, dont l'hôtel se trouvait rue de Saint-Pavin-de-la-Cité. Cf. *Bulletin de la Société d'agriculture, sciences et arts de la Sarthe*, t. XVI, p. 194. Voir aussi, *Nécrologe-Obituaire de la Cathédrale du Mans*, p. 337.

entre les religieux, abbé et couvent de Beaulieu, d'une partie, et Thomas de Brac, demourant au Mans, d'autre, lesquelx religieux disoint que Jehan de Fresnoy et Aaliz, sa femme, leur avoint donné les vignes de Villaret, pour un anniversaire chacun an célébrer, et le dit Thomas disoit qu'ilz avoint donné xx sols manczois, par chacun an, sur les dictes vignes, pour eschiver tout plet, le dit Thomas ou ses hoirs seront tenuz faire, chacun an, sur les diz xxv sols manczois, c'est assavoir xxv sols tournois, à la pictance du couvent, à la Penthecoste, pour leur anniversaire, et xxv sols tournois, à l'office du dit abbé, au terme de Toussains.

Coulaines.

115. — [**1285, 17 septembre**]. — Une lettre de la court de l'official du Mans, sellée, donnée le lundi après l'Exaltation-Sainte-Croez M CC IIII^{xx} V. Guillaume Lecronier et Macée, sa femme, paroissiains de Coulaines, confessèrent que Guillaume Drocon[1] et Clémence, sa femme, mère de la dite Macée, donnèrent en perpétuel aulmoune un ornes de vigne, sis près la Fousse, en la paroisse de Saint-Pavace, ou fié de l'abbé de Saint-Vincent, jouste les vignes Jehan Gaultier, qu'ilz avoint acquis de Marie la Borssarde, sœur du dit Guillaume, à Thomas Drocon, fils du dit G., à en faire tout, etc.

116. — [**1313 (v. s.), 13 mars**]. — Une lettre de la court du Mans. Le merquedi après *Oculi mei* M CCC XIII, Pierres Leguay, paroissiain de Coulaines, vendit à Guillot de Launoy, clerc, une pièce de vigne contenant un quartier ou environ, sis ou tertre Saint-Morice, ou fié au seigneur de Montfort, jouste la vigne feu Henri Guerriff et les vignes Colin Chauvel, en la paroisse de Saint-Ouain, à avoir, à tenir, etc. Et fut faicte la dicte vendicion, pour le pris de x livres tournois, desquelx il se tint pour content, et en faisant au seigneur du fié, xviii deniers tournois, et au prieur de Saint-Ouen, demy-cousteret, par chacun an, de vin.

1. Voir plus haut, n° 81.

La Cheverie.

117. — [**1300, 31 octobre**]. — Une lettre de la court de l'official. Le lundi après Saint-Symon et Saint-Jude apostres M CCC, vendit Agnès d'Ancines, paroissiaine de Saint-Jehan-de-la-Cheverie, à Micheil de la Poterie, paroissiain de Gourdaine, un quartier de vigne sis à la Garrelière, entre les vignes du prieur de la Garrelière, d'une partie, et les vignes Guérin Morillon, d'autre, pour le pris de VI sols tournois de annuel et perpétuel rente, à paier au jour de Toussains, du dit Micheil à la dicte Agnès, sans autre redevance.

118. — [**1314, 9 septembre**]. — Une autre lettre de la court de Beaumont. Le lundi après l'Angevine M CCC XIIII, baillia Robert Petit à Robin de l'Abaye et à Jehanne, sa femme, teil droit qu'il povoit avoir, par raison de succession de feu Jamete, fille de feu Jehan Badier, du moulin de la Leaudière et de ses appartenances, à tenir, etc., à touz temps, pour le pris de VI sols VI deniers tournois, au jour de l'Angevine.

119. — [**1315, 4 novembre**]. — Une autre lettre de la court du Mans. Le mardi après Toussains M CCC XV, donna Robert Lavaie, paroissiain de Saint-Jehan, en pure et perpétuel aumosne, à Colin, filz de Jehan du Sablonnier, une pièce de vigne contenant 1 quartier ou environ, sise aux Ardillers, en la dicte paroisse, ou flé Hamelin de Balon, près la vigne du dit Jehan et les vignes de Beaulieu, en faisant du dit Jehan ou de ses hoirs, au seigneur du flé, III deniers tournois de cens, par chacun an, au jour de Saint-Jehan, et x sols tournois, au jour de Saint-Remy, que le dit Robert vendit.

120. — [**1325 (v. s.), 8 février**]. — Une autre lettre de la court de l'official, signée le semadi après les Cendres M CCC XXV. Guillaume de la Croez, Richette, sa femme, Guillaume de Saint-Christofle et Juliote, sa femme, sœur du dit Guillaume, Estienne Ledo, Macée, sa femme, sœur des diz Guillaume et Juliote, paroissiains de Saint-Jehan, confessèrent que Gillet de la Croez et Jehanne, sa femme, père et mère des diz frère et sœurs, avoint prins à perpétuité un hébergement sis aux Ardillers, ovec un journel de terre sis en la dite paroisse, où depuis fut planté de la vigne, pour xv sols tournois, au jour de Toussains, à paier, laquelle somme les diz hoirs promidrent paier au dit jour.

121. — [**1317** (v. s.), **25 février**]. — Une lettre [1] de la court du Mans, sellée et signée, qui telle est. Le semadi après Saint-Mathias M CCC XVII, Robert Redoublie et Bourgine, sa femme, baillèrent une meson, courtil et terres, contenant III journelx de terre ou environ, sis ou fié au prieur de Saint-Vincteur [2], près Saint-Ladre, à tenir, etc., le temps de la vie des diz conjoins tant soulement, pour les délivrer et acquiter de XXXII sols tournois envers l'abbesse du Pré, moitié à la Décolacion-Saint-Jehan, et moitié à la Toussains, et envers Jehan Bauhomme, un setier de saigle, bon, sec et loyal.

122. — [**1335** (v. s.), **13 janvier**]. — Une autre lettre [3] de la dicte court, sellée et signée. Le dimainche après la Tiephainne M CCC XXXV, Hébert Levavasseur, paroissiain de Saint-Jehan, ballia à tous jours mes, pour XIII sols [4] tournois, II chapons de rente, à Symon Hérigaud, une meson o le fons, ovec courtil et autres terres, sise en la paroisse de Rouillon, ou fié au chapelain de la chapelle de Saint-Eloy, près les chouses au prebtre du Crucifi, aboutant, d'un bout, aux chouses monsieur Guillaume du Rochier, prebtre, et les chouses au dit preneur, au jour de Toussains, en faisant au seigneur du fié les devoirs acoustumez du dit preneurs.

123. — [**1337, 20 novembre**]. — Une lettre [5] de la

---

1. En face de cet article, on a transcrit, au xve siècle, à la marge extérieure du ms., ce nom : *Robert Redoublie*.
2. Lire : *Victeur*.
3. En face de cet article, on a transcrit, au xve siècle, à la marge extérieure du ms., ces noms : *Vavasseur et Hérigaud*.
4. On avait d'abord écrit « XXX », puis on billa ces chiffres, et on écrivit au-dessus, en interligne : « XIII ».
5. En face de cet article, on a transcrit, au xve siècle, à la marge extérieure du ms., ces noms : *Hérigaut et Vavasseur*.

court de l'official, sellée et signée. Le jeudi avant la Saint-Clément M CCC XXXVII, vendit Hébert Levavasseur, aliàs Petit, aux religieux, abbé et couvent de Beaulieu, XIII sols tournois, II chapons, que lui estoit tenu faire Symon Hérigaud, par raison d'aucunes chouses immoubles sis à Rouillon, etc., au jour de Toussains. Et fut faicte la dicte vendicion pour la somme de VII livres tournois ou monnoie courante, dont ilz se tint pour solu.

124. — [1338, 22 octobre]. — Une autre [1] lettre, sellée et signée, de la court de l'official. Le jeudi après Saint-Lucas M CCC XXXVIII, Agnès la Redoublée, de sa bonne voulenté, en pure et perpétuel aumoune, soy donna, o touz ses biens meubles et immoubles, au monastère de Beaulieu et aux religieux du dit lieu, pour l'augmentation du dit lieu.

125. — [1342, 8 décembre]. — Une autre lettre [2] de la court du Mans, sellée et signée. Le dimainche après Saint-Nicholas d'yver M CCC XLII, vendit Guérin Redoublé, paroissiain de Saint-Jehan, à Guillaume Bruiant et à Guillemete, sa femme, une pièce de vigne, contenant un quartier ou environ, sis en la dite paroisse, ou flé à l'abbé de Beaulieu, près la vigne qui fut feu Guillaume Redoublé, et aboute au chemin par lequel l'en vait au pressouer de l'abbé de Lonclay, à tenir, à avoir, etc., pour la somme de XXX livres tournois, de laquelle le dit vendeur se tint pour content, en faisant du dit achateur IIII deniers de cens requérable à l'abbé de Beaulieu.

Saint-Germain.

126. — [1305, 14 septembre]. — Une lettre [3] de la court de l'official du Mans, sellée et signée. Le mardi après l'Angevine M CCC V, André Gemer, paroissiain de Saint-Germain, confessa avoir prins de Jehan Adam, paroissiain

1. En face de cet article, on a écrit, à la marge extérieure du ms., au XVe siècle, ce nom : *Agnès la Redoubliée*.
2. En face de cet article, on a écrit, à la marge extérieure du ms., au XVe siècle, ces noms : *Redoublie et Bruiant*.
3. En face de cet article, on a écrit, à la marge extérieure du ms., au XVe siècle, ces noms : *André Gemer et Johan Adam*.

de Rouillon, la tierce partie de une meson, o le courtil sis derrière o ses appartenances et o tout le fons, sis en la dite paroisse de Saint-Germain, ou fié des religieuses, abbasse et couvent de Notre-Dame-du-Pré, en laquelle meson il avoit les deux parties. Oultre ce, il print du dit Jehan une pièce de courtil, contenant journée d'un faucheur, sis en la paroisse de la Magdeleine, ou fié des religieux, abbé et couvent de Beaulieu, en faisant du dit André au dit Jehan, à deux termes, Saint-Jehan et Nouel, viii sols viii deniers tournois de annuel et perpétuel rente, et iiii deniers de cens, par chacun an, au terme de Saint-Jehan, aux dictes religieuses de Notre-Dame-du-Pré.

127. — [**1346, 23 mai**]. — Une autre lettre [1] de la court du Mans, sellée et signée. Le mardi avant l'Ascension M CCC XLVI, Jehan Touchefou et Jehanne, sa femme, confessèrent la vendicion que ilz firent piecza à frère Jehan Bel, prieur de la Garrelière, le pris de iiii livres tournois aux diz vendeurs paiez, dont ilz se tindrent pour contens, de un setier de fromment, à la mesure du Mans, de rente perpétuelle.

128. — [**1349, 5 octobre**]. — Une autre lettre [2] de la dicte court, sellée et signée. Le lundi après Saint-Remy M CCC XLIX, Jehan Lequot, le jeune, et Jehanne, sa femme, paroissiains de Saint-Germain, vendirent à Jehan Lequot, l'esné, et à Jehanne, sa femme, paroissiains de la dite paroisse, x sols tournois de rente perpétuel, lesquelx x sols, Guillaume Drouart, paroissiain de la Coulture, li estoit tenu faire à Nouel et Saint-Jehan, par moitié, par raison de l'estre où demeure le dit Guillaume, et de ses appartenances, sis ou fié des religieux de Châteaux. Et fut la dite vendicion pour le pris de cent sols tournois.

129. — [**1351 (v. s.), 2 avril**]. — Une autre lettre [3] de

1. En face de cet article, on a écrit, à la marge extérieure du ms., au xve siècle, ces noms : *Touchefou et Garrelière*.
2. En face de cet article, on a écrit, à la marge extérieure du ms., au xve siècle, ces noms : *Jehan Lequot l'esné et Jehan Lequot*.
3. En face de cet article, on a écrit, au xve siècle, à la marge extérieure du ms., ces noms : *Jehan Dauvin et Micheil de Sur-l'Estang*.

la dite court, scellée et signée. Le lundi après Pasques flouries M CCC LI, Jehan Dauvin, clerc, paroissiain de Saint-Germain, vendit à Micheil de Sur-l'Estang un sextier de saigle, bon, sec et net, à la mesure du Mans, au jour de l'Angevine, sur toutes ses chouses immeubles et héritaux, pour le pris de LX sols tournois ou monnoie courante, dont il se tint pour content.

130. — [**1355, 16 novembre**]. — Une autre lettre de la dicte court [1], scellée et signée. Le lundi après Saint-Martin d'yver M CCC LV, Laurence, jadis femme feu Micheil d'Anjou, paroissiainne de Saint-Germain, confessa que, en acquit de deux cens flourins d'or à l'escu du coign du roy Philipe, que el devoit à Geffroy Pauvert, clerc, de certain compte faict entre eulx, tant pour ce que le dit Geffroy li a fait et trouvé tous ses nécessoires de boyre, de menger, de vestir, de chaucer, par l'espace de sept ans et plus, comme plusieurs despens et mises faiz par le dit Geffroy, ou nom et pour la dicte Laurence, contre feu Olivier Boutier et contre Gervaise Achart, tant à Tours, au Mans, que ailleurs, et aussi affin que la dicte Laurence et ses heirs soint quitez tant des dis cc flourins d'or comme d'autres chouses envers le dit Geffroy, la dite Laurence baillia au dit Geffroy toutes les chouses meubles et immeubles qu'elle povoit avoir, à cause de la succession et de l'eschaete de feu Guillaume Chevalier, alias Leber, et de Agnès, sa femme, et de feue Johanne, fille feu Denis Chevalier, alias Leber. Et oultre, quite et delesse la dite Laurence au dit Geffroy toutes les actions et demandes réelles que personnelles contre le dit feu Olivier Boutier, contre ses hoirs, contre Jehan Chevalier, alias Leber, et contre ses tuteurs, à tenir, poursuir et explecter, etc.

131. — [**1388, 9 juillet**]. — Une autre lettre de la dicte court, signée, dont la teneur s'en suit. Le IX° jour de juillet M CCC IIII^{xx} VIII, Estienne Pastoreau, paroissiain de Saint-

---

1. En face de cet article, on a écrit, au XV° siècle, à la marge extérieure du ms., ces noms : *la femme feu Micheil Danjou et Geffroy Pauvert.*

Germain, confessa avoir vendu aux religieux, abbé et couvent de Beaulieu, xii sols tournois ou monnoie courrante, sur toutes ses chouses immeubles et héritaux, à paier au jour de Saint-Jehan-Baptiste, par chacun an. Et fut faicte la dicte vendicion pour le pris de vi livres tournois, dont le dit Pastoreau se tint pour content.

Notre-Dame-du-Pré.

132. — [1303 (v. s.), 11 janvier]. — Une lettre [1] de l'official du Mans, sellée et signée, qui tele est. Le semadi après la Tiephaine M CCC III, Macé du Rougier, prebtre et chapelain de la chapelle que feu Bienvenue de Argenton [2] fonda en l'église du Mans, confessa et promist certaines vignes qu'il acquist de Jehan de Sillié, paroissiain de Notre-Dame-du-Pré, par manière d'eschange, tenir des religieux de Beaulieu, et leur en faire les devoirs comme fesoit le dit Jehan, c'est asavoir : xiii deniers tournois de cens, par chacun an, à paier des chapelains de la dite chapelle. Le dit prebtre bailla au dit Jehan une pièce de vigne contenant deux quartiers ou environ, ou fié de l'abbaye de Notre-Dame-du-Pré, pour deux quartiers de vigne ovec courtil, sis au fié de Beaulieu, et aussi vii quartiers de vigne ovec courtil et autres appartenances, sis ou dit fié du Pré, des heirs feu Geffroy Lermite, près les vignes de Alenczon, pour vii quartiers de vigne aux Sauners ? assis.

133. — [1307, 1ᵉʳ novembre]. — Une autre lettre sellée, dont la teneur sensuit. Le jeudi, sinode de Toussains, M CCC VII, Gillet, abbé de Beaulieu, baillia à touz temps, par héritage, à Guillaume Cherruel et à touz ses successeurs, une pièce de vigne contenant un quartier ou environ, ovec la tierce partie d'une autre quartier sis à Montoulain, près la

---

1. En face de cet article, on a écrit, au xvᵉ siècle, à la marge extérieure du ms., ces noms : *Macé Rougier et les religieux de Beaulieu*.
2. Il se pourrait que Bienvenue d'Argenton fût la personne dont il est fait mention dans le *Nécrologe-Obituaire de la Cathédrale du Mans*, in-8°, pp. 183, 304.

vigne Macé Lemeille, ou fié Guillaume d'Athenoy, pour vi sols tournois de rente annuel, au jour de Saint-André.

134. — [**1326 (v. s.), 13 mars**]. — Une autre lettre de la court de l'official du Mans, sellée, signée, etc. Le venredi après *Reminiscere* M CCC XXVI, Guillaume Fouchier, de Notre-Dame-du-Pré paroissiain, print des religieux, abbé et couvent de Beaulieu, une pièce de vigne contenant un quartier ou environ, sis en Vaurous, en la paroisse de Saint-Padvin-des-Champs, pour ii sols tournois de rente annuel, au jour de Saint-Remy, et ii deniers de cens, à Nouel, au seigneur du fié.

135. — [**1332, 15 septembre**]. — Une lettre [1] de la court du Mans, sellée et signée, etc. Le mardi après Sainte-Croez M CCC XXXII, Gervaise Leroux et Marion, sa femme, paroissiains du Pré, baillèrent à Jehan Brichoterie et Agnès, sa femme, une meson par non devis, si comme elle estoit divisée entre eulx ovec le courtil derrière, sise en la dite paroisse, ou fié d'Averton, jouste la meson des dits bailleurs, coustéant le chemin par lequel l'en vait du Pont-Ysouard à Saint-Germain, pour xxxix sols tournois de rente perpétuel, à deux termes, Nouel et Saint-Jehan, par moitié, et ii deniers de cens requérable, au jour de Toussains, aux bailleurs à paier.

136. — [**1342, 16 septembre**]. — Une autre lettre [2] de la dicte court, sellée et signée, etc. Le lundi après Sainte-Croez M CCC XLII, Geffroy Gautier et Agathe, sa femme, paroissiains du Pré, vendirent à Jehanne la Bonnelle, pour xvi sols tournois de annuel et perpétuel rente au jour de Toussains, la moitié d'une meson par non devis, ovec courtil derrière, sise en la paroisse de Saint-Germain, ou fié au curé du dit lieu, jouste la meson Hébert Lequot, d'une partie, et, d'autre, la meson à la Leuresse, et en faisant au curé du dit lieu, de cens.

---

1. En face de cet article, on a écrit, au xve siècle, à la marge extérieure du ms., ces noms : *Gervaise Leroux et Jehan Brichoterie*.
2. En face de cet article, on a écrit, au xve siècle, à la marge extérieure du ms., ces noms : *Geffroy Gautier et Jehanne la Bonnelle*.

137. — [**1346, 13 juillet**]. — Une autre lettre [1] de la dicte court, sellée et signée, dont la tenour s'ensuit. Le jeudi après Saint-Benoist d'esté M CCC XLVI, Jehan de la Breuse [2], escuyer, et Colette, sa femme, paroissiains de Notre-Dame-du-Pré, vendirent aux religieux, abbé et couvent de Beaulieu, x livres tournois de rente perpétuel, au jour de Toussains, sur touz leurs biens meubles et immeubles, en quelque lieux, fiez ou paroisses, etc., pour le pris et somme de cent livres tournois, dont ilz se tindrent pour contens, en la présence de plusieurs gens.

138. — [**1360, 13 juin**]. — Une autre lettre [3] de la dite court, sellée et signée, dont, etc. Le semadi après Saint-Barnabé M CCC LX, Jehan Symon, Drouet Symon, Gervaise Lebouvier, Philipot Poupart, Symon Ceresier, Perrot des Rousières et Jehan Deschamps, paroissiains de Notre-Dame-du-Pré, vendirent aux religieux, abbé et couvent de Beaulieu, XL sols tournois ou monnoie courrante de annuel et perpétuel rente, à deux termes, Nouel et Saint-Jehan, par moitié, sur touz leurs biens meubles et immeubles, en quelxcunques lieux, fiez ou paroisses, etc., pour le pris de XVI escuz de Philippe, comptez aux diz vendeurs.

Saint-Padvin-des-Champs.

139. — [**1260 (v. s.), 31 mars**]. — Une autre lettre [4] de la court de l'official, sellée, signée, etc. Le jeudi après *Oculi mei* M CC LX, Guillaume Yve et Hodéarde, sa femme, vendirent à Pierres de la Roche, clerc, un quartier de vigne, sis en la paroisse de Saint-Padvin-des-Champs, ou fié Hubert Riboule [5], chevalier, à Beaugié, davant le pressouer de Saint-

---

1. En face de cet article, on a écrit, au xv⁰ siècle, à la marge extérieure du ms., ces noms : *Jehan de la Breuse et Beaulieu*.
2. Lire : *de la Broise*.
3. En face de cet article, on a écrit, au xv⁰ siècle, à la marge extérieure du ms., ces noms : *Jehan et Drouet les Symons et autres et Beaulieu*.
4. En face de cet article, on a écrit, au xv⁰ siècle, à la marge extérieure du ms., ces noms : *Guillaume Yve et Pierres de la Roche*.
5. Cf. sur ce fief : Julien Chappée et Ambroise Ledru : *Le tombeau de saint Pavin*, in-4⁰, pp. 51-63.

Ladre, pour IIII livres tournois, dont ilz se tindrent pour contens, en faisant du dit Pierres au maistre de Saint-Ladre, VII deniers tournois de cens, par chacun an, au jour de Toussains.

140. — [1349 (v. s.), 10 janvier]. — Une autre lettre de la court du Mans [1], sellée et signée, etc. Le dimanche après la Tiephaine M CCC XLIX, Gervaise Goupil et Agnès, sa femme, parroissiains de Saint-Padvin-des-Champs, vendirent à Jehan Veluet et à Johanne, sa femme, pour perpétuité, tout tel droit et action comme ilz avoint et poaint avoir, à cause de la dite femme, en un cloux qui fut feu Jehan d'Espinou, c'est assavoir, en deux mesons, deux quartiers de vigne, avec tel estrage comme il apparoit, les dictes vignes sises jouste les chouses aux hoirs feu André Lemoulnier, d'un cousté, et les chouses Guillaume, d'autre cousté, aboutant aux terres de la métairie d'Usages, ou fié au sire d'Usages, en la paroisse de Saint-Hilaire, et le dit estre, sis en une ruelle par laquelle l'en vait du Mans à la Chapelle, à tenir et poursuivre, etc., pour le pris de VI sols tournois de rente perpétuel à paier au jour de Toussains, et en faisant des diz preneurs les devoirs acoustumez aux seigneurs.

141. — [1349 (v. s.), 10 janvier]. — Une autre lettre [2] de la dite court, sellée, signée et donnée com la dessus. Jehan Veluet et Jehanne, sa femme, recognurent que, pour tout teil partaige comme à Agnès, femme de Gervaise Goupil, appartient et povoit appartenir de la succession du père et de la mère de la dite Johanne, et Agnès, et de feue Gilete, jadis leur sœur, ilz cessent, quictent aux diz Gervaise et sa femme, un journal de terre ou environ, sis à Coupepie, aboutant aux prez Johan Voyer et à la terre Johannot Hourde. Item, demy-quartier de vigne et de terre, sis ou cloux de la métayrie dou Rechier, jouste la vigne Guillaume Lemarié, d'un cousté, et, d'autre, Gervaise Homede, à tenir, etc.

1. En face de cet article, on a écrit, au XVe siècle, à la marge extérieure du ms., ces noms : *Gervaise Goupil et Jehan Veluet*.
2. En face de cet article, on a écrit, au XVe siècle, à la marge extérieure du ms., ces noms : *Jehan Veluet et Gervaise Goupil*.

142. — **[1313, 23 novembre]**. — Une autre lettre de la dite court [1], sellée et signée, dont la tenour est. Le venredi après les octaves de Saint-Martin M CCC XIII, Juliot Johanne et Coleite, sa femme, vendirent à Jehan de Boyres et Coleite, sa femme, et Luceite la Bedelle, pour vi sols vi deniers tournois de rente perpétuel, demy-quartier de vigne ou environ, sis en la paroisse de Rouillon, ou fié à l'abbé de Beaulieu, jouste la vigne Thébaud Frogier et la vigne Gervaise Morand et les chouses Gervaise du Mineray, à tenir et poursuivre, etc., pour paier, par chacun an, au jour de Toussains ; en faisant, oultre la dicte rente, iii oboles de cens et demy-cousteret de vin, au jour de Toussains, au prieur de Rouillon.

Marie-Magdalene.

143. — **[1260 (v. s.), janvier]**. — Une lettre de la court de l'official, sellée et signée, dont la tenour. L'an M CC LX, ou meys de janvier, Geffroy Adam confessa avoir prins à touz jours mes des religieux, abbé et couvent de Beaulieu, un hébergement, ovec courtil et ses autres appartenances, sis en la paroisse de la Magdaleine, pour v sols tournois de annuel et perpétuel rente, à paier à l'Assumpcion et Purification-Notre-Dame.

144. — **[1265]**. — Le prothecolle d'une autre lettre de la dicte court, sellée et signée, dont la tenour s'en suit. L'an M CC LXV, Pierre Soys et Perronnelle, sa femme, confessèrent avoir prins des religieux, abbé et couvent de Beaulieu, une meson, sise près l'église de la Magdaleine, pour lui et pour ses hoirs, ovec un courtil et un volier derrière la dite meson, pour iiii sols tournois de annuel et perpétuel rente, à paier à Nouel et Saint-Jehan.

145. — **[1315, 9 décembre]**. — Le prothecolle d'une autre lettre, sellée et signée, et s'ensuit la tenour. Le mardi après Saint-Nicholas d'yver M CCC XV, Gillet, de Beaulieu

---

1. En face de cet article, on a écrit, au xve siècle, à la marge extérieure du ms., ces noms : *Juliot Jehanne et Jehan de Boyres.*

abbé, baillia à touz jours mes à Guillaume Cherruel et à Johanne, sa femme, un hébergement sis en la paroisse de la Magdeleine, ou fié de Beaulieu, lequel fut feu Ernaud Cherruel, et v journelx de terre, sis en la dite paroisse et ou dit féage, entre les terres Ernaut des Prez et les terres Denis Veluet, fils du dit Ernaud, pour xxxii sols vi deniers tournois de perpétuel rente, à paier à la Saint-Remy et à la mi-caresme.

146. — [**1316 (v. s.), 23 février**]. — Le prothecolle d'une autre lettre de la court de l'official, sellée et signée, de laquelle s'en suit la tenour. Le lundi après *Invocavit me* M CCC XVI, Gervaise de Silvena et Edeline, sa femme, paroissiains de la Magdeleine, vendirent aux religieux, abbé et couvent de Beaulieu, une pièce de terre contenant journée de deux faucheurs, sis ou fié des dits religieux, jouste la vigne des dits religieux, d'une part, et, d'autre, la vigne Guérin Le Boaysne, prebstre, à tenir, etc., pour le pris de x sols tournois, dont ils se tindrent pour contens.

147. — [**1367, 14 juin**]. — Le prothecolle d'une autre lettre, sellée et signée. Le lundi après la Trinité M CCC LXVII, Jehan Crespin, dit Tourenti, et Jehanne, sa femme, paroissiains de la Magdeleine, vendirent à Jehan Chevalier et à Juliote, sa femme, v sols iiii deniers tournois monnoie courante de perpétuel rente, que Jehan Gaudin et Coleite, sa femme, leur estoit tenuz faire à la Saint-Jean-Baptiste, chacun an, par raison d'une meson, courtil et autres appartenances, sises en la paroisse de Saint-Germain, ou fié à l'abbesse du Pré, jouste la meson aux religieux de Beaulieu, d'une part, et, d'autre, la meson des dits achateurs, pour le pris de LX sols tournois, de laquelle somme les diz vendeurs se tindrent pour contens.

148. — [**Sans date**]. — Le prothecolle d'une autre lettre de la court de l'official. Le jeudi après *Oculi mei*, Macé et Macée, sa femme, vendirent à Robin Ernoul et à Jehanne, sa femme, un quartier de vigne, sis en la paroisse de la Magdeleine, au terrail, près les chouses des religieux de Beaulieu et près les chouses des religieux de Champagne[1], à tenir, pour le pris de VIII livres tournois dont il se tint pour content et bien poyé, en faisant du dit achateur, à cause de la dite vigne, la disme et les devoirs au seigneur du fié.

149. — [**1360, 8 novembre**]. — Extrait du prothecolle de une lettre, sellée et signée, etc. Le dimainche après la Toussains M CCC LX, Martin Chouen et Johanne, sa femme, paroissiains de la Magdeleine, vendirent à Geffroy de la Taillaye, VI boueceaux de froment, bon, sec et loial, à la mesure du Mans, de annuel et perpétuel rente, sur toutes ses chouses, pour LX sols tournois ou monnoie courante, dont ilz se tindrent pour contens, à rendre et poier franche et quite au jour de l'Angevine.

150. — [**1363 (v. s.), 6 février**]. — Extrait du prothecolle d'une autre lettre, sellée et signée, et s'en suit la tenour. Le VIe jour de février M CCC LXIII, Martin Chouen vendit à Geffroy de la Taillaye, trois mines de saigle, bon, sec et nouvel, à la mesure du Mans, de annuel et perpétuel rente, sur toutes ses chouses immeubles et héritaux, pour IIII livres X sols tournois, et promist le dit vendeur au dit achateur, franche et quite rendre et poier la dite rente au jour de Toussains, par chacun an.

151. — [**1366, 26 septembre**]. — Extrait du prothecolle, etc. Le lundi après Saint-Mathe M CCC LXVI, Martin Chouen et Jehanne, sa femme, confessèrent la vendicion que Robin Cherruau fist pieçà à Johan Roland, du Mans, de deux sextiers de saigle, à la mesure du Mans, de rente perpétuel, sur toutes ses chouses immeubles et héritaux, estre vraie, lequel Robin soy donna, o touz ses biens meubles et immeubles, aux diz Martin et sa femme ; promectent rendre et poier au dit Roland au terme convenu ès lettres sur ce faictes. Et à tout ce faire et accomplir.

---

1. Il s'agit de l'abbaye de Champagne, fondée à Rouez, le 24 novembre 1188, par Foulques Riboul, seigneur d'Assé, et Emma de Vaussay, son épouse.

La Chapelle-Saint-Albin [1].

152. — [1250]. — Une lettre dont le prothecolle est teil, de la court du Mans, sellée et signée. L'an M CC L, Micheil Letallaudier [2] confessa avoir prins, pour perpétuité, des religieux, abbé et couvent de Beaulieu, une pièce de terre contenant un arpent et demy, sis en la paroisse de la Chapelle-Saint-Albin, devant le pressouer de Rosière, ou féage du chapitre du Mans, pour le pris x sols tournois de annuel et perpétuel cens [3], à paier à Pasques et Toussains par moitié.

153. — [1319, 9 mai]. — Le prothecolle d'une lettre, etc. Le merquedy après *Cantate* M CCC XIX, Jehan Mouchet et Jehanne, sa femme, vendirent à touz jours mes à Gervaise Bernier, paroissiain de la Quinte, une pièce de vigne, contenant un arpent et demy ou environ, sis en la dite paroisse, ou fié du seigneur d'Esperceié [4], jouste la vigne Raoul de la Fousse et le pré des dits conjoins, ad labourer, cultiver et excoller de toutes façzons, à ses propres despens, en aiant des dites cuillettes la moitié du dit arpent, au jour de Toussains.

154. — [Sans date [5]]. — Une lettre signée, comment Jehanne la Chauvelle, paroissiainne de Saint-Albin-des-Vignes, vendit à Jehan Bouchard, ii sols tournois de rente, lesquelx monsieur Julian Morel, prebtre, lui estoint tenuz faire au jour de Toussains, pour le pris de xx sols tournois, duquel el se tint pour contente.

155. — [1342, 19 octobre]. — Extrait d'une lettre dont le prothecolle, etc. Le jeudi après Saint-Lucas M CCC XLII, Jehan d'Espinoy, de la Chapelle-Saint-Albin, print à touz

---

1. La Chapelle-Saint-Aubin, commune du second canton du Mans.
2. Le même Michel Le Taillandier prit à loyer, en 1250, de Guillaume, abbé de Beaulieu, pour une rente de huit sols tournois, une maison et un cellier, sis près l'église Saint-Pavin-de-la-Cité. Cf. Arch. dép. de la Sarthe, H. 385. Titre parchemin, sceau disparu.
3. Il faut lire très probablement : *rente*.
4. Ou Eporcé. Ce fief était alors aux mains de la famille de Tucé.
5. Cet acte paraît bien se rapporter au fait mentionné dans le n° 157.

jours mes, pour VII sols tournois de rente annuel, au jour de l'Angevine, de Hubert d'Angers et Tiephaine, sa femme, demy-quartier de vigne sis ou féage du seigneur d'Usages, près les vignes Jehan Lebaule, aux Rousières.

156. — [**1306** (v. s.), **4 février**]. — Une lettre de la court de l'official du Mans, sellée et signée, etc. Le semadi avant les Cendres M CCC VI, Johan Adam, de la paroisse de Saint-Albin, et Jehan Billart et Jehanne, sa femme, vendirent à Jehan Béatrix et Clémence, sa femme, un journel de terre ou environ, sis en la paroisse de Domfront-en-Champagne, ou fié au seigneur de la Mote [1], jouste les chouses feu Macé Noiremort, lesquelles il eut de Jehan Belot, d'un cousté, et, d'autre, les chouses Bouleterres [2], aboutant, d'un bout, aux terres Jehan Brunel, et, d'autre, aux chouses du dit seigneur, qu'il acquist de Laurens Martin, à tenir, etc., pour la somme de LX sols tournois, de laquelle les diz vendeurs se tindrent pour contens, en faisant des diz acheteurs, VI deniers tournois, moitié cens et moitié taille, au seigneur du fié.

157. — [**1346, 20 décembre**]. — Une lettre de la court de Beaumont, etc. Le merquedi avant Nouel M CCC XLVI, Jehanne la Chauvelle, paroissiaine de Saint-Albin-des-Vignes, vendit à Jehan Bouchart, II sols tournois de annuel et perpétuel rente, lesquelx monsieur Juliain Morel, prebtre, estoit tenu faire au jour de Toussains, à cause de certaine baillée de deux pièces de vigne sises en la paroisse de Piacé, ou fié au seigneur dou Cereys, pour la somme de XX sols tournois, de laquelle somme la dite venderesse se tint pour contente.

158. — [**1313, 19 octobre**]. — Une lettre de la court de l'official du Mans, et est la tenour telle. Le venredi après Saint-Lucas M CCC XIII, Guillaume Adam, paroissiain de la Chapelle, vendit à Hodéart, VI sols tournois de annuel

---

1. La Motte de Tucé devint la propriété de l'abbé de Beaulieu. Cette seigneurie, relevant de celle de Tucé, s'étendait sur les paroisses de Domfront-en-Champagne, d'Aigné et de Degré.

2. La lecture de ce mot est douteuse, et peut-être le copiste a-t-il voulu écrire Bouteillerie.

rente, au jour de Toussains, sur un hébergement o ses appartenances, sis en la paroisse de la Magdeleine, ou fié des religieux de Beaulieu, jouste les prez des dits religieux, pour la somme de LX sols tournois, de laquelle il se tint pour content.

159. — [1324 (v. s.), 4 mars]. — Une autre lettre de la court de l'official du Mans, etc. Le lundi après *Reminiscere* M CCC XXIIII, Juliote, femme feu Estienne Lermite, Geffroy Challot, Macée, sa femme, et Jehan Lermite, filz de la dite Juliote, paroissiains de la Chapelle, en atténuacion de cinq mines de froment de annuel rente, baillèrent à touz jours mes à Guillaume Bergier, prieur de Rouillon, IIII sols tournois de annuel rente, que Guillot Pelouart, de la dite paroisse, leur estoit tenu faire à la feste de la Purification, sur un quartier de vigne, sis en la paroisse de Milesce, jouste les vignes aux Amouroux, d'une partie, et, d'autre, les vignes Laurens Daign, ou fié du seigneur de Tussé, par raison d'une tradicion à lui faite de la dite vigne, baillée dès lors au dit prieur, touz les droits et actions contre le dit Guillot, etc., en faisant du dit prieur au seigneur du fié VII oboles de cens au jour de Nouel.

160. — [Sans date]. — Une autre lettre, comment il fut adjugié aux religieux de Beaulieu aucunes chouses sises en la paroisse de la Chapelle-Saint-Albin, pour ce que il en avoit eu possession et saisine contre Nicholas Drous, chapelain de la chapelle au Nouvelous.

Saint-Sauny [1].

161. — [1259 (v. s.), février]. — Un transcript, faisant mencion ou meys de febvrier M CC LIX. Durand, de Saint-Sauny, et Bourgine, sa femme, vendirent aux religieux, abbé et couvent de Beaulieu, II sols tournois de annuelle rente, sur toutes ses *(sic)* et spécialement sur les chouses qui vindrent à la dite femme de la succession de son père, ovec X deniers tournois de cens, au jour de Toussains, obole mançois, pour le pris de X sols tournois, dont ilz se tindrent pour contens.

1. Actuellement *Saint-Saturnin*, bourg et commune du 2e canton et de l'arrondissement du Mans.

162. — [**1253** (v. s.), **janvier**]. — Un autre transcript de la court de l'official, donné le mardi avant la mi-caresme M CC IIII^{xx} et V. Ou meys de janvier M CC LIII, monsieur Jehan de Maule [1], chevalier, confessa avoir baillé à Jehan de la Magdeleine, demourant au Mans, et à Flourie, sa femme, et à leurs hoirs, la terre de Boudin l'Aunoy, et la terre sise devant le dit Alnoy, le Mortier Teelaen, la terre sise sur le dit Mortier, le cloux sis davant la Faucillonnière, la terre et la pasture de l'Érable, le tout sis en la paroisse de Saint-Sauny, pour cinq sextiers de froment rouge de perpétuel rente, au jour de Saint-Remy, etc., et pour v sols manczois, au jour de Saint-Martin d'yver. Item, la terre Gaultier o ses appartenances, pour v sols tournois, au dit jour de Saint-Martin. Item, le hébergement Robin Charpentier, pour IIII sols manczois, au dit de Saint-Martin, un faucheur et un vendangeur, etc.

163. — [**1286, 9 décembre**]. — Une autre lettre, le lundi après Saint-Nicolas d'yver M CC IIII^{xx}VI. Geffroy Pelerin et Scolace, sa femme, paroissiains de Saint-Sauny, vendirent à Guillaume des Vaux, demeurant au Mans, un minot de froment, de annuel rente, à la mesure de Maule, lequel minot, Jehan, dit Estienne, de la dite paroisse, devoit aux diz vendeurs, au jour de Saint-Remy, sur une piesse de terre, sis davant le hébergement du dit Estienne, pour le pris de XXVIII sols tournois, dont ilz se tindrent pour contens, en veue notaire.

164. — [**1324, 21 juillet**]. — Une autre lettre de la court de l'official du Mans, sellée et signée, dont la tenour est telle. Le semadi avant la Magdeleine M CCC XXIIII, que, comme débat et contens fust meu entre le procureur des religieuses du monastère de Notre-Dame-de-la-Fontenne-Ebvraut, ou diocèse de Peictiers, d'une partie [2], et Pierre Le Pecu [3], clerc, et Thomasse, sa femme, paroissiains de Saint-Ouen du

---

1. Cf. sur les seigneurs de Maule, *La Province du Maine*, t. II, pp. 129 et suiv., article de M. S. Menjot d'Elbenne.
2. Ces deux mots ont été ajoutés après coup, en interligne.
3. Cf. *La Province du Maine*, t. II, p. 136.

Mans, d'autre, sur ce que le dit procureur disoit que Coleite, sœur de la dite Thomasse, avoit donné aux dictes religieuses, toutes les chouses immeubles qu'elle avoit ès parties du Mans, et que les diz conjoins en avoint levé les fruiz et émolumens, par long temps, et, pour ce, requéroit qu'il fust sentence compellé. Les diz conjoins néans tout ce et du contraire propousans, en la parfin, les diz conjoins baillèrent audit procureur, pour les dites religieuses, la tierce partie d'un estre appellé Beaurepayre, o ses appartenances, sis en la paroisse de Saint-Sauny, à en fayre, etc.

165. — [**1324, 22 juillet**]. — Une autre lettre, le jour de la Magdaleine M CCC XX IIII. Pierres Lemaczon et Coleite, sa femme, fille feu Guillaume de Vaux, du Mans, et monsieur Jehan de Châteaux, procureur du monastère de Fontevrat, vendirent à Denis Oufray, aliàs des Fresnes, la tierce partie, par non devis, de un estre appellé Beaurepayre, sis en la paroisse de Saint-Sauny, o ses appartenances, ou flé au sire de Maule, pour le pris de VI livres tournois, dont se tindrent pour contens.

166. — [**1342, 6 juillet**]. — Une lettre de la court de l'official du Mans et est la tenour. Le jeudi après la Translation-Saint-Martin M CCC XII, nobles hommes Jehan de Maule [1], chevalier, et Béraude, sa femme, vendirent à frère Guillaume Brocier, prieur de Saint-Sauny, une pièce de vigne contenant demy-arpent ou environ, appellé la Varenne, qui fut feue Katherine de Cucheto, sise jouste les vignes au dit prieur, près le prebitère, d'une partie, et la varenne de la Dodinière, ou flé du dit chevalier, pour le pris et en acquit de XXX livres tournois, en laquelle somme les diz vendeurs estoint tenuz au dit achateur, tant de cause d'emprunt que de arrérages du temps passé, en faisant du dit prieur au dit chevalier, au jour de Saint-Jehan, par chacun an, XII deniers tournois de cens.

167. — [**1330, 17 novembre**]. — Une lettre de la

1. *La Province du Maine*, t. II, p. 136. Cet article rectifie le passage cité par M. Menjot d'Elbenne dans son travail sur les seigneurs de Maule. Il y a inséré le dessin de la pierre tombale de ce Jean de Maule.

court du Mans, sellée et signée dont la tenour est. Le semadi après Saint-Martin d'yver M CCC XXX, Pierres Paien et Juliainne, sa femme, paroissiains de Saint-Sauny, vendirent à Colin Roussel, un hébergement, appelé le Chesne, o toutes ses appartenances, qui sont en terres, boys, courtil, vigne, et un courtil appellé Collaing, sis en la dite paroisse, ou fié monsieur Thomas du Fresne, prebstre, jouste les chouses à la Durelle, d'une partie, et, d'autre, les vignes Jehannin Hertaut. Et ovec ce, li vent XII sols tournois ou monnoie courante de rente perpétuel, que Jehan de Fontay li estoit tenu faire, ou jour de Nouel, par raison d'une meson que feu Guillaume Paien, père du dit Pierres, li bailla piecza à celle rente. Et ovec ce, li vent VI sols tournois ou monnoie courante de rente perpétuel, laquelle rente Jehanne la Begouste lui estoit tenu faire à Nouel et Toussains, par raison d'une pièce de terre, contenant un journel ou environ, qui fut feu Symon Bouguer, laquelle pièce de terre le dit Pierres li avoit baillée aux VI sols tournois de rente, pour le pris de LVI livres tournois, desquelx les diz vendeurs se tindrent pour contens, en faisant du dit achateur ou de ses hoirs, à Dionise la Voyre, V sols de devoir, au jour de Toussains, par chacun an, sans plus.

168. — [1330, 12 novembre]. — Une autre lettre de la dite court, sellée et signée, de laquelle, etc. Le lundi après Saint-Martin d'yver M CCC XXX, Pierres Diexyvoie [1] et Denise, sa femme, paroissiains de Saint-Sauny, vendirent à Colin Roussel, clerc, cent sols tournois ou monnoie courante de annuel rente, sur toutes ses chouses immeubles et héritaux, etc., au jour de Toussains, pour le pris de L livres tournois, desquelx se tindrent les diz vendeurs pour contens.

169. — [1331 (v. s.), 6 mars]. — Une lettre annexée o la dessus dite, de la dite court. Le venredi après caresmeprenant M CCC XXX I, le dit Pierres et la dite Denise bail-

---

1. Cf. P. Moulard : *Ramage des descendants de Thomas Dieuxivois*, in-8, de 24 p. Le Mans, 1889. Extrait du Bulletin de la Société d'agriculture, sciences et arts de la Sarthe.

lèrent au dit Colin, en assise et en assignacion des diz cent sols, une pièce de vigne, contenant troys quartiers ou environ, sise ou fié au seigneur de Montéhart, en la paroisse de la Basouge, jouste les chouses aux diz vendeurs, d'un cousté, et, d'autre, jouste le hébergement Jehan Lucas, en faisant du dit Colin au dit Pierres, 1 denier de cens, au jour de l'Angevine.

170. — [1335]. — Un instrument, sellé du seau épiscopal et signé par Jehan Rougier. L'an M CCC XXX V, que, comme feu Colin Roussel eust acquis plusieurs chouses immeubles au temps qu'il vivoit, et vénérable et discret homme Johan de Dimon, prieur de Saint-Sauny, deist que le dit Colin, au temps qu'il vivoit, avoit receu les fruiz, rentes et revenues de son dit prieuré et de ses autres bénéfices, par long temps, et que il estoit son obligié jusques à la somme de ccc livres tournois, sur lesquelles chouses question et demande estoit meue [1] de la partie du dit prieur, contre ses exécuteurs et hoirs du dit deffendeur, qui estoit Jehan Roussel, paroissiain de Fay, hoirs pour la moitié, et comme tuteur des enfans Foucher Charpentier, de la paroisse de Cultolucro [2], pour l'autre moitié. Lesquels hoirs ballèrent au dit prieur touz les chouses immeubles, héritaux et conquests, en quelcunques lieux ou paroisses qu'ilz soint, et en espécial un hébergement, appelé Rougemont, avec une pièce de vigne, contenant troys quartiers ou environ, et un arpent de boys sis en la paroisse de la Basouge, ou fié du seigneur de Montéhart, et une autre pièce de vigne, sise en la paroisse de Saint-Sauny, ou fié des frères de la maison-Dieu des Ardans du Mans, contenant troys quartiers et demy ou environ, exepté et retenu au dit Jehan Roussel et aux enffans, etc., deux pièces de terre et deux mesons, etc.

171. — [Date incomplète]. — Une lettre de la court de l'official du Mans, signée, etc. L'an M C LXV [3], le vendredi

---

1. Ce mot a été ajouté, après coup, en interligne.
2. Courgains, paroisse et commune du doyenné et du canton de Marolles-les-Braults (Sarthe).
3. La date ne semble pas avoir été écrite totalement sur le ms.

après Saint-Nicholas d'yver, Jehan de la Magdeleine et Flourence, sa femme, vendirent à Jehan Estienne et à ses hoirs, une pièce de vigne sise devant le hébergement du dit Estienne, ou flé du seigneur de Maule, en la paroisse de Saint-Sauny, pour un minot de froment, à la mesure de Maule, au jour de Saint-Remy, et pour une pièce de terre, sise soubz la fontaine Raoulet, etc.

172. — [**1331** (v. s.), **31 janvier**]. — Une autre lettre de la court du Mans, signée, etc. Le vendredi après Saint-Julien M CCC XXXI, Pierres Paien et Juliote, sa femme, paroissiains de Saint-Sauny, baillèrent à Colin Roussel, clerc, deux pièces de vigne, l'une contenant i quartier ou environ, sise ou cloux de Langotière, devant la meson Jehan Lermite, entre la dite meson et la vigne Georget Gohier, aboutant au chemin de Colières par lequel l'en vait aux Broces, et l'autre pièce contenant demy-quartier ou environ, entre la dite meson et la vigne Jehan Lermite, en la paroisse de Saint-Sauny, tenue du maistre et frères des Ardans du Mans, en leur fesant, au jour de Saint-Jehan-Baptiste, vi deniers tournois de service, tant en assise et assignacion de lx sols tournois de rente, qu'ilz estoint tenuz faire au dit Colin, comme en soulte et acquittement de viii livres x sols de arrérages de la dite rente et xvi livres x sols, tant de vendicion de blé et de vin comme pour devoirs paiez par le dit Colin pour les diz Pierres et sa femme.

La Basouge [1].

173. — [**1311, 6 décembre**]. — Une lettre de la court de l'official du Mans, sellée et signée, de laquelle la tenour est. Le lundi après Saint-André M CCC XI, Gervaise de Culva [2], escuyer, seigneur de Culva, paroissiain de la Basouge, reconnut que, comme feu Geffroy de la Garrelière, jadis escuyer et seigneur de la Garrelière, tensist du dit Gervaise, ad foy et homage à ii deniers tournois de service

1. La Bazoge, commune du deuxième canton du Mans.
2. Gervais de la Courbe.

annuel, une métayrie appellée la Poullardière, sise en la dite paroisse, et les hoirs du dit Geoffroy fussent en longue demeure de entrer en foy et hommage envers le dit Gervaise, pour la dite métairie, le dit Gervaise, comme seigneur féal suverain *(sic)*, saisit la dite métairie et la mist en sa garde. Après ce, les religieux, abbé et couvent de Beaulieu, qui tenoint et possidoint la dite métairie comme leur, advouèrent davant le dit Gervaise, la tenir du dit Geffroy, dès le temps que il vivoit, de ses prédicesseurs, qui furent seigneurs du dit lieu de la Garrelière, à IIII deniers mançzois de cens annuel, sans nul autre devoir, etc. En la parfin, le dit Gervaise, pour le remède de son âme, donna aux diz religieux, et foy et hommage et tout ce que de seigneurie povoit avoir en la dite métairie, en li faisant II deniers tournois de cens requérable au jour de Toussains, sans nulle autre redevance.

174. — [**1320, 12 mai**]. — Une lettre de la dite court de l'official, sellée et signée, dont, etc. Le lundi après l'Ascension M CCC XX, Ascelote, fille feu Macé Polart, paroissiaine de Saint-Jehan du Mans, vendit à vénérable homs et religieux Gillet, abbé du monastère de Beaulieu, toute la partie et porcion qu'el povoit avoir en une pièce de terre, contenant deux quartiers ou environ, et en une pièce de vigne contenant demy-arpent, et en un boys contenant demy-arpent, le tout sis en la paroisse de la Basouge, ou fié Macé du Plessair, jouste le boys qui fut feu Gervaise de Corbe [1], d'une partie, et, d'autre, jouste le chemin par lequel l'en vait de Saint-Sauny à la Basouge, pour le pris de cent soulx tournois, desquelx el se tint pour contente à veue notaire.

175. — [**1320, 6 septembre**]. — Une autre lettre de la court du Mans, sellée et signée, etc. Le semadi avant l'Angevine M CCC XX, Robin Ausouys et Macée, sa femme, paroissiains de la Basouge, vendirent à monsieur Thomas du Fresne, prebtre, trois sextiers de saigle bon, sec et loyal, à la mesure du Mans, lette de porche deux deniers mançois lasche

---

1. Il s'agit évidemment du même Gervais de la Courbe, mentionné dans l'acte précédent.

de chacun sextier, de annuel, sur toutes et chacunes leurs chouses immeubles et héritaux, pour ix livres tournois, desquelx, etc.

176. — [**1360 (v. s.), 22 mars**]. — Une autre lettre de la dicte court du Mans, sellée et signée, etc. Le lundi après Pasques flouries M CCC LX, Jehan Dureau et Jehanne, sa femme, paroissiains de la Basouge, vendirent à religieux homme et honneste l'abbé et couvent de Beaulieu, quatre journelx de terre, sis en la dite paroisse, ou fié du Plessays, partie, et partie, ou fié de la Courbe, entre le chemin allant du Mans à la Basouge, d'une part, et les chouses Guérin Lefebvre, d'autre part, appellées, les dites chouses, de la Boullaye, pour xviii escuz du coign du roy, en faisant des diz religieux au sire du Plessair, par chacun an, au jour de Toussains, iiii deniers de cens et ii deniers obole de cens, au sire de la Courbe, par chacun an, au jour de la feste aux mors.

177. — [**1338 (v. s.), 8 février**]. — Une autre lettre de la court de l'official du Mans. Le lundi avant les Cendres M CCC XXXVIII, Colin Legendre et Aliz, sa femme, confessèrent avoir prins des religieux de Beaulieu, un estre appellé Rougemont, ovec ses appartenances, sis en la paroisse de la Basouge, partie ou fié du seigneur de la Guierche, et partie ou fié du seigneur de Montéhart, lequel estre est en trois mesons, en terres arables, contenant v journelx ou environ, en vigne contenant demy-arpent ou environ, courtil, journée à cinq bescheurs, sauff et retenu aux diz religieux le boys du dit lieu, pour excoler les dites chouses, par celle condicion que ilz en auroint la moitié des fruiz et émolumens. Et doibvent poier et rendre les diz preneurs les devoirs accoustumés au seigneur des fiez.

Aignié [1].

178. — [**1309, 25 juillet**]. — Une lettre de la court de l'official du Mans, sellée et signée. Le venredi après la feste

---

1. Aigné, commune du second canton du Mans.

Sainte-Marie-Magdeleine M CCC IX, Guillaume, seigneur de Brocin, quicta et delessa à Gervaise Parroyn¹, clerc, aliàs de la Roche, et à ses hoirs, LX sols tournois de rente, qu'il avoit sur la métairie de la Poterie², sise en la paroisse d'Aignié, et aucuns arrérages de la dite rente du temps passé, ou flé du seigneur de Tussé, pour XXX livres tournois, la dicte rente, et les diz arrérages, pour VIII livres tournois, desquelles sommes le dit Guillaume quicta le dit Gervaise et autres, en se tenant pour content et bien poyé.

179. — [**1370** (v. s.), **16 janvier**]. — Une autre lettre de la court de Tussé, sellée et signée. Le jeudi après Saint-Hilaire M CCC LXX, Jehan Potier et Denise, sa sœur, et Jehan Segant et Perrote, sa femme, paroissiains d'Aignié, baillèrent à touz temps, à Jehan Lemestre et Pasquière, sa femme, paroissiains de Donfront, VIII planches de vigne et deux lieux contenant journée à cinq hommes ou environ, coustéant les chouses au sire de la Mote, d'un cousté, et, d'autre, les chouses Guillot Chevalier, à cause de sa femme, aboutant les chouses Jehan Lefevre, d'un bout, et, d'autre, les terres Jehan Belot, Jehan Béatrix, les dites chouses sises en la paroisse de Donfront-en-Champagne, ou cloux du Gentil, ou flé au sire de la Mote, pour VIII sols tournois ou monnoie courante de annuel rente, au jour de Toussains, en fesant au sire du flé un cousteret de vin, ou temps de vendange, à cause de la vigne dessur dite.

Neuville-sur-Sarte ³.

180. — [**1360** (v. s.), **21 février**]. — Une lettre de la court du Mans, sellée et signée, et si en est la tenour. Le dimanche que l'en chante *Reminiscere* M CCC LX, Guillaume Eschigot, Macée et Agnès, ses sœurs, paroissiains de

---

1. Voir, plus haut, n° 73.
2. Le 25 novembre 1471, Guy, abbé de Beaulieu, rendit aveu à Louis de Tucé pour la métairie de la Poterie. Arch. dép. de la Sarthe, E. 118, n° 653.
3. Neuville-sur-Sarthe, commune et paroisse du 2ᵉ canton du Mans.

Neuville-sur-Sarte, vendirent à Guillaume Touril, viii sols tournois de rente, qu'il leur estoit tenu faire à l'Angevine, par raison de certaines chouses immeubles, prinses à la dite rente, pour le pris de viii escuz, desquelx ilz se tindrent pour contens.

181. — [**Sans date**]. — Une lettre de la court de l'official du Mans, sellée, comment monsieur G. de Mauny, chevalier, donna en pure aumoune, à l'abbaie de Beaulieu, terres, prez, pastures, boys et vergier, que Fulcon de Neuville, prebtre, premièrement avoit donné en li [1] faisant v sols manczois de service.

Vernie [2].

182. — [**1321 (v. s.), 13 février**]. — Une lettre de la court de Vassé, sellée et signée, dont la tenour est. Le jeudi après Sainte-Scolastice M CCC XXI, Macé Legart, paroissiain de Vernie, print à touz temps mes. de Hébert Arquengier, tout le boys et touz les courtils que le dit Hébert achata du dit Macé, ou fié de Vernie, jouste l'estre Geoffroy Marguerie, pour ix sols tournois de rente, à paier au jour de Saint-Denis.

183. — [**1326, 17 juin**]. — Une autre lettre de la court de Vernie. Le mardi après Saint-Barnabé M CCC XXVI, Hébert Lefèvre et Agnès, sa femme, Nicholas Lefèvre et Juliote, sa femme, paroissiains de Vernie, baillèrent pour perpétuité à Jehan Hure, quatorze planches de vigne, sises ou fié des diz bailleurs, en la paroisse de Donfront, entre les vignes Guillaume Duboys, d'un cousté et d'autre, pour v sols tournois de rente perpétuelle, à rendre aux diz bailleurs, au jour de la Saint-Front.

Conlie [3].

184. — [**1375, 7 mai**]. — Une lettre de la court de l'official du Mans, sellée, signée et donnée le lundi après *Miseri-*

---

1. Ce mot a été ajouté après coup, en interligne.
2. Vernie, commune et paroisse du canton et du doyenné de Beaumont-le-Vicomte. Elle a été l'objet d'une étude publiée par Mgr Dubois, évêque de Verdun, dans la *Province du Maine*, t. III.
3. Conlie, chef-lieu de canton de l'arrondissement du Mans.

cordia Domini, comment Jehan Juhes et Jehanne, sa femme, paroissiains de Conlie, aians dévocion au monastère de Beaulieu, soy donnèrent avec touz leurs biens meubles et immeubles, en pure et perpétuelle aumousne, et en faire, etc.

185. — [**Avant le 18 avril 1379**]. — Une autre lettre de la court d'Assé, comment Geffroy Poignat [1] quicta, de tout le temps passé jusques au lundi après Quasimodo M CCC LXXIX, Hodéarde la Poignante et Macée, sa fille, et leurs hoirs, de touz et quelxcunques marchiés ou actions.

186. — [**1375, 3 juin**]. — Une autre lettre de la court du Mans, sellée et signée, et si en est la tenour. Le tiers jour de juign M CCC LXXV, Jehan Juhes et Jehanne, sa femme, soy donnèrent à Notre-Dame-de-Beaulieu avec touz leurs biens, etc.

Ségrie [2].

187. — [**1310 (v. s.), 4 avril**]. — Une lettre de la court de Sillié, sellée et signée, de laquelle est la tenour. Le semadi avant Pasques flouries M CCC X, Richart Richier et Juliote, sa femme, et Jamoit, leur filz, paroissiains de Ségrie, confessèrent que, pour VIII sols manczois, à eulx quitez, que ilz ont euz et receuz et s'en tindrent à bien paiez, ilz ont vendu et octroyé à Guillaume de Ségrie, escuier, un consteret de vin, à la mesure de Ségrie, de annuel rente, à avoir et percepvoir au dit escuier, etc., sur toute leur vigne que ilz ont à la Giraude, en la dite paroisse, ou fié Chamaillart, jouste les vignes au dit escuier, lesquelles vignes les diz vendeurs chargèrent à la dite rente au dit escuier, chacun an, au temps de vendange, en faisant du dit escuier au diz vendeurs, une obole de cognoissance, au jour que ilz payront le dit vin.

188. — [**1313, 25 juin**]. — Une lettre de la court du Mans, sellée et signée, de laquelle est la tenour. Le lundi après Saint-Jehan-Baptiste M CCC XIII, Gervaise Ernoul et Macée, sa femme, paroissiains de Ségrie, vendirent à Hébert Arquengier

---

1. Lire : Poignant.
2. Ségrie, commune et paroisse du canton et du doyenné de Beaumont-sur-Sarthe.

et à Edeline, sa femme, tele partie et tele porcion comme ilz avoint en la meson et hébergement qui fut jadis feu Thomas Ernoul, père du dit Gervaise, sise en la ville de Ségrié, ou fié au seigneur de Clermont, jouste la meson Hébert Loiote [1] et jouste la meson Jamet Berrart [2], pour XII livres tournois, desquelx se tindrent pour contens, en faisant au seigneur du fié, II deniers obole, au jour de l'Angevine, de aide requérable, sans nulle autre redevance.

189. — [**1315** (v. s.), **3 janvier**]. — Une autre lettre de la court du Mans, sellée et signée, etc. Le semadi après l'an nouff M CCC XV, Clémens Lemecon et Juliote, sa femme, paroissiains de Ségrié, vendirent à Hébert Arquengier et à ceulx qui auront sa cause, une somme de vin, bon, pur et sans eau, à la mesure de Lomment [3], sur leurs vignes sises en la dite paroisse, ou fié et cloux de Lomment, jouste la vigne Perrot Leber, ou temps de vendange, pour XIIII sols manczois, desquelx se tindrent pour contens, en faisant des diz achateurs aux diz vendeurs 1 denier de cognoissance.

190. — [**1316** (v. s.), **19 février**]. — Une lettre de la court d'Assé, sellée et signée, etc. Le venredi après les Cendres M CCC XVI, Guillaume Dedel et Juliote, sa femme, paroissiains de Ségrié, vendirent à Hébert Arquengier et à Edeline, sa femme, une somme de vin, bon, pur et sans eau, à la mesure de Ségrié, sur leurs vignes de Lonnonnt [4], au jour de Saint-Denis, pour XV sols manczois, desquelx, etc., en faisant des diz achateurs aux diz vendeurs, au jour de la solucion du dit vin, obole de cognoissance.

191. — [**1379, 25 décembre**]. — Une lettre de la court de Sillié. Le dimainche avant Saint-Estienne M CCC LXXIX, Jehan Blanchart, clerc, et Agnès, sa femme, paroissiains de Ségrié, confessèrent que, pour le pris de XL sols tournois paiez à eulx de la vendicion de IIII boiceaux de froment de

---

1. La lecture de ce nom reste douteuse.
2. Même remarque.
3. On doit lire probablement : *Lomment*.
4. Il faut lire, selon toute apparence : *Lommont*.

rente, que Hodic la Poignande [1], estoit tenu faire aux diz espoux, au jour de Touss ains, par raison d'une baillée hérital d'un journel de terre, sis au Vau Symon, les diz espoux ont quitté la dite Poignande des XL sols dessur diz, sans que jamès ilz en puissent rien demander.

192. — [**1319, 11 octobre**]. — Une lettre de la court d'Assé, sellée et signée. Le jeudi après Saint-Denis M CCC XIX, Jehannin Dodel et Hodéarde, sa femme, paroissiains de Ségrie, vendirent à Hébert Arquengier et à Edeline, sur touz, etc., au jour de Saint-Remy, II sols tournois de rente perpétuelle, pour XII sols manczois, desquelx, etc.

193. — [**1320, 27 avril**]. — Une lettre de la court du Mans, sellée et signée, etc. Le lundi après Saint-George M CCC XX, Guillaume Tropnet, paroissiain de Ségrie, vendit à Hébert Arquengier, deux sommes de vin, bon, pur de goute, sans eaue, à la mesure de Vernie, de annuel et perpétuel rente, sur toutes ses chouses que il a ou fié au sire du Couldroy, pour LX sols tournois, desquelx il se tint pour content, au jour de Saint-Rémy.

194. — [**1351, 9 novembre**]. — Une lettre de la dite court, sellée et signée, dont est la tenour. Le merquedi avant la Saint-Martin d'yver M CCC LI, [2] Leront, paroissiain de Ségrie, vendit à Jehan Tabari, clerc, demourant au Mans, une pièce de terre, contenant six journelx ou environ, sis en la paroisse de V [3] -en-Champagne, ou fié au sire de Neuvi-en-Champagne, entre les chouses Guillaume Lemerc, d'une part, et, d'autre, les chouses Geffroy Morand, aboutant aux chouses du dit achateur, d'un bout, et à la Ronce, d'autre, si com l'en vient de Veniete [4] à Cures, pour XX livres tournois, desquelles il se tint pour content, en faisant du dit achateur au dit sire de Neuvi, les deux pars de VIII deniers de cens, au jour de Saint-Laurens.

---

1. Voir plus haut, le n° 185.
2. Le prénom du personnage a été laissé en blanc sur le ms.
3. Le nom a été laissé en blanc.
4. Verniette, ancienne paroisse rattachée en 1801 à celle de Conlie.

195. — **[1377, 3 novembre]**. — Une autre lettre de l [1]. Le mercquedi après la Toussains M CCC LXXVII, Jehan Blanchart, [clerc] [2], et Agnès, sa femme, paroissiains de Ségrie, confessèrent que, pour le pris de XL. sols tournois, desquelx se tindrent pour contens de la vendicion de deux journelx de terre appelez les chous à la de vigne, desquelx XL sols tournois, le dit clerc et sa femme quittèrent Hodie, femme feu Guillaume Poignant, sans qu'ilz, etc.

D'Allompne [3].

196 — **[Sans date]**. — Une lettre, comment Richart Chevalier, dit le Maire des Cormes, secondement, donna à l'abbaie de Beaulieu ce que feue Erembourgine de Courbefousse avoit donné, c'est assavoir ce que el avoit ou dit lieu de Courbefousse, en la paroisse de Allompne, en paiant au dit Chevalier x sols tournois, au jour de Toussains, par chacun an.

197. — **[Sans date]**. — Une autre lettre de la court de l'official du Mans, sellée et signée, de laquelle se cy ensuit la teneur. Le jeudi avant Pasques flouries, Regnaud le Vannoors, paroissiain de Allompne, confessa soy avoir, ovec touz ses biens meubles et immeubles, en quelque lieu qu'ilz soint assis, au monastère de Beaulieu et aux religieux, etc., et élut ou dit lieu sa sépulture, etc.

198. — **[1301, 21 juillet]**. — Une autre lettre de la dite court, sellée et signée, etc. Le venredi avant la Magdeleine M CCC I, Johan de Jouvignié, escuier, paroissiain de Vernie, confessa avoir ballié, pour huyt sextiers de saigle et quatre de orge, à la mesure d'Allompne, aux religieux, abbé et couvent de Beaulieu, au jour de la feste aux mors, aux despens des diz religieux, à la grange du prieur de Vernie rendre, une métairie ovec ses appartenances, appellée la métairie de Jouvigné, sise en la dite paroisse d'Allompne.

1. Probablement « la dite cour ».
2. Mot ajouté après coup, en interligne.
3. Allonnes, commune et paroisse du deuxième canton du Mans et du doyenné de N.-D. de la Couture.

199. — [1329, 15 juin]. — Un transcript : Une lettre sellée du seau de Beaulieu. Le jeudi après Penthecouste M CCC XXIX, révérend père en Dieu, Jehan, humble abbé du monastère de Beaulieu, bailla pour perpétuité à Jehan et à Jehannin Susanne, frères, paroissiains d'Allompne, et à ses successeurs, cinq journelx de terre ou environ, sis en la dite paroisse, jouste les terres d'une chapelle de Saint-Père-de-la-Court, du Mans, d'une partie, et, d'autre, jouste les terres feu Guillaume de Neuvi, et aboutant au chemin par lequel l'en vait du Mans à la Suse, d'un bout, et, d'autre, au chemin par lequel l'en vait du Mans à Estivau [1], pour xxx sols tournois monnoie courante, seix chapons, bons et suffisans, de annuel et perpétuel rente, à rendre et poyer au jour de Saint-Martin d'yver.

200. — [1339, 5 juin]. — Une lettre de la court de l'official du Mans, sellée et signée, etc. Le venredi après les octaves de la Consécration du Corps de Jésus-Crist M CCC XXXIX, Guillaume Gillant et Bourgine, sa femme, paroissiains d'Allompne, prindrent des religieux, honnêtes personnes abbé et couvent de Beaulieu, aucunes chouses immeubles sis en la dite paroisse, ou fié des diz religieux, entre l'estang des diz religieux et la ville d'Allompne, et aboutant d'un bout au boys de Marhaig [2], et, d'autre, au russeau qui vient au dit estang, lesquelles chouses sont en terres, courtil, pastures et autres chouses, pour XIIII sextiers de blé, x de saigle et IIII d'orge, à la mesure des diz religieux. *Hec littera parum prodest.*

201. — [1383, 8 octobre]. — Une lettre de la court du Mans, etc. Le jeudi après Saint-Rémy M CCC IIII^{xx} et III, monsieur Jehan d'Oultreleau, prebtre, bailla, quitta et cessa aux religieux, abbé et couvent de Beaulieu, une pièce de boys o ses appartenances, sise en la paroisse d'Allompne, ou fié des diz religieux entre les boys de Marhaign et les prez des diz religieux et les chouses ou recteur de l'église d'Al-

---

1. Étival, commune et paroisse du canton et du doyenné de la Suze.
2. Actuellement : bois de Mars-Hain.

lompne, laquelle pièce de boys avoit eue et atroite à soy, de feu Guillaume Le Picart [1], affin que le dit prebtre demourast deschargié de IIII sols tournois de cens, ovec plusieurs arrérages deuz, à cause de la dite pièce de boys, envers les diz religieux. Et cesse, quitte et delesse, etc.

Rouillon [2].

202. — [Sans date]. — Une lettre faisant mencion comment monsieur Hébert de Rouillon [3], chevalier, et Robert, son frère, clerc, donnèrent au monastère de Beaulieu la tierce partie de toutes dismes, venant à l'église de Rouillon, lesquelx, après, furent chanoines du dit lieu. Après plusieurs altercations, Atenoise, fille du dit chevalier, consentit à la dite donnoison, en li faisant x deniers de cens, en la présence de l'évesque du Mans.

203. — [1259]. — Une autre lettre de la court de l'official du Mans, sellée et signée, dont la tenour est telle. L'an mil CC LIX, Guillaume du Mineroy et Albrete, sa femme, vendirent à Guillaume Maslon un quartier de vigne o ses appartenances, sis sur l'estang, en la paroisse de Rouillon, ou flé à l'abbé de Beaulieu, pour VII livres XIIII sols tournois, desquelx ilz se tindrent pour contens, en faisant aux seigneurs du flé VI deniers manczois de cens, au jour de Toussains, par chacuns ans.

204. — [Sans date]. — Extrait d'une lettre faisant mencion comment Guillaume de Rouillon et Guillaume, son filz, donnèrent aux religieux, etc. de Beaulieu un chevau de service, qu'ilz devoint à cause de leur terre de Rouillon, que Richart de Rouillon leur avoit donnée, et les diz religieux donnèrent aux diz Guillaume et Guillaume v sols pour paix...

205. — [1259, septembre]. — Extrait d'une lettre, etc.,

1. Cf. G. Busson et A. Ledru, *Nécrologe-obituaire de la cathédrale du Mans*, p. 337.
2. Rouillon, commune et paroisse du deuxième canton du Mans et du doyenné de N.-D. de la Couture.
3. Cf. sur la famille et sur la terre de Rouillon : L. Froger, *Rouillon féodal*, dans *la Province du Maine*, t. IV, et tirage à part, in-8° de 32 pages.

sellée et signée. Ou meys de septembre M CC LIX, Guillaume de Rouillon, chevalier, confessa avoir vendu aux religieux, etc. de Beaulieu, x sols manczois qu'ilz devoint au dit chevalier, c'est assavoir, vii sols de service et v sols manczois, pour un chevau de service. Et ovec ce, vendit ii deniers de cens. Et fut faicte la dite vendicion, pour le pris de xii livres iiii sols tournois, duquel le dit chevalier se tint pour content, et quitta les diz religieux de tout service et de toute autre redevance, excepté en ii sols manczois rendre à la meson du dit chevalier, au jour des mors, en faisant taillez, etc.

206. — [**1264 (v. s.), 25 mars**]. — Extrait d'une lettre de la court de l'official du Mans, sellée et signée. Ou meys de mars, le merquedi après *Isti sunt dies* M CC LXIIII, Guillaume de Rouillon, chevalier, bailla et concéda à Thomas Levalour et à ses hoirs, une pièce de terre contenant v journelx ou environ, sise en la paroisse de Rouillon, jouste les vignes du dit Thomas, près l'estang de Rouillon, et jouste les terres qui furent Gervaise Bourdon, pour iiii sols manczois de annuel rente, à paier au dimainche que l'en chante *Invocavit me*, etc.

207. — [**1271, mars**]. — Extrait d'une lettre, sellée et signée, de la court de l'official. Ou meys de mars M CC LXXI, Guillaume de Rouillon, chevalier, quitta toutes les rentes et services que les religieux, etc. de Beaulieu li estoint tenuz faire, et les diz religieux quittèrent tout ce que le dit chevalier leur estoit tenu faire, excepté que le dit chevalier et ses hoirs, du fié qu'il tient du dit abbé, seront tenuz faire hommage, et doibvent rendre le dit chevalier et ses hoirs, taillez que l'abbé et couvent et Jehan Berrengier, qui souloit faire viii deniers manczois, qui demourent frans au dit abbé, faire estoint tenuz, etc.

208. — [**1271, 14 avril**]. — Extrait de une lettre de la dite court, sellée et signée. Le mardi après *Quasimodo* M CC LXXI, Etimardiere, femme feu Robin Parcheminier, vendit à Hébert Bagori et à Haoysie, sa femme, une pièce de vigne contenant un quartier ou environ, sis en la paroisse, ou flé au prieur de Rouillon, jouste les vignes Tierri de la Cité, pour ix sols manczois, desquelx el se tint pour contente, en faisant des diz achateurs au seigneur du flé, par chacun an, au jour de Saint-Gervaise d'yver, ix deniers manczois.

209. — [1284 (v. s.), 2 janvier]. — Extrait d'une lettre de la court du Mans, sellée et signée, etc. Le mardi après les octabes de Nouel M CC IIII^{xx} IIII, monsieur Nicholas Manssel, prebtre et maistre de la meson-Dieu de Caudfort, et frère Jehan Lochet, procureur de la dicte meson, vendit ou nom de la dicte meson à Hubert Artuiz, clerc, filz Richart Artuiz, et à ses hoirs, une pièce de vigne bordelesche sise en la paroisse de Rouillon, contenant demy-arpent ou environ, ou flé de Beaulieu, entre le monastère de Rouillon, d'une partie, et, de l'autre, entre l'estang de Rouillon, jouste les vignes Macé Bordon et jouste les vignes Juliot Poille. Et fut faicte la dite vendicion pour vi livres x sols tournois, desquelx les diz maistre et procureur se tindrent pour contens. Et doit faire le dit Artuiz au seigneur du flé, par chacun an, au jour de Toussains, ii sols tournois de cens.

210. — [1306, 2 novembre]. — Une lettre de la court de l'official du Mans, sellée et signée, etc. Le venredi après Toussains M CCC VI, Fulcon de Porrie, escuyer, seigneur de Porrie[1], recognut que Juliot, dit le Vallet, donna en son testament, aux religieux, etc. de Beaulieu, la partie et porcion que il avoit en un pressouer, sis en la paroisse de Rouillon, appellé le Pressouer au Gras, et en plusieurs cup, et en plusieurs vignes, sis près le dit pressouer, ou flé du dit escuier, et doibvent faire au seigneur du flé les devoirs acoustumez. Et receput le dit escuyer, des diz religieux, vi livres tournois, affin que le dit pressouer peussent posséder en leur main.

211. — [1308, 12 août]. — Extrait d'une lettre de la dite court, sellée et signée. Le lundi avant l'Assumpcion-

---

1. Porrie ou mieux Pourrie, fief situé sur la paroisse de Rouillon; cf. L. Froger, *Rouillon féodal*, in-8°, p. 27, et *Province du Maine*, t. IV. Voir plus haut, p. 13, n° 23.

Notre-Dame M CCC VIII, Gillet Sarrazin, clerc, et Jehanne, sa femme, demourans au Mans, vendirent aux religieux de Beaulieu et aux maistre et frères de la meson-Dieu de Caudfort, tout teil droit et porcion qu'ilz povoint avoir en une meson, en un pressoer, en cup, en foloeret et en un courtil et autres chouses, appelé le Pressoer au Gras, sis en la paroisse de Rouillon, ou fié au seigneur de Porrie, pour x livres tournois, desquelx ilz se tindrent pour contens.

212. — [**1308, 30 octobre**]. — Extrait d'une lettre de la dite court, signée, etc. Le merquedi avant Toussains M CCC VIII, Guillaume du Puiz et Ameline, sa femme, paroissiains de Rouillon, baillèrent aux religieux de Beaulieu une pièce de pré contenant journée à un faucheur, sis en la paroisse de Donfront-en-Champagne, ou fié des hoirs feu Fouquaut Cordel, jouste le pré des diz religieux, et un journel de terre, sis en la paroisse de Conlie, jouste la terre feu Gervaise Maillart. Et les diz religieux baillèrent aux diz espoux deux journelx de terre, sis en la paroisse de Rouillon, ou fyé Symon Lancelin [1], escuier, jouste les terres feu Gervaise Benoist et les terres du prieur de Rouillon.

213. — [**1310, 20 juin**]. — Extrait d'une lettre de la dicte court, sellée et signée, etc. Le semadi après la Trinité M CCC X, Micheil dou Sablonnier, paroissiain de Notre-Dame-du-Pré, vendit à Guillaume Le Bergier, prieur de Rouillon, ix sols manczois de annuelle rente, lesquelx Gilet de Launoy li estoit tenu faire, sur une meson, sise en la Tennerie du Mans, jouste la meson feu Robert Parence, en la paroisse de Gourdaine, au jour de Nouel et de Saint-Jehan, pour iiii livres x sols tournois, desquelx le dit vendeur se tint pour content, et se obligea le dit Robert paier la dite rente.

214. — [**1310 (v. s.), 9 janvier**]. — Extrait d'une lettre de la dicte court, signée. Le semadi après la Tiephaine M CCC X, Geffroy Guitoys et Katherine, sa femme, paroissiains de la Quinte, vendirent à Guillaume Le Bergier, prieur

---

1. Cf. L. Froger, *Rouillon féodal*, in-8°, et *Province du Maine*, t. IV.

de Rouillon, xviii sols manczois de perpétuel rente, sur touz ses biens immeubles, au jour de l'Assumpcion-Notre-Dame, pour xviii livres tournois, desquelles, etc.

215. — [**1311, 27 août**]. — Extrait d'une lettre de la court de l'official, etc. Le venredi après Saint-Loys, M CCC XI, Guillaume Lehourt, paroissiain de Coulens, confessa qu'il avoit vendu et vendoit à Guillaume Le Bergier, prieur de Rouillon, et à ses hoirs, quatre sextiers de saigle de annuel et perpétuel rente, sur toutes ses chouses immeubles et héritaux, en quelque lieu ou paroisse qu'elles soint assises, pour le pris de x livres tournois monnoie courrante, desquelx ilz se tindrent pour contens, laquelle rente le dit achateur doit rendre au dit vendeur, à la mesure du Mans, au jour de l'Angevine.

216. — [**1315, 21 août**]. — Extrait d'une lettre de la dite court, signée, etc. Le jeudi après l'Assumpcion-Notre-Dame M CCC XV, Hamelin de Aspremontainne, paroissiain de Fay, confessa avoir vendu à Guillaume Le Bergier, prieur de Rouillon, un sextier de froment de annuel et perpétuel rente, à la mesure du Mans, sur toutes ses chouses immeubles et héritaux, pour lxv sols tournois, desquelx ilz se tindrent pour contens, à paier le dit sextier de fromment, au jour de Toussains, par celle condicion que, avant cinq années transactées, la dite somme de lxv sols ballié au dit prieur ou etc., la dicte rente soit pour nulle et irrite, autrement, si, avant les dites cinq années, les diz lxv sols tournois ne sont baillez au dit prieur ou à ses successeurs, la dite rente de fromment à ferme perpétuité.

217. — [**1312 (v. s.), 26 février**]. — Extrait d'une lettre de la court de l'official du Mans, sellée et signée et donnée le lundi avant les Cendres M CCC XII, comment Pierres Pelouart vendit à Guillaume Bergier, prieur de Rouillon, l'usefrut que il avoit en un quartier de vigne, duquel la propriété appartenoit aux hoirs feu Gervaise Ernaud, sis en la paroisse de Rouillon, entre les vignes des diz hoirs, pour le pris de lx sols tournois, duquel il se tint pour content, etc., *Parum prodest*.

218. — [1317, 19 mai]. — Extrait d'une lettre de la court de l'official du Mans, sellée et signée, de laquelle la tenour est telle. Le jeudi après l'Ascension M CCC XVII, vénérable homs et discret Fulcon de la Court, docteur en leys, donna, à touz jours mes, aux religieux, abbé et couvent de Beaulieu, un estre ovec le fons et o ses appartenances, nommé le Pressouer de Rouillon, sis en la paroisse de Rouillon, lequel estre fut feu Jehan, jadis chastelain du Mans, et feue Jehanne la Maedrée, sa femme, et touz et chacunes les chouses immeubles qu'il peut avoir en la dite paroisse et en quelcunque fié, lesquelles chouses sont en deux mesons, un pressoer, vignes, terres, prez, pastures et autres chouses, en rendant des diz religieux les devoirs acoustumez.

219. — [1317, 2 décembre]. — Extrait d'une lettre de la dite court, sellée et signée, etc. Le venredi après la feste Saint-André M CCC XVII, Guillaume Harigaut et Macée, sa fame, paroissiains de Rouillon, coufessèrent avoir prins de Guillaume Bergier, prieur de Rouillon, à touz jours mes, une pièce de vigne contenant 1 quartier ou environ, sis en la paroisse de Rouillon, entre la vigne Estienne Châteaufort, d'une partie, et, d'autre, la vigne Jehan Gaudin, ou fié Jehan Aceclerc, pour deux sextiers de froment, de annuel et perpétuel rente, au jour de Saint-Rémy.

220. — [1317, 2 décembre]. — Extrait d'une lettre de la dite court, sellée et signée, et donnée le venredi après la Saint-André M CCC XVII, comment Guillaume Harigaut et Macée, sa femme, vendirent à Guillaume Bergier, prieur de Rouillon, une pièce de vigne, contenant un quartier ou environ, sis en la paroisse de Rouillon, entre les vignes Estienne de Châteaufort, d'une partie, et, d'autre, entre la vigne Jehan Gaudin, ou fié Jehan Aceclerc, pour le pris et somme de VIII livres tournois, duquel ilz se tindrent pour contens, et, en faisant au seigneur du fié, au jour de Saint-Jehan-Baptiste, par chacun an, VIII deniers tournois de cens.

221. — [1321 (v. s.), 18 mars]. — Extrait d'une lettre signée de la court du Mans, etc. Le jeudi après *Oculi mei*

M CCC XXI, Philippe Fuysart, paroissiain de Soligné jouste Vaalon, confessa avoir vendu à monsieur Guillaume Bergier, prieur de Rouillon, seix sextiers de saigle, bon, sec et loyal, à la mesure du Mans, leite de porche deux deniers manczois lasche de chacun sextier, de annuel et perpétuel rente, moitié à la mi-aoust et moitié à la Saint-André, sur toutes ses chouses immeubles et héritaux, en quelcunque lieu et comment qu'elles [soient][1] assises ou appellées, pour xv livres tournois, desquelx le dit Fuysart se tint pour content, en faisant du dit prieur 1 denier de cognoissance, ou jour et ou lieu que la dite rente sera rendue, sans foy et sans amende.

222. — [**1324, 29 décembre**]. — Extrait d'une lettre de la court de l'official, sellée et signée, etc. Le semadi après Saint-Estienne d'yver M CCC XXIIII, Denise de Vernie, paroissiainne de Thenye, confessa avoir vendu à monsieur Guillaume Le Bergier, prieur de Rouillon, xx sols tournois ou monnoie courante de annuel et perpétuel rente, au jour de Toussains, sur touz et chacuns ses biens immeubles, pour le pris de x livres tournois, duquel el se tint pour contente. Et s'il avenoit que la dite rente ne fust paée, le dit prieur ou ses successeurs pourront prendre des biens immeubles de la dite Denise, jusques à la value du principal et des arrérages, si aucuns en sont deuz.

223. — [**1324, 16 novembre**]. — Extrait d'une lettre de la court du Mans, sellée et signée, etc. Le venredi après Saint-Martin d'yver M CCC XXIIII, Geffroy Haytol et Huet Lepeltier, paroissiains de Conlie, vendirent à monsieur Guillaume Le Bergier, prieur de Rouillon, un sextier de froment, bon, sec et loyal, à la mesure de Sillié-le-Guillaume, leite de porche deux deniers manczois lasche du sextier, de annuel et perpétuel rente, sur toutes leurs chouses immeubles et héritaux, etc., au jour de Saint-Denis, pour le pris de IIII livres tournois, duquel ilz se tindrent pour contens. Et s'il avenoit que les diz vendeurs fussent défaillans de paier la dite rente, le dit prieur ou ses successeurs prendroint jouques à la value

---

1. Ce mot, mis entre crochets, manque dans le ms.

du principal et des arrérages, si aucuns en estoint deuz, en leur faisant 1 denier de cognoissance, ou jour et ou lieu que la dite rente sera rendue, chacun an, sans foy, sans amende et sans nulle autre redevance. Et renuncèrent les diz vendeurs à toute exception, etc.

224. — [1343, 22 avril]. — Une lettre de la court de Vaalon [1], sellée et signée et donnée le jeudi après *Misericordia Domini* M CCC XLIII, faisant mencion que, comme Gilet de Chenon eust vendu à Guérin Lebloy et à Denise, sa femme, un sextier de fromment, à la mesure de Milon [2], de annuel rente, sur toutes ses chouses, à avoir au jour de l'Angevine, pour le pris de cent sols tournois, duquel il se tint pour content, voulirent les diz espoux que, si toutefois que le dit Guérin ou ses hoirs rendroint les diz c sols et les arrérages qui en seront deuz, la dite rente seroit nulle dedens VI ans, après la date de ceste, etc.

225. — [1347, 21 avril]. — Extrait d'une lettre de la court de l'official du Mans, signée, etc. Le venredi après *Misericordia Domini* M CCC XLVII, Ernoul de Montguerre, paroissiain de R[ouillon], vendit aux religieux, abbé et couvent de Beaulieu, une somme de bon vin, pur et suffisant, à la mesure du Mans, de annuel et perpétuel rente, à paier sur toutes ses chouses immeubles, etc., et spécialement sur un quartier de vigne, sis ou fié des diz religieux, en la dite paroisse, jouste les vignes des diz religieux des Perreiz, au jour de Saint-Remy, pour le pris de XL sols tournois, de laquelle somme il se tint pour content, XXXVIII sols qu'il devoit de arrérages et II sols baillez des diz religieux au dit vendeur.

226. — [1336 (v. s.), 5 mars]. — Extrait d'une lettre de la dite court, signée, etc. Le mardi après *Oculi mei*

---

1. Vallon-sur-Gée, commune et paroisse du canton et du doyenné de Loué. Cette localité a été l'objet de deux études publiées, l'une par M. R. de Montesson, sous ce titre : *Recherches sur la paroisse de Vallon*, l'autre par M. l'abbé Albert Coutard, et intitulée : *Vallon illustré*, in-8°, 80 p., 1897. Voir, en plus, un travail de ce dernier auteur, intitulé : *Vallon-sur-Gée, notes historiques et biographiques*, in-8°, 1895.

2. Milon, seigneurie et château situés sur la commune d'Amné.

M CCC XXXVI, Regnault Le Vanour, paroissiain de Rouillon, print des religieux, etc. de Beaulieu, aucunes chouses immeubles, appellées de Hellouynière, estant en un estre, en un arpent de vigne, en quatre journelx de terre et autres chouses, sis en la dite paroisse, ou fié de Drocon de Saint-Omer, pour xv sols tournois ou monnoie courante de annuel rente, à paier au jour de Toussains, et en paiant au seigneur du fié les devoirs acoustumez.

227. — [1363 (v. s.), 19 février]. — Extrait d'une lettre de la dicte court du Mans, sellée et signée, etc. Le lundi après *Reminiscere* M CCC LXIII, Perrot de Launoy, tuteur de Aliz, jadis fille feu Colin Daville, et Hébert de Rousay vendirent aux religieux, abbé et couvent de Beaulieu, deux pièces de vigne, contenant un quartier et demi ou environ, sise en la paroisse de Rouillon, ou fié du dit abbé, ou cloux du Clot, pour vi livres x sols tournois d'or, en soulte et acquitement d'icelle somme, que le dit feu Colin devoit au diz religieux, de arrérages de rente, qui demeure quant à xxx sols tournois, et duquel feu Colin, ladite Aliz et le dit Hébert sont hoirs.

228. — [1314, 29 avril]. — Extrait d'une lettre de la court de l'official du Mans, sellée, signée et donnée le lundi après Saint-Marc M CCC XIIII. Denis Le Barbier et Macée, sa femme, paroissiains de Villainne-la-Juhes, confessèrent avoir vendu ou dit jour, à messire G. Le Bergier, prieur de Rouillon, et à ses successeurs, unze setiers de saigle, bon, sec et loyal, à la mesure du Mans, du meileur saigle qui poura estre trouvé à la porte du Mans, ou temps de la solution, deux deniers manczois lasche de chacun setier, de annuel et perpétuel rente, sur touz, etc. Et fut faicte la dicte vendicion en acquit de xxvii livres x sols tournois que les diz vendeurs devoint au dit prieur, de vendicion de vin, laquelle rente les diz vendeurs doivent rendre franche, quicte et délivre, o la meson dudit prieur, au jour de Saint-Remy, en faisant du dit prieur aux diz vendeurs, i denier de franc devoir, au jour de la solucion de la dicte rente.

229. — [1364 (v. s.), 4 février]. — Extrait du prothecolle d'une lettre de la court de l'official du Mans, sellée et signée et donnée le mardi après la Purification Notre-Dame M CCC LXIIII, faisant mencion que, comme d'antiquité, les dismes des vins de la paroisse de Rouillon eussent acoustumé estre levez, par chacuns ans, c'est asavoir, pour deux parties, des abbé et religieux de Beaulieu, et, pour la tierce partie, du prieur de Rouillon, lesquelx abbé et prieur japieczà considérans que, en la collection des dites dismes, plusieurs dissenssions estoint naques, aucuns lieux et menoirs de la dite paroisse esquelx crescoient les dites dismes, entre culx, à temps, eussent divisé, ainxi que le dit prieur, qui, par avanture, avoit la plus grand cognoissance des diz menoirs, avoit, au dit abbé avoit ballié et assigné plusieurs lieux et menoirs nominement exprès de la dite paroisse, et les noms des possesseurs des diz lieux, pour deux parties la dite abbaie touchans, et autres certains menoirs qui estoint demourez pour la tierce partie, le dit prieur touchant, et que le dit prieur eust promis les diz lieux et menoirs bailler au dit abbé et assigner faire bons et utiles, s'ilz ne l'estoint pour sa porcion dessus dite, et que le dit abbé eust dit plusieurs des diz lieux estre inutiles, quant à la perception des dictes dismes, pour quoy demandoit le dit révérend père en Dieu, Mathieu, abbé du dit lieu, les diz lieux du prieur ballez et assignez, estre faiz utiles et suppléer ce que avoit défailli de la valeur ou quantité de sa porcion des dites dismes. En la parfin, le dit abbé et frère Guillaume Flouri, prieur de Rouillon, de leur commun assentement, par composition, voulurent et veulent que toutes les dismes des vins de la dite paroisse, tant abornées que autres decienavant, quant guerres et périlz de annemis vigeront et seront en ceste partie du Mainne, seront cuilletz et traiz au Mans, en communité du dit abbé et du dit prieur, à leurs communs despens, ainxi que le dit abbé metra et payra deux parties en despens et mises. Et au temps que ne sera nulles guerrez, seront traiz ainxi com par avant, par chacuns ans, au pressouer et grange des diz religieux yci sera pressoueré, et le vin des dites dismes ainxi com raison donra et léaument divisé.

230. — **[1335, 24 décembre].** — Extrait d'une lettre de la dite court, signée par signet publique de Jehan Raderoy, donnée le dimainche, de Nouel vigille, MCCCXXXV, faisant mencion comment Jehanne, jadis femme feu Macé Harigault, paroissiain de Rouillon, confessa que, en assise et assignation de xl sols tournois de rente que le dit feu Macé et la dite Jehanne avoint vendu à Hébert Le Vavassour, la dite Jehanne baille et assigne au dit Hébert une pièce de vigne, o le fons o les courtilz, et demy-journal de terre, sis en la paroisse de R[ouillon], ou fié au chapitre de Saint-Eloy, jouste les chouses aux prebtres du Crucifi de monsieur Saint-Julien, achevant aux chouses monsieur Guillaume du Rocher et les chouses Symon Harigaut. Et o le tout ce, la dite Jehanne baille et assigne au dit Hébert une pièce de vigne, contenant demy-arpent ou environ, sise en la paroisse de Saint-Padvin-des-Champs, jouste la vigne Pierres Chalopin et les vignes à l'abbé d'Evron, à tenir, etc. Et fut faicte ceste présente assignation, tant pour le principal que des arrérages du temps passé qui en estoint deux, en faisant du dit Hébert ou de ses hoirs, au dit chapitre de Saint-Eloy, ii sols ii deniers tournois de cens, au jour de Saint-Jehan-Baptiste ; à l'abbé de Beaulieu, x deniers tournois de cens au jour de la feste aux mors ; à Jehan Cousin, un bouecceau de froment de rente, au jour de la mi-aoust, par raison de la dite meson, des diz courtil et de la dite terre, et, par raison de la dite vigne, xii deniers tournois de cens, au jour de la mi-aoust, sans plus en faire.

231. — **[1329, 11 décembre].** — Une lettre de la dicte court, sellée et signée et donnée le lundi après la Conception-Notre-Dame MCCCXXIX, comment Macé de Ardene, clerc, paroissiain de Saint-Albin-des-Couldrais, confessa avoir vendu à monsieur Guillaume Le Bergier, prieur de Rouillon, cent soulx tournois ou monnoie courante de annuel et perpétuel rente, sur touz ses biens immeubles, etc., à rendre au jour de Nouel, par chacun an, pour le pris et somme de l livres tournois, de laquelle le dit vendeur se tint pour content.

Fillié [1].

232. — [1250, novembre]. — Une lettre de la court de l'official du Mans, sellée et signée et donnée ou meys de novembre M CC L, comment Julien du Guéseléart, clerc, confessa qu'il avoit baillé à Regnaud de Saint-Germain et à Edeline, sa femme, et à leurs hoirs, à touz temps mes, terres et un hébergement o ses appartenances, qui sont sises, partie en la paroisse du Gué-Séelart, et partie en la paroisse de Fillié, ou fié monsieur Hugues Sorel [2], chevalier, et ce que le dit Juliain avoit ou povoit avoir ès paroisses dessus dites, pour le pris de VIII sols manczois t *sic* de annuel et perpétuel rente, lesquelx deniers le dit Regnaud sont tenuz rendre au jour de Toussains, etc. Et doibvent rendre les devoirs deuz au seigneur du fié.

233. — [1299 (v. s.), 28 février]. — Une lettre de la dicte court, sellée et signée, dont la tenour est telle. Le lundi après *Invocavit me* M CC IC, Robert Galiot, escuier, confessa avoir acquis de Hebert Rebours et Hamelote, sa fame, aucunes chouses immeubles sises en la paroisse de Fillié, ou fié des religieux, abbé et convent de Beaulieu, estans en deux pièces de terre, en un hébergement o le fons o ses appartenances, en un boys, etc., lequel escuier promist, pour lui et pour ses hoirs, faire et rendre aux diz religieux les services acoustumés, c'est assavoir, VI deniers manczois de cens, au jour de Toussains, la moitié d'une géline à lendemain de Nouel, la moitié d'un bescheur, la moitié d'un vendangeour, par chacun an, et l'obéissance féale, non obstant la noblesse du dit escuier.

Rouezé [3]

234. — [1278 (v. s.), 27 mars]. — Une lettre de la court de l'official du Mans, sellée et signée et donnée le lundi

---

1. Fillé, commune et paroisse du canton et du doyenné de la Suze.
2. Ce fief était encore aux mains de la même famille en 1323, quand, en cette dernière année, Hugues Sorel fit son testament. On en pourra lire l'analyse dans Bilard : *Analyse des documents historiques*, t. II, p. 113, n° 1014.
3. Rouezé, commune et paroisse du canton et du doyenné de la Suze.

après l'Annunciation M CC LXXVIII, comment Philippe des Grataiz et Juliainne, sa femme, paroissiains de Rouezé, vendirent à Michel Busel, clerc, une pièce de vigne, sis en la dite paroisse, ou flé au prieur de Saint-Fraimbaut, contenant journée à deux hommes, jouste les vignes feu Guillaume Papineau, clerc, appellée la vigne du Roilay, pour x sols manczois, desquelx se tindrent pour contens, en rendant au dit prieur, 1 denier de cens au jour de Toussains, par chacun an.

235 — [**1302 (v. s.), 5 mars**]. — Une autre lettre de la dite court, sellée et signée, etc. Le mardi après *Reminiscere* M CCC II, Mathe Jarri, paroissiain de la Suze, confessa avoir vendu aux religieux, abbé et couvent de Beaulieu, un quartier de vigne sis en la paroisse de Rouezé, ou flé des diz religieux, près le boys de la Harderaye et les vignes des diz religieux, laquelle vigne est appellée la vigne de Saint-Frainbaut, pour le pris de xxx sols tournois, desquelx il se tint pour content, etc.

236. — [**1300, 30 juillet**]. — Une lettre signée par Perrotin, donnée le semadi après Saint-Christofle M CCC, comment les religieux de Beaulieu puissent user et exploitier en la manière qu'ilz ont acoustumé anciennement à user et explecter és boys de Saint-Fraimbaut.

237. — [**1309 (v. s.), 14 avril**]. — Une lettre, etc. L'an de grâce M CCC IX, le mardi avant la Résurrection, és plez de Loupelande, tenuz par Guérin Richehomme, séneschal du lieu, fut trouvé que l'abbé de Beaulieu, autrefoiz, se estoit passé en court, sur ce que l'on disoit que ses boys de Saint-Fraimbaut estoint parvains et segréans, et fut trouvé que il en doit user, si comme il en avoit usé, lui et ses prédécesseurs, et cetera. De rechieff, fut regardé, la dicte journée, que d'autres demandes que l'on fesoit au dit abbé, c'est assavoir, que il se estoit desavoué de l'obéissance de la chastellenie de Loupelande, quant aux chouses que il avoit en ladite chastellenie, et que il avoit acquis aucunes chouses de nouvel, dont il n'avoit pas paié les ventes, et de la guarenne de Saint-Fraimbaut, de laquelle il se estoit passé autrefoiz, comme du dit boys, et que, de ces chouses dessur dites, ne li devoit l'en rien demander, quant à present, et que il se devoit partir, sans jour. Présens ad ce plusieurs.

238. — [1384]. — Une autre lettre de la court de la Suze, sellée et signée, dont la tenour est telle. L'an M CCC IIII××IIII, Oudin Letarain et Juliainne, sa femme, paroissiains de Meseré, confessèrent avoir quicté Jehan Julian et Guillaume Goupil, paroissiains de Rouezé, de viii sols tournois, en quoy les diz Jehan et Guillaume estoint tenuz aus diz espoux, à cause et par raison d'une pièce de vigne, sise ou cloux du Foullay, en la dite paroisse de Rouezé, ès fiez à l'abbé de Beaulieu, pour le prix de iiii livres tournois, desquelx, etc.

239. — [1387 v. s., 7 mars]. — Une lettre de la court de la Suze, sellée, signée et donnée le semadi après *Oculi mei* M CCC IIII×× et VII, comment Oudin Letarain et Juliainne, sa femme, confessèrent avoir ballié à Jehan Juliain et à sa femme, à Guillaume Goupil et à sa femme et à leurs successeurs, une pièce de vigne, si comme el se poursuit, sise ou cloux du Foullay, en la paroisse de Rouezé, aboutant, d'un bout, aus vignes à l'abbé de Beaulieu, et, d'autre, au chemin par lequel l'en vait de Rouezé au Mans, coustéant les vignes Micheil Fournigaut, ou fié à l'abbé de Beaulieu, pour viii sols tournois ou monnoie courante de annuel et perpétuel rente, à paier au jour de Toussains, et les cens acoustumez, au seigneurs du fié.

La Suze [1].

240. — [1336, 10 juillet]. — Une lettre de la court de la Suze, sellée et signée, etc. Le merquedi après Saint-Martin d'esté M CCC XXXVI, Macé Lepiquart et Jehan Lepeletier, paroissiains de la Suze, confessèrent avoir donné en pure et perpétuel aumonne, exécuteurs monsieur Jehan Le Piquart, prebtre, et Agathe, fille Jehanne la Lunere, une pièce de terre,

---

1. La Suze, chef-lieu de canton de l'arrondissement du Mans.

contenant demy-arpent ou environ, sise en la paroisse, ou flé de la Suze, entre les fousses de Charences, d'une part, et la terre Perrotin Lemercier, d'autre part, et, ovec ce, une pièce de vigne, contenant un quartier ou environ, sise en la dite paroisse, au dessus du boys des Hayes, en paiant, de la dite fille ou de ses hoirs, pour la dite terre, III deniers de cens, au jour de la Nativité-Saint-Jehan, et, pour la dite vigne, les devoirs acoustumez aux lieux.

241. — [**1355**]. — Une lettre dont collacion fut faicte, signée et donnée M CCC LV, de la court du Mans, comment fut remis à Guillaume Le Picart au delivre, que il povet chacier au connin, au lièvre et à la menue beste, en son boys, qui fut jadis au feu chastelain du Mans, près la Raterie et Marhain, souloil levant et souloil couchant, etc.

242. — [**1352, 27 octobre**]. — Une lettre de la court de la Suze, sellée, signée et donnée le semadi avant la Toussains M CCC LII, comment Macé Jaquet, paroissiain de la Suze, ballia à monsieur Jehan de Chenon, IX planches de courtil, affin qu'il demourast quittez envers le dit de Chenon et ses hoirs, de une mine de froment, à la mesure de Vaalon, la dite terre, sise en la paroisse de Saint-Benoist-sur-Sarte, ou flé à la Quentine, entre le courtil Geffroy Renart, d'une partie, et le courtil aux hoirs feu Juliain Lelong, contenant journée à v hommes, en rendant au seigneur du flé, au jour de Toussains, XVIII deniers de cens, par chacuns ans.

Spoy [1].

243. — [**1370, 19 octobre**]. — Une lettre de la court du Mans, sellée et signée, dont la tenour est. Le XIX° jour de octobre M CCC LXX, Guillaume Le Marié, du Mans, ballia à Jehan des Roueneraiz, une métairie, appellée la Chenaye, si comme el se poursuit o ses appartenances, tant mesons, terres, prez, pastures, bois, hais, que autres chouses, sise en la paroisse de Cepay, ou flé du seigneur de Loupelande, avec les chouses de la Martinière, si comme elles se poursuivent, o

1. Spay, commune du canton de la Suze.

ses appartenances, tant en landes, pastures que autres chouses, sises en la dite paroisse, ou fié au seigneur de Crez, pour le pris de vi livres tournois monnoie courrante perpétuel, à payer à la Toussains et à la Chandelour, par moitié, en faisant au seigneur de Loupelande, iiii sols de cens, à la feste aux mors, et au seigneur de Crez, iiii deniers de cens, au premier jour de l'an, par chacuns ans.

244. — [**1372, 10 novembre**]. — Une autre lettre de la dite court, sellée et signée, etc. Le xᵉ jour de novembre M CCC LXXII, Guillaume Le Marié confessa avoir vendu à Guillaume Bequet, vi livres tournois monnoie courante de rente perpétuel, que Jehan Poile, autrement Roueneraiz, li estoit tenu faire à la Toussains et à la Chandelour, par moitié, chacun an, par raison de une métairie, si comme el se poursuit, appellée la Chaenaye, ovec les chouses de la Martinière, en la paroisse de Cepay, que il li bailla, chargée et obligée à la dite rente, comme il appiert en la lettre dessur escripte. Et fut faicte la dicte vendicion, pour le pris de soixante frans d'or du coign du roy, notre sire, desquelx le dit vendeur se tint pour content, et quicta le dit achateur et ses hoirs.

245. — [**1387, 31 juillet**]. — Une autre lettre de la dite court, sellée et signée, etc. Le darenier jour de julleit M CCC IIIIˣˣVII, Guillaume Bequet et Marie, sa femme, en la présence de André Cholet, tabellion juré de la dicte court, vendit aux religieux, abbé et couvent de Notre-Dame-de-Beaulieu, vi livres tournois monnoie courante de rente perpétuel, que Jehan Poile, aliàs Rouenray, li estoit tenu faire à la Toussains et Chandeleur, moitié à moitié, chacun an, par l'auction que le dit Guillaume Bequet a eue de feu Guillaume Le Marié, auquel le dit Jehan Poile estoit tenu faire la dite rente, par raison d'une métairie appellée la Chaenaye, o ses appartenances, avec les chouses de la Martinière, sises en la paroisse de Cepay, lesquelles chouses le dit Marié bailla japieczà au dit Poile, chargée et obligée à la dite rente. Et fut la dicte baillée pour le pris de lx livres monnoie courante, duquel les diz vendeurs se tindrent pour contens.

246. — **[1387, 18 novembre]**. — Une autre lettre de la dicte court, sellée et signée, etc., donnée le xviii° jour de novembre M CCC IIII**xx**VII, faisant mencion que, comme feu Guillaume Le Marié eust baillé et octrié, au temps qu'il vivoit, à Jehan Poile, aliàs Roueneray, paroissiain de Cepay, la métaerie de la Chaenaie, ovec le bordage de la Martinière, et eust été faicte la dite baillée, pour vi livres tournois, et depuis ce, Guillaume Bequet ait eue traitié l'auction du dit feu Guillaume, des diz vi livres tournois, duquel Bequet les religieux, etc., de Beaulieu aint eue l'auction de la dite rente, le dit Poile, affin qu'il fust deschargé, envers les diz religieux, de iiii livres des vi livres tournois de rente, il bailla, livra et assigna aux diz religieux la dite métaerie de la Chaenaye, o ses appartenances, en faisant des diz religieux les devoirs acoustumez; ainxi le dit bordage de la Martinière ne demeure en vertu que en xl sols tournois de rente, lesquelx le dit Poile promet continuer, faire, rendre et poyer aux diz religieux et à leurs successeurs, aux termes de la Chandeleur et de la Toussains, par moitié.

Coulens [1].

247. — **[1251]**. — Extrait d'une lettre de la dite court, sellée, etc. L'an M CC LI, fut adjugié de rechieff aux religieux, abbé et couvent de Beaulieu, sur le moulin des Mucerotes, sis en la paroisse de Coulens, et estant au seigneur de Houssel, vii sols tournois, au jour de Nouel. Item, un sextier de saigle, sur le moulin de Saint-Georges-du-Plain au dit terme.

248. — **[1389, 7 août]**. — Extrait d'une autre lettre de la court du Mans, sellée et signée, etc. Le vii° jour d'aoust M CCC IIII**xx**IX, Jehan Guedon, paroissiain de Coulens, confessa avoir vendu aux religieux, abbé et couvent de Beaulieu, xii sols tournois monnoie courante de annuel et perpétuel rente, sur toutes et chacunes les chouses immeubles et héritaux du dit vendeur, à paier et rendre à l'office de l'abbé,

---

1. Coulans, commune et paroisse du canton et du doyenné de Loué.

chacun an, au jour de la Magdeleine. Et fut faicte la dicte vendicion pour le pris de seix livres tournois, duquel il se tint pour content et bien poyé, etc.

249. — [Sans date]. — Deux lettres de la court de l'official, faisantes mencion comment troys des curés de Coulens prindrent des religieux, abbé et couvent de Beaulieu, chacun pour le temps qu'il vivoit, pour certain pris, certaine disme qu'ilz ont en la paroisse de Coulens, c'est assavoir la tierce partie de la grande disme de Coulenz, et la tierce partie de la Dodinière.

Brains [1].

250. — [Sans date]. — Une lettre de la court du déan de Vaalon, comment Jehan de Chenon, le jeune, paroissiain de Brains, confessa avoir donné à Gillet, son filz, en pure et perpétuel aumousne, à en faire sa plénière volunté, une pièce de vigne que il acquist de Marguarite, femme feu Guillaume Boneri, contenant journée de douze bescheurs ou environ, sise en la dite paroisse, près la terre Guillaume Guimant, sur la métairie de la Boveneraye, ou fié de la dicte Marguarite, en faisant à la dicte Marguarite, troys deniers de devoir requéquérable environ le jour de l'Angevine.

251. — [Sans date]. — Extrait d'une lettre, comment Jehan Sanson et Agathe, sa femme, confessèrent devoir à Guillaume Corbin, à cause d'un journel de terre, sis en la paroisse de Brains, partie ou fié au sénéchal de Beaumart, et partie ou fié au prieur de Brains, IIII sols manczois de rente, moitié à l'Angevine, et moitié à la Toussains. Et de rechieff obligea le dit Sanson, une noe et une pièce de terre que il avoit en la dite paroisse, ou fié de Guillaume de Clénort, près les terres Geffroy de Goyerel, et achevent aux patiz Guillaume, laquelle lettre est signée et fut sellée de la court de Montfaucon [2].

1. Brains, commune et paroisse du canton et du doyenné de Loué.
2. Montfaucon, seigneurie dont le siège était situé sur la paroisse d'Auvers-sous-Montfaucon.

252. — [1324 (v. s.), 27 février]. — Extrait d'une lettre de la court du déan de Vaalon, sellée et signée, dont la tenour est telle. Le semadi après les Cendres M CCC XXIIII, Jehan Gaydes, le jeune, aliäs de Chenon, paroissiain de Brains, baillez à touz jours mes à Jehan de la Forest et à Christiaine, sa femme, quatre journelx de terre ou environ, sis en la dite paroisse de Brains, ou fié du seigneur de Nooray, entre le pré de feu Geffroy des Boys, d'une partie, et, d'autre, les terres feu Girard des Boys, pour troys mines de froment, bon, à la mesure de Milon, III deniers tournois mançois de lete, et VI deniers tournois, et pour un chapon, à rendre et poyer au jour de l'Exaltacion-Sainte-Croez.

253. — [Sans date]. — Extrait d'une lettre de la court du Mans, comment Jehan de Chenon cessa, quitta et délessa à Gillet et à Jehannot, ses filz, toutes les chouses qu'ilz povoint avoir par raison de lour mère, de toutes acquisitions que le dit de Chenon et la mère des diz enffans firent unques ensemble, à en faire toute leur plénière volunté.

254. — [Sans date]. — Extrait d'une autre lettre de la court de Thouvaye [1], comment Jehan de Chenon, aliäs Greslier (?), paroissiain de Brains, vendit à Gillet de Chenon troys mines de froment, à la mesure de Montfaucon, lete de froment IIII deniers mançais, etc., sur touz ses biens immeubles et meubles, et spécialement sur tele partie et porcion qu'il avoit et povoit avoir en l'estre de Chenon et sur ses appartenances. Et fut faicte la dite vendicion pour troys mines de froment de rente, que le dit vendeur vendit par héritage à Huet des Bordeaux [2], etc.

255. — [1342, 19 décembre]. — Une lettre de la court de Vaalon, sellée et signée et donnée le jeudi après la Sainte-Luce M CCC XLII, comment Guérin Lebloy confessa avoir achaté de Gillet de Chenon, un setier de froment de annuel rente, la somme de cent solz tournois, sur toutes ses chouses,

---

1. La cour de Touvoie, appartenant à l'évêque du Mans, était située sur les confins des paroisses de Saint-Corneille et de Savigné-l'Evêque.
2. Les Bordeaux, nom d'une terre importante située à Amné.

et donna grâce spéciale le dit Gillet au dit Guérin, que toutes foiz il pairoit le principal et les arrérages, ilz seront quittez de la dite rente.

256. — [1348, 6 décembre]. — Une lettre de la court de Vaalon, signée et donnée le jour de Saint-Nicholas d'yver M CCC XLVIII, comment [Gilet de Chenon] ¹ vendit sur toutes ses chouses meubles et immeubles [une mine] ² de froment, à la mesure de Vaalon, Iete de porche ii deniers de lasche, à Juliot Lecoesier, demeurant en la ville de Vaalon, à rendre et poyer au jour de l'Angevine.

257. — [1347 (v. s.), 13 janvier]. — Une autre lettre de la dite court, signée et donnée le dimainche après la Tiephaine M CCC XLVII, comment Gillet de Chenon et Perrote, sa femme, confessèrent avoir vendu à Guillaume Forest et à sa femme une mine de mosture, à la mesure de Millon, de annuel et perpétuél rente, sur touz ses biens meubles et immeubles, pour le pris de XL sols tournois, desquelx ils se tindrent pour content, à rendre et poyer des diz achateurs aux diz vendeurs, au jour de l'Angevine.

258. — [1350 (v. s.), 19 mars] ³. — Une lettre de la court de Vaalon, faisant mencion comment Gervaise Yverne, paroissiain de Brains, print et accepta pour lui et pour ses hoirs, de Jehan Blouaelin, escuyer, certaines chouses immeubles, c'est assavoir, terres, vignes, prez, sises en la paroisse de Brains, ou fié du dit escuyer, pour le pris de xv sols tournois de rente annuelle, rendable, chacun an, au jour de la mi-caresme.

259. — [1350, 1ᵉʳ avril]. — Une autre lettre de la dite court, sellée et signée et donnée le jeudi après Pasques M CCC L, comment monsieur Jehan de Chenon, prebtre, bailla à Jehan Beaux, paroissiain de Brains, tout l'estre de la

---

1. Les mots mis entre crochets ont été écrits après coup, et remplacent les suivants qui sont de la première rédaction : « Monsieur Jehan de Chenon, prebtre, ballia à Jehan de Chenon, son père. »

2. On avait écrit primitivement : « un setier ».

3. Voir plus loin, le n° 265.

Beausserie o toutes ses appartenances; item, la vigne qui coustoie les chouses au dit Beaux, lesquelles dictes chouses sont assises ou tié à l'abbé d'Esvron ; item, la terre de la Bignote, contenant deux journelx, entre la terre Châteaufort ; item, les vignes de la Poulièrelerie, coustéant la vigne Guillaume Poullier, ou tié Jehan de Millon, en rendant des dites chouses aux seigneurs des fiez les devoirs. Et le dit Beaux bailla au dit prebtre, en eschange et permutacion des chouses dessus dites, toutes les chouses généralement que le dit Beaux avoit ou tié de Liboys, et sont celles chouses appellées les chouses feu Corbin ; item, toutes les chouses qui furent feu la Michele, sises ou tié de Montulon ; et promist le dit Beaux au dit prebtre descharger envers les hoirs feu Guillaume Aubert de deuz solzs de rente qu'il lor estoit tenu faire, au jour de Toussains.

260. — [1354 v. s., 11 février]. — Une lettre de la court de Vaalon, signée et donnée le merquedy avant la Saint-Valentin M CCC LIIII, comment Sainton Buricart, paroissiain de Brains, print et accepta de Jehan Blouaelin les terres des Glandiers, contenant cinq journelx ou environ, avec leurs appartenances, sises en la dicte paroisse, ou tié du dit Jehan, pour XIII sols tournois monnoie courante, de annuel et perpétuel rente, à rendre et payer à la mi-caresme, v sols tournois, et VII sols tournois, à l'Angevine, par chacun an, sans autre redevance.

261. — [1355 v. s., 26 janvier]. — Une autre lettre de la dite court de Vaalon, signée et donnée le mardi avant la Saint-Juliain M CCC LV, comment Guillaume Leroy de Chenon bailla et assigna à Gervaise de Chenon et à sa fame, la moitié de la terre de la Maladerie et la moitié de troys journelx de terre, sis à Méruel, joignant au chemin par lequel l'en vait de Brains au port Degré, et journée à douze hommes bescheurs de vigne, et la moitié de la plante, et la moitié du pré de la rivière, et la moitié du pré de Joneyere(?), et la moitié du boys Guillaume, pour leurs porcions de la tierce partie des appartenances de l'estre de Chenon, et la moitié de six sols tournois de rente que les hoirs de Chevagnié sont tenuz faire au dit Guillaume, et en faisant des diz Gervaise et sa femme et leurs hoirs, au dit Guillaume et à ses hoirs, une foy et une hommage, en faisant des diz Gervaise et sa femme, vii deniers de service requérable, et ii sols ii deniers de rente, rendable au jour de Toussains, par chacuns ans, à tenir, poursuivre, etc., des diz Gervaise, etc.

262. — [1368, 23 juillet]. — Une lettre de la dicte court de Vaalon, sellée, signée et donnée le dimainche après la Magdeleine M CCC LXVIII, comment Micheil Bellerin et Gillete, sa femme, paroissiains de Brains, confessèrent avoir prins et accepté à touz jours mes, par héritage, de Guillaume Brandacier, clerc, paroissiain de Loingne, une pièce de terre, si comme elle se poursuist avec ses appartenances, sise en la paroisse de Brains, contenant seix journelx ou environ, appellée l'Euche de la Court, ou lié au seigneur de Greslenetre[1], entre le chemin par lequel l'en vait de Brains au chemin du Mans, et, d'autre cousté, joignant le chemin par lequel l'en vait de Brains à la meson Chauvin et joignant aux chouses du dit Chauvin, pour le pris de xxxv sols tournois, ii poulez, de annuel et perpétuel rente, à rendre et poyer, xx sols tournois, au jour de Saint-Remy, et au jour de la Résurrection, xv sols tournois, sans plège en prendre.

263. — [1369, 29 décembre]. — Une lettre de la court du Bourc-Nouvel, sellée, signée et donnée le semadi après Nouel M CCC LXIX, comment Micheil de Montgaut et Gervesote, sa fame, paroissiains de Brains, confessèrent avoir prins et accepté à touz jours mes, de Marguarite de Sarte, dame du Plessair-Juyon, les chouses que feu Sainton Brosart et Guillemet Moreau tenoint, et les Apiancières, si come el se poursuivent, tant vignes, terres, boys, hays et courtilz, comme autres chouses. Et fut faicte la dicte baillée, pour le pris de quarante soulx monnoie courante, de rente perpétuel, à rendre et poyer, moitié à l'Angevine, et moitié à

---

1. On trouve plus loin, n° 270, le même fief, appelé : Grellenesse.

Nouel, et seix solx de cens, chacun an, à Nouel, à la dicte Marguarite.

264. — [**1369** (v. s.), **3 février**]. — Une autre lettre de la dicte court, sellée et signée et donnée le dimainche après la Purification-Notre-Dame M CCC LXIX. Guérin Lemonier et Jehanne, sa fame, paroissiains de Brains, confessèrent avoir prins et accepté à touz jour mes, par héritage, de Marguarite de Sarte, dame du Plessair-Juyon, une pièce de terre contenant troys journelx de terre ou environ, sis en la paroisse de Brains, ou fié à la dite Marguarite, entre la terre Gervaise des Métairies et la terre au dit preneur, aboutant, d'un bout, au chemin vaallonnois. Et fut faicte ceste présente baillée pour le pris de cent solx monnoie courrante de rente perpétuel, à rendre et poyer franche et quiete, à la veille de Nouel, et ii deniers de cens, au dit jour de la veille de Nouel.

265. — [**1356** (v. s.), **19 mars**]. — Une lettre de la court de Vaalon, signée et donnée le dimainche que l'en chante : *Letare Jherusalem* M CCC LVI, comment Gervaise Yverne, paroissiain de Brains, soubmectant soy et ses biens, tant meubles que immeubles, confessa avoir prins et accepté de Jehan Blevaelin[1], escuyer, certaines chouses immeubles, c'est assavoir, terres, vignes, prez, si comme elles se poursuivent, sises en la dite paroisse de Brains, ou fié au dit escuyer, pour le pris de xv sols tournois monnoie courante de annuel et perpétuel rente, rendable, chacun an, au jour de la mi-caresme.

266. — [**1342** (v. s.), **12 janvier**]. — Une autre lettre de la court de Vaalon, signée et donnée le dimainche avant la Chaere Saint-Père et Saint-Paul M CCC XLII, comment Jehan de Chenon et sa fame confessèrent avoir vendu deux setiers de froment, bon, sec et loyal, à la mesure de Boeres, deux deniers mançois lasche du meillour de chacun setier, de perpétuel rente, à prendre, etc., au jour de l'Angevine, sur toutes les chouses meubles et héritaux, pour le pris de viii livres

---

1. Voir plus haut, le n° 258, où le même personnage est nommé Blouaelin.

tournois monnoie courante, de laquelle somme le dit vendeur se tint pour content.

267. — [1370, 8 décembre]. — Une lettre de la court d'Ascé, sellée, signée et donnée le dimainche après Saint-Nicholas d'yver M CCC LXX, comment Marguarite de Sarte, dame de Plessair-Juyon, bailla, pour vi sols tournois monnoie courante à rendre et payer à la mi-caresme, un faneur et un vendengeur à rendre au temps de faner et de vendenger, les chouses de la Dodelerie, si come elles se poursuivent, sises en la dite paroisse, ou fié à la dicte dame, coustéant, d'un cousté, les chouses des achateurs et preneurs qui sont Micheil Froger et sa fame, et, d'autre cousté, aux chouses de la dicte dame, aboutant au chemin manssoys, tant terres, prez, pastures, boys, hays, vignes, comme autres chouses.

268. — [1395, 8 novembre]. — Une lettre de la court du Mans, sellée, signée et donnée le viii° jour de novembre M CCC IIII××XV, comment Robin de Rubemons, paroissiain de Coulens, confessa avoir vendu à Patri d'Argenson, escuier, à tous jours mes, par héritage, une pièce de terre, contenant deux journelx ou environ, appellée la Marre, sise en la paroisse de Brains, ou fié de Grellenesse, coustéant le curé de Saint-Germain, une haye entre deux, d'un cousté, et la terre appellée Châteaufort, le chemin entre deux, d'autre cousté, et aboutant au chemin de dessour le prebitère de Brains, d'un bout, et, d'autre, au noez de la Marre qui sont Robin de Launoy. Et fut faicte la dicte vendicion, pour le pris de xviii francs d'or, duquel le dit vendeur se tint pour content, en faisant du dit achateur, par chacun an, au jour de la feste aux mors, i denier tournois de cens au seigneur du fié.

269. — [1398, 4 août]. — Une lettre de la dite court, sellée, signée et donnée le quart jour de aoust M CCC IIII××XVIII, comment Jehanne, femme Robin de Rubemons, auctorizée de son dit seigneur, confessa la vendition que fist le dit Robin, son mari, ja pieçà à Patri d'Argensson, escuier, de une pièce de terre, sise davant le prieuré de Brains, contenant deux journelx de terre ou environ, pour le pris de XVIII francs d'or, estre vraye, laquelle Jehanne promist touzjours avoir ferme, estable et aggréable, etc.; laquelle lettre est annexée o la dessur dicte lettre.

270. — [1302, 20 décembre]. — Une autre lettre donnée le xxe jour de décembre M CCC II, que, comme Pierre Fouquet, prieur de Brains, de long temps fust en possession de certaine pièce de terre avec ses appartenances, appellée la Marre, sise en la paroisse de Brains, ou lié au seigneur de Grellenesse, disant estre le héritage de son dit prieuré, par le acquest que en avoit fait son prédécesseur, et Patri d'Argensson, escuyer, disant estre son héritage, par le transport que lui en firent piecza Robin de Rubemons, paroissiain de Coulens, et sa fame, seigneur d'icelle pièce de terre, fut apointié entre les dites parties que, ou cas le dit prieur ou ses aians sa cause pairoint au dit Patri, dedens le terme des Cendres, la somme de XVI livres tournois, au pris de XXII sols VI deniers, le dit prieur ou ses successeurs demouroint seigneurs propriétaires et possesseurs, sans ce que le dit Patri puissent aucune chouse demander, ou temps à venir, ès dictes chouses.

271. — [1346 v. s., 24 janvier]. — Une autre lettre de la court de Thouvaye, signée et donnée le dimanche après Saint-Hilaire M CCC XLVI, comment Gillet de Chenon, autrement de la Beauserie, et sa fame, paroissains de Brains, confesserent avoir vendu à Juliot Beaudeux et à ses aians sa cause, une mine de froment, bon, sec, net et loial, à la mesure de Montfaucon, lete de froment, de annuel et perpétuel rente [1] à prendre et percepvoir sur touz ses biens immeubles, à rendre et poyer au jour de l'Angevine. Et fut faicte la dicte vendicion pour le pris de XL sols tournois, duquel ilz se tindrent pour contens.

Loigne [2].

272. — [Sans date]. — Une lettre faisant mencion comment Geffroy Pesaz, recteur de l'église de Loigne, print

---

1. Le ms. porte : *rendre*, ce qui est évidemment une lecture fautive.
2. Longnes, commune et paroisse du canton et du doyenné de Loué.

des religieux, abbé et couvent de Beaulieu, leur partie ou porcion qu'ilz ont en la disme des blez de la paroisse du dit recteur, c'est assavoir, pour un setier de froment, un setier de saigle, un d'orge et un d'aveinne, à la mesure de Vaalon, de annuel ferme, à rendre au jour de l'Angevine.

273. — [1384, 19 août]. — Une lettre de la court du Mans, sellée, signée et donnée le xix° jour d'aoust M CCC IIII×× et quatre, comment révérend père en Dieu Mathe de Montihier, abbé de Beaulieu, a baillié et bailla à Jehan de Champsor, aliàs de la Gabelle, et Colete, sa fame, un hébergement appellé la Gabelle, o toutes ses appartenances et dépendances, avec seix journées de terre, sises les dites chouses en la dite paroisse, ou fié de Baiff, jouste les chouses Jehan de Champsor, escuier, et aboutant d'un costé et d'autre au chemin tendant du Mans au pont d'Espinou; item, journée à XL. homes de vigne, sis en la dite paroisse, partie ou fié dessur dit, et partie ou fié au seigneur de Cheuerru, ou cloux appellé Paille, coustéant la vigne Jehan Avril et la vigne Juliot Ravayre, et aboutant au chemin tendant de Longue à Chatigné; item, journée à XII hommes de vigne, sis en la paroisse d'Amené, ou fié au viconte de Beaumont, jouste la vigne Juliote des Champs et les chouses Macé Bordeau. Et fut faicte la dite baillée, pour diz livres tournois monnoie courante de annuel rente, à rendre et poyer aux festes de la Purification et de la mi-aoust, voulant et octriant le dit abbé que, touteffoiz que les diz conjoins ou ceux qui auront leur cause lui pairont dedens quatre ans, prochains venans, la somme de cent livres tournois monnoie courante, par une foiz ou par deux, avec les arrérages de la dite rente, que, tantost la satisfaction faicte entérignement, les diz conjoins demouront quitez et deschargez du fes de l'obligacion.

Auvers[1].

274. — [1259 (v. s.), mars]. — Une lettre de la court de l'official du Mans, sellée, signée et donnée M CC LIX ou

1. Auvers-sous-Montfaucon, commune et paroisse du canton et du doyenné de Loué.

meys de mars, faisant mencion que comme l'abbé et couvent de Beaulieu et le recteur de l'église du Mans [1] de soubz Montfaucon demandassent à Gillet, séneschal de Beaumont, toutes les dismes ovec touz les traiz et appartenances des dites dismes, lesquelles le dit Gillet et ses prédécesseurs ont acoustumé prendre et avoir en la dite paroisse, et les dites dismes demandassent ou nom de la dite église à laquelle les dites dismes disoint appartenir; après plusieurs altercations, le dit Gillet quicta et délessa, donna et concéda tout le droit et seignorie, propriété et pocession, et ce que li povoit appartenir ès dictes dismes o toutes ses appartenances, à l'abbé et au couvent dessur dit, ainxi que li ne ses hoirs, par raison du dit Gillet, ès dictes dismes jamés rien ne demanderont, et voulit que ses dictes rentes du boys Landon soint obligées à Jehanne, sa fame, et aux chanoines dessus dits, à la valour de son douaire que el avoit ès dictes dismes, et les dits religieux donnèrent au dit Gillet III^{xx} livres tournois.

275. — [1259 v. s., mars]. — Une autre lettre, sellée et donnée ou meys de mars M CC LIX, de révérend père en Dieu, Geffroy [2], humble ministre de l'église du Mans, faisant mencion comme la darenière.

276. — [1296 v. s., mars]. — Une lettre de la court du déan de Vaalon, sellée, signée et donnée après les Cendres M CC IIII^{xx}XVI, faisant mencion comment, par manière de permutacion, Jehan Girard, se sometant pour lui et Colin et Belon et Guillaume dit Leroux, ses frères, et Labele, leur sœur, baillèrent à Gillet, recteur de l'église de Auvers, par héritage ad possider, ce que ilz povoint avoir en un hébergement, qui fut feu Girard d'Auvers, père de dessus diz, sis en la ville d'Auvers, ou tié du dit recteur, joignant le hébergement du dit recteur. Et aux diz frères et sœur, demeure un courtil,

---

1. Nous reproduisons, tel quel, le texte du ms., bien qu'il nous semble qu'en cet endroit le copiste a transcrit : *Le Mans*, quand il aurait dû écrire : *Auvers*.

2. Il s'agit ici de Geoffroy Freslon qui, en 1258, était monté sur le siège épiscopal du Mans.

joignant à la meson Willaume de Brol ?, avec une meson ou dit courtil édifié, et un autre courtil, sis près le courtil feu Geffroy Richer, l'esné, sis en la ville d'Auvers, ou fié au dit recteur. Et li en doivent faire à l'an neuff, 11 deniers de cens.

277. — [1316 (v. s., 9 mars]. — Une autre lettre de la dicte court du déan de Vaalon, sellée, signée et donnée le jeudi après *Oculi mei* M CCC XVI, comment Geffroy Mauclerc et Ysabeau, sa fame, paroissiains d'Auvers, confessèrent avoir vendu à Symon Hay, clerc, une pièce de terre contenant deux journelx ou environ, sise en la dite paroisse, ou fié au prieur d'Auvers, entre la terre du dit prieur, d'une partie, et entre la terre Jehan de la Barre, d'autre partie. Et fut faicte la dicte vendicion, pour le pris de cent solx tournois, duquel les diz vendeurs se tindrent pour contens, rendant les devoirs acoustumez au seigneur du fié, par chacun an, selon la coustume du païs.

278. — [1319, 21 avril]. — Une lettre de la court du Mans, sellée, signée et donnée le semadi après *Quasimodo* M CCC XIX, comment Gervaise Le Saintier, paroissiain de Saint-Mars de Balon, confessa avoir donné en pure et perpétuel aumoune à monsieur Gilles de Balon, prebtre, recteur de l'église d'Auvers, unes chouses immeubles, qui sont en unes meson, courtil, terres, vignes et autres chouses, sises à Maubuysson, en la paroisse de Crennes, ou fié au sire de Crenon, ou fié Jehan de Chenon et ou fié Thébaut de Maudanier, lesquelles chouses furent Juliot Leroy et Colete, sa femme, paroissiains d'Auvers, du Mans, en faisant du dit recteur les devoirs aux seigneurs des fiez.

279. — [1336 v. s., 21 janvier]. — Une lettre de la court de l'official du Mans, sellée, signée et donnée le lundi après Saint-Hilaire M CCC XXXVI, comment Guillaume Peletier, paroissiain d'Auvers, confessa avoir baillé tout le droit et seignorie, toute propriété et possession que il povoit avoir en une meson et courtil, sis derrière la dite meson, à Sainton Lecerelier, sises les dites chouses près le russeau de la fontaine d'Auvers et les chouses du prieur du dit lieu, pour ix deniers manczois de rente annuel, au jour de l'Angevine.

280. — [1328, 5 novembre]. — Une autre lettre de la court de Vaalon, sellée, signée et donnée le semadi avant Saint-Martin d'yver M CCC XXVIII, comment Juliot Leroy, paroissiain d'Auvers, confessa avoir vendu à Pierres, Gervaise, Philippe les Guimons, xii deniers manczois de annuel rente, sur une pièce de vigne, sise en la dite paroisse, ou fié au prieur d'Auvers, jouste la terre Macé Chevalier, d'une part, et, d'autre, près la terre aux Garreaux. Et fut faicte la dicte vendicion pour le pris de xii sols manczois, duquel le dit vendeur se tint pour content, en paiant la dite rente, chacun an, au terme de l'Angevine.

281. — [1345, 16 août]. — Une autre lettre de la court de l'official du Mans, sellée, signée et donnée le mardi après l'Assumpcion-Notre-Dame M CCC XLV.

Voyevres [1].

282. — [1294, 6 septembre]. — Une lettre de la court du Mans, sellée, signée et donnée le lundi avant l'Angevine M CC IIII^{xx}XIIII, comment Hamelot Pommier et Thomasse, sa femme, paroissiains de Voyevres, vendirent à Richart Artuys et à Edeline, sa femme, v sols tournois monnoie courante de annuel rente, sur le pré et la terre et les autres chouses que ilz avoint ou cloux des Presteaux, en la dite paroisse, et ou fié au seigneur de Voyevres. Et fut faicte la dicte vendicion pour le pris de xxviii sols manczois, duquel les diz vendeurs se tindrent pour contens, en rendant des diz achateurs et de leurs hoirs, au seigneur du fié, i denier tournois de cens, au jour que la dite rente sera paiée, c'est assavoir au jour de la Magdeleine.

283. — [1296, 8 mai]. — Une autre lettre de la dite court, signée et donnée le mardi après l'Ascension M CC IIII^{xx}XVI, comment Jehan Jardin et Agnès, sa fame, paroissiains de Voyevres, vendirent à Richart Artuiz troys

---

1. Actuellement Voivres, commune et paroisse du canton et du doyenné de la Suze.

sols tournois monnoie courante de annuel rente, sur leur hébergement que ilz ont à Voyevres, davant la porte du moustier, et sur les vignes assises derrière le dit hébergement, entre les vignes Philippe Le Pastour, d'une part, et, d'autre, jouste les vignes ou cloux d'Enfer, ou tié au seigneur de Voyevres. Et fut faicte la dicte vendicion pour le pris de xv sols mancezois, duquel les diz vendeurs se tindrent pour contens, en paiant la dicte rente, chacun an, au jour de la Saint-Jehan, et 1 denier tournois de cens, au jour de la Décolacion-Saint-Jehan-Baptiste requérable.

Chassillié [1].

284. — [1255, entre le 28 mars et le 3 août]. — Une lettre de humble serviteur de l'Église du Mans, révérend père en Dieu monsieur Geoffroy[2], donnée l'an M CC LV, comment monsieur Hugues de Tussé, chevalier, print, à troys testes, des religieux, abbé et couvent de Beaulieu, le menoir appelé Mauquartier, sis en la paroisse de Chassillié, pour certain pris contenu en la dite lettre.

285. — [1274]. — Une autre lettre du dit évesque[3], sellée, signée et donnée M CC LXXIIII, comment, après plusieurs altercations entre le prieur de Chassillié et le curé de Loié[4], demandant, le dit prieur, la tierce partie des dismes appelées les dismes de Riomer et le trait de la dite disme, laquelle disme le dit curé de Loié avoit acquise de homme lay, en la paroisse du dit prieur, et demandoit, en refundant le pris de l'achat ; et le dit curé, au contraire, disant que, de long temps, avoit donné en pure aumoune aux religieuses de Notre-Dame d'Estivau[5]. Vindrent à paix et concord, c'est assavoir, que le dit prieur possidera les dites dismes, et ses successeurs, en

1. Chassillé, commune et paroisse du canton et du doyenné de Loué.
2. Il s'agit de l'évêque du Mans, Geoffroy de Loudun, mort en 1255.
3. Le rédacteur du ms. a commis ici une erreur, car, en 1274, l'évêque du Mans se nommait Geoffroy d'Assé.
4. Loué, paroisse et chef-lieu de canton de l'arrondissement du Mans.
5. Étival-en-Charnie, abbaye de femmes, de l'ordre de Saint-Benoît, fondée en 1109.

faisant aux dictes religieuses, troys mines de saigle, au jour de l'Angevine, par chacun an, à la mesure de Chassillié.

286. — [1384, 6 novembre]. — Une lettre de la court du Bourc-Nouvel, sellée, signée, etc., le dimainche après la Toussains M CCC IIII^{xx}IIII, comment Martin Guitet, paroissiain de Chassillié, confessa avoir vendu à monsieur Jehan Pichon, prebtre, et à ses hoirs, deux bouceaux de froment, bon, sec, net et pur, à la mesure de Chassillié, à rendre au jour de Toussains. Et fut faicte la dite vendicion pour le pris de xx sols tournois, duquel, etc.

287. — [1390, 15 mai]. — Une lettre de la court du Bourc-Nouvel, sellée, signée et donnée le xve jour de may M CCC IIII^{xx}X, faisant mencion comment Micheil Symon et Jehanne, sa fame, paroissiains de Chassillié, confessèrent avoir vendu à révérend père en Dieu, Macé, humble abbé de Beaulieu, les deux pars du boys qui fut Guillaume Mauclerc, sis en la dite paroisse, ou fié du dit abbé, joignant à leurs chouses, d'une part, et, d'autre, au boys des diz vendeurs, si comme les devises l'emportent, lequel boys estoit tenu à un denier de cens, lequel boys est appellé la Regnaudière. Et fut faicte la dicte vendicion pour le pris de xl sols tournois, duquel pris les diz vendeurs se tindrent pour contens.

288. — [1390, 15 mai]. — Une autre lettre de la dite court, sellée, signée et donnée comme la dessur dite, faisant mencion comment Geffroy Mauclerc et Agnès, sa fame, confessèrent avoir vendu à discret et honorable home Macé, humble abbé de Beaulieu, neuff saillons de terre, ovec leurs appartenances et o la haye du lont de la dite terre et arbres appartenant à ycelle, sises en la paroisse de Chassillié, ou fié du dit abbé, joignant à leurs chouses, d'une part, et les chouses Micheil Symon, d'autre, aboutant au carrefourt de Mauquartier, et, o tout ce, la tierce partie d'un boys qui fut feu Guillaume Maucler, appellé le Regnaudière. Et fut faicte la dicte vendicion pour le pris de vi livres tournois, duquel, etc.

289. — [1264]. — Une lettre sellée et donnée l'an M CC LXIIII, comment les religieux, abbé et couvent de

Beaulieu sont en possession et saisine de avoir eu par long temps la moitié des cens du fié de Riomer par la main de Guion de Moncellis, et aussi la moitié des ventes et des amandes, comme plus à plain apparest par la dite lettre.

290. — [1302, 3 décembre]. — Une lettre de la court de l'official du Mans, sellée, signée et donnée le lundi après Saint-André M CCC II, de laquelle est la tenour. Regnauld Bergier, clerc, paroissiain de Loié[1], recognut que lui et les religieux de Beaulieu avoint un fonz commun, sis en la paroisse de Chassillié, appellé Riomer, qui est en cens, redevances, homes, ventes, amandes, par raison des cens non renduz en ses termes acoustumez, et en plusieurs autres chouses appartenant aux dites chouses, lequel Regnaud vendit aux diz religieux, la moitié du dit fonz et de ses parties, pour le pris de x livres tournois, duquel le dit vendeurs se tint pour content. Et bailla le dit Regnaud aux diz religieux teil droit et teil action, comme il avoit ou dit fonz.

291. — [1366, 14 novembre]. — Une lettre de la court du Bourc-Nouvel, sellée, signée et donnée le semadi après Saint-Martin d'yver M CCC LXVI, dont la tenour est. Ou dit jour, Macé Legendre et Jehanne, sa fame, paroissiains d'Amené-en-Champagne, confessèrent avoir vendu à très religieux l'abbé de Beaulieu, une pièce de terre, contenant quatre journelx ou environ, appellée Cormeullière, sise en la paroisse de Chassillié, ou fié à la dame de Gènes, joignant au chemin allant de Chassillié à la Rigaudière, aboutant aux terres de Venières, d'un bout, et, d'autre, aux chouses Guillaume Rouil. Et fut faicte la dite vendicion, pour xx frans d'or, etc, en faisant xiii deniers tournois de cens, à la dame du fié, au jour de Saint-Jehan.

Joyé[2].

292. — [1292, 17 novembre]. — Une lettre de la court de l'official du Mans, sellée, signée et donnée le lundi

---

1. Actuellement : Loué.
2. Joué-en-Charnie, commune et paroisse du canton et du doyenné de Loué.

après Saint-Martin d'yver M CC LXXXXII, comment Colin Le Marié, paroissiain de Joyé, confessa avoir vendu à Guillaume Chapuis, une pièce de vigne et courtil contenant deux journelx ou environ, sis en la dite paroisse, ou fié à l'abbé de la Coulture, près les terres du dit abbé, qui sont appellées les Murgières. Et fut faicte la dicte vendicion, pour le pris de XVI sols tournois, duquel, etc., en faisant les redevances acoustumées.

293. — [**1316, 24 mai**]. — Une lettre de la dite court, sellée, signée et donnée le lundi après l'Ascension M CCC XVI, comment Guillaume Chapuis, paroissiain de Joué, confessa avoir vendu à Pierres Mareschal et à ses hoirs, à touz jours mes, IIII sols tournois monnoie courante de annuel et perpétuel rente, sur touz ses biens immeubles, etc. Et fut faicte la dicte vendicion, pour le pris de quarante sols tournois, duquel le dit vendeur se tint pour content, et promist la dicte rente rendre et poyer franche, quicte et délivre, sur touz ses diz biens, par chacun an, au jour de Toussains.

Vaalon [1].

294. — [**1348, 26 juin**]. — Une lettre de la court de Vaalon, signée et donnée le jeudi après le Saint-Sacrement M CCC XLVIII, faisant mencion que comme Richart Taron fust tenu envers Macé Taron, en une mine de froment, à la mesure de Vaalon, de annuel rente, et, o tout ce, en neuff mines de froment, de arrérages de la dite rente, affin que il fust deschargé de la dite rente, bailla IX saillons de terre, sis en la paroisse de Vaalon, ou fié au sire de Crenon ; et o tout ce, deux planches de vigne, sises en la paroisse de Maignié, ou fié de la Taronnière, en faisant, à cause de la dite vigne et de la dite terre, les devoirs accoustumez.

295. — [**1352, 19 avril**]. — Une autre lettre de la dicte court, sellée, signée et donnée le jeudi après *Quasimodo* M CCC LII, comment Guillaume Goullart bailla, par eschange,

1. Vallon-sur-Gée, commune et paroisse du canton et du doyenné de Loué.

à Coleite la Taronne, toutes les chouses que il povoit avoir ou cloux de la Taronnière, tant en mesons, pastures, terres, que autres chouses, et, ovec tout ce, XII saillons de terre appellée la terre à la Brunelle ; et la dite Coleite bailla au dit Goullart, seix saillons de terre, de la terre qui fut Beluteau, et seix saillons de la terre Bérard.

296. — [1353, 7 avril]. — Une autre lettre de la dite court, sellée, signée et donnée le dimainche que l'en chaute *Misericordia Domini* M CCC LIII, comment Perrote, femme feu Jehan Lemercier, vendit à Gervaise II sols tournois de annuel rente, que le dit Gervaise estoit tenu faire à la dite Perrote, sur sa partie et porcion de blé ?. Et fut faicte la dicte vendicion pour le pris et somme de vingt et deux solx tournois, de laquelle el se tint pour content.

Crennes [1].

297. — [Sans date]. — Une lettre de la court du déan de Vaalon, comment Colin Baudain et Jehanne, sa fame, paroissiains de Crennes, vendirent à Symon, un sextier de froment, bon et loyal, de annuel rente, à la mesure de Crennes, sur une pièce de terre, contenant deux journelx ou environ, sise en la dite paroisse, entre la dite ville et le Mont Mirable [2], jouste la terre Thomas Drone, ou fié de Philippe Drone. Et fut faicte la dicte vendicion, pour le pris de III livres tournois, duquel, etc. ; et promist la dite rente poier au jour de la mi-aoust.

298. — [1354 (v. s.), 22 mars]. — Une lettre de la dicte court, signée et donnée le dimainche que l'en chante *Judica me* M CCC LIIII, comment Jehan Fouque, paroissiain de Crennes, confessa avoir prins, pour lui et pour ses hoirs, un journel de terre arable, de Jehan du Brouill, laquelle terre est sise à Villehert, ou fié au dit Jehan, aboutant, des deux bouz, aux terres du dit bailleur, près la terre Berthelot Le Secretain. Et fut faicte la dite baillée, pour seix boueceaux d'aveinne,

---

1. Crannes, commune et paroisse du canton et du doyenné de Loué.
2. Actuellement : *le Mirail*.

bonne, sèche et nète, à la mesure de Vaalon, à rendre au jour de Toussains, par chacun an.

299. — [1357 v. s., 18 mars]. — Une lettre de la dicte court, sellée, signée et donnée le dimainche que l'en chante *Judica me* M CCC LVII, comment Perrot du Baylle, paroissiain de Crennes, confessa avoir vendu à Guillaume Courtays, deux journelx de terre, sis au val Labierre (?), en la dite paroisse, ou fié au seigneur de Brocin. Et fut faicte la dicte vendicion, pour le pris de III livres tournois, duquel il se tint pour content, en rendant au seigneur du fié un denier de devoir, par chacun an, au jour de la feste aux mors.

300. — [1355 v. s., 17 janvier]. — Une autre lettre de la dicte court, signée et donnée le dimainche avant la Chaere Saint-Père M CCC LV, comment Jehan du Brelle, paroissiain de Crennes, confessa avoir baillé à Colin Chemoul et à ses hoirs, deux journelx de terre, sis ou fié au seigneur de Vaacé, en la dite paroisse, entre les chouses à la dame de Brocin et les vignes au sire dessur dit, que Guillaume Lorier tenoit. Et fut faicte la dicte baillée, pour le pris de quinze solx tournois de annuel rente, à rendre au jour de l'Angevine.

301. — [1357 v. s., 11 février]. — Une autre lettre de la dite court, signée et donnée le dimainche avant les Cendres M CCC LVII, comment Gervaise de Chenon baille et assigna à Jehan du Baylle, comme tuteur des enffans Micheil de Tonesac, demy-journel de terre, sis en la paroisse de Crennes, jouste la terre dessur dite, ou fié Jehan Dron. Et le dit Jehan, comme tuteur des diz enffans, a baillé au dit Gervaise demy-journel de terre, contenant XVII saillons, sis en la paroisse de Brains, ou fié Guillot Leroy, jouste la terre de la Maladerie de Brains, et jouste la terre Guillot Legoué, en faisant de chacune partie, aux seigneurs des fiez, les devoirs acoustumez.

302. — [1356, 5 décembre]. — Une autre lettre de la dicte court, signée et donnée le lundi après Saint-André M CCC LVI, comment Perrot Homedé, paroissiain de Crennes, print de Estienne Bruyère une meson o le fonz et o ses appartenances, si comme el se poursuit, sise en la ville de Crennes, ou fié au seigneur du dit lieu, entre la meson feu Gervaise Boucin, d'une partie, et la meson feue Juliaine la Ridaude, d'autre. Et fut faicte la dicte baillée, pour le pris de XII sols tournois monnoie courrante, de annuel rente, à rendre et poyer, chacun an, au jour de Toussains, et en faisant les servitudes acoustumez, au seigneur du fié.

Tassillié [1].

303. — [**1357** (v. s.), **20 janvier**]. — Une lettre de la court de Vaalon, sellée, signée et donnée le semadi avant la Saint-Vincent M CCC LVII, comment Hébert Leber et Jehanne, sa fame, paroissiains de Tassillié, confessèrent avoir vendu à Berthelot Le Secretain, une pièce de vigne, contenant journée à troys bescheurs, sise en la paroisse de Crennes, ou fié à la dame de Brocin, à une maille de cens, au jour de la feste aux mors, près les chouses des diz achateurs. Et fut faicte la dite vendicion, pour le pris de XL sols tournois, duquel il se tint pour content.

Attenay [2].

304. — [Sans date]. — Une lettre de la court de Vaalon, sellée et signée, comment Geffroy Lemestre et Juliote, sa fame, paroissiains d'Attenay, baillèrent à Thomas Goupil, en acquit et solucion de une mine de froment de rente, toutes les chouses immeubles et héritaux que ilz avoint en toutes les chouses de la Goupillière, tant en mesons, courtilz, prez, boys, pastures, hays que autres chouses; item les diz conjoins baillèrent au dit Goupil, en acquit et solucion de une mine de froment de arrérage et de cent solx tournois monnoie courante, la moitié d'une pièce de vigne, sise aux Hays d'Yettigné, achevant, d'un des bouz, au glandier au sire d'Attenay, et, d'autre bout, les vignes au dit sire des dites Hays d'Yettigné,

---

1. Tassillé, commune et paroisse du canton et du doyenné de Loué.
2. Athenay, ancienne paroisse du diocèse du Mans, réunie à celle de Chemiré-le-Gaudin.

en alant d'Attenay à Flacé, lesquelles chouses sont sises ou fié d'Attenay, en fesant au seigneur du fié ii deniers de cens requérable, à cause des chouses de la Goupillière, et, à cause de la dite vigne, ii deniers de cens, au jour de la feste aux mors.

305. — [**1357, 2 février**]. — Une autre lettre de la dicte court, signée et donnée le jour de la Chandeleur M CCC LVII, comment Thomasse la Metouze, paroissiaine d'Attenay, confessa avoir vendu à Thomas Goupil, de la dite paroisse, un journel de terre ou environ, sis en la dite paroisse, partie ou fié aux Sevestres, aboutant, d'un bout, au chemin si com l'en vait de Maigné à Attenay, et, d'autre bout, aux terres au sire d'Attenay. Et fut faicte ceste vendicion, pour viii livres tournois, desquelx, etc., en rendant i obole aux Lambers, et iiii deniers aux Sevestres, au jour de Toussains.

Maignié [1].

306. — [**Sans date**]. — Une lettre de la court de Vaalon, sellée et signée, comment Berthelot Le Secretain [2] et Macée, sa fame, paroissiains de Crennes, baillèrent, assignèrent héritaument à touz jours mes, à Jehan Hervé et à ses hoirs, leurs cenz et autres chouses, sis en la paroisse de Maigné, c'est assavoir le tiers de l'estrage que Agnès la Hervée tenoit, et autres chouses, en faisant v deniers de cens, etc.

307. — [**1313 (v. s.), 6 avril**]. — Une lettre de la court de l'official du Mans, sellée, signée et donnée le semadi avant Pasques M CCC XIII, comment Jehan de Crenon, escuier, paroissiain de Vaalon, confessa avoir prins, pour lui et ses hoirs, à touz jours mes, des religieux, abbé et couvent de Notre-Dame de Beaulieu, pour cinquante sols tournois de annuel et perpétuel rente, la disme que ilz ont et ont acoustumé à avoir, en blez, moutures ou farines, de deux moulins sis en ripvière de Gé, en la paroisse de Maigné près Vaalon, desquelx l'un est appellé de Venullié, et l'autre, de Cochon ; laquelle rente

---

1. Maigné, commune et paroisse du canton et du doyenné de Brûlon.
2. Voir plus haut, le n° 298.

le dit Jehan promist rendre et poyer, au jour de Toussains, par chacun an, aux diz religieux, en quelque estat que soint les diz moulins, et sanz que les diz religieux soint point ès réparations, etc.

Solesmes[1].

308. — [1317, 30 mai]. — Une lettre de la court du Bourg-Nouvel, sellée, signée et donnée le lundi après la Trinité M CCC XVII, comment Macé Moreau, paroissiain de Solesmes et Jehanne sa fame, fille feu Guérin Le Fournier, vendit à Gillet Chardon, de Voutré, et à ses hoirs, un livres tournois de annuel et perpétuel rente, que feu Robin Le Breton et Jehanne, paroissiains de Neuville-Laalés, leur devoint, par la vertu d'une lettre de la court monsieur Robert de Beaumont, à la juridicion duquel les diz feu Robert et Jehanne se souzmitrent, sur certains héritages, sis en la chastellenie de Sainte-Suzanne, en la paroisse de Voutré, lesquelx Jehan Painchant et Geffroy de Boysyvon, comme tuteurs de la dite Jehanne, avoint baillées au dit feu Lebreton, à la rente dessur dite. Et fut faicte la dicte venducion, pour le pris de quarante livres tournois, desquelx ilz se tindrent pour content.

Malicorne[2].

309. — [1350, 20 mai ?]. — Une lettre de la court de Vaalon, sellée, signée et donnée le jeudi avant la Consécration M CCC L, comment Drouet Beluteau, paroissiain de Malicorne, bailla en eschange et permutacion, à Macé Taron et Colete, sa fille, paroissiains de Crennes, quarante saillons de terre, ou fié de Crenon, entre la terre qui fut Denis Brunel et la terre aux hoirs feu Richart Taron, aboutant à la terre du dit Macé, le chemin entre deux; item, tout teil droit et toutes les dépendances que il povoit avoir sur les filles feu Richart Taron, en fesant au seigneur de Crenon, à cause des dites

1. Solesmes, commune et paroisse du canton et du doyenné de Sablé-sur-Sarthe.
2. Malicorne, chef-lieu de canton de l'arrondissement de La Flèche.

chouses, les obéissances acoustumées. Et le dit Macé et sa fille baillèrent au dit Drouet, en eschange et permutacion des dites chouses, vingt et cinq journelx de terre, sis en la paroisse de Noien-sur-Sarte, ou flé Guillaume d'Auvers, entre les terres Guillaume Chesneau, d'un cousté, en rendant au seigneur du fié, au jour de la feste aux mors, II deniers obole de cens, par chacuns ans.

Chantenay [1].

310. — [Sans date]. — Une lettre de la court du Bourc-Nouvel, faisant mencion comment Jehan et Guillaume les Hobelleus, paroissiains de Chantenay, confessèrent avoir baillé à touz jours mes, par héritage, à Thomas Goupil et à Colleite, sa fame, et à leurs hoirs, toutes les chouses immeubles et héritaux que ilz avoint ou povoint avoir en la paroisse de Crennes et de Maigné; et fut la dicte baillée, pour un setier de froment et troys bousseaux d'orge, à la mesure de Crenon, de annuel et perpétuel rente, rendable, chacun an, au jour de la feste de Toussains, et en faisant les devoirs acoustumez aux seigneurs, etc.

Poullié [2].

311. — [1378, 12 septembre]. — Une lettre de la court du Bourc-Nouvel, sellée, signée et donnée le dimainche après l'Angevine M CCC LXXVIII, comment Jehan Gallerin et Jehanne, sa fame, paroissiains de Poullié, confessèrent avoir vendu à touz jours mes, à l'abbé de Beaulieu, sept journelx de terre, sis en la paroisse d'Auvers-soubz-Monfaucon, en la valée de Jignon, ou tié au seigneur de Baïf. Et fut la dicte vendicion, pour de dix flourins d'or, desquelx ils se tindrent pour contens.

1. Chantenay, commune et paroisse du canton et du doyenné de Brûlon.
2. Poillé, commune et paroisse du canton et du doyenné de Brûlon. Cette localité a été l'objet d'une monographie, parue dans la *Revue hist. et arch. du Maine*, t. XLV et XLVI.

Brullon [1].

342. — [**1357** (v. s.), **29 janvier**]. — Une lettre de la court de Vaacé, sellée, signée et donnée le lundi après Saint-Vincent M CCC LVII, comment Regnaud Radort et Jehanne, sa fame, paroissiains de Brullon, confessèrent avoir vendu à Gervaise de Lespinay, deux journeulx de terre, sis en la paroisse de Crennes, ou fié au seigneur de Vaacé, jouste les terres Macé de Fime et jouste les chouses Jehan Dembeille. Et fut faicte la dite vendicion pour diz livres tournois, desquelx, etc.

Amené [2].

343. — [**1323, 20 maij**]. — Une lettre de la court de l'official du Mans, sellée, signée et donnée le venredi après la Penthecoste M CCC XXIII, comment Guillot Lemaistre, paroissiain de l'Amené, confessèrent avoir prins des religieux, abbé et couvent de Beaulieu, pour x sols tournois monnoie courante, de annuel rente, toute la partie et porcion de feu Colin Lemaistre, jadis frère du dit Guillot, et donné des diz religieux. Lesquelles chouses sont en terres, courtils et moitié d'une meson, laquelle meson est sise entre la meson du dit Guillot et la meson de Jehan Guogno, fèvre, en la ville d'Amené, et la terre, contenant un quartier, sise près la fontaine des Chasset, ou fié Girard de Charizé, et les diz courtilz, contenant journée et demie de un bescheur, sis derrière la dicte meson du dit Guillot et jouste les courtilz du dit Jehan Guogno, ou fié du seigneur de l'Amené, etc. ; en faisant les devoirs acoustumez au seigneur du fié, et en rendant la dicte rente, au jour de la Purificacion-Notre-Dame.

344. — [**1342, 28 mai**]. — Une lettre de la court de l'official du Mans, sellée, signée et donnée le mardi après la Trinité M CCC XLII, comment Symon Lemaistre, de la ville d'Amené, confessa Guillot Lemaistre, jadis son père, avoir

---

1. Brûlon, chef-lieu de canton de l'arrondissement de la Flèche.
2. Amné, commune et paroisse du canton et du doyenné de Loué.

prins, ou temps que il vivoit, des religieux, abbé et couvent de Beaulieu, aucunes chouses immeubles, qui furent jadis feu Colin Lemaistre, donné des diz religieux, pour x sols tournois de annuel rente, etc., pour laquelle chouse promist le dit Symon, rendre et poyer la dite rente, aux diz religieux, franche, quitte et délivre au jour de Toussains.

315. — [**1398** (v. s.), **18 janvier**]. — Une autre lettre de la court du Bourc-Nouvel, sellée, signée et donnée le xviii° jour de janvier M CCC IIII××XVIII, comment Jehan de Montgermant et Perrot Quéru, paroissiains de Crennes, et Guillaume Humari, paroissiain d'Amené, confessèrent avoir vendu, chacun pour la moitié, à Robin Boutier et Jehanne, sa fame, paroissiains de Brains, une pièce de pré, sise en la paroisse de Brains, ou fié du Plessair-Juyon, entre les chouses Colin du Plessair, et coustéant, d'un cousté, le pré Micheil Havin. Et fut faicte ceste présente vendicion, pour le pris de xxiii sols tournois, desquelx, etc., en fesant les devoirs acoustumez.

Degré [1].

316. — [**1273, 28 août**]. — Une lettre de la court de l'official du Mans, signée et donnée le lundi après Saint-Barthelemy M CC LXXIII, comment Hébert, seigneur de Antonoria, chevalier, de la paroisse de Degré, bailla à touzjours mes à Jehan Lemercier et à Marie, sa fame, aucunes chouses immeubles que il avoit à la Dolebelie, c'est assavoir, terres, prez, aulneys, pastures, vignes et hébergement, et, o tout ce, autres chouses immeubles o leur appartenance, que il avoit en la paroisse de Cures, ou fié au seigneur de Tussé, excepté aucunes chouses immeubles, que Jehan Dolebel tient du dit chevalier. Et fut faicte la dicte bâillée, pour xx sols manczois et un minot de saigle, à la mesure de Tussé, rendable, ix sols manczois, à caresme prenant, et xi sols manczois et le dit saigle, à la Toussains, par chacun an.

1. Degré, commune et paroisse du canton et du doyenné de Conlie.

317. — [**1284**]. — Une lettre de la court du Mans, sellée, signée et donnée l'an CC IIII××IIII, comment Guillaume Rahier et Agnès, sa fame, paroissiains de Degré, confessèrent avoir vendu à monsieur Hébert de Tussé, seigneur de Lantonnière, une journée de pré ou environ o les hais et o les bois, sise ou fié Geffroy Mouschet, en la dite paroisse, pour cent unze solx seix tournois, desquelx ilz se tindrent pour contens, en faisant du dit Hébert au seigneur du fié III deniers de cens requérables.

318 — [**1299, 25 mai**]. — Une lettre de la court de l'official du Mans, sellée, signée et donnée le lundi avant l'Ascension M CC IC, comment Jehan Bernard, paroissiain de Degré, confessa avoir vendu à Jehan Ausmonier? et à ses hoirs, XII deniers manczois de annuel et perpétuel rente, sur touz ses chouses meubles et immeubles, sis en la paroisse de Degré et de Cures, ou fié du seigneur de Cormenant, à rendre et poyer au jour de Nouel, par chacun an.

319. — [**1351, 1er octobre**]. — Une autre lettre de la dite court de l'official, sellée, signée et donnée le semadi après Saint-Micheil M CCC LI, comment Jehan, seigneur de Broisi, paroissiain de Degré, confessa avoir prins à neuff ans et neuff cuilleites, prochainement venant, des religieux, abbé et couvent de Beaulieu, toutes les chouses immeubles et héritaux que ilz ont eu du dit seigneur, par l'exécucion d'aucunes lettres, lesquelles chouses sont en terres, prez, vignes et autres chouses, sises en la dite paroisse de Degré, partie ou fié du dit Jehan, et partie ou fié Macé de la Mote, pour x livres tournois monnoie courante de annuel ferme et pension, à rendre et poyer aux festes de la Magdeleine et de Saint-Remy, par moitié, chacun an.

Cures [1].

320 — [**1321, 11 août**]. — Une lettre de la court du Mans, sellée, signée et donnée le mardi après Saint-Laurens

---

1. Cures, commune et paroisse du canton et du doyenné de Conlie.

M CCC XXI, faisant mencion comment Katherine de Vernie [1], dame de Foletorte, et Jehan, son filz, escuier, confessèrent que, en eschange et permutacion de huyt livres de tournois de rente perpétuel, que ilz estoint tenuz faire à Denise de Vernie, jadis fille feu monseigneur Jehan de Vernie, chevalier, sur la métairie de Rousières et sur les frommentages et sur ses appartenances, baillèrent, assignèrent et octrièrent à la dite Denise la meson de la métairie du Brueil et XXXIII journelx de terre appartenant à la dite métairie, et journée à quatre faucheurs de pré ou environ, et un cloux de vigne, appellé le cloux de la Rousselière, contenant troys quartiers ou environ, ovec les hays, sises les dites chouses en la paroisse de Cures, ou lié à la dicte Katherine. Et cessa et délessa la dicte Katherine et son dit filz, à la dite Denise et à ses hoirs, touz les droiz et actions qu'ilz povoint avoir ès dites chouses, en faisant de la dicte Denise à la dite Katherine II sols tournois de franc devoir, à l'Angevine, sans foy et sans homage, etc.

321. — [1322, 5 septembre]. — Une autre lettre de la dicte court, sellée, signée et donnée le mardi avant l'Angevine M CCC XXII, comment Denise de Vernie, paroissiaine de Chené ? [2] confessa avoir baillié et ottrié à monsour Thomas du Fresne, prebtre, et à ses hoirs, à touz jours mes, pour LX sols tournois monnoie courante de annuel et perpétuel rente, une métairie appellée le Brueil, o ses appartenances, qui sont en mesons, terres, prez, pastures, boys, hays, vignes et en autres chouses, en la manière que Jehan de Vernie la lui bailla, sise en la paroisse de Cures, ou lié au seigneur de Vernie, à paier la dite rente, chacun an, au jour de Toussains.

Donfront-en-Champaigne [3].

322. — [1236]. — Une lettre de la court de l'official du Mans, sellée et donnée l'an M CC XXXVI, comment Wil-

---

1. Cf. sur Catherine de Vernie, *Annales fléchoises*, t. II, pp. 72, 73.
2. Peut-être conviendrait-il de lire : *Tennie*.
3. Donfront-en-Champagne, commune et paroisse du canton et du doyenné de Conlie.

laume, de Donfront, confessa que les religieux, abbé et couvent de Beaulieu li avoint baillé à touz jours mes, une meson o ses appartenances, sise en la Valle-de-Grat, ou fié de Hébert de Tussé, chevalier, pour xv sols mancezois de annuel rente, à paier à Nouel et à la Saint-Jehan, par moitié, par chacun an.

323 — (**1272, 24 novembre**). — Une autre lettre de la dite court, scellée, signée et donnée le jeudi après Saint-Clément M CC LXXII, comment Martin du Boys, paroissiain de Donfront-en-Champagne, confessa avoir vendu aux religieux, abbé et couvent de Beaulieu, un pré sis en la dite paroisse, ou fié du dit Martin, lequel pré est appelé Collon. Et bailla aux diz religieux, toute la propriété et possession réelle et personnelle, rien ou dit pré retenant, sinon 1 denier mançois de cens requérable, par chacun an, sans autre redevance. Et fut faicte la dicte vendicion, pour le pris de cent solz tournois, duquel, etc.

324. — (**1277 (v. s.), 9 janvier**). — Une autre lettre de la dite court, signée et donnée le lundi après la Tiephaine M CC LXXVII, comment Agnés de la Croez, paroissiaine de Donfront-en-Champagne, vendit à Guillaume de Antoneria, toutes les chouses immeubles, que el avoit ou cloux de feu Hébert de la Croez, sur le moulin de Prez, soubz le chemin de Toussé, ou fié Guillaume de Lessart, chevalier, en la dite paroisse, lesquelles chouses sont en terres, pastures, arbres, boys, hays et autres chouses. Et fut faicte la dicte vendicion, pour xx sols mançois, desquelx, etc., en rendant II deniers mançois de annuel service, au jour de Toussains, au seigneur du fié, sans autre redevance.

325. — (**1300, 11 septembre**). — Une lettre de la dite court de l'official, scellée, signée et donnée le xi⁰ jour de septembre M CCC, comment Geffroy Bienassis et Agatha, sa fame, paroissiains de Donfront-en-Champagne, confessérent avoir vendu aux religieux, abbé et couvent de Beaulieu, la xvi⁰ partie par non divis, de un pré sis en la dite paroisse, jouste les prez de la Gravelle, au dessur et au dessoubz, jouste la noe feu Jehan Comaud, et jouste les prez dessoubz l'Aunoy, d'un cousté, et, d'autre, jouste les prez de Renordert, lequel pré contient, en tout, journée de troys faucheurs, et est appellé de Milesce, sis ou fié des diz vendeurs, qui, ovec ce, vendirent aux diz religieux, iii deniers de cens annuel, sur la vii° partie de la moitié du dit pré, par non devis, de iiii deniers tournois de cens. Et fut faicte la dite vendicion, pour le pris de lxii sols tournois, desquels ils se tindrent pour contens, en faisant des diz achateurs aux diz vendeurs, i denier tournois de cens, sans autre redevance.

326. — [1303 (v. s.). 16 février]. — Une lettre de la court de l'official du Mans, sellée, signée et donnée le lundi après *Invocavit me* M CCC III, faisant mencion que, comme Guillaume de Tussé, seigneur de Lantonnière[1], demandast aux religieux, etc., de Beaulieu, foy et homage li estre faiz, à cause d'un hébergement appelé Chenon, sis en la paroisse de Brains, et v sols tournois de devoir, et les diz religieux li contredisoint la dite foy et homage, et approuvoint les diz v sols, toustefoiz à paix et accort vindrent, c'est assavoir que les diz religieux paièrent au dit Guillaume, pour la foy et homage et v sols dessus diz, vii livres tournois, desquelles ilz se tindrent pour contens. Ainxi demeure le dit hébergement franc, sinon i denier manczois de devoir requérable, et l'amende quand el escherra.

327. — [1306 (v. s.), 26 janvier]. — Une lettre de la court de l'official, sellée, signée et donnée le jeudi après Saint-Vincent M CCC VI, comment Jehan Porcel, paroissiain de Donfront, confessa avoir prins à tous jours mes aucunes terres, sises en la dite paroisse, près la meson du dit preneur, et ailleurs en la dite paroisse, ou fé des diz religieux, lesquelles terres souloit tenir feu Robin du Coudroy, des religieux, abbé et convent de Beaulieu, pour seix setiers et demy de froment, trois d'aveinne et deux d'orge, à la mesure de la dite abbaie, et pour seix chapons, bons et suffisans, et pour ii sols tournois de cens, par raison du hébergement, sis ès dictes terres, à rendre et poyer les dites chouses, au terme de l'Angevine, par chacun an.

1. On retrouve Guillaume de Tucé, seigneur de Lantonnière, en 1345. Cf. Archives dép. de la Sarthe, E 3/85, n° 12.

328. — [1339, 8 novembre]. — Une autre lettre de la dite court, signée et donnée le lundi après Toussains M CCC XXXIX, comment Geffroy Cornillet, paroissiain de Donfront, confessa avoir vendu à Macé de Tussé, escuier, sur toutes ses chouses, une mine de fromment, bon et loial, vi deniers tournois mançais de lete, de annuel rente, à la mesure de Tussé, et doit rendre la dite rente au terme de l'Angevine.

329. — [1336, 12 décembre]. — Une lettre de la court du Mans, sellée, signée et donnée le jeudi après Saint-Nicholas d'yver M CCC XXXVI, comment Jehan Gausent, paroissiain de Donfront, confessa avoir vendu à Jehan Maidre et à Juliote, sa fame, sur toutes ses chouses, un setier de fromment, bon et loial, à la mesure de Beaulieu, à rendre au jour de l'Angevine. Et fut faicte la dite vendicion pour le pris de quatre livres tournois, desquelx il se tint pour content.

330. — [1352, 4 novembre]. — Une lettre de la court du Bourg-Nouvel, signée et donnée le lundi après la Toussains M CCC LII, comment, pour un sextier de fromment de rente deu et vendu, de Agnès la Gallonte, paroissiaine de Donfront, et pour certains arrérages de la dite à privaux lettres ?[1] Jehan Enjubaust fut baillé un journal de terre, sis en la dite paroisse, ou fié Gouays[2], jouste le chemin de la Coustere, d'un cousté, et la terre au Challaut, d'autre, et aboutant aux chouses Fouquet Guillon et Regnaut Pichon, d'un cousté et d'autre, en faisant i denier de cens et iiii deniers de vauss augmentation ?, etc.

331. — [1353, 7 juillet]. — Une lettre de la dite court, signée et donnée le dimainche après Saint-Martin d'esté M CCC LIII, que, comme Jehan Coullin, aliàs Gaucent, paroissiain de Donfront, fust tenu faire un bouceau de froment de rente à Jehan Enjubaust, fut saisie un journal de terre, pour la dicte rente, sis en la paroisse de Cures, jouste les chouses

---

1. La lecture de ces deux mots est douteuse.
2. Cf. sur ce fief, Bilard, *Analyse des documents historiques*, etc., t. II, nos 379, 388.

Juliot Jauduy, aboutant au chemin de Veniète, ou fié de Tussé.

332. — [1359, 15 juillet]. — Une lettre de la court du Mans, sellée, signée et donnée le lundi après Saint-Benoist d'esté M CCC LIX, comment Jehan Belot, paroissiain de Donfront-en-Champagne, confessa avoir vendu aux religieux, abbé et couvent de Beaulieu près le Mans, la moitié d'une pièce de pré, contenant journal et demye ou environ, sise en la dite paroisse, ou fé aux hoirs feu Geffroy Belot [1], entre les prez des diz religieux, d'une part, et, d'autre, les prez Jehan Gouays, aboutant aux prez des diz religieux et aux prez au sire de Gaigne. Et fut faicte la dicte vendicion, pour le pris de un mouton d'or du roy Jehan, paié au dit vendeur, en faisant des diz religieux au seigneur du fé, II deniers de cens, au jour de Saint-Jehan-Baptiste.

333. — [1359, 29 juillet]. — Une lettre de la court de l'official du Mans, signée et donnée le lundi après Saint-Christofle M CCC LIX, comment Gervaise Pichon, paroissiain de Donfront-en-Champagne, confessa avoir vendu aux religieux, abbé et couvent de Beaulieu, une pièce de pré contenant demye dicte [2] d'un faucheur ou environ, sise en la dite paroisse, jouste le pré des diz religieux, appelé de Milèce, d'une part, et, d'autre, près le russeau de Vray, aboutant au pré Jehan Gouays, d'un bout, et, d'autre, au pré de l'Aunoy, ou fé de feu Guillaume Belot. Et fut faicte la dite vendicion, pour le pris de un flourin d'or à mouton, duquel il se tint pour content, en faisant des diz religieux au jour de Saint-Front, au seigneur du fé, IIII deniers de cens.

334. — [1361, 12 décembre]. — Une lettre de la court du Mans, sellée, signée et donnée le dimanche après la Conception-Notre-Dame, M CCC LXI, comment Guillaume de Guaignié, escuier, paroissiain de Donfront, confessa avoir vendu et octroyé à religieux, abbé et couvent de Beaulieu, sur toutes ses chouses immeubles et héritaux, pour le pris de

---

1. Cf. B. de Broussillon, *Cartulaire de Saint-Victeur au Mans*, p. 237.
2. Autrement : journée.

xl réaux d'or du coign du roy, notre sire, iiii livres tournois monnoie courante de perpétuel rente, en soulte et acquittement d'icelle somme d'or, que le dit vendeur leur devoit, pour la finance et rémission de xxxvi escuz de Jehan, et pour xxi sextiers de fromment, arrérages de cinq sextiers de froment, de annuel rente, laquelle rente de fromment le dit escuier confessa, et laquelle demeure en sa vertu. Ainxi le dit escuier promist la dite rente de iiii livres tournois rendre et continuelment, au jour de l'Angevine, aux diz religieux.

335. — [1363, 20 juin]. — Une lettre de la dite court, sellée, signée et donnée le mardi après Saint-Gervaise M CCC LXIII, comment maistre Geffroy Pauvert et révérend père en Dieu, l'abbé de Beaulieu, firent ensemble certains eschanges qui tels sont. Le dit abbé bailla au dit maistre xxxi sols tournois monnoie courante de annuel rente et iiii chapons que Jehan Thierri, le veil, li estoit tenu faire, chacun an, par vendicion qu'il en fist aux prédécesseurs du dit abbé, sur toutes ses chouses immeubles et héritaux, etc., et en récompensation des dites chouses, le dit maistre bailla au dit abbé troys journelx de terre, sis au Fougeraiz, en la paroisse ; item, troys journelx de terre, sis aux champs à la Gouesche ; item, un journel et demy de terre, sis soubz les vignes de Labit ; item, deux journelx de terre, sis à Donfront-en-Champagne, jouste les terres Geffroy Belot ; item, un journel et demy de terre, appellé de la Lotie ; item, un journel de terre, sis près des Bregeons de Raderay ; item, demy-journel de terre, sis à Souvigné, en la paroisse de Tanie ; item, une journée de pré, sis à Renardet ; item, la moitié des pastures de Lomaye et demye-journée de pré, sis à Garneret ; item, demye-journée, sis à Souvigné ; item, journée à xx hommes de vigne, sise ou tertre de Vinay et de Charne ; item, la moitié de vigne feu Denis de Parenson ; item, viii sols tournois monnoie courrante et deux boueceaux de fromment de rente perpétuel, que Jehan Cordel li estoit tenu faire ; item, un sextier de saigle à Espiniou-le-Chevreul, que les hoirs feu Richart du Genest li sont tenuz faire ; item, une mine de fro-

ment que Jehan Tomet li estoit tenu faire; item, x sols tournois, monnoie courante de rente, que Guillaume du Boys li est tenu faire; item, xx sols tournois, que Jehan Gouays, etc.; item, IIII sols tournois, que Jehan Cordel li est, etc.; item, l'estre de Labit, qui fut feu Guillaume Cordel, o ses appartenances.

336. — [1363, 31 juillet]. — Une lettre de la dite court et une autre lettre de la court de l'official du Mans, sellées, signées et données le lundi après Saint-Christofle MCCCLXIII, comment Vigour Leboucher et Jehanne, sa fame, parroissiains de Donfront-en-Champagne, confessèrent avoir vendu aux religieux, abbé et couvent de Beaulieu, sur toutes leurs chouses immeubles et héritaux, une mine de froment, bon, sec et loial, de annuel, à la mesure de Beaulieu, à rendre et continuer au jour de l'Angevine la dite rente franche, quitte et délivre. Et fut faicte la dicte vendicion, pour le pris de deux frans d'or, desquelx les diz vendeurs se tindrent pour contens.

337. — [1363, 15 septembre]. — Une lettre de la court du Mans, sellée, signée et donnée le xvᵉ jour de septembre M CCC LXIII, comment Geffroy Balenaz et Colète, sa fame, confessèrent avoir vendu un sextier de froment, bon, sec, net et loyal, à la mesure du Mans, aux religieux, abbé, etc., de Beaulieu, sur toutes leurs chouses, à rendre et poyer au jour de l'Angevine. Et fut faicte la dicte vendicion, pour le pris de cinq royaux d'or du coing du roy, notre sire.

338. — [1363 (v. s.), 24 février]. — Une lettre de la court du Mans, sellée, signée et donnée le semadi après *Reminiscere* M CCC LXIII, comment Jehan Aubert, paroissiain de Donfront, confessa, en assise et assignacion de seix boueceaux de froment de rente, à la mesure de Tussé, que il estoit tenu faire aux religieux de Beaulieu, par vendicion que ilz li en firent, il a baillé, livré et assigné aux diz religieux, seix boueceaux de froment de rente, à la dicte mesure, que Jehan Le Gouays li estoit tenu faire, chacun an, au jour de l'Angevine, par vendicion que le dit Gouays li en fist, sur toutes ses

chouses. En la dite court du Mans, le dit Gouays confessa les dites chouses estre vrayes, et confessa que, tant en assise et assignacion des seix boueceaux dessus diz et de seix autres boueceaux de froment de rente, à la dite mesure, que il estoit tenu faire aux diz religieux, par vendicion à lui faicte, comme pour dix frans d'or du coing du roy Jehan, desquelx il se tint pour content, bailla aux diz religieux, troys journelx de terre, sis en la paroisse de Donfront, ou fé du dit Gouays, en lui rendant au jour de Toussains 1 denier tournois de cens, entre les chouses Jehan Aubert, d'un cousté, et, d'autre, les chouses Jehan Chapeau; item, deux journelx de terre et journée à un homme faucheur de pré ou environ, tenu à II deniers de cens, le dit pré ou fé Gouays, la dite terre ou fé d'Esporcé, auquel VII deniers tournois de cens, jouste les chouses du dit Gouays, d'un cousté, et, d'autre, près les chouses Jehan de Mantouché; et le pré, près les chouses au sire de Guaigne, d'un cousté, et, d'autre, Guillaume Guillon.

339. — [1364 (v. s., 10 février]. — Une autre lettre de la court du Mans, sellée, signée et donnée le x° jour de février M CCC LXIIII, Jehan Belot, paroissiain de Donfront-en-Champagne, confessa avoir cessé, quicté et délessé, aux religieux, abbé et couvent de Beaulieu, un journel et demy de terre ou environ, et journée à deux hommes faucheurs de pré, ou fé des diz religieux. Et fut faicte la dicte vendicion, pour ce que le dit Belot demeure deschargé, quitte et absolx envers eux, de x sols tournois, III boueceaux d'avoine, III poucins et un vendengeur, qu'il leur estoit tenu faire, chacun an, par raison des dites chouses, comme pour huyt frans d'or, que les diz religieux li ont poié, desquelx il les quicte et leurs sucesseurs.

340. — [1364, 8 avril]. — Une lettre de la dicte court, sellée, signée et donnée le VIII° jour d'avril M CCC LXIIII, comment Jehan Gouays et Jehanne, sa fame, paroissiains de Donfront, confessèrent avoir vendu à religieux, abbé et couvent de Beaulieu, journée à troys hommes faucheurs de prez, sis ou fé d'Esporcé, entre la terre au prieur de Donfront, d'un

bout, et, d'autre, aux terres des diz achateurs, jouste les chouses Geffroy Leroyer, d'un cousté, et la ruelle alant de Donfront à Loumelle, d'autre cousté. Et fut faicte la dicte vendicion, pour treze flourins et demy d'or, appellez frans du coign du roi Jehan, payez aux diz vendeurs, et desquelx ilz se tindrent pour content, en faisant des diz achateurs au seigneur du fé, par chacun an, x deniers de cens, sans autre redevance.

341. — [**1366** (v. s.), **2 février**]. — Une lettre de la court du Mans, sellée, signée et donnée le jour de la Chandelour M CCC LXVI, comment Jehan Belot, paroissiain de Donfront, confessa avoir vendu aux religieux, abbé et couvent de Beaulieu, journée à quatre hommes faucheurs de prez ou environ, sis en la dite paroisse ou fé des diz religieux, entre les chouses Guillemet Chevalier, d'une part, et les chouses Jehan Moriceau, d'autre. Et fut faicte la dite vendicion, pour le pris de x frans d'or, duquel pris les diz vendeurs se tindrent pour content, lequel pré faisait, chacun an, au seigneur du fé, v sols tournois monnoie courrante.

342. — [**1366** (v. s.), **9 février**]. — Une lettre de la court de Tussé, sellée, signée et donnée le mardi après la Chandelour M CCC LXVI, faisant mencion comment, par manière d'eschange et permutacion, Fouquet Lambert, paroissiain de Donfront, confessa avoir baillé à Jehan Queston, deux pièces de vigne, contenant deux quartiers ou environ, en fresche, sises ou fé aux hoirs feu Denis Chevalier, l'une, sise près la vigne Denis Le Potier, d'une part, et, d'autre, les vignes feu Guérin de Grisiers, et l'autre pièce coustéant les vignes des diz hoirs, d'un cousté, et, de autre, le chemin par lequel l'en vait aux voliers Suhart, aboutant les deux pièces au pré Rambout, d'un bout, etc., en faisant du dit prenour et de ses hoirs, par chacun an, v sols tournois monnoie courrante, au jour, et au seigneur du fé, les devoirs acoustumez.

343. — [**1366** (v. s.), **12 avril**]. — Une autre lettre de la dite court de Tussé, sellée, signée et donnée le lundi après Pasques flouries M CCC LXVI, comment Jehan Gouays, l'esné, paroissiain de Donfront, confessa avoir vendu et octroié aux religieux, abbé et couvent de Beaulieu, journée à un home de pré, sis aux Praiz, en la dite paroisse, ou fé du dit vendeur, joignant aux prez du dit abbé, d'une part, et, d'autre, aux prez du dit vendeur. Et fut faicte la dicte vendicion pour le pris de quatre livres tournois monnoie courante, desquelx le dit vendeur se tint pour content et bien poié.

344. — [**1369, 16 juillet**]. — Une lettre de la dicte court, sellée, signée et donnée le xvie jour de juliet M CCC LXIX, comment Jehan Regnaut et Jehan Adam, paroissiains de Donfront, confessèrent devoir aux religieux, abbé et couvent de Beaulieu, la somme de douze frans d'or du coign du roy notre sire, et confessèrent que, en acquitement et solucion de la dite somme, et pour en demourer quitez et deschargez, ils vendirent, chacun pour le tout, sans division de partie, sur touz leurs biens, etc., aux diz religieux, la somme de xxiiii sols tournois monnoie courante de rente perpétuel, aux termes de Nouel et Penthecouste, par moitié.

345. — [**1383, 30 octobre**]. — Une lettre de la court du Bourc-Nouvel, sellée, signée et donnée le venredi avant la Toussains M CCC IIII^{xx}III, comment Agnès la Badillelle confessa avoir quitté et cessé à touz jours mes, par héritage, à honorable homs l'abbé de Beaulieu, toutes et chacunes les chouses héritaux quelxconques qu'elle povoit avoir, tenir et poursuir, ou fié du dit abbé, quelxconques chouses que se soint, sans riens y retenir ne réclamer à elle ne à ses hoirs. Et fut faicte ceste présente quictance et cession, en acquitement et pour demourer, la dicte Agnès et ses hoirs, quitez et deschargez envers le dit abbé des rentes et devoirs que les dites chouses sont tenuz faire, à avoir, à tenir, poursuir, etc.

346. — [**1384, 28 octobre**]. — Une autre lettre de la dite court, sellée, signée et donnée le mardi avant Saint-Jehan-Baptiste M CCC IIII^{xx}IIII, comment Denis Le Potier, paroissiain de Donfront, bailla, quitta, cessa et transporta, en titre de loyal eschange, à révérend père en Dieu l'abbé de Beaulieu, cinq deniers de cens que le dit abbé li devoit, chacun an, au jour de Saint-Front, II deniers pour son pré Collyon appellé, II deniers pour son pré appellé Sedille, et I denier pour son pré appellé au Bouc. Et le dit abbé bailla au dit Potier, pour les diz v deniers, un bouceeau de froment de rente perpétuel, à la mesure de Tussé, que li estoit tenu faire, par certain transport que Jehan Rochier li avoit fait, à tenir, poursuir le dit froment, etc. Et promidrent les dites parties garantir, deffendre et délivrer, l'une partie à l'autre, les dites chouses ovec toutes les autres appartenances, etc.

Labbit [1].

347. — [**1363 (v. s.), 18 mars**]. — Une lettre de la court du Mans, sellée, signée et donnée le xviii° jour de mars M CCC LXIII, comment Jehan Pichon, clerc, confessa avoir vendu à religieux, abbé et couvent de Beaulieu, deux sextiers de froment, bon, sec et loyal, à la mesure de Labit, de rente perpétuel, sur touz et chacuns ses biens immeubles et héritaux. Et fut faicte la dicte vendicion, pour le pris de cinq léons paiez aux diz vendeurs, à rendre la dite rente, au jour de l'Angevine, par chacun an, à Beaulieu.

348. — [**1365, 9 juin**]. — Une lettre de la court de Tussé, sellée, signée et donnée le lundi après la Trinité M CCC LXV, comment Jehan Belot [2], par manière d'eschange, bailla à Jehan Le Breton et à Guillemette, sa fame, et à leurs hoirs, la moitié d'une meson, sise à Labit et le courtil derrière, ou fé à l'abbé de Beaulieu, jouste les chouses Guillaume Chevalier, d'une part, et, d'autre, les chouses Jehan Pichon, de Donfront, et coustéant les chouses Fouquet Lambert; item, un journal de terre, sis en la paroisse de Conlie, coustéant les chouses aux hoirs Fouquaut Guillon, d'une part, et, d'autre, les chouses Guillaume Chevalier, sis ou fé du dit

---

1. L'Habit, prieuré dédié à saint Barthélemy, et dont la chapelle est située à environ deux kilomètres de Domfront. La présentation de ce bénéfice appartenait à l'abbé de Saint-Jouin-de-Marne, au diocèse de Poitiers.

2. Ce nom a été écrit en interligne, au-dessus de cet autre « le Breton » qui a été rayé.

abbé. Et fut faicte ceste baillée, pour le pris de x sols tournois monnoie courrante de annuel rente, à paier au jour de Toussains, et en faisant les devoirs acoustumez, chacun an.

349. — [1380, 29 décembre]. — Une lettre de la court du Bourc-Nouvel, sellée, signée et donnée le semadi après Nouel M CCC IIII^{xx}, comment Laurence la Bazogelle, Guillaume de Valauberon[1] et Marguerite, sa fame, confessèrent avoir quicté, baillé et cessé à touz jours mes, par héritage, à Guillaume Ermenge, prebtre, religieux de Beaulieu et procureur de l'abbé du dit lieu, en solucion, acquitement et descharge de seix bouceaux de froment de rente perpétuel, c'est assavoir, touz les droits et actions quelxcunques qu'ilz povoint avoir en un estrage, en un fournil, si comme il se poursuit, ovec leurs appartenances, qui furent feu Jehan Leber, sis ou village de Labit, ou fié du dit abbé. Et en récompensacion des dites chouses, le dit recepveur, ou nom que dit est, bailla, quicta et cessa à la dite Laurence et aux diz espoux, xxx sols tournois monnoie courante, dont ilz se tindrent pour bien paiez. Et o tout ce, un estrage, si comme il se pourssuit, sis en la ville de Donfront, coustéant les chouses Jehan Belot, ou fé Jehan Suhart des Vallées, et, o tout ce, demeurent quitez et deschargez des diz seix bouceaux de froment, etc.

350. — [1389, 13 juin]. — Une lettre de la court de Tussé, signée et donnée le jour de la Trinité M CCC IIII^{xx}IX, comment Estienne Pelouart et Agnès, sa fame, confessèrent avoir vendu à messire Guillaume Ermenge, prebtre, ou nom de l'abbé de Beaulieu, un estrage ovec ses appartenances, appellé Labit, sis en la paroisse de Donfront, ou fé du dit abbé. Et fut faicte la dicte vendicion, pour le pris de quarante solx tournois monnoie courante, desquelx ilz se tindrent pour content et en quictèrent le dit prebtre et touz autres.

Laquelle terre de Labit donna aux diz religieux, Cypriain Peletier, de Sillié, franche, quite et solve, à quatre deniers de

---

[1]. Valaubrun, nom d'une terre sise à Donfront-en-Champagne. On y voyait encore, au commencement du xixe siècle, les ruines d'une chapelle. Cf. Pesche, *Dictionnaire*, etc., t. II, p. 221.

cens, III deniers à Faulcon de Vernie, et I denier à Pierres, son frère. Laquelle terre le dit Cypriain acheta du dit Faucon, ainsi comme apparest par le rôle ouquel est escript la fundacion de Beaulieu.

La Mote [1].

351. — [1375, 22 octobre]. — Une lettre de la court de Tussé, sellée, signée et donnée le lundi après Saint-Lucas M CCC LXXV, comment Jehan Moricel, clerc, confessa avoir vendu à Jehan Béatrix, un journel de terre, sis en la Chappellerie, ou fié de la Mote, coustéant la terre Laurens, d'un cousté, et, d'autre, la terre Estienne Foucher, aboutant à la terre Guillaume Lemounier, d'un bout, et, d'autre, au chemin par lequel l'en vait de Tussé à la Mote. Et fut faicte la dite vendicion, pour le pris de LX sols tournois, desquelx il se tint pour content, en faisant du dit achateur au seigneur de la Mote, à Touzsains et Nouel, par moitié, VI deniers de cens, sans autre redevance.

352. — [1378, 1er août]. — Une lettre de la court du Mans, sellée, signée et donnée le dimainche après Saint-Christofle, premier jour d'aoust M CCC LXXVIII, comment Jehan Potier, tant en son nom comme ou nom des enffans Jehan Segant [2] et de feue Perrote, sa fame, sœur du dit Jehan, et Jehan de Guinart, pour lui et pour Denise, sa fame, sœur du dit Potier, confessèrent avoir vendu aux religieux, abbé et couvent de Beaulieu, VIII sols tournois monnoie courante, de rente perpétuel, que Jehan Lemaistre et Pasquière, sa fame, de Donfront, sont tenuz faire à la Toussains, par raison de journée à quinze hommes de vigne, coustéant les chouses de la Mote, ou cloux du Gentel, que les diz Potier et Denise et le dit Segant li avoint baillées jà pieçà, à la dite rente. Et fut faicte la dicte vendicion pour le pris de IIII livres tournois, desquelx ilz se tindrent pour contens.

1. La terre ou le fief de la Motte était, on le verra plus loin, situé sur les paroisses de Domfront, de Degré et d'Aigné.
2. Cf. plus haut, n° 179.

353. — [1383, 10 juillet]. — Une lettre signée et donnée le venredi après Saint-Martin d'esté M CCC IIII××III, faisant mencion que, comme contens et discort fust meu ou espéré à mouvoir entre religieux homme Macé de Motihier, abbé, d'une part, et noble homme monsieur Guillaume de Broussin, chevalier, d'autre, disant le dit chevalier contre le dit abbé, que il ly estoit tenu faire foy et hommage et une père d'esperons dorez, à muance de abbé du dit monastère, à cause et par raison du féage de la Mote, pour tant comme le dit abbé y tenoit et possidoit, à cause de la terre du dit seigneur de Broussin, appellé Vaulahart[1]; et o tout ce, disoit et propousoit le dit chevalier, contre le dit abbé, que li estoit tenu faire indempnité pour raison des chouses dessus dites, pour ce que le dit abbé avoit acquises depuis XL ans encza, le dit abbé disant et propousant plusieurs raisons au contraire. Après plusieurs altercations vindrent à paix et concorde, en la manière que s'en suit, c'est assavoir que le dit abbé paia et satiffia au dit chevalier la somme de vingt livres tournois, desquel il se tint pour content. Et fut ce, tant pour la finance de l'indempnité des chouses dessus dites, comme pour abournement des devoirs dessus diz, pour lesquelles chouses le dit abbé sera tenu poyer au dit chevalier, par chacun an, troys sols tournois de cens, au jour de la feste aux mors. Et, partant, le dit chevalier quitta, cessa, etc., au dit abbé, la foy, homage et esperons dorez, et touz les droiz et actions, etc., que il li povoit avoir.

Item, autre lettre faisant mencion comme la dessur dite.

354. — [1388, 23 juin]. — Une autre lettre de la court de Tussé, sellée, signée et donnée le xxIII° jour de juing M CCC IIII×× et VIII. Ou dit jour, Jehannot et Laurens les Martins confessèrent que, en assiete et assignacion de v solz tournois de annuel rente qu'ilz devoint et estoint tenuz faire, chacun an, au luminayre de Notre-Dame en l'église d'Aigné, baillèrent, quictèrent, cessèrent et transportèrent à Robin du

---

1. Vaulahard, actuellement ferme située à Domfront-en-Champagne.

Carel et à Macé Moricel, eulx disant estre procureurs de la fabrice de la dite église d'Aigné, c'est assavoir, un journel de terre ou environ, sis en la paroisse de Donfront, ou fié de la Mote, coustéant les chouses au seigneur de la Mote, d'un cousté, et, d'autre, les chouses de la Bouleterie, aboutant au chemin par lequel l'en vait de Tussé au Mans, d'un bout, et, d'autre, le chemin par lequel l'en vait de Tussé à Aigné, en faisant des procureurs de la dite église, au jour de la feste aux mors, par chacun an, VI deniers tournois de cens, au seigneur du fé.

Saint-Micheil-du-Mont [1].

355. — [**1300, 22 juin**]. — Une procuracion, sellée et donnée le merquedi après Saint-Aubert M CCC, comment l'abbé et couvent du monastère du Mont-Saint-Michel firent leur procureur frère Thomas Gaultier [2], leur prieur du prieuré de Saint-Victour [3] du Mans, à pacifier et accorder o les religieux, abbé et couvent de Beaulieu, sur dismes, prémices et autres chouses, davant révérend père en Dieu R. [4], par la grâce de Dieu évesque du Mans, et o le prieur de Donfront-en-Champagne.

356. — [**1303, 12 juillet**]. — Une lettre de révérend père en Dieu R., humble serviteur de l'église du Mans, sellée, et fut donnée [5] l'an M CCC III, le venredi après les octaves de Saint-Martin d'esté [6], que, comme le prieur du prieuré de Donfront-en-Champagne, dépendant du monastère de Beaulieu, eust, par raison de son dit prieuré, une disme nommée

---

1. Le Mont-Saint-Michel, abbaye de Bénédictins située au diocèse d'Avranches.

2. Ou mieux : Goutier ; c'est ainsi qu'il est nommé dans le *Cartulaire de Saint-Victeur*, p. 164, et plus loin, n° 357.

3. Cf. sur ce prieuré : B. de Broussillon, *Cartulaire de Saint-Victeur au Mans*, in-8°.

4. Robert II de Clinchamp.

5. A la suite de ce mot, on avait écrit d'abord : *à Yvré-l'Evesque*. Ce nom a été ensuite rayé.

6. On peut voir le texte de ce document dans le cartulaire précité, pp. 164-167.

de Lommaye, estant en blé, en vin et prémices, entre les metes de la grand disme de la dite paroisse de Donfront sise, en laquelle grand disme le prieur de Saint-Victeur prend les deux parties, et l'abbé de Beaulieu et son prieur de Donfront la tierce partie, exepté le trait d'icelle disme, lequel trait [1].... et les deux parties du dit lieu, au dit prieur de Saint-Victeur appartiennent d'antiquité, sur ces et autres chouses après nommées ont composé et ordonné en ceste manière, c'est assavoir, que le dit prieur de Donfront la dicte disme de Lomaye veult et se consent estre meillée et adjointe avec la dicte grand disme et indivisiblement ensemble traictes, ainxin que, des dites dismes meillement traites et unies, le dit prieur de Donfront prendra et aura cinq sextiers de saigle, ad la mesure de la grange du dit lieu, c'est assavoir, deux sextiers de froment, deux d'orge et un d'aveine, et une somme de vin des dites dismes. Et résidu des dites dismes ensemble unies entre eulx sera divisé, ainxi que la grand disme ou temps passé avoit acoustumé estre divisée, exepté les prémices, lesquelles au dit prieur de Saint-Victour, par composicion entre eulx faicte, entièrement li demouront. Item, voulirent les diz prieurs, que les deux petites dismes, sises dedens les metes de la dicte paroisse, desquelles l'une est appellée des Volers [2], et l'autre des Rivières [3], soint traites et amenées ou lieu anciain, esquelles dismes, le dit prieur de Saint-Victour tout le trait prendra, ovec toutes les payeles, mes, ou résidu du grain, le dit prieur de Saint-Victour les deux parties, et les diz abbé de Beaulieu et prieur de Saint-Front la tierce partie prendront et auront. Item, fut ordenné entre les diz prieurs, que le droit et porcion que le dit prieur de Donfront avoit et povoit avoir, par raison de la disme ès novalles de la dite paroisse et ès fruiz des dites novales, vendra à la commune division à leur grange commune, et sera divisé ainxi

1. On a laissé ici un mot en blanc.
2. Ou mieux : des Vallées, ainsi que la nomme le texte original du document.
3. Le document la nomme « de Ripars ».

que la grand disme, excpté les dismes et prémices de deux petites dismes, sises entre les metes de la paroisse de l'église de Donfront, et auxi excepté les prémices des novales, entre les metes des autres dismes, desquelles petites dismes, l'une est appellée dou Luminier, et l'autre dou Sommerel, lesquelles ensemble, o les dismes des novales et o ses prémices, demouront au dit prieur de Donfront, etc. Ainxi toutefoiz que le dit prieur de Donfront, du commun blé de la dite communauté, prendra un sextier d'orge et un sextier de métoil, à la mesure de la grange du dit lieu, et deux sommes de vin commun, mes le résidu du blé de la dite communauté, entre eulx, ainxi que de antiquité a accoustumé, sera divisé tant ès petites dismes que en la grand disme. Et le dit prieur de Saint-Victeur, ou résidu du dit vin entre eulx commun, prendra la disième somme, pour trait, mes, ou résidu du dit vin, ces chouses parceux, le dit prieur de Saint-Victeur, les deux parties, et le dit prieur de Donfront, la tierce partie, à touzjours auront. Ainxi que le dit prieur de Donfront, tant comme le vin sera commun entre eulx, pourra avoir un serviteur, par chacun jour et nuit, à garder le dit vin, aux despens du dit prieur de Saint-Victour. Ainxi que le dit prieur de Saint-Victour aura toutes les menues payles, le grain premièrement trait et entre eulx divisé. Item, entre les diz prieurs fut ordonné que tout le droit et toute la porcion que le dit prieur de Saint-Victour avoit en toutes les oblacions quelxcunques venans à la dite église ou à la main du dit prieur de Donfront, demeurent au dit prieur de Saint-Front. Et tout le droit et toute la porcion que le dit prieur de Donfront avoit en toutes les prémices de la dite paroisse, tant en potages, chanvres, lins, laines, pourceaux, veaux, poulez, que autres chouses, entre les metes de la dite paroisse, tant en novales que autres chouses, au dit prieur de Saint-Victour demeuront, excpté les prémices des deux petites dismes qui demeurent au dit prieur de Saint-Front. Ainxi touteffoiz que le dit prieur de Saint-Victour sera tenu rendre et poyer, par chacun an, au jour de Pasques, au dit prieur de Saint-Front, xxiiii sols tournois de annuelle pension. Item, fut ordrené entre les diz prieurs que, s'il avenoit ou temps à venir les boys de Montailler et de Vaulahard estre labourez, la disme en seroit distribuée équalement, etc.

357. — (**1303, 20 juillet**). — Une lettre de révérend père en Dieu, R., humble évesque de l'église du Mans, sellée, et fut donnée à Yvré-l'Évesque, le semadi avant la Magdeleine M CCC III [1], comment le dit évesque confirma les chouses faictes et accordées entre frère Thomas Gontier, prieur de Saint-Victeur, dépendant du Mont-Saint-Micheil, ou diocèse d'Avranches, et frère Giles de la Fontaine, prieur de Donfront-en-Champagne, dépendant du monastère de Beaulieu, près le Mans, lesquelles sont contenues de mot à mot, ou environ, en la lettre dessur escripte.

358. — (**1408, 28 juin**). — Une lettre du monastère du Mont-Saint-Micheil, sellée, donnée au Mans l'an mil quatre cens et huyt, le antepénultième jour du meys de jung, environ l'oure de tierce du dit jour, indiction première, de élection de Benoist daranièrement à pape élu l'an XIIIIe, faisant mencion comment, après plusieurs altercations et débaz entre frère Raoul Hubert, prieur du prieuré de Saint-Victeur près le Mans, d'une partie, et Pierre Lerous, prieur-curé du prieuré de Saint-Front-en-Champagne, lesquelx débaz sont contenuz en la dite lettre, fut accordé et appointé que les lettres de la composicion faicte par frère Thomas Gontier, jadis prieur du dit prieuré de Saint-Victeur, et frère Gillez de la Fontaine, jadis prieur-curé du dit lieu de Donfront-en-Champagne, soint entièrement observées et incorruptement gardées. Et en tant que touche les articles discordables entre eulx, il est accordé et pacifié en ceste manière. Et premièrement, en tant que touche la disme du vin de la dite paroisse de Donfront, appartiennent et sont à perpétuité au dit prieur de Saint-Victeur deux parties du vin de la dicte disme, et au dit prieur-curé de Saint-Front la tierce partie, laquelle disme

---

[1]. Le texte de ce document a été imprimé dans le *Cartulaire de Saint-Victeur au Mans*, p. 168.

universelement sera cuilleite, traite et assemblé par le dit
prieur de Saint-Victeur, en sa grange de Donfront, et yci
sera divisée entre eulx. Et oultre ce, le dit prieur de Saint-
Victeur aura et prendra la xe partie de la tierce partie du
prieur de Donfront, pour paine et satiffaction du trait et congrégacion de la dite disme. Item, le dit prieur de Saint-Victeur aura les menues payles, comme il est contenu és lettres
de la composicion davant dicte, ovec les bougeons, ainxi
touteffoiz les gerbes battues, l'estraing ou la grousse payle
oustée et séparée de desur le blé, les bougrains seront assem-
blez en une partie de la grange, et après, par l'ordinacion des
bateurs de la dicte disme, ilz seront menez o le rateau, du
lieu ou ilz avoint esté mis, en autre lieu de la dite grange,
ainxi que le blé, en ce faisant, sera trait de ces bougrains, sera
parti entre les diz prieurs, ainxi comme le blé de la grange
premier extrait, laquelle chouse faicte, le résidu des bougrains
demoura au dit prieur de Saint-Victeur. Item, le dit prieur de
Saint-Victeur auront, par chacun an, des blez de la grand
disme communs entre les diz prieurs, neuff sextiers de blé,
pour le trait et congrégacion de la dite grand disme, en sa
grange de Donfront, etc.

Veniete [1].

359. — [1364, 28 mai]. — Une lettre de la court de
l'official du Mans, sellée, signée et donnée le xxviiie jour de
may M CCC LXIIII, comment Johan du Boys-Yvon, escuyer,
confessa avoir vendu seix sextiers de froment, bon, sec et
loyal, à la mesure du Mans, de annuel et perpétuel rente, à
Richart des Prez et à Perronelle, sa fame, sur une métairie,
si comme el se poursuit, sise en la paroisse de Veniete. Et fut
la dite vendicion, pour le pris de xxiiii frans d'or du coing du
roy Jehan, à rendre au Mans, franche et quitte, au jour de
Saint-Remy.

1. Verniette, ancienne paroisse, réunie à celle de Conlie après le Con-
cordat de 1801.

360. — [1364]. — Une lettre de la court du Mans, sellée et signée et donnée, et faisant mencion comme la darenière.

361. — [1364, 30 novembre]. — Une lettre de la dite court, sellée, signée et donnée le semadi après Saint-Clément M CCC LXIIII, faisant mencion comment Jehan du Boys-Yvon confessa que, tant en assise et assignacion de seix sextiers de froment, à la mesure du Mans, de rente perpétuel qu'il estoit tenu faire à Richart des Prez et à sa fame, sur une métairie en la paroisse de Veniete, o ses appartenances, tant en mesons, terres arables, contenant trente et huyt journelx ou environ et quatre journelx de prez, pastures, boys, hays, cens, rentes, comme quelxcunques autres chouses, ou fié au sire de Cormenant[1], partie, et partie, ou fié de Beaulieu, comme pour cinquante et huyt frans d'or, et à leurs successeurs à en faire, etc., en faisant des diz Richart et sa fame, foy et homage au seigneur de Cormenant, et une père d'esperons dorez à l'Angevine, chacun an, et seix soulx de taile, quand elle eschiet, et à l'abbé de Beaulieu, au jour de Toussains, XII deniers de servige requérable, etc.

362. — [1364, 17 décembre]. — Une lettre de la dite court, sellée, signée et donnée le mardi après Saint-Gervaise d'yver M CCC LXIIII, faisant mencion comment Juliote, fame de Jehan du Boys-Yvon, confessa la vendicion et assignacion que fist son dit seigneur à Richart des Prez estre vraye et la tenir ferme, estable et agréable, et les loe conferme, etc.

363. — [1365 v. s., 30 mars]. — Une lettre de la dite court, sellée, signée le pénultième jour de mars M CCC LXV, faisant mencion comment Guillaume Chevalier, paroissiain de Saint-Père de Brullon, confessa avoir vendu à Richart des Prez, paroissiain de Saint-Père-de-la-Court du Mans, quatorze journelx de terre ou environ, sis en deux pièces, en la paroisse de Veniete, ou fié au seigneur de Bures, l'une, entre les chouses

---

1. Voir sur Cormenant, *Revue hist. et arch. du Maine*, t. LII, pp. 161-176, un article de M. Robert Triger. La seigneurie appartenait, en 1364, à Pierre de Tucé.

aux hoirs feu Jehan de Gironde, d'un cousté et d'autre, et l'autre, entre les chouses au curé de Veniete, d'une part, et, d'autre, jouste les chouses au Bout. Et fut faicte la dicte vendicion pour le pris de xxxiii livres tournois, monnoie courante, desquelx le dit vendeur se tint pour content, en faisant du dit achateur, au seigneur du fé, iiii deniers de franc devoir requérable.

364. — [1366, 4 novembre]. — Une lettre de la court du Mans, sellée, signée et donnée le quart jour de novembre M CCC LXVI, faisant mencion comment Jehanne, jadis femme feu Micheil Blanchoit, paroissiainne de Veniete, confessa avoir vendu à Richart des Prez un journal de terre ou environ, sis en la dite paroisse, ou fé au seigneur de Tussé, entre les chouses du dit seigneur, d'une part, et, d'autre, la terre Pentloup, aboutant aux terres Tabari, à tenir, etc. Et fut faicte la dite vendicion, pour le pris de iiii livres tournois, desquelx el se tint pour contente, et, partant, la dite Jehanne est tenue guarantir, etc., en faisant au seigneur du fé, au jour de l'Angevine, iii deniers tournois de cens.

365. — [1366, 4 novembre]. — Une lettre de la dite court, sellée, signée et donnée com la darenière, comment Guillaume Guercent, paroissiain de Conlie, vendit à Richart des Prez, un journal de terre ou environ, sis en la paroisse de Veniete, ou fé au seigneur de Tussé, entre les chouses du dit achateur, d'une part, et les chouses Robin Chauveau, d'autre part, aboutant, d'un bout, aux chouses Jehan Dutertre, et, d'autre, aux chouses du dit achateur, à tenir, etc. Et fut faicte la dite vendicion pour iiii livres tournois, desquelx il se tint pour content. Et partant, etc., en faisant au seigneur du fé, au jour de l'Angevine, iii deniers de cens.

366. — [1366, 14 novembre]. — Une autre lettre de la dite court, sellée, signée et donnée le semadi après Saint-Martin d'yver M CCC LXVI, comment Jehan Binot et Gillete, sa fame, confessèrent avoir vendu à Richart des Prez, tel droit, tele action, tele partie et porcion, comme ilz povoint avoir et demander, en la moitié et en la tierce partie de l'autre partie d'un estre, si comme il se poursuit, o ses appartenances, sis en la ville de Veniete, ou fé de Saint-Ladre, entre les chouses au recteur de la dite ville, d'une part, et, d'autre, les chouses du dit achateur, tenues des maistre et frère de Saint-Ladre, à dix solx tournois et deux chapons de rente, et à XII deniers de cens. Et fut faicte la dicte vendicion, pour x frans d'or, etc., et affin qu'ilz demeurent de la dite rente et cens dessus diz.

367. — [**1366** (v. s.), **25 janvier**]. — Deux lettres, l'une, de la court du Mans, et l'autre, de la court de l'official, sellées, signées et données le lundi après le Chayère-Saint-Père M CCC LXVI, faisant une mesme mencion, comment Jehan Tabari, clerc, confessa avoir vendu à Richart des Prez et à Perronelle, sa fame, une pièce de terre arable, contenant diz journelx ou environ, avec journée de un homme de pré, sises en la paroisse de Veniete, et généralement vendit et octroia toutes et chacunes les chouses immeubles et héritaux qu'il avoit et povoit avoir en la dite paroisse, à avoir, à tenir, etc. Et fut faicte la dite vendicion pour le pris de quarante et deux livres tournois et quarante et deux flourins d'or, desquelx, etc. ; et partant, est tenu guarantir, etc., en faisant du dit achateur ou de ses successeurs, les devoirs acoustumez, aux jours et lieux, etc.

368. — [**1366** (v. s.), **11 mars**]. — Une lettre de la court du Mans, sellée, signée et donnée le jeudi après *Invocavit me* M CCC LXVI, faisant mencion comment Hamelin de la Tousche, de Courcesiers, vendit à Richart des Prez une pièce de terre, contenant cinq journelx ou environ, sise en la paroisse de Veniete, ou fé aux religieux de Beaulieu, aboutant aux chouses du dit achateur, d'un bout, et, d'autre, au chemin alant de Cures à Veniete, à tenir, poursuivre, etc., et cesse, quicte, etc. Et fut faicte la dite vendicion pour le pris de dix et sept frans d'or, desquelx, etc. et, partant, le dit vendeur, etc., en faisant au seigneur du fé, par chacun an, les devoirs acoustumez.

369. — [**1367, 13 novembre**]. — Une lettre de la dicte court, sellée, signée et donnée le semadi après Saint-

Martin d'yver M CCC LXVII, comment, par manière d'eschange, monsieur Laurens de Viviers, prebtre, maistre et administrateur de Saint-Ladre, et Guillaume Brunelt, frère du dit housteil, baillèrent à Richart des Prez et à Perronelle, sa fame, un estre, si comme il se poursuit o ses appartenances quelxcunques, tant mesons, terres, courtilz, que autres chouses, sis en la ville et paroisse de Veniete, ou fé du dit housteil, entre les chouses du dit preneur, d'une part, et, d'autre, les chouses au recteur de Veniete, aboutant au chemin de Novi[1], à tenir, etc. Et fut faicte la dite baillée pour le prix de xvi sols tournois, monnoie courante, de annuel et perpétuel rente, ovec troys, et pour xvi deniers tournois de cens, chacun an, le tout au jour de Toussains, rendre et continuer, etc.

370. — [**1365, 18 mai**]. — Une lettre de la court de l'official du Mans, sellée, signée et donnée le dimainche que l'en chante *Vocem jocunditatis* M CCC LXV, faisant mencion comment Jehan Jarri, paroissiain de Donfront-en-Champagne, vendit aux religieux, abbé et couvent de Beaulieu, une pièce de pré, contenant journée à un faucheur ou environ, sise en la paroisse de Veniete, ou fé du dit vendeur, aboutant à la ville de Veniete, de la part de Donfront, et coustéant la meson Guérin Leprovoust, d'un cousté, et, d'autre, les terres Guillaume Moesi, et aussi aboute aux terres Agnès la Blanchete, à avoir et tenir, etc., et partant, est tenu guerir, guarantir, etc., en faisant au dit Jehan, comme seigneur du fé, au jour de Toussains, ii deniers tournois monnoie courante de cens requérable.

371. — [**1402 (v. s.), 20 mars**]. — Item, une lettre de Micheil Lecoq, signée et donnée le xx° jour de mars mil CCCC et deux, comment le dit Coq confessa que les religieux, etc., de Beaulieu finèrent et compousèrent avec lui, pour l'indempnité de la piesse de pré dessus dite, qui fut Jehan Jarri, à la somme de quatre livres x sols tournois, de laquelle il se tint pour content.

---

1. Neuvy-en-Champagne.

372. — [**1371** (v. s.), **22 mars**]. — Une lettre de la court du Mans, sellée, signée et donnée le lundi après Pasques flouris M CCC LXXI, faisant mencion comment Jamoit Pichon, paroissiain de Veniete, confessa avoir vendu à Richart des Prez et à Perronelle, sa fame, un journel de terre ou environ, sis en la dite paroisse, ès rerefez de Tussé, entre les chouses du dit achateur, d'un cousté, et, d'autre, les chouses Guillaume Moysi, aboutant aux hays qui sont entre la terre au sire de Tussé, d'un bout, et la dite terre, d'autre bout, à tenir, poursuivre, etc. Et fut faicte la dite vendicion, pour le pris de quatre frans d'or du coing du roy, notre sire, duquel, etc., en fesant des diz achateurs au dit vendeur, chacun an, au jour de la Penthecouste, vi deniers de cens.

373. — [**1375, 17 juillet**]. — Une lettre de la dite court, sellée, signée et donnée le xviie jour de juillet M CCC LXXV, faisant mencion comment Richart des Prez et Perronelle, sa fame, confessèrent avoir vendu de leur bonne volunté deux métairies, si comme elles se poursuivent, o leur appartenance et dépendances, tant mesons, terres, prez, pastures, boys, hays, que autres chouses, sis les hébergemens des dites métairies, en la paroisse de Veniete, et généralement tout ce que les diz vendeurs ont et povent avoir ès paroisses de Veniete et de Tanie, quelxcunques chouses que ce soint et en quelxques lieux et fiez que elles soint assises ès dictes paroisses ; item, etc., à tenir et poursuir des diz religieux, etc., et cessent, quictent les diz vendeurs, etc. Et fut faicte ceste présente vendicion, pour douze vins livres tournois, monnoie courante, aux diz vendeurs payez, etc. ; et partant, les diz vendeurs, etc., en faisant foy et homage et esperons dorez au sire de Cormenant, au jour de l'Angevine, etc., et les devoirs anciens, etc.

374. — [**1377** (v. s.), **26 février**]. — Une lettre de la court du Bourc-Nouvel, sellée, signée et donnée le merquedi après Saint-Mathéas, l'an mil CCC LXXVII, comment Jehan Leconte et sa fame, paroissiains de Veniete, et Guillaume de Raderay, bastard, paroissiain de Tanie, confessèrent avoir vendu à monsieur Jehan Pichon, prebtre, huyt bouesseaux de froment, bon, sec et loyal, de annuel rente, à la mesure de Tanie, sur touz leurs biens immeubles et héritaux ; et sont tenuz, chacun pour le tout, rendre, poyer et continuer la dicte rente, au jour de l'Angevine. Et fut faicte la dicte vendicion, pour le pris de quatre frans d'or, desquelx ilz se tindrent pour contens.

375. — [**1387** (v. s.), **17 mars**]. — Une lettre de la dite court, sellée, signée et donnée le xviie jour de mars mil CCC IIII^{xx} et VII, faisant mencion que, comme contens fust esmeu entre les religieux, etc., de Beaulieu, d'une partie, et Sainton du Châteaufort, d'autre, sur ce que les diz religieux demandoint au dit Sainton douze sols tournois de rente, par certaine action que ilz avoint trait à eulx de Laurens Le Barbier et de sa fame, à cause de le, auxquelx les diz religieux disoint que le dit Sainton estoit obligié de faire la dicte rente, par raison des chouses qui estoint escheues aux diz Laurens et sa fame, de feue Katherine la Châteauforde, mère de la dite fame ; et avec ce demandoint de plusieurs années les arrérages de la dicte rente ; le dit Sainton disant et propousant que en riens n'y estoit tenu, tant parce qu'il disoit que les diz Laurens et sa fame vendirent et transportèrent japieçzà à Denis Quarré, les chouses qui estoint obligées à la dite rente, et mesmement que onques il ne leur en fist saisine ne possession ; item, et comme le dit Sainton demandast aux diz religieux, unze soulx ix deniers tournois de cens et de devoir, par raison de certaines chouses, qu'il disoit estre tenues de lui et en son fé, c'est assavoir, par raison de journée à un homme faucheur de pré, sis à Vinay, v sols vii deniers tournois ; item, par raison d'un journel de terre, sis au Mergier, qui fut feu Jehan Chevalier, xviii deniers tournois ; item, par raison de demy-journel de terre, qui fut feu Fouquet Chevalier, xi deniers obole ; item, par raison de deux journelx de terre, qui furent Jehan Pichon, prebtre, ii sols xi deniers ; item, par raison de journée à un homme de pré, sis en la Ruicellée de Veniete, appellée Morterée, qui fut feu Richart des Prez, 11 deniers, et leur demandast les arrérages, et, par raison du dit pré, ventes, gans et indempnité, les diz religieux disant que en riens n'y estoint tenuz. A la parfin, après plusieurs altercacions, vindrent à paix en ceste manière, c'est assavoir que, tant pour ce que le dit Sainton et ses hoirs demeurent quittez et deschargez de tout ce que les diz religieux pouroint demander, à cause de la dite rente et des diz arrérages, comme pour la somme de huyt frans d'or, du coign du roy, notre sire, poyez et comptez au dit Sainton, il a mis aux diz religieux touz et chacuns les devoirs dessus diz, qu'il povoit demander, à cause des dites chouses, à deux deniers de franc devoir, requérable au jour de la feste aux mors. Et parmi ce faisant, le dit Sainton jamés ne poura demander aux diz religieux, gans, ventes ne indempnitez, etc.

376. — [**1393, 22 avril**]. — Une lettre de la court du Bourc-Nouvel, signée et donnée le mardi avant Saint-George mil CCC IIII**XXIII, comme Jamet Pichon, paroissiain de Veniete, fust tenu rendre et poyer aux religieux, etc., de Beaulieu, quatre boueceaux de froment, chacun an, de rente perpétuel, sur touz ses biens, affin qu'il demourast deschargé de la dite rente, il confessa avoir baillié aux diz religieux et à leurs successeurs, en assiete et assignacion de la dite rente, une pièce de terre contenant un journel et demy ou environ, sis ou fé de Tussé, coustéant et aboutant, d'un cousté et bout, les terres des diz religieux, et, d'autre cousté, la terre Jehan Supplice, à tenir, poursuivre, etc., et, partant, le dit Jamet est tenu garantir, etc., en fesant des diz religieux au dit seigneur du fé quatre deniers tournois de cens.

377. — [**1402, 26 novembre**]. — Une lettre de la court du Bourc-Nouvel, sellée, signée et donnée le xxvie jour de novembre mil CCCC et deux, comment noble homme Jehan de la Rivière [1], escuyer, seigneur de la Penlouyère,

---

1. Ce Jean de la Rivière est probablement le même personnage que celui qui est mentionné dans Bilard : *Analyse des documents historiques*, t. II, n° 184. La Penlouyère ou Penlouére est un fief situé sur la paroisse de Tennie.

confessa que les religieux de Beaulieu lui ont monstré et baillé, par déclaracion suffisante, toutes et chacunes les chouses héritaux qu'ilz tiennent et avouent à tenir du dit sire de la Peulonyère et de Jehanne, sa fame, toutes lesquelles chouses et les devoirs que les diz religieux sont tenuz faire au dit sire, à cause et par raison des dites chouses s'ensuivantes : c'est assavoir, premièrement, troys journelx de terre en une pièce, sis en la paroisse de Veniete, tenuë du dit sire à vi deniers tournois de cens renduz, chacun an, au jour de l'Angevine, aboutant, d'un bout, au chemin tendant de Veniete à Neufvi, et, d'autre, aux terres des Valées, coustéant, d'un cousté, les terres de Veniete ; item, deux journelx de terre, sis en la dite paroisse, au fé au dit sire, tenuz à troys deniers tournois de cens, renduz au jour dessur dit, coustéant, d'un cousté, la terre Perrot Varenne, et, d'autre, la terre au maistre de Saint-Ladre ; item, un journel de terre, sis en la dite paroisse, ou dit fé, tenu à un denier de cens au dit jour rendu, joignant la terre des diz religieux, des deux coustez, et aboutant, d'un bout, aux terres de la Mouchete ; item, journée à troys hommes faucheurs de pré, en une pièce, sis en la paroisse de Tanie, ou fé au dit sire, tenu à vi sols viii deniers tournois de cens, renduz au dit jour, coustéant le pré du dit sire, et aboutant, d'un bout, au chemin tendant du moulin Maien à Baudri, de laquelle déclaracion, baillée des diz religieux, le dit sire soy tint pour content, et promist le dit sire jamès autre devoir n'en demander ne fere demander.

Tanie [1].

378. — [**1343** (v. s.), **5 mars**]. — Une lettre de la court de l'official du Mans, sellée, signée et donnée le venredi après *Reminiscere* mil CCC XLIII, faisant mencion comment Jehan Sayvet, clerc, paroissiain de Tanie, confessa avoir vendu aux religieux, abbé et couvent de Beaulieu, un sextier de froment de rente, à la mesure de Labbit, que Guillaume Leber et les

---

1. Tennie, commune et paroisse du canton et du doyenné de Conlie.

hoirs feu Guillaume Chevalier li estoint tenuz faire. Et fut faicte la dite vendicion pour le pris de quatre livres tournois, desquelx, etc.

379. — [**1371, 18 août**]. — Une lettre de la court du Mans, sellée, signée et donnée le lundi après la me-aoust mil CCC LXXI, comment Guillaume Pointeau confessa avoir vendu à Richart des Prez et à Perronnelle, sa fame, journée à quatre hommes faucheurs de prez ou environ, sis en la paroisse de Tanie, ou fié de Chaources, jouste l'ayve de Chere, d'un bout, et, d'autre, l'ayve de Vaygre, lequel pré il eut de Jehan Penlou[1] à tenir, poursuivre, etc., et cesse, quitte, etc. Et fut faicte la dicte vendicion, pour le pris de diz et huyt frans d'or du coing du roy, notre sire, comptez et payez au dit vendeur; laquelle vendicion le dit vendeur promist garantir, etc., en faisant des diz achateurs au seigneur du fé quatre deniers de cens annuel, au jour de Toussains, sans plus en faire.

380. — [**1372 v. s.), 17 février**]. — Une lettre de la dite court, sellée, signée et donnée le jeudi après Sainte-Scolastice mil CCC LXXII, comment Richart des Prez et Perronnelle, sa fame, confessèrent avoir vendu à Guillaume Le Bourrelier, clerc, à touz jours mes, deux métairies, sises en la paroisse de Veniete et de Tanie, ou fé au seigneur de Tussé; item, touz les prez que il acquist de Jehan Pointel, lesquelx furent au seigneur de la Penlouère, ou lié au dit seigneur de la Penlouyère. Et fut faicte la dite vendicion, pour le pris VIII^{xx} flourins d'or, comptez et paiez au dit vendeur; laquelle vendicion le dit vendeur promist guarantir et deffendre, etc., et spécialement envers touz seigneurs féaux, de ventes, de gans, de finance, de frans fiez, de indempnité et de toutes autres servitudes et exactions séculières.

381. — [**1395, 13 avril**]. — Une lettre de la court du Mans, sellée, signée et donnée le XIIIe jour d'avril mil CCC

---

[1]. Il convient de rapprocher Jehan Penlou de Gervèse Penlou, seigneur de Launay, à Tennie, en 1343. Cf. Bilard : *Analyse des documents historiques*, t. II, n° 276.

quatre vins et quinze, faisant mencion que, comme Jehan de la Rivière, paroissiain de Tanie, eust pieczà prins de religieux, etc., de Beaulieu, certains prez, si comme ilz se poursuivent ovec toutes leurs appartenances, sis en la rivière du moulin Jumeau, aboutans aux prez Jehan Lemonz, d'un bout, et, d'autre, aux prez du dit Jehan de la Rivière, et coustéant la rivière de Vaygre, d'un cousté, et, d'autre, les prez du dit Jehan, pour le pris de quarante solx tournois de rente perpétuel; et, depuis, le dit Jehan eust baillé aux diz religieux, en assiette et assignacion des diz XL. sols tournois, une pièce de pré contenant journée à troys hommes faucheurs, sis ou fé du dit Jehan, en la dite paroisse, coustéant les prez que il prit jà pieczà des diz religieux, d'un bout, et, d'autre, le chemin tendant de Baudri au moulin Moyen, et coustéant les prez de la métayrie de Baudri, d'un cousté, et, d'autre, les prez du dit Jehan; en laquelle court, vénérable homs Macé de Montihier, abbé de Beaulieu, Guillaume Ermenge, Guillaume Piélarron, Jehan Berthelot, religieux du couvent du dit lieu, d'une part, et le dit Jehan de la Rivière et Jehanne, sa fame, d'autre part, confessèrent les dites chouses estre vrayes, et confermèrent, prouvèrent et ratiffièrent, de leurs bonnes et pures voluntés, sans aucun pourforsement, la dite assiete et assignacion, ainxi faicte, pour les diz XL. sols tournois, et la promectent avoir ferme et estable, sans la repeller ne venir encountre. Et, par ce fesant, les diz religieux cessent, etc., ce que povoint avoir ès diz XL. sols tournois. Et, partant, les diz conjoins cessent, quictent, etc., ce que povoint avoir et demander en la dite pièce de pré, fors VI sols VIII deniers tournois de cens, au jour de l'Angevine.

382. — [1397, 17 juillet]. — Une lettre de la court du Bourc-Nouvel, signée et donnée le mardi avant la Madgeleine mil CCC quatre vings diz et sept, faisant mencion comment Jehan de la Rivière, seigneur de la Penlouyère, et Jehanne, sa fame, confessèrent avoir quicté et absoulx les religieux, abbé et couvent de Beaulieu, de touz arrérages, de devoirs, de gans, de ventes, de indempnité, deuz aux diz espoux, par raison et à cause de certaines chouses immeubles et héritaux, c'est assavoir, prez et terres, sises ès paroisses de Veniete et de Tanie, ou fié du dit Jehan. Et fut faicte ceste présente quitance, pour le pris de trente livres tournois, paiez et baillez des diz religieux aux diz espoux, etc.

Rouez [1].

383. — [1339 (v. s.), 10 janvier]. — Une lettre de la court de Chaorces, sellée, signée et donnée le lundi après la Tiephaine mil CCC trente et neuff, comment Gervaise Penlou [2], escuyer, et paroissiain de Tanie, confessa avoir baillé et octrié à touz jours mes, à Guillaume Morin, autrement Huet, et à Perrote, sa fame, paroissains de Rouez, quatre journelx de terre ou environ, sis en la dite paroisse de Rouez, entre la terre feu Terceul, d'un cousté, et, d'autre, les terres qui furent Drouet de la Haye, aboutant aux terres au Rouyer, d'un bout et d'autre; et o tout ce, journée à un homme faucheur de pré, sis soubz la dite terre, aboutant au chemin par lequel l'en vait de la Vaidière au Pont-Marie; et o tout ce, toutes les chouses qu'il acquist de feu Terceul, ou fié du dit escuyer, à avoir, etc. Et fut faicte ceste présente baillée, pour le pris de XXVI sols tournois de annuel rente, à rendre et poyer au jour de l'Angevine, sans plus riens en faire.

Messières [3].

384. — [1356 v. s., 16 mars]. — Une lettre de la court de Balon, sellée, signée et donnée le XVIe jour de mars mil CCC LVI, faisant mencion que, comme Gervaise Allemant, paroissiain de Messières, fust tenu et obligié à Jehan Le Provoust, escuyer, en la somme de trente escuz, d'un cousté, et, d'autre, en la somme de quatre escuz, pour les droiz d'un

---

1. Rouez-en-Champagne, commune et paroisse du canton et du doyenné de Sillé-le-Guillaume.
2. Cf. plus haut, n° 379.
3. Mézières-sous-Ballon, commune et paroisse du canton et du doyenné de Marolles-les-Braults. Ce texte a déjà été signalé par M. l'abbé A. Ledru. Cf. *La Province du Maine*, t. VII, p. 189.

conestable et du portier du fort angloys de Ségrie, et en une
capeline et en un arc d'iff, pour la rançzon du dit Gervaise et
pour délivrer son corps de la main d'un Angloys, lesquelles
chouses le dit Jehan cogneut estre vrayes, en la présence de
Fouquet Despuissaz et de plusieurs autres, et en avoit promist
faire satisfaction enterignement, et enfourma de tout ce Artuis
de Chaorces, escuyer et capitaine du château de Balon, pour
quoy le dit Provoust requist au dit capitaynne que fust paié
de la dicte somme, sur les biens du dit Allemant, par la vertu
dont il avoit enfourmé le dit capitainne, et il ne eust pas
trouvé des biens meubles qui pussent satisfaire entièrement,
quand ad ce, de la somme de diz et sept escuz, pour quoy, par
commendement du dit capitaynne, la dite justice de Balon,
pour acomplir le dit paiement des diz diz et sept escuz, qui
failloint de la dite somme, saisit de ses biens immeubles, c'est
assavoir, une pièce de vigne, contenant journée à seixze
homes ou environ, sise ou cloux des Bodinères, jouste les
vignes aux hoirs feu Braincail, d'un cousté, et la vigne de la
Marie de Saint-Martin, d'autre, ou fé Jehan Chabot, et huyt
soulx tournois de rente, ovec seix deniers, que Colin Barbe li
estoit tenu faire, par chacun an, à la Magdeleine et à Nouel,
par moitié, etc.

Neuville-Laalès [1].

385. — [1257 (v. s.), 23 février]. — Une lettre de la
court de l'official du Mans, sellée, signée et donnée le semadi
après *Reminiscere* M CC LVII, comment frère Guillaume de
la Chapelle, religieux et procureur de Beaulieu, confessa avoir
baillé à touz jours mes, pour cinq solx tournois de annuel
rente, rendable au jour de Toussains, un journel de terre sis
en la paroisse de Neuville-Laalès, ou fié de monsieur Hébert
Riboule, chevalier, à laquelle rente paier obligea touz ses biens,
c'est assavoir, Jehan Le Bigot, paroissiain de la dite paroisse [2].

1. Neuvillalais, commune et paroisse du canton et du doyenné de Coulie.
2. L'acte original de cette baillée est conservé aux archives dép. de la
Sarthe, H. 385.

386. — [1319, 22 octobre]. — Une autre lettre de la dicte court, sellée, signée et donnée le lundi après Saint-Lucas M CCC XIX, comment Guillaume Charruel et Jehanne, sa fame, confessèrent avoir prins de Pierres Guarrel et Marguerite, sa fame, une pièce de terre, sise en la paroisse de Neuville-Laalés, contenant un journal ou environ, sise entre la terre, d'un cousté, à Bouvet, et aboutant aux terres Guillaume Morel, ou fé du seigneur de la Rivière, et est appellée la terre du Vau-Tierri, en rendant et paiant des diz Guillaume et sa fame, par chacum an, diz solx tournois de annuel et perpétuel rente, au jour de l'Angevine, et troys deniers tournois de cens ovec maille, par chacun an, au dit seigneur du fé, sans autre devoir, au dit jour de Toussains.

387. — [1322, 3 juillet]. — Une autre lettre de la dite court, sellée, signée et donnée le semadi après Saint-Père et Saint-Paul M CCC XXII, comment Juliot de Montgaust confessa avoir vendu aux religieux, abbé et couvent de Beaulieu, seix sols tournois de annuel rente, rendable au jour de l'Angevine, sur la porcion du dit Montgaust, que il a en une pièce perrière, sise près le hébergement de Geffroy Poignant, sis au Pié de Crennes, et sur une pièce de vigne, sise derière le dit hébergement, en la paroisse de Conlie, et cetera [1].

Sillé-le-Guillaume [2].

388. — [1249]. — Un transcript donné l'an M CC XLIX, comment Philippe d'Alençon, jadis clerc du seigneur de Sillié et chanoine de Sillié, confessa avoir donné à Dieu et à Notre-Dame de Beaulieu près le Mans, en pure et perpétuel aumoune, une vigne qu'il achata des heirs Odon Bougeri, et une terre qu'il achata des diz heirs et de Regnaud Bougeri, sise près la meson des diz chanoines, dicte Mauquartier, sauff

---

1. L'acte original de cette vente est conservé aux archives dép. de la Sarthe, H 391, et l'on y voit que le véritable nom du vendeur est Juliot de Montbaust. Il avait pour épouse Jeanne, fille de Geoffroy Poegnant. Voir plus loin le n° 394.

2. Sillé-le-Guillaume, chef-lieu de canton de l'arr. du Mans.

toutefois les devoirs des seigneurs féaux ; item, donna aux dessur diz toutes ses vignes de Merriol, de Caunorat, et son pressouer ovec les utensilles, etc. ; item, x sols tournois que il avoit sur aucunes chouses, sises près le dit pressouer ; lesquelles vignes et pressouer et les diz v sols manczois de rente sont sis en la paroisse de Brains, ou fé de Macé de Chenon.

389. — [1246]. — Un autre transcript donné l'an mil CC XLVI, comment Odon Lepeltier et Juliainne, sa fame, confessèrent que, comme l'abbé et couvent de Beaulieu demandassent leur porcion des chouses de père et de mère hérédiaux, que povoint avenir à frère Gervaise de Conlie, chanoine du dit lieu, par la raison que le dit Gervaise soy donna, o tout son droit, à la dite abbaie, entre les diz fut ainxi compousé, que les diz Odon et sa fame promidrent eulx et leurs heirs, à touz jours mes, rendre, par chacun an, au jour de l'Angevine, xx sols manczois, sur leur terre de Cheveneyo, qui est dite de Fosse-Erraut, et sur leur vigne de Conlie et du Pié-de-Crennes, etc.

390. — [1249]. — Un autre transcript donné l'an mil CC XLVIII, comment Raoul de Gru et Geffroy, son filz, confessèrent avoir vendu aux religieux, abbé et couvent de Beaulieu, III sols manczois de annuel rente, sur leur meson et sur leurs autres chouses, sises ou fé des diz religieux, pour le pris de trente et seix sols manczois, desquelx ilz se tindrent pour contens, rendables au jour de Toussains.

391. — [1243]. — Un autre transcript donné l'an mil CC XLIIII, comment Francon de Rufranczois confessa que son aieul avoit donné et assigné à la dite abbaie x sols manczois de annuel rente, sur le moulin de Rufrançois, rendables aux octabes de Saint-Martin d'yver.

392. — [1247]. — Un autre transcript fait l'an mil CC XLVII, comment Regnaut de Acheis et Richarde, sa fame, confessèrent avoir prins des religieux, abbé et couvent de Beaulieu, toutes leurs chouses, sises aux Chevenoles, o leur appartenance, de sur le chemin Mansol, si comme frère Jehan Jodin les possidoit des diz religieux, à touz jours mes pour XL sols manczois, rendable au jour de Saint-Jehan et de la

Purification-Notre-Dame, par moitié ; item vi deniers de cens que jà ils donnèrent aux diz religieux, à cause d'une pièce de vigne et de pré, lesquelles chouses sont sises soubz le chemin Marsol ou près Neuville, etc., o toute la seigneurie que ilz avoint, etc.

393. — [1253]. — Un autre transcript donné l'an mil CC LIII, comment Jehan de Saint-Karileph, clerc, par raison de ferme de aucuns prez, estoit tenu faire aux diz religieux sept livres tournois de annuel pension, etc.

394. — [1270, 2 septembre]. — Une lettre de la court du déan de Sillié, donnée le mardi après la Décolacion-Saint-Jehan M CC LXX, comment Richart Lepeletier confessa avoir vendu à Geffroy Poygnant[1] et à ses successeurs, deux journelx de terre ou environ, o ses appartenances, que il avoit entre le Pié-de-Crennes, d'une partie, et, d'autre, la Geislardière, ou fé de l'abbé d'Ebvron, en la paroisse de Neuville-Laalès. Et fut faicte la dite vendicion pour le pris de cent soulx tournois, paiez et comptez au dit vendeur ; et renunçza à toute exception, à pécune non paiée et non eue ; et bailla tout le droit aux diz achateurs, qu'il avoit ou povoit avoir ès diz deux journelx, etc.

395. — [1344, 4 décembre]. — Une lettre de la court de Sillié, signée et donnée le semadi après la Saint-André mil CCC XLIIII, comment Jehan Liger, paroissiain de Sillié-le-Guillaume, confessa avoir vendu aux religieux, abbé et couvent de Beaulieu, troys setiers de froment de rente, bon, sec et net, à la mesure du Mans, lete de porche deux deniers lâche de chacun sextiers, et seize soulx tournois de annuel rente, et soy obligea ovec touz ses biens. Et promist le dit vendeur rendre et paier et continuer aux diz achateurs, les dites rentes, au jour de la Saint-Denis. Et fut faicte la dicte vendicion pour vingt livres tournois, comptez et paiez au dit vendeur.

---

1. Il convient de rapprocher cet article d'une charte latine du mercredi après la Quasimodo 1315, conservée aux archives dép. de la Sarthe, H 390, et où paraissent Geoffroy Poygnant et Jeanne, sa femme, qui vendent à l'abbé de Beaulieu une rente de 20 sous mançais assise sur tous les biens qu'ils possèdent « apud Pedem de Crenis ».

396. — [**1350, 20 décembre**]. — Une lettre de la court de l'official du Mans, signée et donnée le lundi avant Nouel mil CCC cinquante, comment Estienne Ernoul, paroissiain de Sillié, confessa avoir prins, pour lui et ses heirs, des religieux, abbé et couvent de Beaulieu, une meson ovec un quartier de vigne et ovec courtil et gasts, contenant deux quartiers ou environ, lesquelles chouses sont appellées de la Coudroye, sises en la paroisse de Rouezé, ou fié des diz religieux, près la vigne Macé Gaupuceau, d'un bout, et près d'un autre gast qui est aux diz religieux, aboutant aux vignes Jehan de Beleborde, d'une part, pour cinq solx tournois de annuel rente, rendable au jour de l'Angevine.

Prullié [1].

397. — [**1275 (v. s.), 26 mars**]. — Une lettre de la court de l'official du Mans, sellée, signée et donnée le jeudi après *Isti sunt dies* mil CC LXXV, comment Guillaume Chérel, paroissiain de Prullié, confessa avoir vendu à Jehan Joye aucunes chouses immeubles, c'est assavoir, boys et bruyères, o leurs appartenances, sis en la dite paroisse, ou fé du chapitre du Mans, près le boys Gilet Sarazin. Et fut faicte la dite vendicion pour xxv sols tournois, comptez et paiez au dit vendeur. Et promist les dictes chouses guarantir le dit vendeur, etc., en faisant du dit achateur, par chacun an, au seigneur du fé, au jour de l'Angevine, iii sols tournois.

398. — [**1317, 25 mai**]. — Une lettre de la court du déan du Mans, sellée, signée et donnée le merquedi après Penthecouste mil CCC XVII, comment Ameline la Galebrune, paroissiaine de Prullié, confessa avoir vendu à Jehan et à Jehanne les Gouvelins, un quartier de vigne, sis en la paroisse de Rouillon, ou fé au seigneur de Broussin, près les vignes du dit seigneur, à tenir, etc. Et fut faicte la dite vendicion pour cent soulx tournois, comptez et paiez au dit vendeur. Et promist le dit vendeur guarantir, etc., en rendant, par cha-

---

1. Pruillé-le-Chétif, commune du second canton du Mans.

cun an, au seigneur du fié, neuff deniers obole tournois, sans autre redevance.

399. — [1321 v. s., 13 mars]. — Une autre lettre de la court de l'official du Mans, sellée, signée et donnée le semadi après *Reminiscere* mil CCC XXI, comment vénérable homs maistre Guillaume Pantouff[1], archediacre de Laval, confessa avoir baillé à Guillaume d'Aigreville, à touz jours mes, un quartier de vigne, sis ou fé du chapitre du Mans, en la dite paroisse, c'est assavoir, ou cloux de la Coherre, entre les vignes Jehan Galebrun, d'une partie, et le bordage et vigne du dit Guillaume, qui furent feu Martin Quohier, à tenir, etc. Et fut la dicte baillée, pour seix soulx tournois, monnoie courante, de annuel rente, rendable au jour de Toussains. Et promist, etc., en rendant au seigneur du fé, par chacun an, au jour dessur dit, douze deniers tournois.

Une autre lettre semblable à la darenière.

400. — [1330 v. s., 4 février]. — Une lettre de la court du Mans, signée et donnée le lundi après la Chandelour mil CCC et trente, faisant mencion que, comme Guillaume d'Esgreville et Jehanne, sa fame, paroissiains de Prullié, fussent tenuz faire à Perrote, jadis femme feu Jamet Chapuis, et à Drouet de Moron, à présent son mary, diz sols tournois de annuel rente, après le décès de Agnès, jadis femme du dit Jamet, par raison de certaines chouses immeubles et héritaux, en la dite court establiz, la dite Perrote et le dit Drouet confessèrent avoir vendu au dit Guillaume et sa fame, les diz x sols tournois de rente. Et fut faicte la dicte vendicion, pour cent solx tournois, etc.

401. — [1365 v. s., 25 janvier]. — Une autre lettre de la dite court du Mans, sellée, signée et donnée le xxv⁰ jour de janvier mil CCC saixante et cinq, faisant mencion que, comme Jehan Chuynart, Gervaise de Chantemelle, Jehan Ligoust et Guillaume Perraust, Jehan Galebrun, Clémens Galebrun, Jehan Lebidant, Jehan de Rousay, Jehan de Tous-

---

1. Cf. sur Guillaume Pantouf, G. Busson et A. Ledru : *Nécrologe-obituaire de la cathédrale du Mans*, in-8°, pp. 99-103, 250-254.

chechière et Martine, jadis femme feu Guillaume de Chantemelle, eussent vendu et octroié, chacun pour le tout, sans division de partie, à Robin Daguier, huyt sextiers et une mine de saigle et diz sommes de vin, à la mesure du Mans, de rente perpétuel, sur toutes leurs chouses immeubles et héritaux, si comme il est contenu ès lettres de la dicte court, et comme il fust ainxi qu'il fust deu de la dite rente sept sextiers, une mine de froment, douze sommes de vin, et, pour ce, eust requis le dit Robin, Jehan de Launoy, sergeant de la dite court, que les dites lettres meist à exécucion sur les biens des diz vendeurs, quant aux diz arrérages appréciez à la somme de quatorze livres diz solx tournois, en la dite court le dit sergeant establi confessa avoir prins et saisi des chouses immeubles de la dite Martine, c'est assavoir, deux pièces de pré, contenant deux journées de faucheur et deux journelx de terre et un quartier de boys ou environ, sis en la paroisse de Prullié, joignant aux chouses de l'Ospital, d'une part, et aux chouses au sire de Broucin, ou fé Micheil Dessur-l'Estang[1], lesquelles chouses furent baillées pour la dite rente, pour les diz arrérages et pour quinze livres tournois, etc.

Saint-Juliain [2].

402. — [1393 (v. s.), 4 avril]. — Une lettre de la court du Bourc-Nouvel, sellée, signée et donnée le quart jour d'avril mil CCC quatre vings et treze, faisant mencion comment Jehan des Tousches et Jehanne, sa fame, et Jehan Bricet, paroissiains de Saint-Juliain-en-Champagne, soy et ses successeurs obligea payer et continuer aux religieux, abbé et couvent de Beaulieu, la somme de vingt solx tournois, monnoie courante, de perpétuel rente, au jour de Toussains, jusques ad ce les dessur diz aynt fait rendre et payer la somme

---

1. Michel de Sur-l'Étang mourut avant l'an 1393. Il était censitaire du comte du Maine, pour une terre située au Mans. Cf. *Bulletin de la Société d'agriculture, sciences et arts de la Sarthe*, t. XVI, p. 189.

2. Saint-Julien-en-Champagne, actuellement paroisse du doyenné de Conlie.

de diz livres tournois aux diz religieux, qu'ilz leur devoint, à cause de deux pipes de vin vendues à la dite somme, etc.

Parennes [1].

403. — [**1271** (v. s.), **3 janvier**]. — Une lettre de la court de l'official du Mans, sellée, signée et donnée le semadi après la Circuncision Dominicale mil CC LXXI, comment Gui de Brocin et Béatrix, sa fame, confessèrent avoir ballié à touz jours mes à Jehan Bohart et à Lucie, sa fame, et à leurs hoirs, une pièce de terre contenant unze journelx ou environ, et une pièce de pré contenant journée à deux faucheurs, sises, les dites chouses, en la paroisse de Parennes, ou fé au seigneur de Vaacé, entre la Tousche-Brochard, d'une partie, et Ingrande, d'autre. Et fut faicte la dite baillée pour XII sols tournois de perpétuel rente rendable lendemain de l'Angevine, et XII sols tournois, au jour de la feste aux mors, sans nulle autre redevance.

Fresnoy [2].

404. — [**Sans date**]. — Une lettre, comment vénérable homs, Macé de Montihier, abbé de Beaulieu, bailla à Guillaume des Rues, de la ville de Fresnoy, pour deux soulx tournois de rente, rendable au jour de Toussains, au prieur de Vernie, un gasts de vigne, sis en la paroisse de Ségrie, aboutant, d'un cousté, les vignes du dit preneur, et, d'autre, les chouses du dit preneur, un chemin médiant, en faisant les devoirs anciens au seigneur du fé.

Bourc-le-Roy [3].

405. — [**1374, 27 septembre**]. — Une lettre de la court de Fresnoy, sellée, signée et donnée le XXVII° jour de

---

1. Parennes, commune et paroisse du canton et du doyenné de Sillé-le-Guillaume.
2. Fresnay, chef-lieu de canton de l'arrondissement de Mamers.
3. Bourg-le-Roi, commune et paroisse du canton et du doyenné de Saint-Paterne.

septembre mil CCC seixante et quatorze, comment Geoffroy Roncier et Coleite, sa fame, paroissiains du Bourc-le-Roy, confessèrent pour vings frans d'or, comptez et paiez aux diz conjoins, avoir vendu aux religieux, abbé et couvent de Beaulieu, XL sols tournois de perpétuel rente, rendable au jour de Pasques, par chacun an, sur toutes leurs chouses immeubles et héritaux, et sur chacune partie d'icelle, lesquelles, toutes et chacunes, ilz chargèrent à la dite rente, etc.

Saint-Jehan [1].

406. — [1339, 14 juillet]. — Une lettre de la court de l'official du Mans, signée et donnée le merquedi après la Translation-Saint-Benoît mil CCC trente neuff, comment Jehan Chevillard, paroissiain de Saint-Jehan-du-Désert, soy donna, ovec touz ses biens meubles et immeubles, au monastère de Notre-Dame de Beaulieu et aux religieux du dit lieu, etc.

Bréçoy [2].

407. — [1271, 29 mai]. — Une lettre de Geffroy, évesque du Mans, sellée et donnée ou moys de may, le venredi après Penthecouste M CC LXXI, comment, après plusieurs altercacions entre vénérable homs Guillaume, de Beaulieu abbé, d'une part, et, d'autre, entre monsieur Guillaume Géré, chevalier, par raison d'aucunes chouses ou rentes que le dit abbé demandoit, avoit et avoit acoustumé à avoir, près Saint-Avy [3], en la paroisse de Bréçoy, entre les dites parties fut ainxi appointé, que les dites chouses demouroint au dit chevalier, à touz jours mes, en faisant aux diz religieux, aux octabes

---

1. Nous n'avons pu identifier sûrement cette localité. Peut-être y faut-il voir la chapellenie de Saint-Jean-Lhuillier, desservie, avant 1774, dans une chapelle située sur le territoire de la paroisse actuelle de Saint-Siméon (Orne).

2. Brecé, commune et paroisse du canton et du doyenné de Gorron (Mayenne).

3. La lecture de ce nom n'est pas absolument certaine. Il est probable qu'il s'agit de Saint-Avit, village dépendant de la commune de Brecé, à 3 kilomètres du bourg, et où il y avait une chapelle.

de Saint-Jehan-Baptiste, de perpétuel rente, xxxii sols manczois.

Alençon [1].

408. — [1363, 25 octobre]. — Une lettre de la court du Mans, sellée, signée et donnée le merquedi après Saint-Lucas mil CCC seixante et troys, comment Guillaume Hache et Jehanne, sa fame, paroissiains de Notre-Dame d'Alençon, confessèrent avoir vendu à religieux, abbé et couvent de Beaulieu, sur toutes leurs chouses immeubles et héritaux, pour le pris de xxiiii escuz d'or du coign du roy, comptez et paiez au dit Guillaume, la somme de xl sols tournois, monnoie courante, de annuel et perpétuel rente. Et la promist rendre, luy et ses successeurs, au jour de l'Angevine, franche, quitte et délivre. Et voulirent les diz vendeurs, etc.

Vau-Jacob [2].

409. — [1316, 19 avril]. — Une lettre de la court de Sainte-Susanne, sellée, signée et donnée le lundi après *Quasimodo* mil CCC seize, comment [3] [...] Tournart, paroissiain d'Aassé-le-Bellenger, confessa avoir vendu à monsieur Nicholas Valier, personne [4] de Sainte-Suzanne, et à ses successeurs, seize soulx tournois, monnoie courante, de annuel et perpétuel rente, à la veille de Pasques rendable, sur unes chouses immeubles que Jehan Alexandre et Agnès, sa fame, avoint vendues à Jehan Poignon, du Val, si comme elles se poursuivent en prez, en terres, en arbres et en autres chouses, sises près la chaucée de l'estang du Val et auprès du noyer du Val, joignant au chemin qui vait à Viviers, en la paroisse de Viviers, partie ou fé au dit seigneur, et partie ou fé de la Valesce [5].

---

1. Alençon, chef-lieu du département de l'Orne.
2. Vau-Jacob, chapellenie desservie dans la chapelle du cimetière de Sainte-Suzanne. Cf. Angot : *Dictionnaire de la Mayenne*, t. III, p. 559.
3. Le prénom a été laissé en blanc sur le ms.
4. Ce nom équivaut à : *curé*.
5. Il faut très probablement lire : Valette. Cf. Angot : *Dictionnaire*, t. III, p. 381.

410. — [**1325** v. s., **avant le 22 janvier**]. — Une lettre de la court du Bourc-Nouvel, sellée, signée et donnée avant la Saint-Vincent mil CCCXXV, comment Jehan Enjoubaut, paroissiain de Chame, confessa avoir vendu à Guillaume et Jehanin, enffans de feue Macée de la Leyandière, toutes les chouses immeubles et héritaux que il povoit avoir au lieu appellé les Noes-aux-Boours, contenant terres, prez, pastures, boys, hays et autres chouses, sises en la paroisse de Sainte-Suzanne, és fiez aux heirs feu Suhart, jouste la terre Girart Mennet, joignant aux prez à la Hamonne, d'une partie, et, d'autre, au pré Jehan du Four et au pré Juliot Giroust, à avoir, etc. Et fut faicte la dite vendicion, pour diz livres tournois, comptez et paiez au dit vendeur, en faisant au seigneur du fé, deux deniers parisez. Promist le dit vendeur guérir, guarantir, etc.

411. — [**1328, 21 décembre**]. — La fundacion de la chapelle de Vau-Jacob est : Le merquedi avant Nouel, ou meys de décembre, indiction XIIᵉ, pontificat de très saint pape Johan, par divine providence XXIIᵐᵉ, l'an XIII, vénérable homs et discret monsieur Nicholas Valier, recteur de l'église de Sainte-Susanne, ou diocèse du Mainne, ad l'édificacion et fundacion d'une chapelle ou cimitère de l'église du dit lieu de Sainte-Susanne, à la louange de Dieu, de la vierge Marie et de saint Gaciain, donna et assigna aucunes chouses immeubles, c'est assavoir, le lieu où il demouroit, nuncupé Vau-Jacob, ainsi comme il se estent du four jusques à la rivière de Arve, o le vivier et o le boys du dit lieu, et deux quartiers de vigne, sis sur la dite meson, jouste la fue¹, et seix sextiers de blé, à la mesure du dit lieu, froment, mestoil et saigle, sur la métairie de la Boterie², sise en la paroisse de Voutré, et XL sols tournois de perpétuel rente, sur la métaire de Tuscevaliers³, sise en la dite paroisse de Voutré, ovec LX sols tournois de rente, sur les chouses du dit recteur. Et assigna les dites

1. « la fuie ».
2. Actuellement la « Bouterie ».
3. Actuellement la « Touche-Chevalier ».

chouses en celle fourme, que un des frères du monastère de Beaulieu près le Mans, par l'abbé du dit lieu sera institué, qui, troys foiz en la sepmaine, messe célébrera, auquel la collacion voulit appartenir ; item, le dit fondeur voulit que si les dites chouses immeubles et rentes ne estoint suffisantes, communs ans, à la somme de vingt livres tournois, bien et loyaument situez, le dit obligea toutes ses chouses, jusques à la valeur des diz xx livres tournois.

411 bis. — [**1328** (v. s.), **1er au 23 avril**]. — Une lettre annexée o la dessur dite, de révérend père en Dieu, Gui[1], évesque du Mans, sellée et donnée ou meys d'avril mil CCC XXVIII, comment le dit évesque confirma, ratiffia et approuva la dite ordinacion, édificacion et fundacion, etc.

412. — [**1328** (v. s.)]. — Une autre lettre de la court de l'official du Mans, sellée, signée et donnée l'an M CCC XXVIII, comment Guillaume Valier, prebtre, et Guillaume Valier, clerc, exécuteurs du testament de feu monsieur Nicholas Valier, confessèrent que, comme le dit Nicholas eust fundé une chapelle de xx livres tournois de annuel rente, par communs ans, de la collacion du monastère de Beaulieu, avoir baillé le hébergement appellé Vau-Jacob o ses appartenances, tant en mesons, une grange, une petite meson, fue, four, vignes, boys, terres, vivier et autres chouses, ou fé du seigneur de Saint-Jehan, ainxi comme se estent du chemin d'Œve[2] jusques au pont de pierre ; item, un journal de terre, sis ou dit fé, près la terre Guillaume Mennel, d'un bout, et, d'autre, près la terre Jehan Mennel ; item, deux journelx de terre ovec prez, contenant quatre journées de faucheurs, près les terres à la Hamonne, d'un bout, et, d'autre, près les terres Girart Mennel, ou fé des heirs feu Suhart ; item, troys journelx, tant terres arables que pastiz, jouste les prez Guillaume Giroust et le chemin qui mainne de Charnie au pont de pierre, ou fé du seigneur de Saint-Jehan, lesquelles chouses sont sises en la paroisse de Sainte-Susanne ; item, ovec ce, cinq journelx

1. Guy II de Laval.
2. Peut-être conviendrait-il de lire : « d'Erve ».

de terre, sis au Val, en la paroisse de Viviers, entre l'estang du Val et l'estang d'Ambriez, ou fé Macé de la Valete ; item, une journée de pré, sis ou fé Jehan Pinel, jouste la noe Jehan Poignou, d'une partie, et, d'autre, jouste l'estang d'Ambriez ; item, deux sextiers de froment, deux sextiers de mestoil et deux sextiers de saigle, à la mesure de Sainte-Susanne, et vingt soulx tournois sur la métairie de la Bouterie ; item, quatre livres tournois de rente sur les chouses immeubles du dit fondeur, en son patremoinne de Tusche Valier, en la paroisse de Voutré.

413. — [Sans date]. — Une lettre faisant mencion comment vénérables homs, abbé de Beaulieu, proposa que la dite chapelle de Vau-Jacob en avoit le patronage, contre maistre Pierres Lefèvre, advocat de la court du Mans et curé de Sainte-Susanne, en la présence de Estienne Raset, clerc par auctorité impériale.

414. — [1327]. — Une autre lettre de la court de Sainte-Susanne, sellée, signée et donnée l'an M CCC XXVII, comment, après plusieurs débaz meuz entre Macée, fille feu Robin Lebreton, et monsieur Nicholas Valier, sur la métairie de la Boterie et de Sainte-Susanne, laquelle demandoit la tierce partie ès dites chouses, par l'abbé de Champagne et autres fut adjugié la dite Macée, ne ses hairs, aucune chouse prendre ès dites chouses.

415. — [1329]. — Une lettre de la court de l'official du Mans, sellée, signée et donnée l'an M CCC XXIX, faisant mencion comme l'antepénultième.

416. — [1328, 6 mai]. — Une lettre de la court de l'official du Mans, sellée, signée et donnée l'an M CCC XXVIII[1], le venredi après *Cantate*, comment confessa avoir veu et leu la fondacion de la chapelle de Vau-Jacob, en la collacion du monastère de Beaulieu, que fist feu monsieur Nicholas Valier, prebtre et curé de Sainte-Susanne, fist et fonda.

417. — [1329]. — Une lettre annexée o la dessur dite,

---

1. Cette date est évidemment inexacte, puisque, nous l'avons vu plus haut, au n° 411, la fondation de la chapellenie est datée du 21 décembre 1328.

sellée, signée et donnée l'an mil CCC XXIX, comment le dit official confessa avoir veu et leu les lettres de révérend père en Dieu, G.[1], évesque du Mans, confirmant et ratiffiant la dite fondacion, etc.

418. — [**1330**]. — Une lettre de la court de Sainte-Susanne, sellée, signée et donnée l'an mil CCC trente, faisant mencion comment la dite court confessa avoir veu unes lettres de la dite court, contenant la fourme qui s'ensuit, c'est assavoir, que monsieur Robert Vayer, chapelain de Vau-Jacob, confessa avoir baillé à rente perpétuel, à Macée la Valière et à Jehannin et Micheil et Jehan les Valiers, Gervesote et Bourgine, leurs sœurs, une pièce de terre, contenant journel et demye ou environ, sise entre la terre Guillaume Le Secrétain et la terre feu Jehan Lencolme, et les vergez et courtilz de la Taconnière[2]; item, une pièce de pré qui sise est à la Gravelle[?], soubz les terres des Bernarz; item, une pièce de terre et de pré sise à la Lésiardière, tout en la paroisse de Sainte-Susanne, à tenir, etc., en faisant au seigneur du fé, au jour de Toussains, troys soulx tournois, monnoie courante, de cens et de taille; et par cest acort et ceste baillée, en faisant les diz III sols tournois, les dessur diz quictèrent, cessèrent et délessèrent au dit monsieur Robert et à ses successeurs, toutes les chouses immeubles et héritaux que feu monsieur Nicholas Valier avoit et povoit avoir en un lieu appellé Tousche-Valier, saient en mesons, terres, vignes, prez, pastures, boys, hays, vergier, viviers, fuyes, placitre, ouserayes, comme autres chouses, ès paroisses de Torcé et de Voutré, en plusieurs fiez, à tenir, etc.

419. — [**1331** (v. s.), **27 février**]. — Une lettre de la court du déan d'Evron, sellée, signée et donnée le venredi avant la Saint-Albin mil CCC XXXI, comment le déan du dit lieu confessa avoir veu le testament de feu monsieur Nicholas Valier, ouquel testament avoit une clause qui tele est : Item, le dit testateur fonda une chapelle davant le crucifist, en

---

1. Guy II de Laval.
2. La Taconnière, fauhourg de Sainte-Suzanne.

l'église de Sainte-Susanne, en l'onneur de saint Micheil, en célébrant, la sepmaine, deux messes, pour laquelle fondacion donna quatre quartiers de vigne aux Juticières, sis en la paroisse de Verron[1], en la diocèse d'Angers, ou fé Guérin Lourel, en rendant, par chacun an, deux deniers obole tournois, sis entre le pressouer aux Moriaux et la Berteraye et la meson Philippe d'Amené ; item, deux quartiers de vigne aux Viers, sis en la dite paroisse, ou tié aux Boujuz, entre les plantes au Hameloteau et l'estre du seigneur d'Arcesoy, en rendant au seigneur du fé, IIII deniers tournois ; item, deux quartiers de vigne, en la dite diocèse, en la paroisse de Saint-Germain-du-Val, sis à Cheval-Escorchié, entre le chemin par lequel l'en vait aux vignes Martin de Ruignié, ou fié du seigneur de la Bourdinière, en rendant deux deniers tournois ; item, un quartier de vigne sis en la dite paroisse, ou tié du seigneur de Tuliane, en li rendant I denier tournois ; item, la meson qu'il avoit ou chasteau de Sainte-Susanne, ou fé Chamaillart, en rendant les devoirs ancieins ; item, la vigne qu'il avoit à Lebignonnet, en la dite paroisse, ou fé Suhart, en rendant III deniers de cens, sis jouste la vigne monsieur Guillaume Valier, son nepveu ; item, quatre solx tournois que li fesoit Juliain Felart, paroissiain d'Evron ; item, un journel de terre ovec courtilz, que il retrait de Robert Hamon, sis en la paroisse de Sainte-Susanne, près la terre du dit Robert, d'une partie, et, d'autre, près la terre Girart Mennet, ou tié au ségreyer ; item, seix solx de rente, sur la grange de Vau-Jacob ; item, troys sextiers de blé, sur la métayrie de la Boverie, un de saigle et deux d'orge, à la mesure de Sainte-Susanne ; item, voulit le dit fondeur que, si les dites chouses ne suffisoint à la somme de quinze livres, il obligea, etc. ; item, voulit que les seigneurs de Sainte-Susanne soint patrons de la dite chapelle.

420. — [1330, après le 30 novembre]. — Une lettre de la court de Sainte-Susanne, sellée, signée et donnée après

---

1. Verron, commune du canton de la Flèche.

la Saint-André l'an mil CCC trente, faisant mencion que, comme monsieur Guillaume Valier, prebtre, et Guillaume Valier, clerc, exécuteurs du testament de feu monsieur Nicholas Valier, prebtre et fondeur de la chapelle de Vau-Jacob, eussent ballié à monsieur Robert Vayer, chapelain de la dite chapelle, seix sextiers de blé, deux de froment, deux de mestoil et deux de saigle, à la mesure de Sainte-Susanne, et xx sols tournois de annuel et perpétuel rente, sur une métayrie o ses appartenances, appellée la Bouterie, pour laquelle rente et les devoirs aux seigneurs des fiez et pour troys sextiers, un de saigle et deux d'orge, au chapelain de la chapelle de Saint-Micheil, baillèrent les diz exécuteurs, la dite métairie à tenir, explecter, etc. Et renuncièrent, etc.

421. — [Sans date]. — Une lettre de la court du Mans, sellée et signée, faisant mencion que, comme Jehan Le Voyer[1], de Voultré, escuier, le jeune, pourforsast monsieur Guillaume Lotin, prebtre et chapelain de Vau-Jacob, de mectre hors de ses mains plusieurs chouses immeubles et héritaux que il avoit par raison de sa dicte chapellenie, ou fé du dit Jehan, et le dit prebtre propousast plusieurs raisons au contraire, après plusieurs débaz, le dit prebtre paia au dit Jehan quinze livres tournois, et, partant, le dit Jehan quicta, etc., au dit prebtre et à ses successeurs, touz les droiz et actions, etc., que il povoit demander ès dites chouses, etc.

Saint-Frainbaut [2].

422. — [Sans date]. — Deux lettres faisant une mesme mencion, comment, après plusieurs débaz meuz entre l'abbé de Beaulieu et le couvent du dit lieu, d'une partie, et entre monsieur Lucas, recteur de Saint-Frainbault-sur-Pisse, d'autre partie, sur la seiziesme partie de la grant disme du dit lieu, fut accordé entre eulx que le dit recteur, sa vie durant, la dite disme possideroit, et, après sa mort, entièrement à la

---

1. Cf. Abbé Angot : *Dictionnaire*, t. III, p. 928.
2. Saint-Frainbault-sur-Pisse, commune et paroisse du canton et du doyenné de Passais (Orne).

dite abbaie retourneroit. Et fut dit que si ses successeurs, du commandement du dit abbé, aint compegnon, la dite disme leur demeura tant comme compegnon auront, sauff xxxvii solx mançois, qu'ilz seront tenuz rendre, chacun an, à la dicte abbaie, par chacun an, aux deux sennes, par moitié.

423. — [1277, avant le 7 juillet]. — Un vidisse de Geffroy, évesque du Mans [1], sellé et donné l'an mil CC LXXVII, comment le dit évesque confessoit avoir veu unes lettres, saines et entières, données l'an M CC XLVI, faisant mencion comment Hugues Lechambellon, clerc, confessa avoir donné en pure et perpétuel aumoune, aux religieux, abbé et couvent de Beaulieu, toute la partie qu'il avoit en la disme de Saint-Fraimbaut-sur-Pisse, sans, etc.

424. — [1109-1125]. — Un transcript. Hildebert, évesque du Mans, Fulcon [2], conte, et Remberge, contesse, par le conseil du dit évesque, l'église de Saint-Fraimbaut, o toute sa possession et o toute sa terre, que ilz avoint donné à la dicte église, la donnèrent franche et solve, ainxi comme propre aumoune, à l'église de Notre-Dame-de-Beaulieu. Les noms de la démonstracion de la terre est le gué Perroux Resterie, jouste les fins de la terre Robert Buliand et jousques à l'Aunoye et jousques au pont Sérard, et, d'autre partie, par Carme (?), jouste la terre Fulcon Riboule, jusques au chemin du Mans. Laquelle littera sera trouvée ovec les lettres de Rouezé.

Brellejart [3].

425. — [1314, 13 décembre]. — Une lettre de la court du Bourc-Nouvel, sellée, signée et donnée le lundi après la Saint-Nicholas mil CCC et quatorze, faisant mencion comment Juliaine la Garnerie, paroissiaine de Brellejart, confessa avoir donné à Gilet Richier, clerc, et à Gervaisote, sa sœur, et à

1. Geoffroy V d Assé, évêque du Mans de 1274 à 1277.
2. Foulques le Jeune, époux d'Eremburge, fille d Hélie, comte du Maine.
3. Belgeard, bourg, ancien centre de la paroisse et commune du *Bourgnouvel*. Cf. Abbé Angot : *Dictionnaire*, t. I, p. 212.

leurs heirs, soy et touz ses biens, meubles et immeubles, en quelquex lieux, fiez et paroisses, qu'ilz soint assis, etc.

Chevegnié [1].

426. — [1326, 6 novembre]. — Une lettre de l'official du Mans, sellée et signée et donnée le jeudi après la Toussains mil CCC XXVI. faisant mencion comment Jehan Letrouvé, parochiain de Chevegnié, confessa avoir prins à touz jours mes, de religieux, abbé et couvent de Beaulieu, certaines chouses immeubles, estans en un hébergement, quatre mesons, trente journels de terre arable, une journée de pré, pastures, boys, hays et autres chouses, sis en la dite paroisse. Et fut faicte la dite baillée, pour le pris de douze soulx mançois, monnoie courante, rendable au jour de Toussains.

427. — [Sans date]. — Un testament de nobles homs Jehan de Livet, seigneur de Aulteville [2], chevalier, ouquel a une tele clause : Item, le dit testateur donna aux religieux, abbé et couvent de Beaulieu, ouquel il eleut sa sépulture, quinze livres tournois de annuel et perpétuel rente, sur toutes ses chouses immeubles et héritaux, rendables au senne de Toussains.

428. — [Sans date]. — Une lettre de l'official du Mans, sellée et signée, comment, en la présence de Jehan de Raderay, clerc, notayre juré, Agnés, femme de Jehan de Livet, seigneur de Hauteville, chevalier, et Juliot et Jehanne, leurs enfans, confessèrent le testament que le dit chevalier fist avoir pour ferme et estable.

429. — [Sans date]. — Une autre lettre de la court de l'official du Mans, sellée et signée, comment Jehan de Livet, seigneur de Hauteville, chevalier, oultre ce que est contenu en la lettre après ceste escripte, donna au prebtre de Chevegnié, c'est assavoir, douze soulx tournois de rente perpétuel.

---

1. Chevaigné, commune et paroisse du canton et du doyenné de Couptrain (Mayenne).
2. Hauteville, seigneurie et château situés sur la commune de Charchigné, depuis 1838. Cf. Abbé Angot : *Dictionnaire*, t. II, p. 409.

430. — [Sans date]. — Le testament ou testament de monsieur Jehan de Livet, seigneur de Hauteville, a une clause faisant mencion comment il donna au prebtre de Chevegnié, seix deniers tournois de annuel et perpétuel rente.

431. — [Sans date]. — Une lettre de l'official du Mans, sellée et signée, de seix soulx tournois, à cause de certaines chouses, sises en la paroisse de Chevegnié, deuz aux religieux de Beaulieu, de Micheil Auberée.

Maidré [1].

432. — [1254]. — Une lettre de la court de l'official du Mans, sellée, signée et donnée l'an M CC LIIII, comment, après plusieurs débaz, Richart Level confessa devoir et estre tenu aux religieux, abbé et couvent de Beaulieu, douze deniers mançois de rente, sur une pièce de terre, sise en la paroisse de Maidré, laquelle rente les prédicesseurs du dit Richart donnèrent, etc.

433. — [Sans date]. — Une lettre de la court de l'official du Mans, sellée, faisant mencion comment monsieur Hamelin, recteur de Maydré, confessa avoir prins des religieux, abbé et couvent de Beaulieu, telle porcion des dismes, que ils avoint acoustumez percevoir en la dite paroisse, pour le pris de III livres tournois, monnoie courante, sa vie durante seulement.

434. — [Sans date]. — Une lettre de Geffroy, évesque du Mans, comment Estienne, recteur de Maidré, confessa que les religieux, abbé et couvent de Beaulieu, avoint les deux parties de la tierce partie de toute la grant disme de la paroisse de Maidré, laquelle fut adjugée aux, etc.

Vimarcé [2].

435. — [Sans date]. — Trois lettres de la court de l'official, sellées, signées et de troys dates données, faisant men-

1. Madré, commune et paroisse du canton et du doyenné de Couptrain.
2. Vimarcé, commune et paroisse du canton et du doyenné d'Evron (Mayenne).

cion comment troys personnes¹ prindrent des religieux, abbé et couvent de Beaulieu, desquelx le darenier, pour la somme de cent solx tournois, à certain temps prindrent la disme qu'ilz avoint en la dite paroisse, tant de blez, de potages, comme de autres chouses.

Rouelé ².

436. — [Sans date]. — Une lettre dont collacion fut faicte, comment Gervaise Paganel confessa avoir donné aux religieux, à l'augmentacion du vivre et des vestemens des religieux, la disme qu'il avoit en la paroisse de Rouelé, en pure et perpétuel aumoune.

437. — [Sans date]. — Une lettre de la court de l'official du Mans, sellée et signée, comment Guillaume Aubert print des religieux de Beaulieu la disme de Rouelé, pour la somme de xx livres tournois de annuelle pension, sa vie tant soulement.

Donfront-en-Passays ³.

438. — [Sans date]. — Une lettre de la court de l'official du Mans, sellée, comment Robert Gervaise confessa tenir des religieux, abbé et couvent de Beaulieu, une meson o ses appartenances, sise en la ville de Donfront-en-Passais, jouste la meson Thomas Doile, pour xii deniers mançois, renduz à la Toussains.

Grand-Champ ⁴.

439. — [Sans date]⁵. — Une lettre de la court de l'official, comment monsieur Guillaume, recteur de Grandchamp, confessa avoir prins [des] religieux, abbé et couvent de Beau-

---

1. Ce mot est synonyme de *curés*.
2. Rouellé, commune et paroisse du canton et du doyenné de Domfront (Orne).
3. Domfront, chef-lieu d'arrondissement du département de l'Orne.
4. Grandchamp, commune et paroisse du canton et du doyenné de Saint-Paterne (Sarthe).
5. Cet acte est probablement de l'an 1261. Cf. *Archives du Cogner*, série H, in-8, p. 220.

lieu, toute la disme qu'ilz avoint acoustumé percevoir en la dite paroisse de Grandchamp, tant comme il vivroit, pour le pris de L sols tournois.

La Basouge-de-Lucé [1].

440. — [Sans date]. — Une lettre de la court de l'official du Mans, sellée, etc., comment, après plusieurs débaz meuz entre le curé de la Basouge-soubz-Lucé et Regnaut et Wuillaume les Auberée, sur la moitié des dismes, sises ès liez de la Parteninère et de Maint-Nof, vindrent à paix, c'est assavoir, que les diz laiz lessèrent à la dicte église la dicte disme, etc.

Brétignolles [2].

441. — [Sans date]. — Une lettre faisant mencion comment il fut donné à honorable religieux l'abbé de Beaulieu, une amende de cent livres ésquelles le prieur de Brétignoles avoit esté mis, vers le procureur du roy et vers Robert Boulay, en eschiquier à Rouen, par jugié fait ou dit eschiquier, etc.

Vilainne [3].

442. — [Sans date]. — Une lettre de la court du déan de Sillié, de la donacion au prieur de Vilainne, de deux journelx de terre, sis entre les deux chemins, d'une part, et le hébergement de Fraym de la Grange, d'autre, faicte par Denis Poteron, Guillaume Lepas, Guillaume Corton et sa fame, pour le salut de lours âmes et pour avoir un anniversaire.

443. — [1309 v. s., 19 mars]. — Une lettre de la court de Vilainne, sellée, signée et donnée le jeudi après

---

1. La Bazoche-sous-Lucé, commune et paroisse du canton et du doyenné de Juvigny (Orne).
2. Brétignolles, commune et paroisse du canton et du doyenné de Lassay (Mayenne).
3. Villaines-la-Juhel, chef-lieu de canton du département de la Mayenne.

Reminiscere l'an M CCC neuff, de la vendicion de seix bouceaux de saigle, bon et convenable, rendu au jour de l'Angevine, à monsieur Guillaume du Boays, prieur de Vilainne, faicte par Berthelot Le Métaier et Jehan de Soubz-Loumel, à la mesure de Vilainne. Et fut faicte la dicte vendicion pour vingt et deux soulx manczois [1], etc.

444. — [1311 v. s., 23 mars]. — Une autre lettre de la dicte court, sellée, signée et donnée le jeudi après Saint-Benoist M CCC unze, de la vendicion, pour quatre livres tournois, de cinq journelx de terre ou environ, sis à la Couperie, joignant, d'une partie et d'autre, à la terre Denis et Martin les Tatins, aboutant au chemin par lequel l'en vait de Vilaine à Laçoy, et d'un bout et d'autre, aux terres des diz Tatins, faicte au prieur de Vilaine par Macé Tatin et Jehanne, sa fame, paroissiains de Vilaine [2].

445. — [1313]. — Une lettre du déan de Gabron [3], sellée, signée et donnée l'an M CCC XIII, de la vendicion de VII sols tournois rendables à Nouel, faicte au prieur de Vilaine, par Geffroy Arquengier et Gillete, sa fame, et de V sols tournois, rendables au jour dessus dit, faicte au dit prieur, par Robert Bicher [4] et Macée, sa fame, paroissiains de Vilaine, sur tout leurs chouses [5].

446. — [1314, 21 octobre]. — Une lettre de la court du Mans, sellée, signée et donnée le lundi après Saint-Lucas M CCC XIIII, de onze sextiers de saigle, bon et loyal, à la mesure du Mans, rendable au jour de Saint-Romy à Rouillon, faicte à monsieur Guillaume Le Bergier, par Denis Le

---

1. L'acte original de la vente se trouve aux arch. dép. de la Sarthe, H. 389, titre parchemin. Le nom du prieur y est orthographié : Guillaume don Boex.

2. L'acte original de cette vente se trouve aux arch. dép. de la Sarthe, H. 389, titre parchemin.

3. Actuellement *Javron*, commune et paroisse du canton de Couptrain, Mayenne.

4. Il faut lire : Richard.

5. L'acte original, latin, se trouve aux Arch. dép. de la Sarthe, H. 389, titre parchemin. On y voit que les vendeurs cèdent, non pas douze, mais treize sous tournois, pour le prix de soixante sous mançais.

Barbier et Macée, sa fame, Guillaume Bernard et Ysabeau, sa fame, paroissiains de Vilaine, sur toutes leurs chouses immeubles, etc. Et fut faicte la dite vendicion des dessur diz au dit monsieur Guillaume, prieur de Rouillon, en acquit de xxvii livres x sols tournois de vendicion de vin, etc.

447. — [1315]. — Une lettre de la court du déan de Gabron, sellée, signée et donnée l'an M CCC XV, de la vendicion, pour trente et deux boucceaux d'aveinne, de troys journelx de terre, sis en la paroisse de Villaine, ou fié du dit prieur du dit lieu, près les terres Robert Brumaust, d'une partie, et, d'autre, les terres Gervaise Lefèvre, et près le chemin par lequel l'en vait de Vilaine à Courcité, faicte à monsieur Guillaume, prieur de Vilaine, par Robert Richart et Tiephainne, sa fame.

448. — [1316 (v. s.), 8 avril]. — Une lettre de la court du déan de Sillié, sellée, signée et donnée l'an mil CCC XV, de la vendicion de quatre sommes de vin, de annuel rente, faicte à monsieur Guillaume, prieur de Vilaine, par Thomas de la Rivière, clerc, et Jehanne, sa fame, paroissiains de Saint-Christofle-du-Jamboît, sur toutes leurs chouses. Et fut faicte la dicte vendicion, pour le pris de huyt livres huyt soulx tournois, etc. [1].

449. — [1316, 12 décembre]. — Une lettre de la court de Fresné, sellée, signée et donnée l'an M CCC XVI, de la vendicion de sept buies de vin de prinson, faicte au prieur de Villaine, par Robin Aubanst et Coleite, sa fame, que le dit prieur devoit aux diz vendeurs ou temps de vendange, annuelement, par raison de certaines chouses qui estoint chaites en partie aux diz vendeurs, de l'éritage feu Hébert Goujon, père de la dite Coleite [2].

1. L'acte original de cette vente se trouve aux arch. dép. de la Sarthe, H. 390, titre parchemin. L'acte est daté du « jeudy prochain après Pasques flouries l'an de grâce mil troys cenz et seszé ».
2. L'acte original de cette vente se trouve aux arch. dép. de la Sarthe, H. 390, titre parchemin. L'acte est daté du « semady prochain après la Saint-Nicolas d'iver l'an de grâce mil troys cenz et seszé ». Au lieu de *buies*, on y lit *buces*.

450. — [1316]. — Une lettre de la court de Vilaine, sellée et donnée l'an M CCC XVI, de la vendicion de seix sommes de vin, bon, net et par, de annuel et perpétuel rente, faicte à monsieur Guillaume du Boys, prieur de Vilaine, par Thomas de la Rivière, sur toutes ses chouses, etc. Et fut faicte la dicte vendicion, pour quatorze livres tournois, comptez et paiez aux diz vendeurs.

451. — [Sans date]. — Une lettre faisant mencion comment monsieur Pierres des Prez, chevalier, baillif du Maine, confessa avoir receu du prieur de Vilainne, pour douze sols manczois de rente, acquis ou fié monsieur Raoul de la Vausselle[1], pour l'indempnité, saixante soulx.

452. — [**1318 (v. s.), 15 janvier**]. — Une autre lettre de la court de Fresné, sellée, signée et donnée l'an M CCC XVIII, faisant mencion comment Thomas de la Rivière, clerc, et Jehanne, sa fame, confessèrent que ilz avoint vendu à monsieur Guillaume du Boys, prieur de Vilaine, une pièce de pré contenant journée à quatre homes faucheurs ou environ, sise en la dicte paroisse, ou fé au seigneur du Hasay, aboutant aux prez du dit seigneur, et coustéant la terre Macé Goujon, en faisant du dit achateur aux diz vendeurs, seix deniers manczois de franc devoir, requérables à la Toussains. Et fut faicte la dite vendicion pour unze livres tournois[2], etc.

453. — [**1318 (v. s.), 21 janvier**]. — Une lettre de la court de Vilaine, sellée, signée et donnée l'an M CCC XVIII, faisant mencion comment Jehan Duboys, de la paroisse de Vilaine, confessa avoir vendu à Gervaise de la Broce et à ses hoirs, toutes les chouses héritaux que il povoit avoir tant pour la succession de feue Agnès[3], jadis sa mère, comme pour autres

---

1. La Vaucelle, fief situé à Villaines-la-Juhel. Cf. Abbé Angot : *Dictionnaire*, t. III, p. 849.
2. L'acte original se trouve aux arch. dép. de la Sarthe, H. 391, titre parchemin, daté du dimanche avant la Saint-Vincent 1318 (v. s.). Les vendeurs étaient paroissiens de Saint-Christophe-du-Jambet, et le pré qu'ils vendaient était situé sur la même paroisse.
3. Le nom est douteux.

chouses, ou fié de la Moeserie et appartenances, contenant terres, prez, boys, hays vives, mesons et autres chouses, sises en la dite paroisse, ès fiez de Vilaine, dou Léoul [1], de Thiele [2] et de la Vauselle, à avoir, etc. Et fut faicte la dite vendicion, pour le pris de trente soulx manczois, comptez et paiez au dit vendeur, lequel promist guarantir, etc., en li faisant XII deniers tournois du dit achateur, chacun an, au jour de Toussains, oultre les devoirs anciens.

454. — **[1318]**. — Une lettre de la court de Fresné, sellée, signée et donnée l'an MCCCXVIII, comment Thomas de la Rivière, clerc, et Jehanne, sa femme, paroissiains de Saint-Christofle-du-Jamboit, confessèrent avoir prins de monsieur Guillaume du Boys, prieur de Vilayne, pour douze soulx manczois de annuel rente, rendables au jour de Toussains, journée à quatre hommes faucheurs de prez, sis en la paroisse de Vilaine, ou fié au seigneur du Hasay, aboutant aux prez du dit seigneur et contre la terre Macé Goujon, et joignant au hébergement de la Lavanderie, lesquelx prez les diz preneurs avoint vendu, jà pieczà, au dit prieur, par condicion contenue en la dicte lettre.

455. — **[Sans date]**. — Une lettre du hébergement appellé la Paigerie, o ses appartenances, estant en mesons, terres, arbres, vergier, hays et autres chouses, en la paroisse de Moetron [3], par lequel l'en vait de Saint-Christofle à Fresné, et deux journelx de terre qui furent feu Jehan Poteron, donné au prieur de Vilaine et à ses successeurs, pour un anniversaire célébré ou dit lieu, par monsieur Guillaume, prebtre et curé de Moetron [4], etc.

1. Très probablement du Layeul.
2. Très probablement du Teil. Cf. Angot : *Dictionnaire*, t. III, p. 890.
3. Ce nom a été écrit en interligne au-dessus du mot « Vilaine », qui a été rayé. Il s'agit de la commune de Moitron.
4. Cf., avec cet article, une charte latine de Jean, humble abbé de Beaulieu, de l'an 1325, et conservée aux arch. dép. de la Sarthe, H, 392, par laquelle il confirme la transaction relative à l'hébergement de la Pagerie, faite entre le prieur de Villaines et Guillaume Drocon, curé de Moitron. Voir aussi, aux mêmes archives, H, 391, un acte de l'an 1323, et dans lequel sont mentionnées les conditions d'un échange concernant la

456. — [Sans date]. — Une lettre dont est faicte collacion, de troys journelx de terre, venduz au prieur de Vilainne, pour xxxii bouceaux d'aveinne.

457. — [1344, 6 juillet]. — Deux lettres de la court de l'official du Mans, sellées, signées et données le mardi après la Translacion-Saint-Martin M CCC quarante et quatre, faisant mencion de l'acort entre vénérable homs Guillaume du Boys, abbé de Beaulieu, et frère Olivier de Saint-Poul, prieur de Vilaine, sur les conquests faiz ja pieczà par le dit abbé, pour le temps qu'il estoit prieur du dit prieuré. Lesquelx conquests furent divisés par moitié, escriptz ès dictes lettres.

458. — [Sans date]. — Une lettre faisant mencion combien le prieur de Vilaine a de recepte, et auxi de mise.

459. — [Sans date]. — Une lettre de la court de l'official, sellée, signée, etc., comment Guillaume Bernard et Ysabeau, sa fame, paroissiains de Vilaine, confessèrent, pour unze sextiers de saigle de annuel rente, et pour plusieurs arrérages qu'ilz devoint à monsieur Guillaume Bergier, prieur de Rouillon, eulx estre obligiez en la somme de quarante et quatre livres tournois, dedens certain temps rendable, et, par ce faisant, la rente seroit nulle.

Courcité [1].

460. — [Sans date]. — Une lettre sellée, de la vendicion de xx sols tournois de rente, faicte, pour x livres tournois, à Colin Sardes, par Robert de la Haye, de Courcité, sur touz ses biens, etc.

461. — [Sans date]. — Deux lettres faisantes mencion de plusieurs chouses appartenant au prieur du dit prieuré de Courcité.

Pagerie, et intervenu entre frère Guillaume du Bois et Guillaume Drocon, curé de Moitron.

1. Courcité, paroisse et commune du doyenné et du canton de Villaines-la-Juhel (Mayenne).

Couterne [1].

462. — [1300]. — Une lettre de la court de l'official du Mans, sellée, signée et donnée l'an mil CCC, comment il fut adjugié aux religieux, abbé et couvent de Beaulieu, la quarte partie de la grand disme de l'église de Couterne, et la sesiesme partie de la disme de Lisengerie, de la dite église.

463. — [Sans date]. — Une autre lettre de la dite court et de la dite disme.

Averton [2].

464. — [1300]. — Une lettre de la court de l'official du Mans, sellée, signée et donnée l'an mil CCC, comment Jehan de Lays, recteur de l'église du Bourc d'Averton, confessa que les religieux, abbé et couvent de Beaulieu, avoint acoustumé, de long temps, avoir la tierce partie de la disme du blié, par chacuns ans, en l'église du Bourc d'Averton, laquelle disme le dit curé print des diz religieux, jusques à certain temps, pour le pris de huyt livres tournois de pension.

465. — [1309]. — Une autre lettre de la dite court, comment Estienne Poulain, recteur du Bourc d'Averton, confessa devoir à l'abbé de Beaulieu, à cause de la disme des fruiz de la porcion de la disme de la dite église du Bourc d'Averton, pour l'an M CCC neuff, diz livres tournois.

466. — [Sans date]. — Une autre lettre de la confession d'un autre curé, de la dite disme, estre deue au dit abbé et couvent, etc.

Montméart [3].

467. — [1322]. — Une lettre de la court de l'official du Mans, sellée, signée et donnée l'an M CCC XXII, de la vendicion

---

1. Couterne, commune et paroisse du canton et du doyenné de la Ferté-Macé (Orne).
2. Averton, autrefois : Bourg d'Averton, commune et paroisse du canton et du doyenné de Villaines-la-Juhel (Mayenne).
3. Montméart, actuellement village de la commune de Courcité (Mayenne). Cf. Abbé Angot : *Dictionnaire*, t. III, p. 102.

de trente et deux soulx tournois, à vénérable religieux l'abbé de Beaulieu, faictes par nobles chevaliers Geffroy et Guillaume d'Averton, lesquelx xxxii sols tournois de rente, le chapelain de Saint-Laurens-de-Montméard, dépendant du dit monastère, leur estoit tenu faire, sur les cens de la dite chapelle et sur la dite chapelle, au jour de Nouel.

Vilepail [1].

468. — [1312]. — Une lettre de la court de Vilaine, sellée, signée et donné l'an M CCC XII, comment Nichole de la Lande, fille feu Geffroy Ingrant, et son filz, confessèrent avoir vendu à touz jours més à Jehan Rebillart et à Gervaisote, sa fame, toutes les chouses meubles et immeubles que ilz povoint avoir ou fié Geffroy Ingrant, sises en la paroisse de Villepail, ou fié à l'abbé de Champagne, pour le pris de seix livres tournois paiez, etc.

469. — [1316]. — Une autre lettre de la dicte court, sellée, signée, donnée l'an M CCC XVI, de la vendicion de journée à un homme faucheur de pré, sise en la paroisse de Villepail, ou fié à la dame des Hays, faicte de Jehan Maubert à Jehan Rebillart et à sa fame.

470. — [1322]. — Une lettre de la dite court, sellée, signée et donnée l'an M CCC XXII, comment Jehanin Doussier, paroissiain de Villepail, confessa avoir vendu à Guillot Legentil et à Guillot Dumoulin et à leurs successeurs, toutes les choses immeubles et héritaux, qu'il povoit avoir ou fié feu Hamelin Lelong, sises en la dite paroisse, à avoir, tenir, etc., pour diz et huyt livres tournois, paiez au dit Doussier.

Sept chesnes.

471. — [1326, 15 octobre]. — Une lettre de la court du Mans, sellée, signée et donnée le venredi avant la Saint-Lucas M CCC vingt et seix, comment monsieur Geffroy d'Averton, chevalier, confessa avoir donné aux religieux,

1. Villepail, commune et paroisse du canton et du doyenné de Villaines-la-Juhel (Mayenne).

abbé et couvent de Beaulieu près le Mans, en pure et perpétuel aumoune, sept chesnes en la forest de Pail, à prendre et percevoir des diz religieux et de leurs successeurs, par chacun an, à touz jour mes, en la manière que les moynes de Saint-André-de-Monfor ont acoustumé à prendre et à avoir autres sept chesnes, en la dicte forest, par raison d'une donnoison que les seigneurs de Doucelles leur firent anciennement, à en faire toute leur plénière volunté, par titre de ceste donnoison. Et lesquelx sept chesnes, ainxi donnez aux diz religieux de Beaulieu, le dit chevalier avoit et prenoit, chacun an, en la dite forêt, à en faire sa volunté, etc. Et promist le dit chevalier guarantir la dite donnoison, en li faisant 1 denier tournois de franc devoir requérable.

472. — [1328 (v. s. 22 mars]. — Une lettre de la court de l'official, sellée, signée et donnée le merquedi après *Reminiscere* M CCC vingt et huyt, comment ilz confessèrent avoir veu et leu la dessur dicte lettre.

Basailles [1].

473. — [Sans date]. — Une lettre du seau de Tussé sellée, comment Robert de Créant, o l'auctorité et assentement de Guillaume de Créant, son oncle, et de Agnès, sa mère, donna à Jehan, filz de Hébert de Tussé, chevalier, seigneur de l'Antonnière, toutes les chouses que le dit Robert, par raison de succession, povoint avenir et quant que icelui Robert avoit de droit ou povoit avoir en ycelles chouses.

474. — [1326]. — Une autre lettre de la dicte court, sellée, signée et donnée l'an M CCC XXVI, comment monsieur Raoul de Basailles, chevalier, voulit et se consentit que monsour Fouques de Basailles, chevalier, et filz du dit monsieur Raoul, ou ses successeurs, puissent vendre le crems [2] sus terre, exepté les boys de sur le moulin, ainxi qu'il est bourné et divisé, appellé le Boys-aux-Chevaliers.

1. Bazeilles, fief situé sur la commune du Ham (Mayenne). Cf. Abbé Angot : *Dictionnaire*, t. I, p. 174.
2. Mot sûrement mal transcrit.

475. — [**1307**]. — Une lettre de l'official du Mans, sellée et donnée l'an M CCC VII, comment Fulcon de Porrie, escuier, seigneur de Porrie, donna et voulut que les diz abbé et couvent de Beaulieu puissent acquérir par achat, en son fié, sans que lui ne ses hoirs puissent mettre hors de leurs mains.

La terre de Congié[1].

476. — [**1297**]. — Une lettre de la court de Balon, sellée et donnée l'an mil CC IIII××XVII, comment Jehan Bernier confessa avoir vendu à Gervaise de Viliers, les deux parties d'unes chouses immeubles, qui sont en mesons et en vignes, en courtilz, arbres, foussez et autres chouses, qui furent feu Robin Bernier, père du dit Jehan, sises en la paroisse de Balon, ou fié Guillaume Renier, entre la noe Guillaume Drene et la vigne Thomas Borsart, pour le pris de neuff livres tournois, monnoie courante, comptez et paiez au dit vendeur. Et promist le dit vendeur guarantir, etc., en faisant au seigneur du fié I denier tournois de cens, rendable à Fresné, au jour de Toussains, par chacun an.

477. — [Sans date]. — Une lettre signée, de la vendicion de troys mines de froment, faicte par [....][2] de la Madelle et sa fame, à Jehan de Chenon, sur toutes ses chouses, pour seix livres tournois, etc., rendables, chacuns ans, au jour de l'Angevine.

478. — [**1366**]. — Une lettre de la court du Mans, sellée, signée et donnée l'an mil CCC LXVI, de la vendicion de vingt soulx tournois de annuel rente, faicte pour diz livres tournois, monnoie courante, de Juliote la Travaillarde, paroissiaine de Saint-Mars-de-Balon, sur toutes ses chouses, rendables au jour de Toussains, par chacun an, aux religieux de Beaulieu. Et fut dit que si, etc., ilz pourroint prendre, etc., des chouses immeubles des, etc., en faisant I denier tournois, etc.

479. — [**1376**]. — Une lettre de la court de Balon, sellée et

---

1. Congé-sur-Orne, commune et paroisse du canton et du doyenné de Marolles-les-Braults.
2. Mot laissé en blanc sur le ms.

donnée l'an M CCC saixante seize, de la baillée de deux pièces de terre, sises en la paroisse de Congié, ou fié Guerrif partie, et partie ou fié Regnaud Boutier, si comme ilz se poursuivent en meson, terres, prez et autres chouses, faicte à Jehan Pilet et à Aliz, sa fame, de la paroisse de Sillié-le-Philippe, par Macé de Villiers, escuyer, paroissiain de Congié, l'une desquelles, sise entre les chouses du dit prenour, d'un cousté, et, d'autre, le chemin par lequel l'en vait de Congié à Villiers, aboutant, d'un bout, au chemin dessus dit, et, d'autre, à la noe Bouglier, et l'autre pièce, sise ou fié de la Bunesche, au dessoubz du moulin de Congié, à avoir, etc. Et fut faicte la dicte baillée, pour neuff solx tournois de annuel rente, rendable au terme de Nouel, et vii deniers, aux seigneurs des fiez, et viii deniers de les, à l'église de Congié.

480. — [1386]. — Une lettre de Balon, sellée et donnée l'an M CCC IIII^{xx} et VI, que, comme Macé de Villiers, paroissiain de Congié, eust japieczà baillé à Macé Lebourdays et à Jehan Leroyer, paroissiains de Balon, deux pièces de vigne gastes, l'une, sise près la vigne monsieur Macé Bourdin, prebtre, coustéant les chouses Gandelée, et aboutant au chemin Manczois, l'autre, sise près les chouses Lebigot Guérin, d'un cousté, et, d'autre, les chouses Jehan Poisson, aboutant aux vignes du dit Bordin, d'un bout, et, d'autre, au chemin Manczois, ou fié des diz bailleurs : et fut faicte la dicte baillée, pour metre et édiffier en vigne chargeant : en la dite court establiz, les dessur diz confessèrent avoir parti les dites chouses en la manière qui ensuist, c'est assavoir que, au dit escuier sont et demeurent quatre planches des dites vignes, coustéant la vigne du dit Gandelée, d'un cousté, et, d'autre, deux planches de la dite vigne, qui demeurent au dit Bourdays, en faisant au dit escuier vi deniers tournois de cens, au jour de Saint-Jean-Baptiste annuelment.

481. — [1392, 8 novembre]. — Une lettre, sellée du seau du Mans, donnée le viiie jour de novembre M CCC IIII^{xx} et douze, faisant mencion comment, devant André Cholet, clerc, tabellion juré de la dicte court, fut présent Jehan de

Courgenart, demeurant en la paroisse de Taillay, lequel cognut et confessa que tout tel droit et action, raison, propriété et possession, comme lui et Marie, sa fille, avoint et povoint avoir et demander en la terre de Congié-sur-Orne et ès appartenances d'icelle, ou dit jour cessa, quitta et transporta au roy, notre sire, et aux aians sa cause. Et duquel droit et action il se dessaisit et despoilla, et envestit et saisit le roy, notre sire, sans que jamès lui, ne ses hoirs, ne autre pour lui e ne pour sa dicte fille, y puissent aucune chouse demander. Et ce fait est pour le pris de cinq cens cinquante frans d'or du coign du roy, notre sire, au dit Courgenart paiez et comptez, en la présence du dit tabellion, par la main de Drouin d'Autrain, clerc, de honorable homme et sage Jehan Chanteperine, thésorier des guerres du roy, notre sire, par l'ordenance de honneste et discrète personne, maistre Hugues Blanchoit, consoillier, du roy, notre sire, et commis ad ce de par le dit seigneur. Et fut ad ce présent Robin Boesseau, mary de la dite fille, lequel eut ce présent contrat pour ferme et estable, et promist que jamès ne vendroit encontre.

482. — [1392, 19 novembre]. — Une lettre de Robin Hériczon, juge ordinaire d'Anjou et du Maine, sellée et signée par Delaunay, et donnée le xixe jour de novembre M CCC IIII^{xx} et douze, comment, par devers honorable homs et discret maistre Hugues Blanchoit, chantre de Paris, consoillier du roy, notre sire, maistre des requestes de son houstel et son commissaire pour trouver et acquérir certains héritages et possessions, pour donner à l'augmentation de l'abbaie de Beaulieu, pour certains divins services faire et célébrer en la dite abbaie, pour l'âme de feu Hugues de Pelignac, chevalier[1], soy trayt Macé de Villiers, escuier, seigneur de Villiers, paroissiain de Congié-sur-Ourne, disant que avoit le bail et gouvernement des enffans de lui et de Jehanne de Congé, sa fame, jadis mineurs d'aage, expousant que, comme ilz tensis-

---

1. Ces textes ont été déjà utilisés dans l'étude publiée par M. l'abbé A. Ledru dans *La Province du Maine*, t. V, et intitulée : *La folie de Charles VI*.

sent la dite terre de Congé, appartenant à la dite Jehanne, et la dite terre de Villiers, appartenant au dit escuier, que ycelles terres estoint chargées de plusieurs rentes, etc., par quoy ses diz enffans avoint et povoint en la dite terre et en ses appartenances, tant, par la succession de feu Mellet, leur frère aisné, comme autrement, lequel Macé de ce composa o le dit commissaire, à la somme de cent cinquante frans d'or, pour estre mis et convertiz au proffit des diz enffans, comme mieulx appiert par la dite lettre.

483. — [1392, 3 octobre, et 1394, 1er septembre]. — Une lettre sellée du seau de la court du Mans, et signée par Cholet, donnée le premier jour de septembre M CCC IIII^{xx} et quatorze, comment, par davant André Cholet, clerc, tabellion juré de la dite court, honorable et discrète personne maistre Hugues Blanchoit, par vertu d'unes lettres escriptes en la dicte lettre, bailla, transporta, assist, livra et assigna aux religieux, abbé et couvent de Beaulieu, la terre de Congié-sur-Ourne, ovec toutes ses appartenances, tant en hébergement, métairies, bordages, estanz, moulins, prez, pasturez, foiz, hommages, services, cens, rentes, justice, seignorie, juridiction, droiz, usaiges, franchises et libertez, comme quelxcunques autres chouses à la dite terre appartenant, en la fourme et manière qu'elle fut vendue et transportée au roy, notre sire, tant par Jehan de Courgenart comme par Macé de Villiers, escuier, affin que les diz religieux soint tenuz à touz jours mes faire et célébrer les services exprimés en la dite lettre, comme racontoit le dit tabellion, sellée et signée par le roy, et donnée le tiers jour de octobre mil CCC IIII^{xx} et douze, laquelle si s'ensuit en partie : Charles, etc., avons ordenné et voulons une messe perpétuelle, chacun jour, estre dicte et chantée en l'église Notre-Dame de Beaulieu près le Mans, pour le salut et remède des âmes trépassées, et espécial du feu bastart de Pondignac, pour laquelle fondacion avons commis maistre Hugues Blanchoit, etc., et auxi avons donné auctorité et povoir de traitier et accorder ovec notre bien amé l'abbé de Beaulieu, de la fondacion faire, de achater terres et revenues pour icelles fondacions, promectans les dictes chouses amortir, qui achatées seront, etc.

484. — 1394, 30 septembre]. — Un transcript, sellé et donné le darenier jour de septembre M CCC IIII^{xx} et quatorze, de la pénultième lettre.

485. — 1394, 7 octobre]. — Un autre transcript, sellé et donné le viie jour d'octobre, annexé o le dessur dit transcript, l'an M CCC IIII^{xx} et quatorze, de la lettre antépénultième.

486. — 1404. — Une lettre, comment Thomas Viau, comme bail de son fils, seigneur de Villiers, confessa troys pièces de vigne, sises près Congié, estre de la terre de Congié et des appartenances d'icelle, laquelle lettre fut donnée l'an CCCC et quatre.

Advouz de Congié.

487. — Sans date]. — Un advou, sellé du petit seau de Balon, comment Jehan Quabaret, de Nouens, confessa et avoua à tenir de Macé de Villiers, escuier, à cause de se fame, à foy et homage, et li en confessoit devoir seix tournois de cens, servige estre rendu à la Nativité-Saint-Jehan, et autant de taille, quant, etc.

488. — Sans date]. — Deux lettres, sellées du petit seau de Balon, comment Perrot Convenant confessoit et advouet à tenir de Macé de Villiers, escuyer, à cause de sa fame, dame de Congié, en li faisant ii sols vi deniers tournois de servige, rendable à la vigille Saint-Jean-Baptiste, à foy et homage, par raison des chouses qui furent feu Jehan Cador. Item, à une autre foy et homage, en li faisant vi deniers tournois de servige, par reison des chouses qui furent feu Jehan Dygnet, et les tailles, quant aviennent selon coustume du pays.

489. — Sans date]. — Un advou, sellé du petit seau des contraz de la Guierche, comment Macé de Montoté confessoit et advouet à tenir, à deux foiz et à deux homages, de révérend père en Dieu, l'abbé de Beaulieu, à cause de sa terre de Congié. Et si ensuivent les chouses de la première foy, c'est assavoir, troys journelx de terre arable ou environ, avec un mortier, d'un cousté, coustéant la terre des hoirs à la fame feu Jehan Dalone, et, d'autre et d'un bout, au chemin par lequel l'en vait de Congié à Danjeul, et aboute, d'un bout, aux chouses de la maladerie de Balon, sis au lieu appellé Montoté, pour lesquelles chouses confessoit li devoir faire v sols tournois de servige, au terme de Toussains, et les tailles, quand escheent selong coustume du pays. Les chouses de la seconde foy sont, une meson du bordage de la Chaucherie, contenant troys journelx de terre ou environ et journée à un homme faucheur de prez, jouste les chouses du sire de Rouillon, et aboute aux prez Jehan Leboulleurs; item, une pièce de terre contenant deux journelx ou environ, sise au dit lieu, coustéant, d'un cousté, la terre du sire de Crenon, et, d'autre, les terres feu Guérin Lebigot, et aboute, d'un bout, au chemin par lequel l'en vait de Danjeul à Balon, et, d'autre, aux chouses du sire de Crenon, et, par raison desquelles chouses, il est tenu faire deux solx seix tournois de servige, rendable au terme de Saint-Jehan, et les droites tailles, quand elles aviennent selong coustume de pays, etc.

Beaufay [1].

490. — [1255-1258]. — Une lettre, comment Raoul de Roussigné bailla et résigna à révérend père en Dieu, Guillaume, évesque du Mans [2], les deux parties de la disme de la paroisse de Beaufay, lequel évesque la donna à Jehan de Trot, sa vie durant, tant soulement, en faisant vIII deniers manczois de cens à Patri Forsenne, lequel Jehan donna la dite disme aux religieux, abbé et couvent de Beaulieu.

491. — [Sans date]. — Une lettre de la court de Thouvaye, sellée, de xx sols tournois de rente rendable au jour de l'Angevine, venduz par Habert Patri, paroissiain de Beaufay, sur toutes ses chouses immeubles et héritaux, à Drouet Gau-

1. Beaufay, commune et paroisse du canton et du doyenné de Ballon.
2. Guillaume II Roland, évêque du Mans.

din, pour le pris de diz livres tournois, comptez et paiez au dit vendeur.

492. — [1321]. — Deux lettres de la court de Bonnestable, sellées, données l'an CCC XXI, de la vendicion d'une meson, o le fons et o ses appartenances, sise en la ville de Beaufay, ou fié au recteur du dit lieu, entre la meson de Colin Roussel, achateur des dites chouses, d'une partie, et la meson Enjorrée, d'autre, faicte par Guiot de Beauray, pour le pris de unze livres tournois, comptez et paiez au dit vendeur. Et promist garantir, etc., en faisant au seigneur du fé XII deniers, par chacun an, au jour de Saint-Jehan-Baptiste, et un faucheur, sans autre redevance.

493. — [Sans date]. — Une lettre de la court de Thouvaye, comment Drouet Gaudin eut et print de Hébert Patri, pour XX sols tournois de rente et XXX sols d'arrérages de la dicte rente que jadis avoit faite, sur toutes ses chouses, au dit Drouet, une pièce de vigne contenant journée à huyt hommes de besche, une meson o le fonz, un journal de terre et une journée de pré, sises en la paroisse de Beaufay, ou fié de Saint-Chair, entre le chemin par lequel l'en vait du dit lieu à Balon, d'un cousté, et les chouses Estienne Chevillart, de l'autre, etc.

494. — [Sans date]. — Un vidisse d'une lettre, comment Drouet Gaudin confessa avoir baillié, pour XX sols tournois de rente, rendable au jour de l'Angevine, à Estienne Chevillart, une journée de pré sise jouste les chouses du dit preneur, d'une part, et, d'autre, le pont Aucelier, et un journal de terre ovec une meson et journée à seix hommes de vigne, joignant les chouses du dit preneur et le chemin alant de Montfort à Balon, ou fié au sire de Maulévrier, et doit faire et rendre les devoirs acoustumez.

Cergé [1].

495. — [1322]. — Une lettre de la court de l'official du Mans, sellée, signée et donnée l'an CCC XXII, comment

1. Sargé, commune du premier canton du Mans.

Pierres de Nogen et Jehanne, sa fame, confessèrent avoir vendu à Thomas Leroy, clerc, notoyre de la dite court, xii sols tournois, monnoie courante, de annuel rente, que Jehan Bahu et Clémence, sa fame, li estoint tenu faire, ainsi qu'il [apiert] par la lettre yci après escripte. Et fut faicte la dite vendicion, pour seix livres tournois, etc.

496. — [Avant 1322]. — Une lettre de la dite court, sellée, etc., comment Jehan Bahu et Clémence, sa fame, paroissiains de Saint-Ouen¹ près le Mans, confessèrent avoir prins de Pierres de Nogen et de Jehanne, sa fame, une pièce de terre contenant deux journelx ou environ, sise ou flé à la dame de Femmiçon², en la paroisse de Cergé, laquelle fut feu Hasart, près les terres Jehan Rousseau et les vignes la Pitié-Dieu³, d'une partie, et les terres qui furent feu Perrouin, à avoir, etc., pour xii sols tournois de rente, rendable au jour de Toussains.

Sillié-le-Philippe⁴.

497. — [1272]. — Une lettre sellée de la court de l'official du Mans, donnée l'an CC LXXII, comment Guillaume de Baigneux, recteur de l'église de Maignié, confessa avoir donné en pure et perpétuel aumoune à Guillaume, son nepveu, filz Robert de Baigneux, une terre appellée la terre de Malpertuys, sise en la paroisse de Sillié-le-Philippe, ou flé Macé Leboucher, prebtre, à en faire toute sa plenière volunté.

498. — [1325]. — Une lettre de la dicte court, sellée et donnée l'an CCC XXV, comment Jehan Augier confessa avoir prins de Guillaume de Baigneux, à touz jours mes, touz les courtilz qu'il avoit en la paroisse de Sillié-le-Philippe; item, une pièce de vigne, sise ou terroué Fauvel; item, une

---

1. Cf. plus haut, p. 35, n° 79, et p. 37, n° 84.
2. Il faut lire probablement : Feumusson, nom d'un ancien fief situé sur la commune actuelle d'Yvré-l'Évêque.
3. Il s'agit très probablement des vignes de l'Épau, monastère de Cisterciens, près du Mans.
4. Sillié-le-Philippe, commune et paroisse du canton et du doyenné de Montfort.

pièce de terre appellée Frescul, à avoir, tenir, etc., pour huyt solx tournois de annuel rente, rendable au dit bailleur, et pour les devoirs acoustumez, rendables aux seigneurs féaux, aux termes acoustumez, par chacun an.

499. — **1328, 7 décembre**. — Une lettre de la dicte court, sellée et donnée le merquedi après Saint-Nicholas MCCCXXVIII, comment Adam d'Izé[1] confessa avoir prins des religieux, abbé et couvent de Beaulieu, pour quatre livres tournois, monnoie courante, de annuel rente, rendable au jour de Toussains, toutes les chouses qu'ilz avoint et povoint avoir, par raison de Guillaume de Baigneux, leur donne, ès paroisses de Sillié-le-Philippe et de Saint-Corneil, estant en un estre o ses appartenances, comme boys, pastures, seize journées de pré ; item, en XXIIII sols tournois et deux chapons de rente, sur certaines chouses sises on fié du dit Adam ; item, Jehan Frogier, VIII sols tournois de rente ; item, en un journal de terre, sis à la Farrière, lesquelles chouses sont sises en plusieurs fiez et en plusieurs lieux.

500. — **1337**. — Une lettre de la dicte court, sellée et donnée l'an MCCCXXXVII, comment Edeline, fille feu Robert de Baigneux, se donna, ovec touz ses biens meubles et immeubles, à Guillaume de Baigneux, en quelxcunques lieux si soint les diz biens assis ou fiez. Et la dicte donneresse promist au dit Guillaume la dicte donnacion guarantir et deffendre envers touz et contre touz.

Montfort[2].

501. — **1295, 21 avril**. — Une lettre de Montfort, sellée et donnée l'an CC IIII** et quinze, après le jeudi avant la Saint-George, comment Huguet l'Archevesque, escuier et seigneur de Montfort, confessa que Durant de Monnet, son aloé, bailla et octria de sa volenté, à Thomas

---

1. Izé, commune et paroisse du canton et du doyenné de Bais (Mayenne).
2. Montfort-le-Rotrou, chef-lieu de canton de l'arrondissement du Mans.

Droet les gasts qui furent à l'abbé de Saint-Vincent, c'est assavoir, la moitié de l'arpent de terre qui est appellée Haudejart de Balon, sise jouste la vigne à l'abbé de Beaulieu, à Monnet, en la paroisse de Saint-Ouen, remaignant de l'autre moitié, qui fut baillée à Joen Le Taixier, pour v sols tournois de cens annuel, rendable à la Saint-Gervaise d'yver.

502. — [**1295** (v. s.), **10 mars**]. — Une lettre de la court de l'official, sellée et donnée le semadi avant *Isti sunt dies* M CC IIII^{xx} et quinze, comment Jehan Sirot, de la paroisse de Ceaux [1], confessa que frère Guillaume Sirot, religieux du monastère de Beaulieu et son frère, soy, ovec ses chouses, donna au dit monastère, et, oultre, confessa la moitié de toutes leurs chouses, des religieux du dit monastère, pour cent solx tournois de rente rendable aux deux sennes, par moitié.

503. — [**1321** (v. s.), **23 janvier**]. — Une lettre de Montfort, sellée et donnée le semadi après Saint-Vincent M CCC XXI, comment Macé Challot, paroissiain de Ceaux, confessa avoir prins de Guillaume Sirot, prebtre, prieur de Saint-Albin-des-Couldrois, et de Geffroy Sirot, son nevou, une meson o le fons, o ses appartenances, sise entre la terre Robin de Chavigné et la terre Lucas Le Peletier, pour seix livres tournois de rente, rendable au terme de Saint-Remy.

504. — [**1321** (v. s.), **23 janvier**]. — Une lettre de la dicte court, sellée et donnée le semadi après la Chaere-Saint-Père M CCC XXI, comment Colin Jourdan confessa avoir prins, pour LXV sols tournois de rente, rendable au jour de Toussains, de Guillaume Sirot, prebtre, et de Geffroy Sirot, une pièce de terre contenant neuff journelx ou environ, sise en Brey, et teil droit comme ilz avoint, en deux pièces de pré, l'une, appellée la Sauçaye, contenant journée à huyt faucheurs, l'autre, appellée la Courraye, contenant journée à troys faucheurs, sises en la paroisse de Ceaux, ou lié au seigneur de Courgetren, partie, et partie, ou lié au seigneur de Ceaux.

505. — [**1328**]. — Une lettre de la court de Montfort,

---

1. Sceaux, commune et paroisse du canton et du doyenné de Tuffé.

sellée et donnée l'an CCC XXVIII, de la vendicion de LXV sols tournois de rente pour XXXVI livres tournois, faicte par Frain Sirot, paroissiain de Ceaux, à Colin Jourdan et à Marguerite, sa fame, laquelle rente les diz achateurs estoint tenuz faire à monsieur Guillaume Sirot, comme appiert par davant.

506. — [**1318**]. — Une lettre de la dicte court de l'official, sellée et donnée l'an CCC XVIII, faisant mencion que Colin Jordan et Marguerite, sa fame, eussent prins, à perpétuité, de Geffroy Sirot et de Aliz, sa fame, aucunes chouses immeubles sis, partie ou fié au seigneur de Ceaux, et partie ou fié Hébert Bonnet, c'est assavoir, un estre appellé de la Réaiche, sis près les terres du dit Colin ; item, une pièce de pré, sis près le pré de Bayres ; item, une pièce de pasture, appellée le buisson de Fromenteau, pour VIII livres X sols tournois de rente, de laquelle rente le dit Sirot confessa avoir vendu cent solx tournois de rente pour L livres tournois ; reste de la dite rente LXX sols tournois.

507. — [**Vers 1324**]. — Une lettre, comment révérend père en Dieu, Gillet, abbé de Beaulieu, donna et voulut que monsieur Guillaume Sirot, prieur du prieuré de Saint-Albin-des-Couldrois, que il peust vendre de ses chouses patrimoniales immeubles, jouques à la valeur de XXX livres tournois, en retrait d'une pièce de vigne, contenant quarante journées de besche ou environ, sise en la paroisse de Ceaux, ou fié du seigneur de Courgetren, appellée Coustance.

508. — [**1331**]. — Une lettre de la court de l'official, sellée et donnée l'an M CCC XXXI, de la vendicion de VII sextiers d'aveinne, bonne et compétente, à la mesure de Monfort, de annuel rente, rendable au jour de l'Angevine, faicte à monsieur Guillaume Sirot, pour L solx tournois, par Jehan de la Chesnaye, aliàs Durmentière (?), sur toutes ses chouses.

509. — [**1331** (v. s.), **10 avril**]. — Une lettre de la dicte court, sellée et donnée le venredi avant Pasques flouris mil CCC XXXI, comment Macé Le Sage et Patri Jourdan, paroissiains de Ceaux, confessèrent avoir prins des religieux, etc., de Beaulieu, un estre appellé de la Roche, o ses appartenances, qui sont deux pièces de terre arables, l'une, contenant huyt journelx ou environ, sise à la Chaperonière, ou fié Jehan Chabot, l'autre, contenant deux journelx ou environ, sise près la métairie de la Chesnaie, ou fié Jehan Le Gras ; item, viii journées de pré, sises entre les prez au prieux de Ceaux, ès fiez des dessus diz ; item, une pièce de vigne, sise près le dit estre ; item, aucuns boys ; item, deux journelx de pasture, sise entre le dit estre et la fontaine de la Chaponnière, ou fié du dit Gras ; item, prindrent les dessur diz, des diz religieux, deux pièces de pré, l'une, contenant seix journées, nommée la Sauçaye, et l'autre, contenant troys journées, nommée la Couraye, ou fié du dit Chabot ; item, une ousche de terre, contenant neuff journelx ou environ, sise en Bray, près les terres à la dame de Courgetren, pour le pris de seix livres tournois, monnoie courrante, de rente, rendable aux festes de Penthecouste et Toussains, par moitié, et en rendant aux seigneurs féaux, les devoirs ancieins ; item, confessèrent avoir prins, pour labourer à leurs propres despens, les deux parties des vignes du cloux de Coustance, et une autre pièce de vigne, nommée de Colle, contenant journée à quatorze bescheurs, pour moitié des fruiz des dites vignes.

510. — [**1332, 28 avril**]. — Une lettre de la dicte court, sellée et donnée le mardi après *Quasimodo* M CCC XXXII, comment Macé Le Sage, paroissiain de Ceaux, confessa avoir prins des religieux, abbé et couvent de Beaulieu, à touz jours mes, une métairie appellé la Guière o ses appartenances, tant en mesons, prez, pastures, terres, boys, vignes, hays, que autres chouses, sise en la paroisse de Vibroye, partie ou fié du seigneur de Montfort, et partie ou fié du seigneur de Geney, et partie ou fié au curé de Vibroye, pour le prix de cent solx tournois, monnoie courrante, de rente, rendable aux termes de Penthecouste et Toussains.

511. — [**1331**]. — Une lettre de la court de Montfort, sellée et donnée l'an CCC XXXI, comment Sédille, femme Philippot Lalle, mère de Macé et Jehannot les Sage, etc., confessèrent avoir baillé, à touz jour mes, a Robin Le Sage, clerc, et à ses successeurs, une métairie si comme elle se poursuit, tant en mesons, terres arables, en prez, pastures, boys, hays, vignes, comme en autres chouses, à avoir, etc., pour partie et porcion que au dit Robin est venu et eschait des héritages de feu Guillaume Le Sage, père du dit Robin, et de tous les héritages qui li povoint venir et escheoir de la succession et eschoite de Agathe, sa mère, de laquelle métayrie le dit Robin se tint pour content, en faisant les deniers (sic) anciens aux seigneurs, etc.

512. — [1345, 5 décembre]. — Une lettre de la court de l'official du Mans, signée et donnée le lundi après la Saint-André MCCCXLV, comment Patri Jordan, paroissiain de Ceaux, confessa avoir prins des religieux, etc., de Beaulieu, un bordage appellé de la Roche, contenant deux pièces de terre arable, etc.; item, une pièce de pré et une pièce de vigne et la porcion qu'ilz povoint avoir en deux pièces de pré, l'une, appellée la Sauçaye, et l'autre, Corraye, et une ousche de terre, et le droit qu'ilz avoint ès chouses qu'ilz baillèrent, à xxv sols tournois de rente, à Geffroy Huguet et à Jehan Rigaut, et le droit qu'ilz povoint avoir contre Geffroy Sevin et contre Philipot Edeline, contre Jehan Bidaut, contre Jehan Guiton, contre Guillaume Renouart, contre Jehan Belart, heirs de la Flourière, contre Juliot Moreau et contre Micheil Bienlevaut, et, ovec ce, la pasture que souloit tenir Jamoit Frain, sise entre les terres de la Chesnaie et les prez de la dame de Ceaux. Et fut faicte la dicte baillée, pour neuf livres x sols tournois de rente, seix fromages, bons et suffisans, rendables au terme de Toussains. Et print les vignes des diz religieux des clous de Coustance et de Colle, pour moitié des fruz, pour les faire de toutes façzons. Et doit rendre et poyer les devoirs aux seigneurs des fiez, c'est assavoir, pour la vigne de Coustance, xx deniers tournois, pour la vigne de Colle, xiii deniers, comme appiert par la dite lettre.

Vouvray [1].

513. — [Avant 1299]. — Une lettre de la court de l'official du Mans, sellée, comment Bernard Corbin [2], chevalier, promist rendre, chacuns ans, au prieur de Vouvray seix deniers manczois, et neuff solx vi deniers manczois à l'abbé de Beaulieu, aux octabes de Toussains, et ainxi les dessur diz lessèrent au dit chevalier ce que feu Ogier, leur chanoine, povoit avoir en son fié.

514. — [1299]. — Une lettre de la dicte court, sellée, donnée l'an M CC IIII^{xx}XIX comment la dicte court confessa avoir veu la lettre dessur dicte.

515. — [1330]. — Une lettre de la court de l'official, sellée et donnée l'an M CCC XXX, comment Jehan Tirart et Bourgine, sa fame, paroissiains de Vouvray, confessèrent avoir prins des religieux, abbé et couvent de Beaulieu, en pur achat, toutes les terres et prez, o leur appartenance, qu'ilz avoint et povoint avoir en la paroisse de Vouvray, tant ou fié au seigneur de Saint-Hilaire, que ou fié au seigneur de Fontenailles, lesquelles chouses souloit tenir feu Philippe Moinet. Et fut faicte la dite baillée, pour LX sols tournois de rente et XII fromages, rendables aux deux festes de Saint-Martin.

Yvré-l'Évesque [3].

516. — [Sans date]. — Une lettre, comment, devant le déan et chapitre du Mans, Béatrix, fame feu Benoist Moncet, vendit aux religieux, abbé et couvent de Beaulieu, demy-arpent de vigne, appellé le Mariage-de-Port, sis en la paroisse

---

1. Vouvray-sur-Huisne, paroisse du doyenné de Tuffé.
2. Seigneur de Villarceau, à Saint-Martin-des-Monts. On a de la veuve de Bernard Corbin, Ysabelle de Saint-Mars, une lettre datée de l'an 1315, du dimanche que l'on chante *Oculi mei*, par laquelle elle reconnait vendre à honorable homme Guillaume Pantouf, archidiacre de Laval, six livres huit sous de rente que lui devait Bernard de la Ferté. Arch. nat., G. 773, pièce n° 11. Communication de M. S. Menjot d'Elbenne.
3. Yvré-l'Évêque, commune du deuxième canton du Mans.

de Yvré-l'Évesque, ou fié du dit chapitre, joignant aux vignes des diz religieux, pour le pris de LXV sols manczois, paiez et comptez à la dite Béatrix, lesquelx religieux devent faire au dit chapitre, le dimainche prochain après Saint-Gervaise d'yver, par chacun an, XII deniers tournois.

517. — [1368, 1er juin]. — Une lettre de la court du Mans, signée et donnée le jeudi après Penthecouste M CCC LXVIII, comment Jehanne, jadis femme feu Symon de Boyères, à présent dame de Champagné et de Rivaillon, et Estienne de Boyères, filz de la dite Jehanne, confessèrent avoir vendu aux religieux, etc., de Beaulieu, etc., sept livres cinq soulx tournois de rente, laquelle les heirs feu Jehan Rebulet li estoint tenuz faire, au terme de Toussains, c'est assavoir, seix livres de rente, à cause de la métairie de Vauchaton, sise en la paroisse d'Yvré-l'Évesque, appartenant à la dicte venderesse, à cause de la terre de Champagné, et XXV sols tournois de rente, à cause de la terre de Rivaillon. Et fut faicte la dicte vendicion, pour LXXII livres diz solx tournois, etc.

518. — [1369, 17 mai]. — Une lettre de la dicte court, signée et donnée le jeudi après l'Ascension M CCC LXIX, comment Aliz, fille et heir feu Jehan Rebulet, en partie, paroissiaine de Nogen-le-Bernard, tant en son nom comme au nom de ses sœurs, confessa que, pour estre deschargée et ses dictes sœurs et leurs heirs, envers les religieux, etc., de Beaulieu, de seix livres tournois de rente perpétuel, en quoy la dicte Aliz et ses sœurs estoint tenuz aux diz religieux, par l'auction qu'ilz avoint de la dame de Rivaillon et de Estienne de Boyères, son filz, auxquelz ilz estoint jadis tenuz à icelle rente, par raison de certains domainnes sis en la rivière d'Yainne, appellés le cloux de la Rivière, lequel cloux estoit ajoint à la métairie de Vauchaton, si comme les hais l'emportent, d'un cousté, et l'eau d'Iaigne [1], d'autre, ou fié au seigneur de Champaigné, qu'ilz tenoint chargé de la dicte rente,

1. L'Huisne, rivière qui se jette dans la Sarthe un peu au-dessous de la ville du Mans.

à touz jours mes ; item, de vingt et cinq soulx tournois de rente et de cinq solx tournois de cens, en quoy la dite Aliz et ses dites sœurs estoint tenuz, au seigneur de Rivaillon, par chacun an, par raison de certaines chouses immeubles, sises au dit lieu de Vauchaton, si comme l'en vient du dit lieu de Vauchaton au dit lieu de la Rivière, partie en la paroisse d'Yvré-l'Évesque, et partie en la paroisse de Champaigné, que il tenoit à la dicte rente, la dicte Aliz, tant pour le que pour ses sœurs, en assignacion des rentes dessur dites et du dit cens, bailla, livra et assigna au dit abbé et à ses successeurs, toutes les chouses immeubles dessur déclarées, et cessa, etc.

519. — [Sans date]. — Deux lettres comment la dicte Aliz transporta les dites chouses pour les dites rentes aux diz religieux de Beaulieu.

520. — [**1370** (v. s.), **19 février**]. — Une lettre de la court du Mans, sellée et donnée le mercredi des Cendres M CCC saixante et diz, faisant mencion que, comme les religieux, abbé et couvent de Beaulieu, fussent tenuz faire foy et hommage, seix deniers de servige à Estienne du Plantoys, par raison des chouses de la métairie de Vauchaton, etc., le dit Estienne a mis et abourné aux diz religieux la dite foy et hommage, à vii deniers de cens, à la Toussains, chacun an, pour le pris de douze frans d'or, etc.

Savignié [1].

521. — [Sans date]. — Une lettre de la court de l'official du Mans, faisant mencion de la vendicion que fist Guillaume Chevalier et Juliainne, sa fame, paroissiains de Savignié-l'Évesque, de neuff soulx tournois de rente, sur toutes leurs chouses, etc., pour le pris de neuff livres tournois, comptez et paiez au dit vendeur, par Jehan Lefèvre, clerc, et Macée, sa fame, achateurs.

522. — [Sans date]. — Une autre lettre de la dite court, comment Jehan Le Barillier et Jehanne, sa fame,

---

1. Savigné-l'Évêque, commune du deuxième canton du Mans.

paroissiains de Savignié-l'Évesque, confessèrent avoir vendu à Macé Chacerat et à Macée, sa fame, une pièce de vigne, contenant huyt planches ou environ, sises en la dicte paroisse, ou fié Guillaume Roussel, entre la terre Jehan Lambert et les vignes des diz vendeurs, à avoir, tenir, etc. Et fut faicte la dicte vendicion, pour huyt livres tournois, etc., en faisant une obole, au jour de Saint-Martin d'yver.

Saint-George [1].

523. — [**1268**]. — Une lettre de la court de l'official du Mans, sellée et donnée l'an CC LXVIII, comment Richart Thyol [2], clerc, confessa avoir baillié à Geffroy Thyol, son filz, une pièce de vigne, contenant demy-arpent ou environ, sise en la paroisse de Saint-George-du-Plain, à Courbefousse, ou fié de la meson-Dieu du Mans, à en faire toute sa plénière volenté.

524. — [**1316**]. — Une lettre de la court du Mans, sellée et donnée l'an CCC XVI, comment Jehan Olivier et Jehanne, sa fame, paroissiains de Saint-George-du-Boys, vendirent à Colin d'Acées, diz boueceaux de saigle, bon et sec, à la mesure du Mans, sur toutes leurs chouses, etc., rendables au jour de l'Angevine, pour cinquante soulx tournois, comptez et paiez aux diz vendeurs.

525. — [**1327, après le 6 décembre**]. — Une lettre de la court de l'official du Mans, signée et donnée après la Saint-Nicholas d'yver M CCC XXVII, comment Robin Le Batoor et Jehanne, sa fame, paroissiains de Saint-George-du-Plain, baillèrent un quartier de vigne o ses appartenances, sis ou fié des religieux de Beaulieu, près le chemin publique et près les vignes du prieur de Rouillon, d'une part, et, d'autre, les vignes Ameline la Galebrune, à Jehan et à

---

1. Saint-Georges-du-Plain, ancienne commune, rattachée à la ville du Mans en 1855.

2. Nous serions porté à identifier ce personnage avec Richard Tyoul, dont le nom est mentionné dans un acte en date du 24 juillet 1265. Cf. *Liber albus capituli*, in-4°, p. 279, n° cccci.

Jehanne, enffans de feue Martete la Goemeline, à avoir, etc., par manière d'eschange, pour deux pièces de vigne, contenant un quartier ou environ, qui fut à la dite Ameline, sis en la paroisse de Rouillon, ou lié au seigneur de Brocin, près les vignes, etc., en faisant des diz enffans, deux deniers tournois de cens annuel, aux diz conjoins, et la disme ancienne.

526. — [1327 (v. s.), 11 février]. — Une lettre de la court de Beaumont, sellée et donnée le jeudi après Sainte-Scolastice M CCC XXVII, comment Jehan Goupil et Philipe, sa fame, de la ville de Beaumont, vendirent à monsieur Jehan Morel, troys cousteretz de vin, pur et sans yau, à la mesure de Beaumont, de rente, sur leur vigne du Tertre-Grimier, ou sur leur vigne de Long-Aunay, pour XLIIII sols tournois, comptez et paiez aux diz vendeurs.

527. — [1360 (v.s.), 19 février]. — Une lettre de la court de l'official du Mans, signée et donnée le venredi après *Invocavit me* mil CCC LX, comment Guillaume Foucher et Marguerite, sa fame, paroissiains de Saint-George-du-Plain, vendirent aux religieux, abbé et couvent de Beaulieu, un sextier de saigle, bon, etc., à la mesure du Mans, sur toutes ses chouses, rendable au terme de Toussains, pour le pris de LX sols tournois, monnoie courrante, laquelle somme ilz estoint tenuz faire aux diz religieux, par l'action qu'ilz avoint eu de maistre Jehan Ysabel.

528. — [1365]. — Une lettre de la dicte court, sellée et donnée l'an M CCC LXV, comment Guillaume Tremblaye et Jehan Réveillart, paroissiains de Saint-Médart-du-Désert, vendirent aux religieux, abbé et couvent de Beaulieu, XXIIII solx tournois, monnoie courrante, de rente, rendable au terme de Pasques, sur toutes leurs chouses, pour le pris de douze frans d'or qu'ilz estoint tenuz faire aux diz religieux, par raison de monsieur Hébert Bodin, prebtre, à cause de certain froment que le dit Bodin devoit aux diz religieux, dont les diz vendeurs finèrent à la dite somme, si comme plus à plain apparest par la dite lettre.

529. — [1330, 8 novembre]. — Une lettre de la court de l'official du Mans, sellée, signée et donnée le jeudi après la feste de Toussains mil CCC et trente, comment maistre Jehan Marieite, clerc, paroissiain de Saint-George-de-Balon, print, à touz jours mes, pour le prix de cinquante soulx tournois, monnoie courante, de rente perpétuel, aucunes chouses immeubles, estant en un hébergement, courtiz, terres, vignes, hays et autres chouses, sises, partie en la paroisse de Saint-Médart-de-Balon, et partie en la paroisse de Teillay, ès fiez de Brioney et de Maumuezon, et du seigneur de Andegney, lesquelles chouses furent feu Richart Godefroy et feu Gilet de Meson, et de feu Gervaise Le Tanceur, etc., laquelle rente doivent rendre au terme de Saint-Père et de Saint-Paul.

530. — [1350 v. s., 23 mars]. — Une autre lettre de la dicte court, sellée et signée et donnée le merquedi après *Oculi mei* M CCC L, comment Guillaume Telaye, clerc, paroissiain de Saint-George-de-Balon, confessa que les religieux, etc., de Beaulieu, ont esté et sont de long temps en possession de avoir, chacun an, par la main de lui et de ses prédicesseurs, à la feste de Saint-Père et Saint-Paul, L sols tournois, par cause de certaines chouses. Et promist ou dit jour, pour les dites chouses, paier et continuer la dite rente, au dit jour.

Lètres ecclésiastiques.

531. — [1237]. — Une lettre, donnée l'an CC XXXVII, comment les religieux, abbé et couvent de Beaulieu povent acquérir ou fié du chapitre du Mans, et le dit chapitre ou fié des diz religieux [1].

532. — [1271]. — Une lettre, sellée et donnée l'an M CC LXXI, comment révérend père en Dieu, Geffroy [2], évesque du Mans, soy contentit et voulit que les recteurs des

---

1. Cette lettre a été publiée dans le *Liber albus capituli*, in-4°, p. 266, n° CCCCXXV.
2. Geoffroy IV Freslon, qui gouverna le diocèse du Mans de 1260 à 1274.

églises collégiales, appartenant à l'abbaie de Beaulieu, soint tenuz rendre à l'abbé et au couvent du dit lieu, les pensions que leurs prédicesseurs avoient acoustumé avoir, etc.

533. — [1407]. — Une lettre du chapitre du Mans, sellée et donnée l'an mil CCCC et sept, comment frère Jehan Périer, procureur, etc., de Beaulieu, se délessa de la deffense de plusieurs héritages, situez ou povoir du dit chapitre, sur lesquelx avoint prins ventes, au lieu appellé Montoulain, et fut adjugié par la dite court, etc.

534. — [1299-1309]. — Une lettre sellée de, etc., R[obert], évesque du Mans [1], comment il confessa avoir veu un mandement espécial de appellez, pour les religieux de Beaulieu, par frère Micheil Dalée, religieux et procureur du dit lieu.

535. — [Avant le 22 février 1304]. — Une lettre de l'official du Mans, sellée, comment Johan du Temple, clerc publique, confessa avoir veu le testament de maistre Pierre d'Ardenay [2], archediacre de Montfort, en la présence de révérens père en Dieu, G. [3], abbé de Beaulieu, etc.

Lettres régales.

536. — [1338]. — Une lettre de la court de l'official du Mans, sellée, signée, en laquelle est contenu que l'abbé de Beaulieu presta au roy, en l'an CCC XXXVIII, trente livres, et le prieur de Villaine, cent soulx, et le prieur de Marcillié, cent soulx.

537. — Avant 1350. — Une quictance, sellée du seau des contraz, comment Jehan, filz du roy de France, quicta les religieux de Beaulieu la somme de deux cens livres tournois d'amende, en laquelle ilz avoint esté mis par le balliff d'Anjou et du Maine, en une cause entre les diz religieux et la dame de Belin, comme, et cetera.

---

1. Robert II de Clinchamp.
2. Voir sur ce personnage la notice qui lui est consacrée dans le *Nécrologe-obituaire de la cathédrale du Mans*, pp. 43-46.
3. Lire : Geoffroy.

538. — [1375]. — Une lettre de laquelle fut faicte collacion, scellée du seau de l'official du Mans, et signée par Jehan Telaye, donnée l'an CCC LXXV, comment Loys, filz du roy de France, duc d'Anjou et de Touraine et conte du Maine, donna et octria aux religieux, abbé et couvent de Beaulieu, en pure et perpétuel aumousne, et que ilz aient et tiegnent paisiblement et perpétuellement, à touz jour mes, rentes, cens et autres chouses immeubles [1], que ilz, ou leurs prédicesseurs ou successeurs, ont acquis ou acquerront, ou qui leur ont esté ou seront données, jousques à la valeur de cent livres tournois de rente, comme chouse amortie à l'église, sans ce que ilz puissent estre contrains de les mettre hors de leurs mains, ne de en faire aucune finance d'amortissement, etc.

539. — [1315]. — Un transcript, signé et donné à Bayeux, l'an CCC et quinze, comment Loys, roy de France et de Navarre, pour un disiesme et demy sur les personnes ecclésiastiques du Mainne, demandoit en acquis et solucion de tous acquestz faiz de touz le temps passé jusques au dit an.

540. — [1328-1350]. — Un transcript, scellé du seau du Mans, faisant mencion que, comment Philippe, roy de France, eust octrié, de grâce espécial, à frère Jehan de Dijon, chanoine de Beaulieu près le Mans, jadis maistre chapelain et aumousnier de la reygne, que il peust acquerre ou conté du Maine, jusques à xx livres tournois d'annuel rente, sans fié et sans justice, pour fonder une chapelenie en la dite abbaie, après la mort et de la dicte reygne et du dit chanoine, l'abbé du dit lieu de Beaulieu suppliant au roy le propoux du dit chanoine estre accompli, laquelle chouse li fut octrié par le dit roy, et depuis, par Jehan, filz du dit roy, duc de Normandie, conte d'Anjou et du Mainne, comme apparest par un autre transcript.

---

1. M. Roger Luzu ayant bien voulu collationner pour nous le ms. latin de la Bibliothèque nationale, nº 17.125, où se trouve le texte des lettres de Louis d'Anjou, nous pouvons rectifier ainsi le passage « cens et autres... » Il faut ajouter : « Lors toutevoie fié et justice qu'ils ou leurs prédécesseurs... »

541. — [1387]. — Une lettre sellée du seau réal, en laquelle est contenu l'apointement et acort du débat meu entre révérend père en Dieu, monseigneur l'évesque, doyen et chapitre du Mans, les abbés et autres gens d'église du Mainne, d'une part, et les nobles, bourgeois et habitans du dit païs, d'autre part, sur le fait des dismes abournées, dont procès pendoit en parlement, donnée à Paris, l'an CCC IIII^{xx} et VII, et cetera.

542. — [1397, 22 octobre]. — Une copie d'une lettre signée et donnée le xxii° jour de octobre M CCC IIII^{xx}XVII, comment, après le dessur dit accort, plusieurs personnes y contredisant, Ph., roy de France, commist, commanda, par le sergeant qui premier sur ce sera requis, aux abbé de Beaulieu et abbasse du Pré, et à plusieurs autres, de paier à frère Robert de Villeespandue, prieur de Saint-Ouain du Mans, la vroye disme de touz les roisins culliz en la dicte paroisse.

543. — [1356-1371]. — Une lettre de Loys, filz du roy de France, conte d'Anjou et du Maine, et seigneur de Montpellier, comment il fist commendement au sénéchal d'Anjou et du Maine, que, de jour en jour, de heure en heure, il feist appellé l'abbé de Beaulieu, pour leur meson, sise en la cité du Mans, et cetera.

Maresché [1].

544. — [Sans date]. — Une lettre de la court du Mans, sellée, comment monsieur Juliain Morel, prebtre, eut la moitié d'une pièce de vigne, contenant quatre quartiers ou environ, sise, partie, ou fié au seigneur du Boys-Revel, et partie, ou fié au seigneur de Saint-Marcel, coustéant le chemin par lequel l'en vait de Saint-Marcel au Boys-Revel, aboutant au chemin par lequel l'en vait de Saint-Marcel à Beaumont, coustéant les vignes à la Coillarde, par Jehan des Lettres, sergeant de la dicte court, pour troys sommes de vin gouays et bourdelays, à la mesure de Beaumont, de rente annuel, et pour une

---

1. Maresché, commune et paroisse du canton et du doyenné de Beaumont-sur-Sarthe.

somme de vin, à la dite mesure, de rente, et pour quatre boucceaux de froment, à la dite mesure, et pour deux sommes de vin, de rente, à la dite mesure, ainsi qu'il apparest par certaines lettres, annexées o la dessur dite, et auxi pour certains arrérages deuz à cause des dites rentes, laquelle vigne doit un cousteret de vin de prinson, au seigneur de Saint-Marcel, et cinq deniers, au seigneur du Boys-Revel, chacun an.

Testamens.

545. — [Sans date]. — Un testament de Guillaume Bougeri et de Jehanne, sa fame, paroissiains de la Magdeleine, près le Mans, comment ilz donnèrent au prieur de la Magdeleine, pour leur anniversoire, deux soulx tournois de rente sur leur hébergement, sis davant la Magdeleine. Item, donnèrent au luminaire de la diete église, deux soulx tournois de rente.

546. — [1328]. — Un testament de Hébert Harquengier[1], peletier, paroissiain de Notre-Dame-de-Gourdainne du Mans, comment il donna à l'abbaie de Beaulieu, tout le résidu de ses biens, son testament acompli par ses exécuteurs, comme contenu est ou dit testament.

547. — [Sans date]. — Quatre testamens, l'un de Denise, femme de feu Guillaume Gelin, paroissiain de Saint-Loup, ou déané de Gabron, l'autre de Agnès, femme Guillaume Pourtant, de la paroisse de Cures, l'autre de Symon Hay, de la ville de Crennes, ou déanné de Vaalon, le quart de Jehan Pasquier.

Obligacions.

548. — [1298]. — Une lettre donnée l'an CC IIII**xx**XVIII, comment Guillaume Augis et Juliote, sa fame, vendirent une pièce de vigne, sise ou fé au seigneur de Beaumont, auquel deux buyes de vin.

549. — [1276]. — Une lettre de la court de l'official du Mans, sellée, signée et donnée l'an CC LXXVI, comme

---

1. Voir plus haut, p. 21, n° 44.

Colasse, fille feu Richart Lesonneur, vendit à Gautier Le Tuillandier, v sols manczois de rente, lesquelx Hébert Le Barbier et Jehanne, sa fame, fille feu Juguet Le Barbier, li estoint tenuz rendre, au jour de Toussains, ovec autres xx sols tournois, sur une pièce de vigne qui estoit au dit Juguet, sise à Maupalu, en la paroisse de Sainte-Croez, ou flé à l'abbé de la Coulture[1]. Et fut faicte la dite vendicion pour le pris de lx soulx tournois, monnoie courante.

550. — [**1312**]. — Une lettre de la dite court, sellée, signée et donnée l'an CCC et douze, de la vendicion de un sextier de froment, à la mesure du Mans, de rente, faicte par Guillot Redoublie et Hamelote, sa fame, sur tous leurs biens, etc., à Geffroy Lebreton et à Gillete, sa fame, rendable la dicte rente à la feste de Saint-Remy. Et fut faicte la dicte vendicion pour le pris de quatre livres tournois.

551. — [**1322**]. — Une lettre de la dicte court, donnée l'an CCC XXII, comment Jehan de Châteaufort[2], clerc, vendit à Guillaume d'Egreville, troys soulx tournois de rente, que Macé de Calvemont li estoit tenu faire, sur toutes ses choses, pour le pris de xxx solx tournois.

552. — [**1323**]. — Une lettre donnée l'an CCC XXIII, faisant mencion comment Jamet Chapuis donnoit à Jehanne, sa fame, tout ce que il li povoit donner de droit et de coustume, et auxi la dite Jehanne au dit Jamet.

553. — [**1325**]. — Une lettre de la court de l'official du Mans, sellée, signée et donnée l'an CCC XXV, de la donation de Guillaume de Baigneux[3], avec touz ses biens meubles et immeubles, etc., aux religieux de Beaulieu.

554. — [**1317**]. — Une lettre de la court du Mans, sellée, signée et donnée l'an CCC XVII, de la vendicion pour quatre livres tournois, que fist Raoul du Plessair, dit Lucas,

---

1. Voir plus haut, p. 19, n° 35, et p. 32, n° 73.
2. Peut-être conviendrait-il de rapprocher ce personnage d'un Jehannot de Châteaufort, clerc, qui paraît dans un acte de 1331. Cf. Bilard : *Analyse des documents historiques*, etc., t. II, p. 30, n° 167.
3. Voir aussi plus haut, p. 33, n° 74.

paroissiain de Fresnes, ou diocèse de Bayeux, à Denis Auffroy, de toutes les chouses immeubles qui li estoint escheus de la succession feu monsieur Raoul de Fresnes, prebtre, et de feu Colin, jadis son frère et oncle du dit vendeur.

555. — [1326]. — Une lettre donnée l'an CCC XXVI, comment les religieux de Beaulieu receurent, de leur commun assentement, Jehan Proin, clerc, filz Gervaise Proin [1], à estre, demourer et converser en leur compaignie. Et il leur donna une métairie appellée la Poterie, avec toutes ses appartenances, sise en la paroisse d'Aigné, ou fié au seigneur de Tussé ; item, un pré appellé le pré de Dessur-les-Eaux, sis ou dit fé ; item, XX sols tournois de rente que Jehan Lecharpentier li devoit sur certaines immeubles, sises ou dit fé ; item, XVIII sols tournois, à li deuz, à Saint-Sauny, ou fé de Belin ; item, XVI sols tournois, que les diz religieux li devoint sur leur vigne de Doulezeamye ; item, seix soulx tournois, que Estienne Bouteroe li estoit tenu faire, chacun an, sur une vigne sise aux Rues-de-Baugé, ou fié au prieur de Saint-Victeur.

556. — [1317]. — Une lettre de la court de l'official du Mans, sellée, signée et donnée l'an CCC XVII, comment maistre Nicholas de Pratellis soy donna, avec touz biens meubles et immeubles, etc., au monastère de Notre-Dame de Beaulieu.

557. — [1335]. — Une lettre de la dicte court, sellée, signée et donnée l'an CCC XXXV, faisant mencion que, comme Guillot et Geffroy du Préront, frères, fussent tenuz et obligez aux religieux de Beaulieu, en la somme de cent soulx tournois de rente [2] sur aucuns héritages, lesquelx héritages Drocon Riboule, esenier, print, promist et se obligea payer et continuer la dite rente, aux diz religieux, par chacun an, au terme de l'Angevine, et en bailler lettres de la dicte court, etc.

558. — [1336]. — Une lettre de la dicte court, signée et donnée l'an CCC XXXVI, de la vendicion de cent soulx

1. Voir plus haut. p. 32. n° 73.
2. On a ajouté postérieurement, au XV° siècle, en interligne : « à grâce ».

tournois de rente, pour cinquante livres tournois, au terme de Pasques, que fist monsieur Micheil Le Hericé, prebtre, sur toutes ses chouses, aux religieux de Beaulieu.

559. — [1336]. — Une autre lettre, faisant mencion comme la darenière, sellée du seau de l'official du Mans.

560. — [1344]. — Une lettre de la dite court, signée et donnée l'an CCC XLIIII, comment Juliote la Radebine, aiante dévocion à l'abbaie de Beaulieu, soy donna pour estre participante ès bienffaiz du dit monastère, ovec touz ses biens, etc., aux religieux icy servans Dieu.

561. — [1347]. — Une lettre de la dite court, signée et donnée l'an CCC XLVII, comment Colin du Sablonnier, clerc, soy, ovec touz ses biens meubles et immeubles, donna au monastère de Notre-Dame de Beaulieu.

562. — [1347]. — Une lettre de la dite court, faisant mencion comme la darenière.

563. — [1348]. — Une lettre de la court du Mans, sellée, signée et donnée l'an CCC XLVIII, comment Jehan Sayvet, clerc, confessa devoir et estre tenu faire, chacun an, aux religieux de Beaulieu, un sextier de froment, au terme de Saint-Remy, et x sols tournois de rente, pour la porcion qui povoit escheoir à sa fame, de la rente que feu Geffroy Guillot leur estoit tenu faire, au terme de Toussains, laquelle rente dessur dite le dit Jehan promist rendre, paier et continuer aux diz termes, les dites rentes.

564. — [1365]. — Une lettre de la court du Mans, sellée, signée et donnée l'an CCC LXV, comment Jehan de Braiteau, seigneur de Ravaire [1], vendit aux religieux de Beaulieu, pour le pris de trente frans d'or, bon, etc., troys sextiers de froment, rendables au terme de l'Angevine, et trente soulx tournois, rendables au terme de Pasques, tout de rente, sur toutes ses chouses immeubles, etc.

565. — [1370]. — Une lettre de la dicte court, sellée, signée et donnée l'an CCC LXX, de la vendicion de un sextier

---

1. Il faut lire, selon toute apparence : « de la Rivière ».

de saigle, bon et suffisant, à la mesure du Mans, de rente perpétuelle, rendable au jour de Toussains, pour le pris de soixante soulx tournois, monnoie courante, faicte par Guillaume Foucher et Marguerite, sa fame, à l'office de l'abbé de Beaulieu, sur touz leurs biens.

566. — [**1362**]. — Une lettre de la dite court, sellée, signée et donnée l'an CCC LXII, de la vendicion de XL. soulx tournois de rente, rendable au jour de Nouel, pour le pris de vingt frans d'or, faicte par Juliot Veau et Jehanne, sa fame, sur toutes leurs chouses, à monsieur Fouques Dorton dit de Charonne, prebtre.

567. — [**Sans date**]. — Une lettre faisant mencion que, comme Aliz, fille feu Jehan Rebullet, avec Guillemecte et Colleite, ses sœurs, fussent tenuz et obligez à religieuses et honnestes personnes, l'abbé et couvent de Beaulieu, en seix livres tournois, monnoie courante, et en trente soulx tournois, monnoie courante, tout de rente, sur les chouses de la métayrie de Vauchaton, sise en la paroisse d'Yvré-l'Évesque, ou fié à la dame de Rivailon et de Champaigné, la dite Aliz bailla les dites chouses chargées en assiete et assignacion de la dite rente, aux diz religieux, et pour la somme de vingt frans de bon or paiez, etc.

Monnet

568. — [**1345**]. — Une lettre de la court de l'official du Mans, sellée de deux seaux, signée par Raderay, et donnée l'an CCC XLV, comment nobles homs Adam de Yzé, seigneur temporel de Monnet, pour quatre livres tournois de rente que il devoit aux religieux, abbé et couvent de Beaulieu, par raison d'aucunes chouses immeubles que il eut des diz religieux, et les diz religieux par donnoison de Guillaume de Baigneux, en eschange et permutacion quitta, cessa et remist aux diz religieux LXVII sols tournois de cens, par raison de certaines chouses immeubles, sises ou fié de Monnet ; item, troys jalles de vin de prinson, par raison de la donnoison que leur fist Jehan Bahu ; item, troys cousterets de vin de prinson, sur un quartier de vigne, sis près les vignes Jehan Thubaut, et généralement tout ce que il leur povoit demander, exepté viii sols tournois de cens, par raison des chouses dessus dites, au jour de Saint-Gervaise d'yver.

Talemer.

569. — [1263]. — Une lettre signée et donnée l'an CC LXIII, comment Jehan Talemer confessa devoir, chacun an, au terme de la Tiephaine, à cause de prez et terres et autres chouses, la somme de xl sols tournois, aux religieux de Beaulieu, lesquelx les chouses sont sises.

570. — [1270]. — Une lettre de la dite court de l'official, sellée, signée et donnée l'an CC LXX, comment le dit Talemer confessa avoir vendu, pour lx sols tournois, aux diz religieux, sur tout son tenement, la somme de x sols tournois, rendable au terme de Saint-Rémy, par chacun an.

Advouz.

571. — [Sans date]. — Guillaume Lermite tient et avoue à tenir à foy et homage simple, la métairie de la Bataillière, de révérend père en Dieu, monseigneur de Beaulieu, à cause de son domaine du Plessair-Juyon, par raison desquelles chouses, il est tenu faire à mon dit seigneur quinze soulx tournois, au jour de la feste aux mors, et troys bouceaux de froment, plaige, gaige, droit, obéissance, tailles, quant elles eschéent selon coustume de païs, à estre paiez, etc., si comme apparest par une lettre, sellée du petit seau des contraz de la court du Bourc-Nouvel.

572. — [Sans date]. — Jehan Lemounier et Jehan Maurousset tiennent et avouent à tenir de mon seigneur de la Mote, un champ, nommé le champ de Char-d'Asne, contenant un journel et demy de terre ou environ ; item, une pièce de pré, sise en la cloaison des prez de l'estre du Buignon, contenant la tierce partie de journée à un homme de pré, par raison desquelles, v deniers de cens, comme apparest par une lettre signée par de Coustance.

573. — [Sans date]. — Juliot de Courbefousse tient et avoue à tenir de révérend père en Dieu, monseigneur de Beaulieu, un journal de terre sis aux Fondues de sur Sarte, en la paroisse d'Alompne, joignant les terres Enjubaut, d'un cousté, et, d'autre, les terres de mon dit seigneur, par raison duquel il en est tenu faire à mon dit seigneur neuff deniers tournois de cens, et à la pictancerie du dit lieu, sept deniers tournois, au jour de la Saint-Martin d'yver, ainxi que il apparest par une lettre signée par J. Enjoubaut et par J. Delaunoy.

574. — [1413]. — Michel Tolet tient et avoue à tenir de révérend père en Dieu, monseigneur de Beaulieu, un quartier de vigne sis ou cloux au Lièvre, par raison duquel est tenu faire la moitié de deux deniers maille tournois, au jour de la Saint-Jehan; item, un quartier de vigne, sis ou cloux de Coupepie, aboutant, d'un bout, à la vigne Jehan Aallote, et, d'autre, au chemin par lequel l'en vait de Coupepie au Mans, par raison duquel il est tenu faire à mon dit seigneur deux deniers maille tournois de cens, à la dicte feste, ainxi qu'il apparest par une lettre signée l'an mil IIII^c et XIII, par Lecoq.

575. — [Sans date]. — Colin Triquart tient et avoue à tenir de révérend père en Dieu, monseigneur de Beaulieu, plusieurs chouses immeubles sises en la paroisse d'Aallompne, par raison desquelles il est tenu faire à mon dit seigneur, v sols iiii deniers tournois de cens, au jour de la Saint-Martin d'yver, ainxin que il apparest et est contenu en une lettre signée par J. Enjoubaut et par J. Blanchart.

576. — [Sans date]. — Estienne Pastoureau tient et avoue à tenir de révérend père en Dieu, monseigneur de Beaulieu, une maison avec ses appartenances, sises en la paroisse de Rouillon, avec les courtilz de Muron; item, quatre journelx de terre; item, une journée de pré; item, une broce de boys, par raison desquelles chouses, il est tenu faire à mon dit seigneur, xiiii sols iiii deniers tournois de rente, chacun an, au jour de Toussains, ainxi qu'il apparest par une lettre, signée par A. Lefèvre, à la requeste du dit Pastoureau.

577. — [Sans date]. — Jehan Boursart tient et avoue à tenir de monseigneur de Beaulieu, un journel de terre, sis en la paroisse de Notre-Dame-du-Pré, coustéant les chouses Guillaume Courtoys, par raison duquel il est tenu faire à mon dit seigneur, au jour Saint-Jehan-Baptiste, XIII deniers, ainxi que il est contenu par une lettre, signée par A. Lefèvre.

Autres advouz.

578. — [Sans date]. — Les religieux, abbé et couvent de Beaulieu, tiennent et avouent à tenir ou povoir et seignorie de Jehan Bonnet, une pièce de vigne appellée Constance, contenant journées à vingt homes de besche ; item, journée à un homme de besche de courtil ; item, une pièce de terre, contenant cinq journelx, par raison desquelles chouses, le procureur des diz religieux confessa devoir au dit Jehan IIII sols II deniers obole tournois, au jour de Toussains, ainxi qu'il apparest par une lettre signée : J. Telaye.

579. — [Sans date]. — Les religieux, etc., de Beaulieu tiennent et advouent à tenir ou povoir, fié et seignorie des doyen et chapitre de Saint-Père-de-la-Court, c'est assavoir, l'estre et mesons qui fut feu maistre Fouques de la Coulture [1], sis en la paroisse de Rouillon ; item, un arpent de bruyères, par raison desquelles chouses ilz sont tenuz faire au dit chapitre, deux soulx manczois, au jour de Toussains ; item, une pièce de pré, sise en la paroisse de Ruaudain, contenant journée à troys faucheurs, par raison, etc., au jour de Saint-Jehan, IX deniers manczois ; item, deux quartiers de vigne, sis aux Ardilliers, en la paroisse de Saint-Jehan-de-la-Chevrerie, pour, etc., au jour de Toussains, I sol VIII deniers de cens ; item, le pressouer du Vau-Gautier, appellé Douceamye, avec journée à un homme de courtil, sis en la paroisse de Sainte-Croez ; item, deux quartiers de vigne, sis en la dite paroisse, pour, etc., au jour de Toussains, XII deniers tour-

---

1. Peut-être conviendrait-il de rapprocher ce personnage de Fouquet de la Consture, mentionné dans le *Cartulaire de l'abbaye de Saint-Calais*, in-8º, p. 62, nº 29.

nois ; item, à l'office de la penneterie, x sols ; item, un quartier de terre, sis en la dite paroisse, pour, etc., xii deniers tournois, au jour de Saint-Jehan ; item, xx sols tournois de rente, que sont tenuz faire aux diz religieux, la fame et hoirs feu Jehan Lequeu, sur une meson, sise en la rue de la Tanerie, ainxi que il apparest par une lettre, signée par A. Lefevre.

580. — [**Sans date**]. — Les religieux, etc., de Beaulieu, tiennent et avouent à tenir de honeste religieuse abbasse et couvent du Pré, un estre appellé Beaulieu, sis en la paroisse de Neuville-sur-Sarte ; item, diz journelx de terre ; item, demy-quartier de vigne ; item, quatre journelx de bruyères, pour lesquelles chouses ils sont tenuz faire et poyer au jour de Saint-Christofle, x sols tournois ; item, quatre quartiers de vigne, sis en la paroisse du Pré, pour lesquelx, xvi manczois ; item, une pièce de terre, sis en la paroisse de Saint-Germain, pour lequel, v sols tournois, au jour de Toussains ; item, une meson avec une planche de courtil, sise en la dicte paroisse de Saint-Germain ; item, journée à un homme de courtil, sis en la dite paroisse, par raison, etc., deux soulx tournois de cens, au jour de Saint-Jehan-Baptiste ; item, journée à troys hommes de courtil, sis en la dite paroisse, tenu à ix deniers de cens, au jour de Saint-André ; item, deux quartiers de vigne, sis en la paroisse du Pré, ou cloux de Grigné, tenu à deux sols vi deniers tournois de cens, au jour de Saint-Rémy ; item, xl sols tournois de rente, que leur est tenu faire Perrin le Déable, dit le Fourbissour, par raison d'une meson appellée Costelerie du Sablonnier ; item, seix quartiers de vigne, appellée Rougemont, avec le puiz, la meson, le pressouer, sis en la paroisse de Saint-Padvin-des-Champs, à vi sols tournois de cens, au jour de Saint-Rémy ; item, xii sols tournois de rente, que leur est tenu faire Symon Morin, à cause d'une meson et courtil, sis en la paroisse de Saint-Germain ; item, vi sols tournois de rente, que leur est tenu faire Jehan Manussert, à cause d'un courtil, sis jouste les Pierres ; item, xx sols tournois de rente, que leur est tenu faire Jehan Péan, et deux poussins, à cause du bout de la meson où il demeure, et d'un pressouer et de deux journelx de terre, sises en la paroisse de la Magdeleine, et le dit Péan est tenu faire à la dite abbasse, xii deniers tournois ; item, une ouseraye, contenant un journel de terre, tenu de la dite abbasse, par Jehan Chevillé et Micheil Houdri, ainsi qu'il est contenu en une lettre signée par J. Bonfilz.

581. — [Sans date]. — Les religieux tiennent en la terre de Spay un bordage appellé le Four, sis en la paroisse de Spay, contenant douze journelx de terre arable ; item, deux journelx de terre arable, appellez la Drouterie, sis en la dite paroisse ; item, un lieu appellé le Pressouer, ovec ses appartenances, contenant diz journelx de terre arable ; item, un lieu appellé le Vigneau, ovec le féage, mesons et courtilz ; item, vingt journelx de gast et landes ; item, deux quartiers et demy de gast, où souloit avoir vignes ; item, cinq soulx tournois de cens que leur est tenu faire Geffroy Pèlerin, par raison du bordage du Vigneau ; item, onze sols iii deniers tournois de cens, que leur est tenu faire Gervaise Le Marchant ; item, trente journelx de gast où souloit avoir vignes, que plusieurs personnes souloint tenir, par raison desquelles chouses, le procureur des diz religieux confessa que il sont tenuz faire, au jour de Toussains, v sols tournois de devoir.

582. — [Sans date]. — Ce que les diz religieux tiennent en la chastellenie de Lavardin. Premièrement, une métairie appellée Brices, ovec ses appartenances, contenant quarante journelx de terre et une journée de pré ou environ, pour lesquelles chouses le dit procureur confessa devoir, au jour de la miaoust, huyt deniers tournois ; item, vingt et seix journelx de terre arable ou environ, situés en la paroisse de Meszières, et journée à cinq hommes de pré et deux pièces de terre et une pièce de pré, [pour lesquelles chouses, viii deniers de devoir et un bouceau de moulture][1] ; item, une métairie sise en la paroisse de Conlie, au Plié[2] de Crennes, contenant

1. Les mots mis entre crochets ont été ajoutés, au xve siècle, à la marge extérieure du ms.
2. Il faut certainement lire « au Plé ». Voir plus haut, p. 152, n° 387.

ce journelx de terre et le féage et quatre à cinq soulx tournois de cens menus et rentez ou environ, que leur sont tenuz faire, par chacun an, plusieurs personnes ; item, toutes et chacunes les dismes, que les diz religieux tiennent et possident au dit lieu du Pié de Crennes, pour lesquelles chouses, etc., ilz sont tenuz célébrer certain service en leur monastère.

583. — [Sans date]. — Ce que les diz religieux tiennent en la ville du Mans, ou fié d'Assé. Premièrement, L sols tournois de rente, que leur est tenu faire Guillaume Martin, paroissiain de Saint-Padvin-de-la-Cité, par raison de sa meson, sise près l'église de Saint-Padvin ; item, XL sols tournois de rente, que leur sont tenuz faire Tiebin, André et Raoul Chiefber, par raison de leur meson, sise près la dicte église ; item, LX sols tournois de rente, que leur est tenu faire Jehan Voyer, par raison du hébergement qui fut jadis Denis Durand ; item, troys quartiers de vigne appellez la Tallevacière, sis en la paroisse de Saint-Padvin-des-Champs, pour lesquelles chouses, VIII deniers, au jour de Sainte-Croez de septembre ; item, XL sols tournois de rente et seix poucins, que leur est tenu faire Jehan Lemounier, à cause d'un bordage appellé Vaurousée, sis en la dite paroisse ; item, deux journelx de terre et un quartier de vigne, pour lesquelles chouses, XXIX deniers tournois de cens, au dit jour.

584. — [Sans date]. — Ce que les diz religieux tiennent des diz seigneurs par moiens. Premièrement, une métairie appellée la Sorinière, sise en la paroisse de Neuville-Laalès, au lieu appellé le Pié de Crennes, contenant XXXIIII journelx de terre, ovec troys journées de pré, sise ou fié Guillaume de Solignié, à VIII deniers tournois, au dit jour ; item, journée à un homme de pré, sise au dessur du moulin neuff, ou fié du dit Guillaume, à II deniers tournois de devoir, au dit jour ; item, deux journelx de terre arable, sis en la paroisse de Conlie, au lieu appellé le Vau-Noel, ou fié du dit Guillaume, à X deniers tournois de devoir, au dit jour ; item, troys journelx de terre arable, sis au fié ou prieur de Tanye, en la dite paroisse de Conlie ; item, XXIIII sols tournois de rente et deux poulles, que Thomas Rabinant, paroissiain de Neuville-Laalès, par raison de quatre journelx de terre arable et quatre de pasture, sis en la paroisse de Saint-Chéron, ou fié Berthélemy Soutif.

585. — [Sans date]. — Ce que les diz religieux tiennent ès fiez communs de Lavardin et de Tuscé. Premièrement, xlv sols tournois de rente que leur est tenu faire Jehan Thoflin, par raison d'une meson, sise près la porte de la Tanerie ; item, xxx sols de rente que le dit Thoflin est tenu faire à cause d'une meson que tint feu Regnaut Le Corraier.

586. — [Sans date]. — Une lettre signée en laquelle est contenue la déclaracion des chouses que les diz religieux tiennent ou conté du Maine, rendue au conte.

Le Château-du-Loir.

587. — [Sans date]. — Troys lettres de la court de l'official du Mans, sellées et signées, comment plusieurs personnes prindrent des religieux, abbé et couvent de Beaulieu près le Mans, pour certainne somme de chouse meuble, touz les blez, vins et autres prémices de la disme de la paroisse de Marson.

588. — [Sans date]. — Une lettre sellée de monsieur Jeffroy, seigneur de Vernoil [1], chevalier, comment le dit chevalier donna en pure et perpétuel aumousne, à Dieu et à l'église de Sainte-Geneviève de Dissay, deux sextiers, l'un de saigle et l'autre de froment, à la mesure de Saint-Christofle, pour le salut et remède de son âme et de sa fame, à faire deux cierges en la levacion du corps de Jésus-Christ, en la dicte église, sur le moulin de Villeborel, au jour de la feste aux mors.

589. — [Sans date]. — Une lettre sellée, de la vendicion de xxv sols tournois de rente, au terme de Toussains, faicte pour xii livres x sols tournois, aux religieux de Beau-

---

1. On trouve un Geffroy de Verneil, vivant en 1274 et en 1282. Cf. Bilard : *Analyse des documents historiques*, t. I, nos 766, 767.

lieu par Jehannin de la Bruyer[1], escuier, de la paroisse de Vaas, sur son hébergement appelé de la Roche, avec ses appartenances.

590. — (Sans date). — Une lettre de la Chartre, sellée, comment Estienne Godeffroy et Macée, sa fame, pour unze sols de tournois de rente, au terme de la mi-aoust, baillèrent à Guillaume Angier, mesons, terres, vignes, boys, hays et autres chouses, en quelque lieu ou paroisse qu'elle soint situées ou appellées.

591 — (Sans date). — Une lettre de la court de l'official du Mans, sellée, signée, comment Guillaume de Baigneux, de la paroisse de Marson, bailla, à touz jours mes, à Guion Mulain et à ses hoirs, pour seize soulx tournois et deux chapons de rente, rendables aux termes de Nouel et de Saint-Jehan-Baptiste, par moitié, une pièce de terre o ses appartenances, contenant quatre journelx ou environ, sise en la paroisse de Sillié-le-Philippe, ou fié de Jehan Chevalier, appellée de Maupertuys, entre les vignes Jehan Liance et les terres Pierres Venneur.

592. — 1322. — Une lettre de la court de la Chartre, signée et donnée l'an CCC XXII, comment Guillaume Lesourt et Perronnelle, sa fame, paroissiains de Marsson, vendirent à Guillaume Angier et à ses hoirs, sur toutes leurs chouses, pour trente livres tournois, un muy et demy de vin, bon, pur et net, ovec trente soulx tournois de rente, rendables au jour de Toussains, et le dit vin au jour de Saint-Micheil.

593. — 1336. — Une lettre de la court de la Chartre, sellée et donnée l'an CCC XXXVI, comment Micheil Henuy confessa avoir quitté et délessié à Guillaume Angier et à ses hoirs, vingt soulx tournois de rente, remenant de LX soulx tournois, sur la meson du dit Guillaume, pour le pris de douze livres tournois, monnoie courante, paiez et comptez par

---

1. Nous inclinerions à voir en ce personnage, Johan de la Bruière, lequel est au nombre des possesseurs de fiefs qui, en 1293, ont rendu hommage à Béatrix de Montfort, pour la seigneurie de Château-du-Loir. Cf. Eug. Vallée : *Cartulaire de Château-du-Loir*, in-8°, p. 193.

le dit achateur au dit vendeur, ainxin que il apparest par la dicte lettre.

594. — [Sans date]. — Une lettre sellée du seau de la Chartre, comment Perronne du Val, de la paroisse de Montabon, donna à Jehan Lefèvre, clerc, touz les biens meubles et immeubles qu'el avoit et povoit avoir en quelxcunques lieux, fiez ou paroisses, que ilz soint assiz, etc.

595. — [Sans date]. — Une lettre de la dicte court, sellée, comment Jehan Espinou et Nichole, sa fame, vendirent à Jehanne l'Olivière, une mine de froment, à la mesure du Château-du-Loir, sur leur estre et sur deux pièces de vigne, contenant troys quartiers ou environ, ou fé de l'Ospital du Château-du-Loir, rendable au jour de l'Angevine.

596. — [Sans date]. — Une lettre de la dite court, sellée, comment Jehan Chevecier et Jehanne, sa fame, baillèrent, pour iii solx tournois de rente, rendables au jour de Toussains, un patiz contenant un arpent ou environ, sis en la paroisse de Marsson, près le patiz Macé Qualois, d'un cousté, et, d'autre, la terre Marion la Boutarde, ou fié aux dessus diz, à Guillaume Angier.

597. — [Sans date]. — Une lettre de la dite court, sellée, comment Guillaume Lesourd et Perronnelle, sa fame, baillèrent, en absoulte et acquitement de un muy et demy de vin et de xxx sols tournois, tout de rente, dont la lettre est dessus escripte, une roche, sise en la paroisse de Marsson, ou fié monsieur Pierre de Poillé, tenue à x deniers tournois de rente, au jour de la Feste-Dieu; item, une pièce de pré, contenant le tiers d'un arpent ou environ, sis en la dite paroisse, près la terre Jehanne la Bodine et le pré au mounier de Courtrain, tenu des Raboz, à deux deniers de cens, rendable au jour de la Saint-Martin d'yver; item, une pièce de vigne contenant un quartier ou environ, sis en la dite paroisse, près la vigne Jehan Bodin et la terre aux hoirs Reboulart, tenue du seigneur de Courceillon à i denier obole, au dit jour de Saint-Martin; item, une autre pièce de vigne, sise en la dite paroisse, ou fié du dit seigneur de Courceillon; et, o tout ce, journée de troys hommes de vigne, près la vigne au mounier de Courtiron, tenu des hoirs Maçot Le Piquart, à x deniers tournois de rente, au jour de la feste aux mors ; item, une autre pièce de vigne, contenant un quartier ou environ, sis près la vigne Robin Beduit et la vigne Jehan Bodin, tenue à xii deniers tournois, rendable au jour de la mi-aoust, à Guillaume Angier.

598 — Sans date. — Une lettre de la dicte court, signée, comment Guillaume Angier confessa avoir baillé à J. Guenayer[1], à touz jours mes, pour cinq soulx tournois de annuel rente, une pièce, que terre que vigne, contenant un quartier ou environ, sise jouste la vigne du dit preneur, en la paroisse de Marsson, ou fié monseigneur Hemeri de la Jaille, chevalier, laquelle fut feu Guillaume de Baigneux.

599. — Sans date. — Une lettre de la dite court, signée, comment Pierres Bodineau et Jehanne, sa fame, vendirent à Jehanne l'Olivière, un sextier de froment, bon, etc., à la mesure de Château-du-Loir, de annuel rente, sur leur estre du Boys-Saint-Martin et sur ses appartenances, rendable la dite rente, au terme de l'Angevine. Et fut faicte la dite vendicion, pour lv sols tournois.

600. — Sans date. — Une lettre de la dite court, sellée, de la vendicion de quatre soulx tournois de rente, faicte par Perrot Chaudeau à Jehan des Fresnes, clerc du prieur de Diçay, sur la somme de viii sols tournois de rente, que Perronne, fame de feu Pierres du Housay, li devoit, à la Saint-Martin d'yver, sur une pièce de vigne, contenant cinq quartiers ou environ, appellée le Housay, qui est joignant à l'estre de la dite fame. Et fut faicte la dite vendicion, pour le pris de quarante soulx tournois monnoie courante.

601. — Sans date. — Une lettre de la court de l'official du Mans, sellée, faisant mencion comment Laurens Boidoit, de la paroisse de Jupilles, confessa avoir vendu aux religieux, abbé et couvent de Beaulieu, un muy de blé, c'est assavoir,

---

1. Ce nom a été ajouté, au xv⁵ siècle, en interligne.

de froment et de saigle, par moitié, de rente, au jour de Saint-Martin d'yver, pour et en acquit et solucion de quarante livres tournois, en laquelle somme il estoit tenu et obligé aux diz religieux.

602. — [Sans date]. — Une lettre de la court du Château-du-Loir, sellée, comment Girard Le Prévoust et Martine, sa fame, baillèrent à Jehanne la Louvière et à ses hoirs, une pièce de vigne, contenant demy-arpent ou environ, sise en la paroisse de Saint-Guingualoys, où lié au sire de Courtirant, entre les chouses à la feue Bonhommete, d'une part, et, d'autre, la vigne Beaupaigné, en assiete de et assignacion de un sextier de froment de rente annuelle, et pour LIX sols tournois comptez, etc.

603. — [Sans date]. — Une lettre de la dite court, signée, de la donaison de saize soulx tournois de rente, faicte par Mahoust la Forestière, paroissiaine de Gièvre, à Johanne l'Olivière, sur certaines chouses immeubles et héritaux, sises es paroisses de Saint-Guingualoys et de Flaé, partie ou lié au prieur de Château-du-Loir, et partie ou lié à Macé, en faisant de la dite Johanne au couvent de Saint-Guingualoys, II sols tournois de rente, jouste les chouses Colin Olivier et les chouses feu Hébert Boucelle.

604. — [Sans date]. — Une lettre de la court de Lucé, sellée, comment Jehanin de la Tufière et Clémence, sa fame, confessèrent avoir vendu, pour cent soulx tournois, un sextier de froment de annuel rente, paié à l'Angevine, à la mesure de Lucé, à Jehanin Le Boucher et à Jehanne, sa fame, sur touz leurs biens, etc.

605. — [Sans date]. — Une lettre de la court de Château-du-Loir, comment Macée, fame feu Jehan Brien, dame de la Roche, en la paroisse de Saint-Jehan-de-la-Mote, bailla, cessa à Girart Le Prévoust, une pièce de fresche, contenant demy-arpent ou environ, sise en la paroisse de Saint-Guingualoys, où lié au sire de Courtirant, entre les chouses aux hoirs à la feue Bonhommete, d'une part, et, d'autre, les chouses Thomas Beaupaignié; item, une pièce de courtil, contenant deux boucellées de semence, sis en la paroisse de Luceau, ou fié au sire de Flaé, entre le courtil Gervaise Le Prévoust et le courtil Guillaume Allart; item, demy-arpent de terre, sis en la paroisse de Vouvray, ou fié Jehan de Champeaux, entre la terre aux hoirs feu Guillaume de Guaipaignié, et la terre Jehanne la Milete, affin que le dit Girart, ou ceulx qui tendront les dites chouses, soint tenuz poier les devoirs anciens, c'est assavoir, à Marcillot Genis, pour le fresche dessur dit, ii sols tournois de rente, à la Nativité-Saint-Jehan; aux nonains de la Perrigne, pour la dite terre, iii sols tournois de rente, au jour de Saint-Martin d'yver, et au sire de Flaé, pour le dit courtil, ix deniers tournois de cens, au jour de la feste aux mors.

606. — [Sans date]. — Une lettre de la court de l'official du Mans, sellée, comment Macé Courbereau, de la paroisse de Luceau, bailla à Hébert de Tussé, seigneur de la Broce, pour quarante soulx tournois de rente, rendable au jour de Toussains, un estang, appellé l'estang de l'Aunoy-Vieil, ainxi qu'il est situé en la paroisse de Degrey, ou fié du seigneur de Boys-Auren, ovec une pièce de terre, contenant journée de deux faucheurs, sis en la dite paroisse, ou fié au seigneur de l'Antonnière, jouste les vignes du recteur de Degré, aboutant au chemin du Mans; item, le dit Hébert bailla au dit Macé et assigna iii sols tournois de rente, que il li estoit tenu faire sur une meson du dit Macé, sise en la ville de Lucé, ou fié au conte de Droux, jouste les chouses Colin Haudemon, d'une partie, et, d'autre, jouste la fontaine de Saint-Ypolite, en descomptant et descendant de la somme des diz xl sols tournois de rente.

607. — [Sans date]. — Une lettre de la dite court, sellée et annexée o la dessur dite, comment le dit Macé de Courbereau confessa avoir receu de Hébert de Tussé x livres tournois, pour xx sols tournois de la rente contenue en la lettre dessur dite; ainxi plus ne demouroit de la dite rente que xvii sols tournois, lesquelles deux lettres seront trouvées o les lettres de Degré.

608. — [Sans date]. — Une lettre de la court de Lucé, signée, comment Jehanin de la Tufière et Clémence, sa fame, vendirent à Jehanin Le Boucher et à Jehanne, sa fame, et à leurs hoirs et à ceulx qui auront sa cause, un sextier de froment de rente, à la mesure de Lucé, rendable au jour de l'Angevine, sur touz ses biens, etc., pour le pris de cent soulx tournois paiez, etc.

609. — [Sans date]. — Une lettre de la court du Château-du-Loir, sellée, comment Macé Hirebee et Clémence, sa fame, vendirent à Alain Forestier, clerc, une pièce de vigne, contenant demy-arpent ou environ, sise en la paroisse de Luceau, ou fié monseigneur Yvon de Vendel, chevalier, au lieu appellé Rahart, coustéant les noes au prieur de la maladerie du Château-du-Loir [1]; et, ovec ce, une pièce de terre, sise en la paroisse de Saint-Guingualoys, ou fié à l'ospital du Château-du-Loir, jouste les chouses Geffroy Delebeau, pour le pris de sept livres tournois. Et, partant, promist guarantir, etc., en faisant au dit chevalier XIIII deniers de cens, au jour de la Saint-Martin d'yver, et au dit hospital, III deniers, à la micaresme.

610. — [Sans date]. — Une lettre de la dite court, sellée, comment Micheil Drouart, paroissiain de Luceau, confessa avoir vendu à Alain Le Forestier et à Agathe, v sols tournois de rente, laquelle rente Vincent Drouart, frère du dit vendeur, paroissiain de Saint-Guingaloys, devoit, par chacun an, au dit vendeur, sur une chambre sise ou fié à l'hospitalier, pour L sols tournois.

611. — [Sans date]. — Une lettre de la court du Mans, sellée, comment Gillet Tourgis et Jehanne, sa fame, paroissiains de Lucé et Dissay, et Geffroy Quentin vendirent à Geffroy de Baugé unze livres tournois de annuel rente, sur toutes leurs chouses immeubles et héritaux, rendables à la Saint-George, pour le pris de cent diz livres et diz soulx tournois.

1. Cf. sur la maladrerie et sur l'hôpital de Château-du-Loir, *Annales fléchoises*, t. VI, pp. 56 et suiv.

612. — [Sans date]. — Une lettre de la court du Château-du-Loir, sellée, comment Colin Bellemère et Macée, sa fame, demourans en la ville du Château-du-Loir, confessèrent avoir vendu à Jehanne l'Olivière et à Alain Forestier, une meson qui fut jadis feu Macé du Chesne, sise ou fié de la dite court, ovec deux roches en la dicte meson, sises ou fié au prieur de Saint-Guingualoys l'une, et l'autre ou fié de l'ospital, entre les chouses feu Johan Guerrier et la roche Edeline la Tibergelle, pour XXX livres tournois, en faisant aux seigneurs féaux neuff soulx et huyt deniers de devoir.

613. — Sans date. — Une lettre de la court du Château-du-Loir, signée, comment Thomas Esperon prindrent des religieux, abbé et couvent de Beaulieu, pour la somme de cent soulx tournois de rente, toute celle partie que ilz povoint avoir en une métairie nuncupée Poillié, sise en la paroisse de Luceau, ou fié monseigneur Yvon de Vendel, escuier, partie, et partie ou fié Macé Leboucher; item, plusieurs autres chouses sises en plusieurs paroisses et fiez, ainxi que il apparest par la dite lettre, laquelle rente le dit Thomas promist rendre, par chacun an, franche et quitte, au jour de Toussains.

Lettres de plusieurs lieux.

614. — Sans date. — Une lettre de Geffroy, par la grâce de Dieu évesque du Mans, sellée, en laquelle est contenu que, combien que les religieux, abbé et couvent de Beaulieu, de leur pure grâce et libéralité, eussent donné au dit évesque et à ses prédécesseurs, que toutesfoiz que ilz voudroint hospiter en leur menoir de Saint-Fraimbaut, vers Rouezé, et que ilz eussent des boys à leur chauffage, voulut et concéda le dit évesque que, pour la dite hospitacion, lui ne ses successeurs eussent aucun droit par possession ne par propriété. Item, voulit et concéda que toutes les édifices et mélioracions qui avoint esté faictes par le commandement de lui et de ses prédicesseurs demeurent aux diz religieux, franches et quites, sans que jamés lui ne ses successeurs puissent rien demander ès dictes chouses.

615 — [Sans date]. — Une lettre de la court de l'official du Mans, signée, comment Emeline, fame feu Guillaume Lemesnager, de la paroisse de Degré, confessa avoir vendu aux religieux, etc., de Beaulieu, un quartier de vigne, sis à Saint-Fraimbaut, ou fié des diz religieux, pour trente soulx tournois, desquelx elle soy tint pour contente. Lesquelles deux lettres seront trouvées ovec les lettres de Rouezé.

616. — [Sans date]. — Une lettre de la court de l'official, sellée, faisant mencion que, pour la moitié du fié de Riomer, vendu par Regnaut Bergier aux religieux, abbé et couvent de Beaulieu, fut accordé entre les diz religieux et monsieur Robert de Chemiré-en-Charnie, chevalier, demandant foy et hommage pour le dit fié, que ne poiroint que XII deniers tournois de cens, requérable au jour de Toussains.

617. — [Sans date]. — Une lettre de la court du Bourc-Nouvel, sellée, comment monsieur Guillaume Chevalier, curé d'Espineu-le-Chevreul, quicta du tout en tout monsieur Jehan Pichon, prebtre, de toutes les chouses généralement que li povoit faire et demander, par raison de son dit bénéfice, etc. Lesquelles deux lettres seront trouvées ovec les lettres de Chassillié.

618. — [Sans date]. — Une lettre de la court du Mans, comment Guillaume Lepeintre et Jehanne, sa fame, de la paroisse de Saint-Jehan-des-Escheles, vendirent à Guillaume de Broucin et à Aaliz, sa fame, deux sextiers de froment, à la mesure de la Freté[1], sur deux pièces de terre appelées la terre de Beaumarchez, sises en la paroisse de Lamenay, ou fié monseigneur Richart de Beaumont, entre les terres des diz achateurs, pour le pris de diz livres tournois, desquelx, etc., rendable au jour de Toussains.

619. — [1243]. — Une lettre de la court de l'official du Mans, sellée et donnée l'an CC XLIII, comment Faulcon de Rufrançoys confessa que son aïeul donna à Dieu et à l'abbaye de Beaulieu diz soulx mançois de rente, à avoir sur le mou-

---

1. Lire : La Ferté.

lin de Rufrançois. Et voulut que la dite rente, sur le dit moulin, aux octabes de Saint-Martin d'yver. Lesquelles deux lettres seront trouvées avec la lettre de Saint-Jehan-du-Désert.

620. — [Sans date]. — Une lettre, comment Geffroy de Mathefelon [1], seigneur de Maignié, confessa avoir prins, pour le cours de sa vie et de sa fame, des religieux, etc., de Beaulieu, la disme des revenues, fournage et four et de la moulture de deux moulins, appartenant aux diz religieux, dont le fons en ait au dit seigneur, le tout sis en la paroisse de Maigné, pour la somme de quinze soulx mançois de pension, par chacun an. Laquelle lettre sera trouvée avec les lettres de Maignié.

621. — [Entre 1275 et 1318]. — Une lettre, sellée, de monseigneur Hugues l'Archevesque, chevalier et seigneur de Montfort, faisant mencion que, comme les religieux, abbé et couvent de Beaulieu, tenissent du dit chevalier, certaines vignes, sises en la paroisse de Coulaines, nuncupées l'Andoullerie, pour vingt-deux sommes et demye de vin, par chacun an, en vendenge, le dit chevalier bailla aux diz religieux les dites vignes, pour LX sols tournois, rendables au jour de Saint-Gervaise d'yver, ovec v sols tournois de taille, sauff les devoirs des seigneurs.

622. — [Sans date]. — Une lettre de la court de l'official du Mans, sellée, comment Macé Roisolle et Laurence, sa fame, confessèrent avoir vendu à Laurens Lescripvain, clerc, et à Sédille, sa fame, la VIII⁰ partie de la moitié de toute la vigne appellée Loiselerre, sise à Saint-Blaise, ou fié du seigneur de Prullié, et la VIII⁰ partie de la moitié de tout le pressouer et cuppes et autres chouses appartenant au dit pressouer, qui estoint devenues au dit Macé par succession de

---

1. Il sera bon de rapprocher cet acte d'un autre, en date du 6 octobre 1276, et par lequel Robert de Dreux et Béatrix de Montfort approuvent le don fait à l'abbaye de Beaulieu par Jeanne de la Musière, épouse d'un Geoffroy de Mathefelon. Cf. Eug. Vallée : *Cartulaire de Château-du-Loir*, in-8⁰, p. 164.

feu Juliain Laurens, pour lx sols tournois et pour un courtil que le dit Laurens leur donna, et lequel il avoit acheté du dit Macé, de Regnaud de la Chapelle, pour xx sols tournois.

623 — [Sans date]. — Une lettre de la court de l'official du Mans, sellée, faisant mencion comment Gillet de Baugé et Sédille, sa fame, vendirent à maistre Arnoul Aaliz, la tierce partie que ilz avoint en un pré, sis en la paroisse de Saint-Pavace, ou fié de monseigneur du Mans, soubz la ville de Coulaines, pour la somme de diz livres tournois, desquelles ilz se tindrent pour contens, et, partant, promidrent guarantir, etc., en faisant, au jour de Saint-Jehan-Baptiste, la tierce partie de xvi deniers tournois, au seigneur du fié, et la tierce partie de v sols tournois, à l'abbé de Beaulieu, sans autre redevance.

624. — [Sans date]. — Une lettre de la court de l'official du Mans, signée, faisant mencion comment Jehan Adam, de la paroisse de Saint-Hilaire, et Loavitain, de la paroisse de Saint-Père du Mans, confessèrent tenir des religieux, abbé et couvent de Beaulieu, aucunes chouses immeubles, appellées des Rousières, contenant un arpent de vigne ou environ, deux journelx de terre arable, et demy-arpent d'ouseraye et de vigne et de courtil, sises ou fié du Chapitre du Mans, pour la somme de l sols tournois, monnoie courante, de perpétuel rente, rendable à deux termes, c'est assavoir à Penthecouste et Saint-Martin d'yver, par moitié, chacun an, et à touz jours mes. Lesquelles quatre lettres sont ovec les lettres de Coulaines.

625. — [Sans date]. — Une lettre de la court de Vilainne, sellée, comment Nicholas du Chastelier et Sédille, sa fame, de la paroisse de Loupfougière, confessèrent avoir donné et quitté en mariage, à touz jours mes, à Gervaisote, leur fille, et à Drouet de Bromence, toutes les chouses immeubles et héritaux, que ilz avoint en quelque lieu ou paroisse qu'elles soint assises. Laquelle sera trouvée ovec les lettres de Vilaine.

626. — [Sans date]. — Une lettre de la court de l'official du Mans, sellée, comment Macé Guascelin et Richete, sa fame, Hamelot Guascelin et Hodéarde, sa fame, de la paroisse de Donfront-en-Champagne, vendirent à monsieur Hébert de l'Antonnière, chevalier, une pièce de pré, ovec la closure, joignant l'estang du dit chevalier, sise en la paroisse d'Aignié, pour la somme de LX sols tournois, desquelx, etc., tenue à deux deniers tournois de cens de service requérable. Laquelle lettre sera trouvée ovec les lettres d'Aignié.

627. — [Sans date]. — Une lettre de la court de Sillié, sellée, comment Guillaume du Fresne et Jehanne, sa fame, voulirent que Jehan du Fresne, frère du dit Guillaume, et Agnès, sa fame, fussent communs de touz leurs biens meubles et immeubles, etc. Laquelle lettre sera trouvée ovec les lettres de Sillié-le-Guillaume.

628. — [Sans date]. — Une lettre de la court de l'official du Mans, sellée, comment Faucon ..... [1] confessa qu'il devoit à l'abbé et couvent de Beaulieu demy-muy de blé, de perpétuel rente, rendable au terme de Saint-Romy, c'est assavoir, quatre sextiers de froment et deux d'avainne, ovec V sols tournois de rente, rendable au jour de l'Angevine, pour aucunes terres qu'il tient des diz religieux, laquelle sera trouvée ovec la dessur dicte.

Rouillon.

629. — En la paroisse de Roillon sont plusieurs bois, terres, prez, gastz, hais, estangs, cens, rentes et autres chouses, appartenant à monseigneur l'abbé de Beaulieu, et tient les dictes du conte du Meinne, sans aucun moien. Et sont sises les dictes chouses entre les féages de l'abbaie de Notre-Dame d'Estival-en-Charnie, de l'abbaie de Notre-Dame-de-Bellebranche, de la chapelle de Saint-Martin près le Mans, du seigneur du dit lieu de Roillon, de Jehan Le Fournier et de la Martelle.

630. — Premièrement. Douze journelx de bois, sis en la

---

1. Ce mot a été laissé en blanc.

dicte paroisse, en une piesse appellez les bois du Mineroy, aboutant, d'un bout, aux terres de la Mulotière, et, d'autre, aux terres du seigneur de Broussin, et coustéant les terres et appartenances du Mineroy, de la Giraudière, du féage de Saint-Martin et du féage de Notre-Dame-de-Bellebranche.

Item, en la dicte paroisse, sont sept réservouers à mectre poisson, l'un nommé Villentrun, contenant trois journelx de terre ou environ, l'autre nommé la marre de la Bourdonnière, contenant demi-journel, l'autre la fille Villentrun, l'autre la Pescherie, et l'autre la marre de Mineroy.

Cens du dit lieu de Roillon au terme de Toussains.

631. — Perrot Le Jars l'esné, ou lieu de Guillaume Gohier, pour demy-journel de terre ou environ, sis au Mineroy, coustéant, d'un cousté, le bois au prieur de Roillon, et, d'autre, le cloux de la Chapelle, et aboutant, d'un bout, aux chouses que tient Gervèse Mineroy, et, d'autre, au chemin tendant de la Chapelle-Saint-Aubin au Grand-Saint-George, v deniers.

632. — Le dit Perrot, ou lieu de Estienne Pastoureau, pour son estre contenant une meson et une loge ovec quatre journelx de terre ou environ, le tout sis ensemble, aboutant, d'un bout, au chemin tendant de la Mulotière au bois de Saint-Martin, et, d'autre, aux terres que tient Micheil Torreau de mon dit seigneur, et coustéant, d'un cousté, l'estre de la Mulotière ouquel demeure à présent, et, d'autre, le fé de Saint-Martin, iiii deniers.

633. — Le dit Perrot, pour journée à trois homes de vigne ou environ, sis en une piesse ou cloux du Clot, aboutant, d'un bout, au chemin tendant du dit lieu de Roillon au bois à l'abbé, et, d'autre, les chouses Micheil Hareau, et coustéant, d'un cousté, la ruelle du pressouer du Clot, et, d'autre, les vignes Jehan de Beauchesne, iii deniers obole.

634. — Le dit Perrot, pour demi-quartier de vigne, sis ou dit clox, aboutant, d'un bout, au chemin dessur dit, tendant de Roillon à Pennecières, et, d'autre, la vigne du dit Bidauld et coustéant, d'un cousté, l'estre de la Hellouinière, et, d'autre, la vigne du dit Hérigauld, tenue du dit féage à [.... ¹] t. de cens, au dit jour de Toussains, ıı sols, ıııı deniers.

635. — Le dit Perrot, au lieu de Jehan Hérigauld, pour une meson et appartenances, sis ou dit lieu de la Hellouinière, ovec un journel et demi de terre ou environ, le tout sis ensemble, aboutant, d'un bout, à la terre du dit Coustard, et, d'autre, aux vignes de l'abbaie de la Cousture, et coustéant, d'un cousté, le chemin tendant de l'ousteil Vincent Lemoy à la ruelle, et, d'autre, aux terres du dit Coustard ; item, pour demi-quartier de vigne qui maintenant est en terre arable, aboutant, d'un bout, aux vignes du dit Moy, et, d'autre, à la ruelle dessur dite, et coustéant, d'un cousté et d'autre, les terres des Maletz, tenue du dit féage à [.... ²] t. de cens au dit jour de Toussains, vı sols.

636. — Gervesote la Marchande, ou lieu de Guillaume Bourdon, pour journée à deux homes bescheurs, tant de pré que de vigne, sise à la Fousse-au-Bateur, aboutant, d'un bout, au pré à l'estang au prieur de Roillon, et, d'autre, au chemin tendant à Roillon, et coustéant, d'un cousté et d'autre, les terres Guillart et aux Champgarreaux, ıı sols.

637. — Jehan Torreau, au lieu de Colas Le Royer, pour demi-quartier de vigne, sis en la paroisse de Roillon, ou clox de la Mote, en deux piesses, l'une desquelles qui est en vigne aboute, d'un bout, la marre de la Bourdonnière, et, d'autre, au chemin tendant de l'estre de la Bruère au bois à l'abbé, et coustoie, d'un cousté, les vignes feu Auderon, et, d'autre, du dit lieu de Beaulieu qui sont du bordage de Roillon ; l'autre piesse qui est en courtil, aboute, d'un bout, au chemin tendant de Villentrun à l'estre de la Bruère, et semblablement d'autre, et coustoie, d'un cousté et d'autre, les terres et prez du dit Auderon, v sols.

638. — Micheil Malet, ou lieu de feu Vaudoier, pour trois quartiers de vigne sis en la dicte paroisse, ou lieu appellé

---

1. Le mot a été laissé en blanc.
2. Idem.

Dissé, et en une piesse aboutant, d'un bout, et coustéant, d'un cousté, aux terres de l'estre de Dissé, et, d'autre bout, aux vignes que Perrot Le Jars, le jeune, tient de mon dit seigneur, et, d'autre cousté, les chouses Jehan de Beauchesne, ou fié de....

639. — [Gervésote la Marchande, pour journée à deux hommes, tant de pré que de vigne, sis en la Fousse-au-Bateur, aboutant l'estang au prieur de Rouillon et au grand chemin][1].

640. — De Jehan Guillart, pour un quartier de fresche sis en la dicte paroisse, à la Fousse au Bateur, aboutant et coustéant, d'un bout et cousté, les choses du couvent du dit monastère de Beaulieu[2], et, d'autre cousté, coustéant les chouses de la Bourdonnière, et, d'autre bout, aboutant à la dicte Bourdonnière[3], xii deniers.

641. — Le dit Guillard, ou lieu de Micheil Hardi, pour une planche de fresche, contenant le quart d'un journel de terre ou environ, sis en la dite paroisse, coustéant, d'un cousté, le dit estre de la Bourdonnière, et, de l'autre, l'estre où il demeure[4], qu'il tient du dit monastère, et aboutant, d'un bout, au dit estre, et, d'autre, le dit estre de la Bourdonnière, i denier.

642. — Jehan de Beauchesne, paroissien de Saint-Pasvin-des-Champs, Jehan de Trengé, Jehan Troullu, l'esné, pour leur estre ovec ses appartenances, nommé l'estre du Clot, sis en la dicte paroisse de Rouillon, contenant deux quartiers de vigne ovec journée de deux homes de courtil ou environ, le tout sis ensemble, et aussi ovec journée à un homme de bois ou environ, en trembloie, coustéant, d'un cousté, les vignes de monsieur l'abbé que tient Mineroy, et, d'autre, la vigne feu Drouet Haton, et aboutant, d'un bout, aux vignes du dit Mineroy, et, d'autre, au chemin tendant de l'oustel Perrot Le Jars au bois à l'abbé ; item, pour sept saillons de terre coustéant,

---

1. Ce paragraphe, mis entre crochets, a été rayé après coup.
2. On a ajouté, au xvi° siècle, en interligne, au-dessus de ces mots : *couvent du dit monastère de Beaulieu*, le passage suivant : *de mon seigneur que tient Gillet Périer.*
3. On a ajouté, au xvi° siècle : *bout à l'estant au prieur.*
4. Au-dessus de ces trois derniers mots, on a ajouté, au xvi° siècle, en interligne : *du dit Guillard.*

d'un cousté, les chouses du dit Mineroy, et, d'autre, les chouses de la Giraudière et aboutant, d'un bout, la terre Gillet Périer, et, d'autre, le chemin tendant de la Chapelle au Grand-Saint-George : item, pour demi-journel de terre, cousteánt, d'un cousté, les terres de Broussin, un chemin entre deux, et, d'autre, les choses qui furent Moreau Bouju, et aboutant, d'un bout, au lieu dit de la Giraudière, et, d'autre, les chouses du dit Moreau, et cousteánt, d'un cousté et d'autre, les terres du dit Mineroy, ix deniers.

643. — Jehan de Beauchesne, pour deux quartiers de vigne sis ou clox du Clot, en trois piesses. L'une coustoie, d'un cousté, le bois au prieur de Roillon, et, d'autre, la vigne Gillet Périer, et aboute, d'un bout, l'estre du Mineroy, et, d'autre, les terres nommées le Claray que tient Perrot Le Jars de mon seigneur l'abbé. L'autre piesse aboute, d'un bout, le bordage et appartenances du Clot dessus déclaré, et, d'autre, les vignes du bordage que tient Mineroy, et coustoye, d'un cousté et d'autre, les vignes du dit Mineroy. Et la tierce piesse de vigne aboute, d'un bout, les vignes du dit Mineroy, et, d'autre, les vignes Micheil Bruère, et coustoye, d'un cousté, la vigne de Guillaume Legendre, et, d'autre, la vigne Gervesote la Marchande, iiii deniers.

644. — Guillaume Guiter, pour deux quartiers de vigne sis en l'estre de la Giraudière, en une piesse aboutant, d'un bout et d'autre, et cousteánt, d'un cousté et d'autre, les chouses du dit estre de la Giraudière, lequel estre tient à présent Jehan Fromont, xviii deniers [1].

645. — Le curé du Petit-Saint-George, pour une piesse de terre contenant sept journelx de terre arable ou environ, aboutant, d'un bout, le chemin tendant du Pressouer-au-Gras à Roillon, et, d'autre, aux choses qui sont aux Gohiers nommez la Filletière, et aussi les choses qui sont Jehan Le Gras, et cousteánt, d'un cousté, le chemin tendant de la Lancelinière au Mans, et, d'autre, les chouses que tient Jehan Boullon, ii sols v deniers.

---

1. Cette somme a été effacée et remplacée, au xvi⁰ siècle, par : ii sols.

646. — Monsieur Yves Huet, ou lieu de Colas des Broces, pour trois quartiers de gast, sis en une piesse, près la porte du prieur de Roillon, aboutant, d'un bout, au chemin tendant de l'église de Roillon à l'estang de la Pescherie, et, d'autre, au bois du prieur du dit lieu de Roillon, et coustéant, d'un cousté, le dit estang de la Pescherie, et, d'autre, les vignes du dit prieur de Roillon, ii sols.

647. — Marie la Roigne, pour un journel et demy de terre ou environ, sis ensemble près l'estang de Villentrun, aboutant, d'un bout, au chemin tendant du dit lieu de Roillon à l'ousteil Perrot Le Jars, et, d'autre, aux terres de l'estre du Mineroy, et coustéant, d'un cousté, aux terres que tient Perrot Le Jars, et, d'autre, à la coue de la marre [1] du Mineroy, ii sols.

648. — L'abbasse du Pré, pour deux [2] mesons et pour journée à trois homes de courtil, joignans les diz courtilz et mesons ensemble, et sis près le cimitère du dit lieu de Roillon; item, pour une piesse de terre arable contenant cinq journelx et demy, aboutant, d'un bout, au dit cimitère, et, d'autre, aux terres feu Auderon, et coustéant, d'un cousté, le chemin tendant de la Bruère à Roillon, et, d'autre, aux terres du dit Auderon; item, pour une autre piesse de terre contenant journel et demy, aboutant, d'un bout, l'estang de la Bourdonnière, et, d'autre, le bois du dit Auderon, et coustéant, d'un cousté, les Féraudières, et, d'autre, les vignes Jehan Torreau, xiiii sols.

649. — Le couvent de Beaulieu, ou lieu de feu Artuz, pour quatre quartiers de vigne sis devant la porte du prieur de Roillon, en une piesse, coustéant, d'un cousté, le chemin tendant du dit lieu de Roillon à l'estang du dit prieur, et, d'autre, aux vignes du dit prieur, et aboutant, d'un bout, au chemin tendant du dit lieu de Roillon à l'estang de la Pescherie, et, d'autre, les bois du dit prieur; item, pour deux mesons et

---

1. Au-dessus du mot *marre*, on a ajouté, en interligne, au xvi⁰ siècle : *vieil entrin*.
2. Au dessus du mot *deux*, et sans l'effacer, on a, au xv⁰ siècle, écrit le mot : *troys*.

pour journée à trois homes de courtil ou environ, joignant les dictes mesons ; item, pour cinq journelx de terre arable ou environ, en trois piesses, l'une aboute aux terres du seigneur de Roillon, l'autre joignante à la terre dessur dicte et aux terres du dit seigneur, l'autre piesse aboute à deux journelx de terre qui sont à mon dit seigneur, ii sols.

650. — Vincent de la Bruére, v deniers. Micheil de la Bruére, v deniers. Le dit Micheil et Gervèse Coustard, v deniers, pour un quartier de vigne sis ou clox du Clot, en deux piesses ; l'une aboute, d'un bout, aux vignes Mineroy, et, d'autre, aux vignes Gillet Périer, et coustoie, d'un cousté, la vigne Haton, et, d'autre, la vigne Pontaut ; l'autre piesse aboute, d'un bout, la vigne du dit Pontaut, et, d'autre, la vigne Perrot Le Jars, et coustoie d'un cousté et d'autre semblablement ; item, pour un estre nommé la Bruére, contenant journée à quatre homes de courtil ou environ, aboutant, d'un bout, au chemin tendant à Pennecières, et, d'autre, la vigne que tient Micheil Le Jars, et coustoye, d'un cousté, le chemin tendant du dit estre à la Mulotière, et, d'autre, à l'estre du dit Micheil ; item, pour deux quartiers de vigne sis ou dit clox de la Bruére, en trois piesses ; l'une aboute, d'un bout et d'autre, au chemin dessur dit et coustoye aux vignes feu Auderon ; l'autre aboute, d'un bout, aux vignes Micheil Le Jars, et, d'autre, au chemin tendant de l'estang de Villentrun au Mans, et coustoie les vignes du dit Micheil Le Jars ; et la tierce piesse coustoye la vigne du dit Micheil Le Jars, et aussi aboute et à la vigne dessus dite, pour ce, xv deniers.

651. — Gillet Périer, au lieu de Gillet Montbauld, pour semeure d'un bouesseau de blé ouquel souloit estre une meson coustéant, d'un cousté, le bordage de la Bruére, et, d'autre, la meson où demeure à présent Perrot Le Jars, le jeune, et coustoie, d'un cousté, le chemin tendant du Mans à Villentrun, et, d'autre, la ruelle tendante de la meson du dit Jars au dit lieu de la Bruére, iii deniers obole.

652. — Gervesote la Marchande, pour une meson ovec journée à trois homes de courtil, le tout sis ensemble en la dicte paroisse de Roillon, au lieu appellé la Bourdonnière, contenant demy-journel de terre ou environ, aboutant et cousteant les chouses du dit estre de la Bourdonnière, iiii deniers.

653. — La dite Marchande, au lieu de Gervèse et Guillaume les Marchands, pour un quartier de vigne sis ou clox du Clot, aboutant, d'un bout, aux vignes que tient Perrot Le Jars, et, d'autre, aux vignes que tient Mineroy, et coustéant, d'un cousté, les vignes Micheil Bruère et Jehan de Beauchesne, et, d'autre, les vignes du dit Mineroy, i denier.

654. — Le prieur de Roillon, pour une piesse de bois contenant un journel de terre ou environ, aboutant, d'un bout, à la chaussée du dit prieur, et, d'autre, aux gasts monsieur Yves Huet, et coustoye, d'un cousté, les prez mon seigneur l'abbé, que tient Gillet Périer, et, d'autre, les vignes du dit couvent et du dit Huet, et est appellé le bois du Moulin.

655. — Jehan Le Plat, ou lieu de Champguarreau, pour une meson et journée à deux homes de courtil, sis à la Bourdonnière, coustéant, d'un cousté, la terre Jehan Guillart, et, d'autre, la plante à la Malete, et aboute, d'un bout, à la terre Gillet Périer[1], et, d'autre, au chemin de la Bourdonnière; item, pour deux journelx de terre sis en quatre piesses; l'une, contenant quatre seillons, aboute, d'un bout, au chemin des Planchetes, et, d'autre, aux terres du dit lieu de la Bourdonnière; l'autre contient demi-journel de terre, aboute, d'un bout, au pré Hardi, et coustoie l'estang de la Bourdonnière; l'autre contient un journel ou environ, aboute, d'un bout, à l'estang du prieur du dit lieu de Roillon, et coustoie le chemin tendant du dit lieu de Roillon à la Bourdonnière, et la quarte piesse contient demi-journel de terre ou environ, aboute, d'un bout, au chemin tendant de Fay à Roillon, et, d'autre, aux terres du dit Guillart et coustoie aussi des coustez. xx deniers.

656. — Gervèse et Guillaume les Maletz, Guillaume et Jehan les Marchans, Jehan de Champgarreau et Hébert Le Fournier, pour demi-journel de terre ou environ, tant en

---

1. Au-dessus de ces mots *Gillet Périer*, on a inséré, au xvie siècle, en interligne, ce nom : *Jehan Guillart*.

verger que en vigne, sis à la Bourdonnière, aboutant, d'un bout, aux terres Jehan Guillard, et, d'autre, au chemin tendant de l'ousteil du dit Guillard à l'ousteil Gillet Périer, et coustoie, d'un cousté et d'autre, les terres du dit Guillard, xvii deniers.

657. — Jehan Belocier, paroissien de Prullié, pour demi-quartier de vigne, sis ou clos du Clot, aboutant, d'un bout, l'estre du Mineroy, et, d'autre, la vigne Gillet Périer, et coustéant, d'un cousté, la vigne à la Hatonne, et, d'autre, la vigne Jehan de Beauchesne ; item, pour un verger contenant journée à un home de courtil ou environ, aboutant, d'un bout et d'autre, la vigne et l'estre du dit Beauchesne et aussi coustéant, d'un cousté et d'autre, la vigne de Jehan Le Marchant, paroissiain de Cepay.

658. — Jehan Le Marchant, paroissien de Cepay, pour sa part et porcion d'un quartier de vigne, sis ou clox du Clot, et déclaré est dessur ou cens de Gervesote la Marchande, laquelle en fait i denier, et Guillaume Bourdon, i denier pour le dit quartier, et le dit Marchant, i denier.

Cens du dit lieu de Roillon au terme de la feste aux mors.

659. — Gervèse Triberge, ou lieu de André Remon, Symon Lefroys, Colas Renier et Gervèse du Tertre, pour un cloux de terre nommé le clox Morillon, contenant trois journelx de terre ou environ, aboutant, d'un bout, au bois et Pressouer de Roillon, et, d'autre, aux choses et terres du dit Triberge, et coustéant, d'un cousté, le chemin tendant du Mans au pressouer du bastard de Roillon, et, d'autre, l'estre de la meson-Dieu de Caudfort, vi deniers.

660. — Colas Le Royer, ou lieu de Guillemete la Chevalière, pour un bordage et appartenances nommé la Hérigandière, contenant deux mesons et demi-journel de terre ou environ en court ; item, journée à quatre homes de courtil ou environ, aboutant et joignant au dit estre ; item, une piesse de terre arable, contenante quatre journelx ou environ, aboutant, d'un bout, aux terres Edeline, et, d'autre, au clox des vignes des Ourmeaux, et coustéant, d'un cousté, le chemin tendant du Mans au dit estre, et, d'autre, le dit clox des Ourmeaux. En laquelle piesse de terre a maintenant demi-quartier de vigne plantée depuis huyt ans, xix deniers obole.

Cens du dit lieu de Roillon au terme de la Chandeleur.

661. — Les heirs feu Gervése Gelin, paroissiain d'Allonne, pour un journel et demy de terre sis en la dicte paroisse de Roillon, en deux piesses : l'une aboute, d'un bout, à l'estre Gillet Perier, et, d'autre, aux terres des Maletz, et coustoie, d'un cousté, les terres Jehan Guillard, et, d'autre, les terres des diz Maletz : l'autre piesse aboute, d'un bout, aux terres dessur dites, et, d'autre, au chemin tendant des Planchetes à l'oustel Mineroy, et coustéant, d'un cousté et d'autre, les terres des diz Maletz, xviii deniers.

Cens du dit lieu de Roillon au terme de Saint-Jehan-Baptiste.

662. — Messire Jaques Malidort [1], chevalier, ou lieu de feu messire Guillaume Bequet, chevalier, est tenu fere, chacun an, à mon dit seigneur de Beaulieu, à cause et par raison de sa dicte terre de Roillon, pour une piesse de terre arable sise en la dicte paroisse de Roillon, nommée le champ Belotin et contenant quatre journelx de terre ou environ, aboutant, d'un bout, aux terres que tient Micheil Le Jars, de mon dit seigneur, et, d'autre, aux terres du dit Malidort, et coustéant, d'un cousté, les terres du bordage de Roillon, et, d'autre, aux terres feu Auderon, ii sols.

663. — Pierres Le Jars le jeune, ou lieu de feu Guillaume Le Jars, pour un quartier et demi de gast sis ensemble ou clox de la Chapelle, aboutant, d'un bout, au chemin tendant de la Chapelle-Saint-Aubin au Grand-Saint-George, et, d'autre,

---

1. Cf. sur Jacques de Maridort, Bilard : *Analyse des documents historiques*, t. II, nos 52 et 53, deux aveux dont le plus ancien est du 14 juin 1403.

aux chouses de mon dit seigneur que Gervèse Mineroy tient, et coustoie, d'un cousté, la ruelle des Mineroiz, et, d'autre, aux choses Micheil Hareau, III deniers obole.

664. — La Malete, ou lieu de feu Jehan du Tertre, pour une planche de vigne sise ou clox du Clot, contenant journée à demi-homme de besche ou environ, aboutant, d'un bout, aux vignes que tient Mineroy de mon dit seigneur, et, d'autre, aux vignes Guillaume Legendre, et coustéant, d'un cousté, les **vignes du dit Mineroy, et, d'autre, du dit Guillaume Legendre,** obole.

665. — Guillaume Legendre, ou lieu de Guérin Blanchier, pour journée à trois homes de vigne ou environ, sis ou clox de la Chapelle, en une piesse, aboutant, d'un bout, au chemin tendant de Fay à l'ousteil Perrot Le Jars, et, d'autre, aux choses à la Malete, et aussi coustéant, d'un cousté et d'autre, au chemin tendant du dit Grand-Saint-George à la Chapelle; item, pour une piesse de bois contenant journée à un home, aboutant, d'un bout et d'autre, la dite vigne et cousté du dit Malet, I denier.

666. — Jehan Hardi, religieux de la meson-Dieu, pour journée à demi-home de pré, aboutant, d'un bout, la chaussée de la marre de la Bourdonnière, et, d'autre, la coue de l'estang au prieur de Roillon, et coustéant, d'un cousté, la Fousse-aux-Bateurs, et, d'autre[1], un journel de terre qui est au dit Hardi; item, pour un journel et demi de terre nommé le pré Cloux, aboutant, d'un bout, au chemin de la chaussée du dit estang de la Bordonnière, et coustéant, d'un cousté[2], le dit pré, et, d'autre, les terres du bordage du Mineroy; item, pour un autre journel de terre, aboutant, d'un bout, le chemin tendant de Roillon à l'ousteil Jehan Guillart, et, d'autre, au dit pré[3].

---

1. On a, au XVI⁰ siècle, mis à ce mot un renvoi à la marge intérieure du ms., sur laquelle on a écrit : *la terre Changareau*.

2. On a, au XVI⁰ siècle, mis à ce mot un renvoi à la marge intérieure du ms., sur laquelle on a écrit : *le chemin tendant de R. au boys à l'abbé, et, d'autre cousté, les choses que Perrin Le Jars, de la Bruyère, tient de mon dit seigneur, et, d'autre bout, la terre Jehan Guillard*

3. Au-dessus de ces trois derniers mots, on a écrit, au XVI⁰ siècle, en interligne : *la terre Changareau*.

et coustéant, d'un cousté, les terres du dit Guillart, et, d'autre, le chemin tendant du Mans à la marre de la Bourdonnière; item, pour un journel de terre sis à la Bourdonnière, aboutant, d'un bout, aux terres de la Couefferie, et, d'autre, aux terres Guillard, et coustéant, d'un cousté et d'autre, les terres du dit Guillard, III deniers.

667. — Gillet Périer, pour une piesse de bois contenant demi-journel de terre ou environ en deux piesses : l'une aboute, d'un bout, au bois du Mineroy, et, d'autre, l'estre de la Giraudière, et coustoie, d'un cousté, le chemin de la Chapelle, et, d'autre, le bois Gervèse Malet ; l'autre piesse aboute, d'un bout, au bois du dit Mineroy, et, d'autre, aux terres Jehan de Trengé, et coustoye, d'un cousté, le dit chemin de la Chapelle, et, d'autre, le bois du dit Malet, II deniers.

668. — Gervèse Malet, ou lieu de Nouel Fourrel et de Hébert Le Vavaseur, pour un quartier de vigne sis ou clox de la Chapelle, aboutant d'un bout....

669. — Item, pour une piesse de terre en bois contenant trois journelx ou environ, aboutant, d'un bout, aux choses du Mineroy, et, d'autre, aux terres Jehan de Trengé, et coustéant, d'un cousté, le chemin tendant de la Chapelle au Grand-Saint-George, et, d'autre, les terres Gillet Périer; item, pour un journel de terre, coustéant, d'un cousté, le dit chemin, et, d'autre, les chouses que tient [Jehan de Trengé [1]], et aboute, d'un bout, la vigne Guillaume Legendre, et, d'autre, la vigne Jehan de Trengé; item, pour une piesse de bois contenant le demi-quartier d'un journel de terre ou environ, aboutant, d'un bout, au bois du Mineroy, et, d'autre, les terres Gillet Périer et aussi coustéant, d'un cousté, les terres du dit Périer, et, d'autre, au chemin tendant au Grand-Saint-George, XIII deniers.

670. — Macé Goupil, paroissiain de Saint-Benoist du Mans, ou lieu de Perrot de Launoy, pour une meson oveques quatre journelx de terre arable ou environ sis en une piesse ou Château-Guillard, aboutans, d'un bout, au chemin tendant

1. Ce nom, mis entre crochets, a été ajouté après coup, au XVe siècle.

du Mans au pressouer Lucas Martel, et, d'autre, à la meson Huet Bourgoin, et coustéant, d'un cousté, les vignes du Sépulchre, et, d'autre, au chemin tendant des Ardilliers à l'ousteil du dit Huet, ii sols.

671. — Gillet Périer, ou lieu de Nouel Montbauld, pour son estre et courtilz sis près le bois des Mineroiz, ou lieu de Perrin Laurens, pour un journal et demi de terre et pour un mortier contenant journée à deux homes de besche, et pour deux planches de gast, le tout sis ensemble, aboutant, d'un bout, au chemin tendant de la Chapelle-Saint-Aulbin à Prullié, et, d'autre, au chemin tendant de Roillon au dit lieu de Prullié, et, coustéant, d'un cousté, les chouses que tient Gervese Mineroy, et, d'autre, les chouses que la Malete souloit tenir [1], ii deniers.

Rentes du dit lieu de Roillon au terme de Toussains.

672. — Micheil Torreau, ou lieu de Jehan du Tertre, pour demi-journal de terre sis en la dicte paroisse de Roillon, coustéant, d'un cousté, les terres de Beaulieu que tient Perrot Le Jars, et, d'autre, le bordage de la Germennière, et aboutant, des deux bouz, aux terres du dit Perrot ; item, pour journée à trois homes de courtil, aboutant et coustéant, de touz les bouz et coustez, aux terres du dit Perrot Le Jars, iii sols iiii deniers.

673. — Perrot Paveillon, ou lieu de Guillaume Le Bidauld, pour demy-quartier de vigne sis ou clox de la Hellouinière, aboutant, d'un bout, le chemin tendant de Penneciéres à Roillon, et, d'autre, aux chouses de la meson-Dieu, et coustéant, d'un cousté, la meson Gervése Coustard, et, d'autre, la vigne du dit Perrot, tenue ii sols viii deniers.

674. — Le dit Paveillon, ou lieu du dit Malet et du dit Bidauld, pour demi-quartier de vigne, sise ou dit clox de la Hellouinière, aboutant, d'un bout, au chemin de Roillon ten-

---

1. On a ajouté après coup, à la fin du xve siècle, ces mots : *aux Boujus*.

dant à Pennecières, et, d'autre, la vigne du dit Paveillon, et coustéant, d'un cousté, la vigne du dit Bidauld, et, d'autre, la vigne du dit Paveillon, tenue xii deniers.

675. — Gervèse Lemoy, Estienne Rousseau, les enfans Micheil Malet, ou lieu de feu Gillet Guyet et Perrot du Clot, pour deux quartiers de vigne sis ou cloux de la Hellouinière, aboutant, d'un bout et d'autre, aux terres de la métayrie messire Jaques Malidort, et coustéant, d'un cousté, l'estre feu Gillet Chevalier, et, d'autre, les vignes Gervèse Coustard, tenuz du féage de Bordeaux à vii deniers tournois de cens, au terme de Toussains, faiz ou nom de mon dit sieur par les dessur diz, vi sols.

676. — Perrot Paveillon, pour une planche de vigne sise ou dit cloux de la Hellouinière, aboutant, d'un bout, au chemin tendant de Roillon au bois de Pennecières, et, d'autre, aux vignes de la meson-Dieu, et coustéant, d'un cousté, la vigne Hérigauld, et, d'autre, la vigne de feu Guillaume Le Bidauld, tenue du dit féage de Bordeaux à [..... ¹] tournois de cens poiablez au dit jour de Toussains, viii deniers.

677. — Le dit Perrot, ou lieu de Gervèse Coustard, pour une planche de vigne, sise ou dit clox, contenant demye-journée de besche ou environ, aboutant, d'un bout, aux dictes vignes de la meson-Dieu, et, d'autre, aux terres messire Jaques Malidort, chevalier, et coustéant, d'un cousté, la vigne du dit Bidauld, et, d'autre, les terres du dit chevalier, tenue du dit féage de Bordeaux à [..... ²] t. de cens, poiables au dit jour de Toussains, ou nom de mon dit seigneur, viii deniers.

678. — Gillet Périer, pour tant de vigne sise ou dit clox du Clot, comme dessur est dit, ou cens de Perrot Le Jars, dont fait iii deniers obole. Et le tout fut jadis à Hébert Le Jars, et en faisoit vii deniers. Pour ce, iii deniers obole.

679. — Le dit Gillet, ou lieu de Perrin Laurens et de Micheil Hareau, pour un journel et demy de terre avec une marre, le tout sis ensemble au Mineroy, coustéant, d'un

---

1. Mot laissé en blanc.
2. Idem.

cousté, la métairie de Broussin, le chemin entre deux, et, d'autre, au lieu du Mineroy, et aboutant, d'un bout, à la Giraudière, et, d'autre, au bois du Mineroy ; item, pour trois planches de vigne sis ou cloux de la Chapelle, aboutant, d'un bout et d'autre, aux chouses feu Moreau que tient à présent Gervèse Malet, et coustéant, d'un cousté, les chouses du dit Mineroy, et, d'autre, les vignes Jehan de Trengé[1], II deniers.

680. — Perrot Le Jars le jeune, pour journée à deux hommes de vigne sis ou dit clox du Clot, aboutant, d'un bout, aux vignes du dit Perrot, et, d'autre, les vignes Jehan Le Marchant, et coustéant, d'un cousté, les vignes Micheil de la Bruère, et, d'autre, les vignes Mineroy, obole.

681. — Guillaume Bourdon, pour demi-journel de vigne sis ou dit clox, aboutant aux vignes Le Jars et Mineroy, et coustéant les vignes du dit Mineroy et de la Bruère, I denier.

682. — Guillaume Legendre, ou lieu de Guérin Blancher, pour un quartier de vigne sis ou dit clox du Clot, aboutant, d'un bout, la vigne Haton, et, d'autre, aux choses Mineroy, et coustéant, d'un cousté, la vigne Bruère, de Prullié, et, d'autre, aux choses Perrot de Trengé ; item, pour une autre piesse, aboutant, d'un bout, à la marre du Mineroy, et, d'autre, les vignes Trengé et Poutaut, et coustéant, d'un cousté, le chemin tendant de la dicte marre à l'oustel Perrot Le Jars, et, d'autre, la vigne Jehan de Beauchesne ; item, pour une autre piesse, aboutant, d'un bout, au pré Mineroy, et, d'autre, la vigne du dit Mineroy ; item, pour journée à deux hommes de terre, aboutant, d'un bout, l'estre du dit Mineroy, et, d'autre, la vigne Jehan de Trengé, et coustéant les vignes Jehan de Beauchesne et les terres du dit Mineroy, II deniers.

683. — Drouet Haton[2], pour un quartier de vigne sis ou dit clox du Clot, en deux piesses ; l'une aboute, d'un bout, aux vignes Mineroy, et, d'autre, aux vignes Gillet Périer, et coustoie, d'un cousté, les vignes Jehan de Trengé, et, d'autre,

---

1. On a ajouté, au XVIe siècle, ces mots : *est à la Saint-Jehan*.
2. On a ajouté, à la marge extérieure du ms. et au XVe siècle : *modo, sa fame*.

les vignes Jehan Pontault; l'autre aboute, d'un bout, aux vignes du dit Trengé, et, d'autre, aux vignes du dit Pontault, et coustoie la vigne Guillaume Legendre et la vigne de Perrot Le Jars l'esné, iiii deniers obole.

684. — Gervèse Lemoy, pour un estre nommé la Michelesse, contenant deux mesons [1] et six journelx et demy de terre arable et un quartier, tant en vigne que en courtil, ou environ, le tout sis ensemble, aboutant, d'un bout, aux terres Thomas Daveise, et, d'autre, à la Gâtine qui est aux Beauchesnes, et aux vignes de la confrarie de Roillon, et coustoie, d'un cousté, la terre à la Gastelle, et, d'autre, le chemin tendant de l'ousteil Micheil de la Bruère à l'ousteil Perrot Le Jars. Et est tenu le dit estre de Huet Le Fournier à xviii deniers tournois de cens, au jour de la feste aux mors. Et print le dit estre Estienne Lemoy, père du dit Gervèse, à iii testes; pour ce, xv sols.

685. — La terre de la Mote de Tussé, appartenant à monseigneur l'abbé de Beaulieu près le Mans, est sise és paroisses de Dompfront-en-Champaigne, de Degré et de Aignyé, et tenue du signeur du dit lieu de Tussé à foy et homage à muance d'abbé, et dix soulx de service, chacun an, et du signeur de Vaulahard, à troys soulx de taille, chacun an, et du signeur de la Bouteillerie, à xii deniers de cens, et de Jehan Rahier, à iii deniers de cens, requérables. [Et, ovec ce, fait au prieur de Montuillier ung boessel de moulture, au chapelain de Tussé, deux soulx d'anniversaire, et au prieur de Donfront, huyt soulx tournois et une somme de vin de rente] [2], en laquelle terre monsieur l'abbé a chasse à toute beste o pié ront et oultre la terre, tant comme ung chappon meigre pouroit voler de la fin d'icelle en la terre du signeur du dit lieu de Tussé. Et, ovecques ce, a espaves et aubenage, etc., ainssi comme signeur de fié doit avoir, etc.

686. — En laquelle terre est une mote où sont les masières

---

1. Au-dessus de ces mots : *deux mesons*, on a ajouté, au xve siècle, en interligne : *une meson et ung courtil*.
2. Les mots mis entre crochets ont été ensuite rayés.

d'un ancien domayne avironné d'un estang contenant deux journelx de terre ou environ, d'un cousté et d'autre les douves playnes quand le dit estang est plain, ung vergier au-dessus contenant ung journel de terre ou environ, soubz lequel estang sont deux petiz estangs contenant deux journelx de terre ou environ.

687. — Item, en la dite terre est ung autre estang nommé l'estang de Lessard, contenant trois journelx et demi de terre ou environ, ovec journée à un homme de pré soubz la bonde du dit estang, soubz la chaussée duquel estang souloit estre ung moulin et à blé et à fer, pour les estagiers du dit féage, lequel moulin est tenu du prieur de Montaillier à ung boessel de moulture.

Rentes du dit lieu.

688. — Jehan Roquelin tient à troys testes ung lieu nommé Lenvoiserie, à cause de la dicte terre de la Mote, lequel contient deux maisons et une grange, ung pressouer, ung moulage, journée à huyt homes de vigne, un journel de terre sis derière les dites deux maisons, troys journelx sis soubz la dicte vigne, et deux journelx et demi soubz le dit pressouer, et sus les diz deux petiz estangs, et tout ensemble.

689. — Item, le dit lieu de Lenvoiserie contient ung autre pièce de terre nommé le Vignail, contenant deux journelx ou environ, coustéant l'estre et domaine de Lessard, d'un cousté, et, d'autre, le chemin tendant du dit estre de Lenvoiserie au chasteau de Tussé, et aboutant, d'un bout, les terres du dit lieu de Lessard, et, d'autre, le chemin tendant du dit estre à l'estang de Lessard.

690. — Item, une autre pièce de terre nommée les Gasts, contenant trois journelx de terre arable ou environ, ovecques ung aulney contenant ung journel ou environ et ovec demi-journel de terre nommé le champ d'Alesne, le tout sis ensemble, aboutant, d'un bout, aux prez et choses de l'estre de la Guasselinière, et, d'autre, au chemin dessus dit tendant de l'estang de Lessart au chasteau de Tussé, et coustéant, d'un cousté, les terres du dit lieu de la Guasselinière, et, d'autre, le courtil et l'estang de la Mote.

691. — Item, journée à deux hommes de pré ovec ung journel de terre sis sur le dit pré et ovec journel et demy de terre ou environ, nommé la Rondonnoie, le tout sis ensemble, ung chemin entre deux, coustéant, d'un cousté, le dit estang de la Mote et les deux autres petiz estangs, et, d'autre, l'ousche des Rotes et les terres Rousay et Chanteau, et aboute, d'un bout, aux terres de la Guasselinière, et, d'autre, les terres....

692. — Item, une [1] petite nouete contenant presque journée à ung homme de pré ovec ung pou de terre contenant semeure d'un boessel de froment ou environ et ovec une couldroie contenant demi-journel de terre, le tout joignant l'un à l'autre, coustéant, d'un cousté, le champ nommé le champ du Pont, et, d'autre, les chouses de la Regnaudière, et aboutant, d'un bout, au pré Morin, et, d'autre, au pré dessus déclaré.

693. — Item, une pièce de terre arable contenante semeure de trois boesseaux de seigle ou environ, nommée la Tousche, coustéant, d'un cousté, le pré Morin, et, d'autre, le chemin tendant au gué du Quartier, et aboutant, d'un bout, le pré dessus dit, et, d'autre, la terre Jehan Noirmort, pour lesquelles choses dessus dites souloit faire le dit Roquelin, au jour de Toussains, LXX sols.

694. — Le dit Roquelin [2], par une autre baillée, souloit faire, chacun an, XX sols, à cause d'un pré nommé le pré Sevestre, contenant trois journelx ou environ, sis en la dite paroisse de Donfront, aboutant, d'un bout, aux vignes de Goutilaucher, et, d'autre, le grant chemin du Mans, et coustéant, d'un cousté, le cloux Chesneau, et, d'autre, la terre Noirmort, XX sols.

695. — Le dit Roquelin [3], par une autre baillée, souloit

---

1. Sous ce mot, on a placé, au XVIe siècle, un renvoi qui reporte à ces mots, inscrits sur la marge extérieure du ms. : *nommé la noe de la Lisse*.
2. En face de cet article, on a écrit, au XVIe siècle, ces mots : *Non comprehenditur in LX solidis*, qui se lisent sur la marge extérieure du ms.
3. Sur la marge extérieure du ms., on a écrit, en face de cet article, au XVIe siècle : *Nec eciam hoc pretium*.

fere, chacun an, x sols, à cause d'un pré nommé le pré à l'Abbé, sis aux noës d'Acé, en la paroisse de Degré, coustéant, d'un cousté et d'autre, les chouses du Bignon, et aboutant, d'un bout, la terre Noirmort, et, d'autre, la terre du Bignon, x sols.

696. — Jehan Noirmort [1], ou lieu de feu Perrot Fouscher, pour ung journel de terre ou environ, sis en la dicte paroisse de Donfront, aboutant, d'un bout, la terre [.... [2]] du Bois, et, d'autre, la terre, et coustéant, d'un cousté, la terre [.... [3]] d'autre, la terre...., ii sols.

697. — Jehan Pichon [4] souloit tenir à trois testes certaines terres cy après déclarées, sises és paroisses de Donfront, en la chapellenie de Tussé et de Degré.

698. — Premièrement, dix grans journelx de terre sis en l'ousche des Rotez, en la dicte paroisse de Donfront, et en trois réages, entre les deux chemins tendans de Tussé et au Mans et à la Millèce, aboutant és terres feu Gilet Roussigneul et sur l'estre et appartenances de Roland.

699. — Item, deux journelx de terre coustéant, d'un cousté, le ruisseau de Roland, et, d'autre, la terre de l'estre de Roland, et aussi y aboute d'un bout et d'autre.

700. — Item, six saillons de terre arable encloux és terres du dit lieu de Roland, et aboutant, d'un bout, à l'Estancheau que le dit Pichon souloit tenir.

701. — Item, ung journel de terre en bussons, aboutant, d'un bout, au gué de Chasteaufort, et, d'autre, les terres de Roland, et semblablement coustéant, d'un cousté et d'autre, le dit Roland.

702. — Item, deux journelx de terre nommez le Joncereau, sis en la dicte paroisse de Degré, coustéant, d'un cousté, le grant chemin du Mans, et, d'autre, les terres feu Guillot Chevalier, et aboutant, d'un bout, au cloux au Breton, et, d'autre,

---

1. Au-dessus de ce nom, on a écrit cet autre nom, à la fin du xv⁰ siècle : *Thomine l'Auberde*.

2 et 3. Mots laissés en blanc.

4. Au-dessus de ce nom, on a, au xvi⁰ siècle, écrit cet autre nom. *Jehan Meher*.

au chemin tendant de la Croix à l'estre de l'Antonnière. Et sont du féage du domaine de Valhard excloux, és trois soulx de taille.

703. — Item, cinq journelx de terre, sis en la dite paroisse ou cloux de la Cousture, en une pièce, coustéant, d'un cousté, les terres du chapelen de Tussé, et, d'autre, la terre Moriceau, et aboutant, d'un bout, au chemin tendant du grant chemin du Mans à la Bouteillerie, et, d'autre, au cloux à la Syméonne; item, ung autre journel de terre sis ou dit cloux, coustéant, d'un cousté, la terre Moriceau, et, d'autre, la terre du Bignon, et aboutant, d'un bout, le champ d'Atillié.

704. — Item, deux journelx de terre en une pièce, sis en la dite paroisse, aboutant, d'un bout, au pré du Bignon, et, d'autre, la terre qui est nommée Longueraye, et coustéant, d'un cousté, les terres de feu Hemel, et, d'autre, la terre du Bignon.

705. — Item, demi-journel de terre, sis en la dite paroisse, encloux entre les terres Jehan Roquelin, et coustéant, d'un cousté, les terres du signeur de Tussé.

706. — Item, six journelx de terre, sis en la dite paroisse de Donfront, en trois pièces. L'une contient ung journel, coustéant, d'un cousté, la terre Jehan Roquelin, et, d'autre, la terre Gervèse Aleaume, et aboutant, d'un bout, au vergier feu Hemel, et, d'autre, la marre de Monard. L'autre pièce contient ung journel, coustéant, d'un cousté, la terre Jehan Noirmort, et, d'autre, la terre du dit Aleaume, et aboutant, d'un bout, le chemin du gué du Quartier, et, d'autre, la terre du dit Noirmort. Et la tierce contient quatre journelx en trois réages, aboutant, d'un bout, au grant chemin du Mans, et, d'autre, au chemin dessus dit du gué du Quartier, et coustéant, d'un cousté, les choses que souloit tenir Jehan Rousay, et, d'autre, la terre du dit Noirmort.

707. — Item, ung pré contenant une journée ou environ, sis en la dicte paroisse de Degré, aboutant les marays de la Bouteillerie, d'un bout, et, d'autre, les choses et terres de l'Antonnière, et coustoie, d'un cousté, le ruisseau du moulin de Tussé, et, d'autre, les terres de la Moussetière. Et est tenu du signeur de la Bouteillerie à douze deniers de cens.

708. — Item, ung pré nommé le pré Hefoussouer, sis en la dicte paroisse de Donfront, contenant, tant en bois, hais et pré, trois journelx de terre ou environ, coustéant, d'un cousté, le grant chemin tendant de Tussé au Mans, et, d'autre, les terres et choses de Roland, et aboutant, d'un bout, aux bruères des Martineaux, et, d'autre, la dicte terre de Roland.

709. — Item, une marre contenant demi-journel de terre ou environ, sise en la dicte paroisse de Donfront, entre les terres et choses de Roland, et aboutant, d'un bout, à six saillons de terre dessus déclarez.

710. — Item, journée à huyt hommes de vigne, sis en la dicte paroisse de Donfront ou cloux de Rousset, [coustéant, d'un cousté, le chemin tendant de la meson Symon Moriceau au Mans, et, d'autre, la vigne Jehan Noirmort, et aboutant, d'un bout, à la vigne du chapelen de Tussé, et, d'autre bout, au chemin du Coulouer][1].

711. — La grant Luellerie[2], sise en la dicte paroisse de Donfront, souloit contenir une maison, laquelle est maintenant admullée et sans mazières, pour laquelle l'en souloit fere dix soulx et quatorze poulez. Et contient ung journel et demy de terre ou environ, aboutant, d'un bout, le grant chemin du Mans, et, d'autre, les terres que souloit tenir Rousay, et coustéant, d'un cousté, la terre nommée le Saulay, et, d'autre, une pièce de terre dessus déclarée en l'ousche des Rotes, contenant quatre journelx.

Pour lesquelles choses dessus dictes le dit Pichon souloit fere quatre livres de rente et acquictoit les devoirs. Et, ovec ce, estoit tenu fere deux maisons.

712. — Jehan Rousay[3] souloit tenir à trois testes ung estre et appartenance nommé la Petite-Béatrixerie, sis en la dicte paroisse de Donfront. Lequel estre et appartenance vint

---

1. Le passage mis entre crochets a été ajouté au xv⁰ siècle.
2. Au-dessus de ce mot, on a écrit, au xvi⁰ siècle, ce nom : *Jehan Meheyer*.
3. Au-dessus de ce nom, on a écrit cet autre, au xvi⁰ siècle : *Gillet Rousay*.

par aubenaige au dit monastère pour le temps de feu R. père M., par la mort de feu Robin Giffier. Et souloit contenir le dit estre deux maisons et journel et demi en terre que courtil ovec journée à ung homme de pré, le tout sis ensemble soubz les dites maisons, coustéant le chemin tendant de l'estre de Lenvoiserie au Mans, et ovec journée et demye de terre arable, sis sur les dites maisons jousques aux saulles novellement plantez, une haye entre deux, aboutant, d'un bout, aux vignes de Goutilaucher, et, d'autre, les terres du dit lieu de Lenvoiserie, et coustoie, d'un cousté, la dicte ousche des Rotes, et, d'autre, le dit grand chemin.

713. — Item, journel et demy de terre sis en l'Errable, aboutant, d'un bout, aux choses Juliot Adam, et, d'autre, à la Boutonnière, et coustoie, d'un cousté, la vigne feu Guillaume Denis, et d'autre...

Pour lesquelles choses le dit Rousay souloit fere, chacun an, au jour de Toussains, xxx sols et trois chapons.

714. — Jehan Chanteau [1], ou lieu de Mathe Béatrix, pour les chouses cy après déclarées en la censive, II sols.

715. — Jehan Roquelin [2] le jeune, ou lieu de Robin d'Atillié, pour ung journel de terre, sis [.....³]; aboutant, d'un bout, à la rue du Boys, et d'autre [.....⁴], et coustoie, d'un cousté, la terre [.....⁵], et d'autre [.....⁶], II sols.

716. — Jehan Aleaume souloit tenir à trois testes ung estre sis en la dicte paroisse de Donfront, nommé la Petite-Béatrixerie, comme l'estre du dit Rousay, et vint par aubenaige du dit Giffier, lequel estre contient une maison ovec journée à deux hommes de courtil, sis entre les choses de feu Jehan Chanteau et davant la dicte Petite-Béatrixerie.

717. — Item, trois journelx de terre nommez la Boutonnière ovecques ung hallier contenant près de ung journel de terre, le tout sis ensemble, coustéant, d'un cousté, les choses

---

1. Au-dessus de ce nom, on a écrit, au xvi⁰ siècle, ces mots : *Gille Rousay par acquest.*
2. On a écrit, au xvi⁰ siècle, au-dessus de ce nom : *J. Belotin.*
3, 4, 5, 6. Mots laissés en blanc.

feu Roussigneul, et, d'autre, le pré nommé les Ferrumiers, et aboutant, d'un bout, la terre du dit Roussigneul, et, d'autre, la terre de Jehan Roquelin, à cause de feu d'Atillié.

718. — Item, journée à ung homme de pré, nommé le pré de Goutilauchier, aboutant, d'un bout, au hallier dessus dit, et, d'autre, la terre feu Jehan Noirmort, et coustoie, d'un cousté et d'autre, la baillée de feu Jehan Pichon.

Pour lesquelles chouses dessus dites le dit Aleaume souloit fere, chacun an, au jour de Toussains, xxx sols t.

719. — [Item, la vigne que souloit tenir le dit Aleaume ou cloux du Goutilauchier, contenant journée à [.....]¹ hommes; item, ung cloux nommé le cloux du Cormier, pour lesquelles chouses Jehan Aleaume et Gervesote, sa femme, poira, les dites premières années, chacune année, xx sols, et ensuite, jousques à trois testes aux plus vivant, xxx sols. Ce fut fait le jour de senne de Toussains mil IIII^c XLVIII².]

720. — Guillaume Denis souloit tenir, à trois testes, ung estre contenant une maison ovec journée à quatre hommes de courtil ou environ et deux pièces de terre contenant deux journelx ou environ, joignant et aboutant l'un à l'autre. Lequel estre et appartenance vint par aubenaige du dit Giffier, aboutant, d'un bout, les courtilz feu Estienne Fouschier, et, d'autre, la terre [.....]³, et coustéant, d'un cousté, la terre Jehan Noirmort, et, d'autre, le chemin tendant de la croix sise davant l'estre feu Jehan Béatrix à la maison feu d'Atillié. Et est tenu de Valhard, comprins ès trois soulx de taille, pour lequel estre le dit Denis souloit fere xiiii sols de rente.

Cens du dit lieu à Toussains.

721. — Guillaume Denis ⁴, pour demi-journel de terre, coustéant, d'un cousté, les choses du dit Guillaume Denis, et,

---

1. Mot laissé en blanc.
2. Le passage mis entre crochets a été ajouté au xve siècle.
3. Mot laissé en blanc.
4. Au-dessus de ce nom, on a écrit, au xvie siècle, ces mots : *Modo Ambroys Forestier*.

d'autre, les choses Geffroy Estrigant, et aboute, d'un bout, les choses Jehan Chevalier, et, d'autre, la rue tendant au Perrail.

722. — Jehan Béatrix [1], pour une petite nouete et journée à deux hommes de vigne, qui maintenant est en terre arable, le tout sis ensemble, aboutant, d'un bout, aux choses du dit Chevalier, et, d'autre, et semblablement coustéant d'un cousté et d'autre, xv deniers [2].

723. — Robin Barouille [3], pour ung journel de terre, coustéant, d'un cousté, le chemin tendant de Lenvoiserie au Perrail, et, d'autre, la terre Guillaume Denis, et aboutant, d'un bout, la terre du dit Chevalier, et, d'autre, la rue dessus dite.

724. — Geffroy Estrigand [4], pour ung journel de terre coustéant, d'un cousté, le chemin tendant de la Guasselinière au Perrail, et, d'autre, les terres du dit Guillaume Denis, et aboutant, d'un bout et d'autre, les terres du dit Chevalier.

725. — Jehan Roquelin [5] ou lieu de Guillaume Lebreton, pour ung journel de terre sis en l'ousche des Rotes, nommé les Plantes, aboutant, d'un bout, aux chouses que souloit tenir Rousay, et, d'autre, la Luellerie, et coustéant, d'un cousté, les terres Robert Goupil, et, d'autre, la terre au chapelen de Tussé, xii deniers.

726. — Jehan Lebreton [6], pour journée à ung homme de pré sis à la Béatrixerie, nommé le pré Morin, aboutant, d'un bout, au pré de Chasteaufort, et, d'autre, au veil moulin, et coustéant, d'un cousté, le ruisseau alant de Lessard à

---

1. En face de cet article, on a écrit, au xvi° siècle, dans la marge extérieure du ms. : *Nota que Jehan Béatrix a vendu ou eschangé à Gillet Cosnuau la noe et terre contenuz en ce présent article.*

2. A la suite de cette somme, on a écrit, au xvi° siècle, sur la marge extérieure du ms. : *oultre XV d. qu'ilz en sont tenuz faire au terme de Noel, pour ce, cy, pour le dit terme de Toussains, XV d.*

3. Au-dessus de ce nom, on a ajouté, au xvi° siècle : *Modo, Jehan Béatrix.*

4. Au-dessus de ce nom, on a écrit, au xvi° siècle : *Le dit Béatrix.*

5. Au-dessus de ce nom, on a écrit, au xvi° siècle : *Martine la Roqueline.*

6. Au-dessus de ce nom, a été écrite, au xvi° siècle, cette phrase : *Macée la Payenne, femme de Perrin Durefort, ou lieu de.*

Hédouard, et, d'autre, une terre nommée la Tousche, xiiii deniers.

727. — Jehan Le Saige¹, pour ung journel de terre sis ou cloux des Rotes, aboutant, d'un bout, au chemin tendant de Monard à la Guasselinière, et, d'autre, la terre que Jehan Pichon souloit tenir, et coustéant, d'un cousté et d'autre, les terres feu Laurens Glérin²; item, pour les deux pars³ d'un journel de terre sis ou cloux de la Croix, aboutant, d'un bout, au chemin tendant de Tussé au Mans, et, d'autre, au dit chemin tendant à Aignié, et coustéant, d'un cousté, les terres feu Millecent.

728. — Item, pour une autre pièce⁴ de terre nommé le champ à la Boullesterie, aboutant, d'un bout, aux terres feu Chevalier, et, d'autre, les terres du dit Pichon, et coustéant, d'un cousté, le champ Périen que tient le dit Pichon, et, d'autre, le chemin tendant au Mans, vi deniers.

729. — Jehan Estourneau⁵, pour ung journel de terre sis à la Croix, entre les deux chemins tendans de Tussé au Mans et à Aignié, et coustéant, d'un cousté, la terre feu Millecent, et, d'autre, la terre feu Mouschet, xii deniers⁶.

730. — Item, pour ung pou de⁷ pré sis près le Bignon, coustéant, d'un cousté, les choses du dit lieu du Bignon, et, d'autre⁸, au pré Noirmort⁹, et aboutant, d'un bout, au pré des

---

1. Au-dessus de ce mot, on a écrit, au xvi⁵ siècle : *Modo, G. Roquelin.*
2. Après ce nom, on a ajouté, au xvi⁵ siècle, en interligne : *VI d*
3. Au-dessus de ce mot, on a, au xvi⁵ siècle, écrit en interligne : *le dit Roquelin.*
4. Au-dessus de ces mots, on a, au xvi⁵ siècle, écrit en interligne : *Modo Gervaise Aucher, ut dicitur.*
5. Au-dessus de ce nom, on a écrit, au xv⁵ siècle : *Modo Ambroys Roquelin*
6. En face de cet article, à la marge extérieure du ms., on a écrit, au xvi⁵ siècle : *Nota que en l'adveu n'a que VI d. et en ... a XII d*
7. Au-dessus de ces mots et en marge, on a écrit, au xv⁵ siècle : *Thomine l'Auberde.*
8. A la suite de ce mot, se trouve un renvoi écrit au xvi⁵ siècle et qui se réfère aux mots suivants transcrits sur la marge intérieure du ms. : *pour J. Roussigneul et J. Roquelin de la d'Atillé.*
9. Au-dessus de ce nom, on a écrit, au xvi⁵ siècle : *d'un bout G. Aleaume.*

Moriceaux, et, d'autre, [sur le chemin de Tucé au Bignon [1]], IIII deniers.

731. — Juliot Adam, pour ung estre nommé Lessard, contenant une maison ovec l'allée et fourme sans les courtilz, sis soubz la chaussée de l'estang de Lessard, et, ovec ce, pour trois journelx de terre arable, le tout sis ensemble, coustéant, d'un cousté, le ruisseau tendant du moulin de Lessard à Hédouard, et, d'autre, les terres et choses de Lenvoiserie, et aboutant semblablement à la dicte Envoiserie, IIII sols VI deniers.

732. — Item, pour deux journelx [2] de terre sis à la Regnaudière, aboutant, d'un bout, au pré de la Couldre, et, d'autre, le chemin tendant [3] au chemin du gué [4] du Quartier, et coustéant, d'un cousté, les choses de Lenvoiserie [5] ; item, pour [6] ung autre [demi [7]]-journel de terre nommé le champ du Pont, coustéant et aboutant, de touz les bouz et coustez, les terres de Lenvoiserie, XXI deniers.

733. — Le signeur de l'Antonnière [8], pour son pré du Marays, sis [en la paroisse de Degré, soubz [9]] la coue de son estang de Houdouard, aboutant, d'un bout et d'autre, les terres de Chasteauford, et coustéant, d'un cousté, le pré Moriceau, et, d'autre, les bruéres de Roland que tient Jehan Chevalier, II deniers.

---

1. Les mots entre crochets ont été ajoutés au XVIe siècle.
2. Au-dessus de ces mots, on a écrit, au XVe siècle : *Modo. Thomas Lucas*.
3. On a ajouté, dans la marge extérieure du ms., au XVe siècle : *de Tussé*.
4. Les mots : *chemin du gué*, ont été barrés, probablement au XVe siècle.
5. Au-dessus de ce nom, on a, au XVe siècle, ajouté en interligne, ces chiffres : *II sols VI deniers*.
6. Au-dessus de ce mot, on a, au XVe siècle, inscrit en interligne : *led. Juliot*.
7. Le mot mis entre crochets a été rayé au XVe siècle, et on a écrit au-dessus : *ung*.
8. Au-dessus de ce nom, on a écrit, au XVe siècle : *Modo. Guillaume Blanchart, moulnier*.
9. Ces mots, mis entre crochets, ont été barrés au XVIe siècle et remplacés par ce mot : *dessus*.

734. — Jehan Crochard, ou lieu de Agnès la Pasquière, pour la moitié de la marre de Monard ou environ, aboutant, d'un bout, aux choses Perrot Denis, et, d'autre, aux terres feu Laurens Glérin, et coustéant la sauloye feu Aubert, et, d'autre, l'autre moitié de la dite marre qui est du fié de la Bouteillerie, vi deniers.

735. — Jehan Roquelin [1], ou lieu de feu Jehan Crochard, pour un estre [nommé la Gasselinière [2], qui fut feu Perrot Legéant, contenant deux journelx et demi de terre ou environ, sis en une pièce aboutant, d'un bout, au chemin tendant de Tussé à l'estang de la Mote, et, d'autre, les choses feu Guillot Chevalier, et coustéant, d'un cousté et d'autre, les choses du dit Chevalier, xiii deniers, [et à Nouel, xiii deniers [3]].

736. — Le dit Roquelin [4], ou lieu de Jehan Béatrix, pour ung pré nommé la noë au Roier, coustéant, d'un cousté, les chouses Jehan Rousay, et, d'autre, le Champ-Rouge, et aboute, d'un bout, au chemin tendant au Quartier, et, d'autre, le champ Jehan Noirmort, v deniers.

737. — Le dit Roquelin [5], ou lieu de feu Millecent, pour deux journelx de terre sis entre les deux chemins tendans de Tussé et au Mans et à Chasteaufort, en deux pièces. L'une coustoie la terre au Saige, d'un cousté, et, d'autre, la terre Julien Estourneau. Et l'autre coustoie la terre du dit Estourneau, d'un cousté, et, d'autre, la Croix, ix deniers.

738. — Le dit Roquelin [6], pour ung journel nommé la

---

1. Au-dessus de ce nom, on a écrit, au xvi⁰ siècle : *Juliot Adam*, et sur la marge extérieure du ms., on a écrit : *Jusqu'à ce que le d. intervienne avec le d. Juliot !*

2. Ces mots entre crochets ont été ajoutés après coup, au xv⁰ siècle.

3. Les mots mis entre crochets ont été ajoutés au xvi⁰ siècle.

4. Au-dessus de ce nom, on a écrit, au xv⁰ siècle : *Modo Guillonne*, puis au xvi⁰ : *Ambrois Roquelin*, mais *Ambrois* a été ensuite rayé.

5. Au-dessus de ce nom, on a ajouté, au xv⁰ siècle : *le d. Ambroys Roquelin*, puis, sous ce nom, au xvi⁰ siècle : *J. Roquelin et ses flaracheurs*, mais ces derniers mots ont été barrés.

6. Au-dessus de ce nom, on a ajouté, au xv⁰ siècle : *Gervaise Auchier ou lieu de Jehan Roquelin de la Batillerie*, puis, au-dessus de cette phrase, on a écrit, au xvi⁰ siècle : *J. Roquelin et ses flaracheurs*.

Luclerie¹, coustéant, d'un cousté, le grant chemin du Mans, et, d'autre, la terre de feu Hemel, et aboutant la terre Noirmort, d'un bout, et, d'autre, le chemin tendant du Cormier à Degré²; item, pour ung autre ³ journel de terre sis sur le Monard, aboutant, d'un bout, aux vergiers du dit Hemel, et coustéant, d'un cousté, le grant chemin du Mans, et, d'autre, la terre que souloit tenir feu Pichon⁴, lesquelles choses furent à la Mouschete, xiii deniers obole.

739. — [Le dit Roquelin, ou lieu de Jehan Lesage, pour journel de terre et plus, sis en la pièce des Roctes, coustéant, d'un cousté, le chemin du Mans, d'autre cousté, la terre que tient Gervèse Aucher de nous, aboutant, d'un bout, aux terres des Chevaliers, et, d'autre, aux terres que tient Gervèse Aucher⁵].

740. — Le dit Roquelin⁶, pour treze saillons de terre sis aux Plantes, qui aboutent à la Grant-Luclerie, et, d'autre, les choses du dit feu Pichon⁷, et coustéant, d'un cousté, les terres feu Millecent, et, d'autre, la terre feu Goupil⁸, vii deniers obole poiet.

741. — Le dit Roquelin⁹, ou lieu de feu Chevalier, pour

---

1. On a ajouté ici, en interligne, au xvi⁰ siècle : *autrement, le champ du Cormier*.

2. On a écrit ici, au xv⁰ siècle, en interligne : *VI deniers*.

3. On a écrit au xv⁰ siècle, en interligne, au-dessus de ce mot : *Guillaume Roquelin*.

4. Au-dessus de ce nom, on a écrit, en interligne, au xvi⁰ siècle : *Gervèse Aucher*.

5. Les mots placés entre crochets ont été ajoutés après coup et probablement au xvi⁰ siècle.

6. Au-dessus de ce nom, on a ajouté, au xv⁰ siècle : *Ambroys*, puis au xvi⁰ siècle : *J. Roquelin et ses flaracheurs*, mais cette dernière phrase a été rayée.

7. Au-dessus de ce nom, on a ajouté en interligne, au xv⁰ siècle : *Aucher*.

8. Le mot *Goupil* a été rayé et remplacé par cette phrase transcrite au xv⁰ siècle : *Amorri qui de présent explecte le dit Ambroys de par nous*; et en outre, au-dessus du mot *Amorri*, on a écrit : *XIII saillons*.

9. Au-dessus de ce nom, on a écrit, au xvi⁰ siècle : *Juliot Adam et ses flaracheurs*; en plus, à la marge extérieure du ms., en face de cet article, on a écrit au xv⁰ siècle : *Tacé le demande en son fié*, et à la marge inté-

deux journelx de terre en une pièce nommez le champ des Foussez, coustéant, d'un cousté, les terres du Bignon, et, d'autre, la terre Noirmort, et aboutant, d'un bout, au cloux de la Syméonne, et, d'autre, le grand chemin du Mans, xii deniers.

742. — Le dit Roquelin [1], ou lieu du dit Chevalier, pour deux journelx de terre nommez le Valet, coustéant, d'un cousté, la terre de la Guasselinière, et, d'autre, la terre du domaine de Lessard, et aboutant, d'un bout, au chemin tendant de Tussé à la Guierche, et, d'autre, les terres de la Guasselinière dessus dite, [lesquelx deux journelx de terre sont en deux pièces [2], xiii deniers.

743. — Le dit Roquelin [3], ou lieu de feu Fouschier, pour cinq saillons de terre, coustéans, d'un cousté, la terre [Laurens Glérin [4], et d'autre la terre Gervèse [Aleaume [5], et aboutans, d'un bout, au chemin tendant de Monard à la Guasselinière, et, d'autre, la terre feu Gillet Roussigneul; item [6], pour huyt saillons de terre coustéans, d'un cousté, la terre Laurens [7] Glérin, et, d'autre, semblablement et aboutant, d'un bout, la terre à la Moulnière, et, d'autre, au chemin tendant de Tussé au Mans, viii deniers.

744. — Ambrois Roquelin, ou lieu de Jehan Roquelin, son père, pour ung cloux contenant deux journelx de terre ou environ, nommé le cloux à la Syméonne, coustéant, d'un cousté, la terre feu Hemel, et, d'autre, la terre du Bignon, et aboute, d'un bout, la terre des Foussez, et, d'autre, le pré nommé

---

rieure, il y a une courte note que nous n'avons pu déchiffrer, sauf le dernier mot : *Juliot*.

1. Au-dessus de ce nom, on a écrit, au xv⁵ siècle : *Ambroys Roquelin*.
2. Ces mots, mis entre crochets, ont été barrés.
3. Au-dessus de ce nom, on a écrit, au xvi⁵ siècle : *G. Roquelin et ses flaracheurs*
4. Ces mots, mis entre crochets, ont été rayés, et l'on a, au xv⁵ siècle, écrit au-dessus, en interligne : *Gervèse Aleaume*.
5. Le nom, mis entre crochets, a été rayé et l'on a, au xv⁵ siècle, écrit au-dessus : *Aucher*.
6. On a, au xvi⁵ siècle, ajouté en interligne : *le d. Ambroys*.
7. Au-dessus du nom *Laurens*, on a écrit, au xv⁵ siècle : *Aleaume*.

Lapareilleux, [et journée à ung homme de pré, le tout en ung tenant ¹], x deniers.

745. — Jehan Leroyer ², pour une pièce de pré nommé Leuscheron, contenant journel et demi, aboutant, d'un bout, aux hais de Chardasne, et, d'autre, aux choses de la Bouteillerie, et coustéant, d'un cousté, le chemin mancezois, et, d'autre, les choses feu d'Atillié, ı denier.

746. — Item ³, pour ung journel et demi de terre ou environ nommé Chardasne, aboutant, d'un bout, aux hais dessus dites, et, d'autre, aux choses du dit lieu de la Bouteillerie, et coustéant, d'un cousté et d'autre, les terres du dit d'Atillié, xvı deniers.

747. — Nail et Jehan les Moriceau ⁴, pour ung pré nommé les Bruères, coustéant, d'un cousté, le pré de l'Antonnière, et d'autre, les Bruères ⁵, et aboute, d'un bout, à l'estang, et, d'autre, aux choses des diz Moriceaux, ıııı deniers.

748. — Symon Moriceau ⁶, pour ung journel de pré, coustéant, d'un cousté, les prez du Bignon, et, d'autre, les prez feu Laurens Glérin, et aboute, d'un bout, les terres feu Guillot Chevalier, et, d'autre, les choses feu Noirmort, vı deniers.

749. — Jehan Richier, ou lieu de Jaquet Pohier ⁷, pour partie d'une pièce de pré sise au Bignon, tant comme le ruisseau ancien le départ, coustéant, d'un cousté, le pré [..... ⁸], ıııı deniers.

---

1. Les mots, mis entre crochets, ont été ajoutés au xvıᵉ siècle.
2. Au-dessus de ce nom, on a écrit, au xvᵉ siècle d'abord : *Jehan Roquelin de la Datillerie, ou lieu du Royer*, puis au xvıᵉ siècle : *Gillet le Roier*. De plus, en face de cet article, on a écrit, au xvᵉ siècle, à la marge extérieure du ms. : *Nota, que le dit Roquelin de la Datillerie a par eschange de Guillaume Roquelin de la Datillerie*.
3. Au-dessus de ce mot, on a écrit, au xvᵉ siècle : *le d. Roquelin*.
4. Au-dessus de ces noms, on a écrit, au xvıᵉ siècle : *Martin Moriceau*.
5. Au-dessus de ce nom, on a, au xvᵉ siècle, ajouté en interligne : *les boys de Chasteaufort nommé*.
6. Au-dessus de ce nom, on a écrit, au xvıᵉ siècle : *G. Moriceau*.
7. On a ajouté, au xvᵉ siècle, en interligne : *ou lieu de Jehan Taupin*.
8. Mot laissé en blanc.

750. Jehan Roquelin [1], ou lieu de Robin d'Atillié, pour une pièce de terre contenant quatre journelx ou environ, aboutant, d'un bout, les bois d'Agié, et, d'autre, la terre Jehan Huré, et coustéant, d'un cousté, la terre Jehan Bouteiller, et, d'autre, la terre tendant à Germaine ; item, pour journel et demi de terre, nommé le cloux de Ruisseaux, coustéant, d'un cousté, le chemin tendant de l'Antonnière à Tussé, et, d'autre, les terres [du dit domaine de l'Antonnière [2]], et aboute [aux terres Jehan Richier, et, d'autre, aux terres de l'Antonnière [3]].

751. — Item, pour terre et vigne, sis ou cloux de la Datillerie, contenant [deux journelx de terre ou environ] [4], coustéant, d'un cousté, le chemin tendant au Chesne-du-Bois, et, d'autre, aux vignes du signeur de l'Antonnière, et aboutant, d'un bout, aux terres de [J. Roquelin de la Datillerie] [5], et, d'autre, la terre [de la Pocherie, appartenant à Jehan Roussigneul et Guillaume Huré] [6], v sols v deniers obole.

752. — Item, pour ung clouseau sis à la Boutonnière, contenant [demi-journel de terre ou en environ] [7], aboutant, d'un bout, la terre Rousay [8], et, d'autre, le pré feu Hemel, et coustéant, d'un cousté, la terre [que tient J. Aleaume de nous] [9], et, d'autre, la terre [dessus dite] [10], II deniers.

753. — Item, pour sept saillons de terre, sis ou dit lieu [11], coustéant et aboutant, de touz les bouz et coustez, les terres

---

1. Au-dessus de ce nom, on a écrit, au XVIe siècle : *J. Belotin.*
2. Les mots, placés entre crochets, ont été barrés et remplacés, au XVe siècle, par les suivants, inscrits à la marge extérieure du ms. : *Gervèse Aucher qu'il tient de nous.*
3. Ces mots, mis entre crochets, ont été ajoutés au XVIe siècle.
4. Ces mots ont été ajoutés au XVe siècle.
5. Les mots mis entre crochets ont été ajoutés au XVe siècle.
6. Ces mots paraissent avoir été ajoutés plutôt au XVIe siècle.
7. Ces mots ont été ajoutés probablement au XVe siècle.
8. Au-dessus de ce nom on a ajouté, au XVe siècle, en interligne : *Jehan Aleaume.*
9. Ces mots mis entre crochets ont été ajoutés au XVe siècle.
10. Ces mots ont été ajoutés au XVIe siècle.
11. On a, au XVe siècle, rayé le mot *dit*, et l'on a ajouté au-dessus de ce mot : *lieu*, ce nom : *de Rougecul.*

de Chasteaufort [qui sont de présent à Jehan Sermaing que aultres, furent de Chasteaufort] [1], ii deniers.

754. — Jehan Chevalier, pour ung estre et ses appartenances, nommé de Roland, contenant, tant en maison que courtilz, ung journel de terre ou environ, cinq ousches de terre arable contenant vingt-quatre journelx de terre arable ovec six journelx de boys et journée à deux hommes de pré, une marre contenant demi-journel de terre ou environ, le tout sis ensemble en la dicte paroisse de Donfront et en la fin d'icelle, aboutant aux terres et prez de Chasteaufort, le grant chemin du Mans et les terres que Pichon souloit tenir, xii sols vi deniers.

755. — Le signeur de Tussé, pour une pièce de terre nommé l'Ouscheron [2], et pour une autre pièce de terre nommée le Vignail, joignant l'une à l'autre, et contenant quatre journelx ou environ, coustéant, d'un cousté, le vignail de la Mote, et, d'autre, les choses du domaine de Lessard, et aboutant, d'un bout, au chemin tendant de Tussé à Lenvoiserie, et, d'autre, aux choses Jehan Adam; item, pour journée à ung homme de pré, coustéant, d'un cousté, le ruisseau du moulin de Lessard tendant à Hédouard, et, d'autre, les terres de la Boutonnière et aux choses des Ferrumiers, et aboutant, d'un bout, au chemin du Quartier, et, d'autre, au pré feu Laurens Glérin; item, pour cinq journelx de terre nommez les Rotez, aboutant, d'un bout, au chemin tendant de Tussé à Chasteaufort, et, d'autre bout et cousté, les terres...

756. — Item, pour ung journel de terre, aboutant, d'un bout, aux terres dessus dites, et, d'autre, au gué de Chasteaufort, et coustéant, d'un cousté et d'autre, les choses des Bruères; item, pour quatre journelx de terre sis à Roland, coustéant, d'un cousté, les marays de Chasteaufort, et, d'autre cousté et d'un bout, les choses des Bruères, et, d'autre bout, à la Ruisselée qui tent du pré Héfoussouer à Hédouard, pour

---

1. Cette phrase paraît avoir été ajoutée au xv° siècle.
2. On a, au xv° siècle, ajouté à la marge intérieure du ms. ces mots : *contenant 1 journel*.

lesquelles choses le dit signeur est tenu fere une foy et une homaige simple et unze soulx huyt deniers obole, par moitié, aux festes de Toussains et Nouel, de taille. Et, pour ce, en cest présent chapitre, VII sols VI deniers obole.

757. — Jehan Dolebeau [1], pour quatre journelx de terre ou environ, nommez la Fousse-Chereau, sis ensemble, cousteánt, d'un cousté, les prez de Chasteaufort, et, d'autre, le chemin tendant de Tussé à Aignié et la terre au grenetier du Mans, et aboutant, d'un bout, aux Bussons [Jehan] [2] Aleaume, et, d'autre, le gué tendant de Lessard au moulin de Hédouard, XVIII deniers.

758. — Gilet Roussigneul [3], pour une pièce de terre nommée Rouge-Cul, contenant dix journelx de terre ou environ, tant bois que hais, avec une journée de pré nommé le pré de Gournaut, joignant l'un à l'autre, aboutant, d'un bout, aux prez de Chasteaufort, et, d'autre, les terres de la Boutonnière, et cousteánt, d'un cousté, les terres de la Regnaudière et les terres de la dicte Boutonnière, IIII sols VI deniers.

Item, pour deux journelx de terre, sis en l'ousche des Rotez, aboutant, d'un bout, aux choses que tient Jehan Chevalier, et, d'autre, les terres que souloit tenir Jehan Pichon, et cousteánt, d'un cousté et d'autre, les choses du dit Pichon, II sols VI deniers.

Item, pour ung pré nommé le pré des Ferrumiers, XII deniers.

759. — Gervése Aleaume [4], [ou lieu] [5] de feu Laurens Glérin, pour journée à deux hommes de pré, en deux pièces, ung chemin entre deux [6], aboutant, d'un bout, au chemin de

---

1. Au XVe siècle, on écrivit en face de cet article, à la marge extérieure du ms., ce nom : *Thomine l'Auberde*; et, au XVIe siècle, au-dessus de Dolebeau, on écrivit : *J. Sermaing à cause de sa fame*.

2. Le nom *Jehan* a été ajouté après coup au XVe siècle.

3. Au-dessus de ce nom on a écrit, au XVIe siècle : *J. Sermaing*.

4. Au-dessus de ce nom on écrivit d'abord, au XVe siècle : *Martin Moriceau au lieu de*, puis, un peu après, on barra le nom : *Gervése* pour le remplacer par : *Jehan*.

5. Ces deux mots ont été rayés au XVe siècle.

6. On a, en cet endroit, ajouté à la marge extérieure du ms., au XVe siècle : *l une contient à présent 1 journel*.

Chasteaufort, et, d'autre, au pré des Ferrumiers [1], et cousteánt, d'un cousté, le douet [2], et, d'autre, les choses de Roland [3], xv deniers.

Item, pour deux journelx de terre [4] sis [ou clox des Rotes, costéant, d'un costé, la terre Guillaume Roquelin qui fut au Saige, et, d'un bout, aux terres que tient Gervaise Aucher de nous] [5], x deniers.

Item, pour ung journel [6] de terre sis aux Rotes, aboutant, d'un bout, au chesne des Charreières, et, d'autre bout [7], et aussi cousteánt des deux coustez [aux chouses dessus dites] [8], v deniers.

760. — Jehan Noirmort [9], ou lieu de Jaquet Amauri et ou lieu de feu Robin Goupil, pour [une pièce de terre contenant III journelx de terre ou environ] [10], sis ou cloux de Goutilaucher, cousteánt, d'un cousté, la terre Jehan Chevalier [11], et, d'autre, la terre Guillaume Hamel [12], et aboutant, d'un bout,

1. On a ajouté ici, au xve siècle, en interligne : *appartenant à mon seigneur de Tucé*.
2. Ce mot a été rayé et au-dessus on a écrit, au xve siècle : *ruisseau*.
3. Le mot *Roland* a été biffé et remplacé, au xvie siècle, par cette phrase : *des Ferrumiers appartenant à Thomine l'Auberde*. On a ajouté en plus à la marge extérieure du ms., cette phrase : *l'autre, que tient le dit Martin Moriceau, costoie d'un cousté les choses de Roland, d'autre costé et d'un bout, aux choses de Chasteaufort, ceulx de Tucé et de [Vedernoir].*
4. Au-dessus de ces mots on a écrit, au xve siècle, ce nom : *Gervaise Alcaume*.
5. Les mots entre crochets ont été ajoutés au xve siècle.
6. Au-dessus de ce mot, on a écrit, au xve siècle : *Le dit Gervaise*.
7. On a écrit ici, au xve siècle, en interligne : *aux terres de la Luellerie*.
8. Les mots entre crochets ont été biffés et remplacés, au xvie siècle, par les suivants : *cousteánt la terre Guillaume Roquelin, d'autre, la terre de la Gasselinière*.
9. Au-dessus de ce nom, on a écrit, au xve siècle : *Thomine l'Auberde*. De plus, on a transcrit, en face de cet article, à la marge extérieure du ms., la note suivante : *Modo tenet Johannes Alcaume : quomodo, nescitur*.
10. Ces mots, mis entre crochets, ont été ajoutés, au xve siècle.
11. Ces mots : *la terre Jehan Chevalier* ont été biffés et on a écrit au-dessus, en interligne : *pré Silvestre (?).*
12. Ce nom : *Guillaume Hamel*, a été barré et on a écrit, au xve siècle, au-dessus, en interligne : *G. Aucher*.

au pré de ¹... et, d'autre, le chemin tendant à Chasteaufort ²,
v deniers.

761. — Item, ou lieu du dit Jaquet ³, pour demi-journel
de terre, sis à la Plante, aboutant, d'un bout, la terre Jehan
Rousay, et, d'autre, l'estre de la Luellerie ⁴, et coustéant, d'un
cousté, la terre Jehan Roquelin, et, d'autre, la terre Jehan
Lebreton ⁵, xi deniers obole.

762. — Item ⁶, ou lieu de Guérin Leprévoust, pour le
champ de Saulay, [contenant 1 journel] ⁷, coustéant, d'un
cousté, la terre au chapelain de Tussé, et, d'autre, le cloux
Rousay ⁸, et aboutant le chemin du Mans ⁹, iii deniers obole.

763. — Item ¹⁰, pour ung journel de terre, sis ou cloux ¹¹ des
Rotes, coustéant, d'un ¹² cousté, la terre Guillaume Lemoulnier, et, d'autre, la terre Guillaume Denis, et aboutant, d'un
bout, au chemin tendant au Mans, et, d'autre, au chemin tendant de Tussé à la Mote ; item, pour demi-journel de terre sis
sur le pré de la Lice ¹³, aboutant, d'un bout, aux terres des

1. Les mots : *pré de* ont été biffés et on a écrit à la marge intérieure
du ms. : *chemin tendant de Tucé à Aigné*.
2. Au mot *Chasteaufort*, on a ajouté, au xvi⁰ siècle, le passage suivant : *aux vignes du Goutil Aucher et le pré de J. Aleaume*.
3. Au-dessus de ce mot, on a écrit, au xv⁰ siècle : *la d. Thomine*, et à
la marge extérieure du ms., on a ajouté la note suivante : *Nota que on
dit que ce sont XIII saillons que tient Ambrois Roquelin soubz main de
court*.
4. Au-dessus de ce nom, on a écrit, au xv⁰ siècle, en interligne : *Aucher*.
5. On a écrit, au xv⁰ siècle, à la suite de ce nom, la phrase suivante :
que tient de présent Martine la Roqueline.
6. Au-dessus de ce mot, on a écrit, au xvi⁰ siècle : *la d. Thomine*.
7. Ces mots, mis entre crochets, ont été ajoutés à la rédaction première,
mais au xv⁰ siècle.
8. Les mots « cloux Rousay » ont été barrés, et à la marge intérieure
du ms., on a écrit : *la terre G. Aucher*.
9. On a ajouté à ce nom, au xv⁰ siècle : *d'autre, le vignail Jehan
Aleaume*.
10. Au-dessus de ce mot, on a écrit, au xvi⁰ siècle : *la d. Thomine*, et
au-dessus du mot « ung », qui a été barré, on a mis, au xv⁰ siècle : *troys*.
11. Au-dessus du mot « cloux », on a, au xv⁰ siècle, écrit : *l'ousche*.
12. A la suite de ce mot, et sur la marge intérieure du ms., on a, au
xv⁰ siècle, écrit : *l'estres Aucher et l'estre feu Hamel*.
13. A côté de ce nom, on a, au xv⁰ siècle, ajouté un renvoi qui se réfère
à la note suivante, inscrite à la marge intérieure du ms. : *coustéant d'un*

Martins [1], et, d'autre, aux choses de la Regnaudière ; item, pour journée à quatre hommes de vigne, sis ou cloux de la Regnaudière, ovec la terre, contenant [troys] [2] journelx ou environ, coustéant, d'un [3] cousté, et aboutant, d'un bout, les choses feu Penchévre, et, d'autre, au chemin tendant à la Boutonnière ; item, pour ung journel de terre sis à la Béatrixerie, coustéant, d'un cousté, les choses à la Rousaye, et, d'autre, les choses Macé Béatrix, et aboutant, d'un bout, aux choses de la Regnaudière et de la Boutonnière, xxii deniers obole.

764. — Item [4], ou lieu de Guillaume Denis, pour deux planches de courtil, coustéant l'estre du dit Denis, d'un cousté, et, d'autre, la terre Gervèse Lemoulnier, et aboutant, d'un bout, aux choses du dit Noirmort, et, d'autre, la terre du dit Denis, iii deniers obole.

765. — Item, la dite Thomine, pour demy-journel de terre ou environ nommé la Petite-Regnauldière, coustéant, d'un cousté, les terres que tient Jehan Lucas de nous, d'autre cousté, la terre du dit Lucas qu'il tient de Saint-Jehan-de-la-Cheverie, aboutant, d'un bout, au Champ-Rouge et Arable, d'autre bout, le chemin tendant de Tucé à Rougecul] [5].

766. — Item [6], ou lieu de Agnès la Pasquière, pour une planche de courtil, aboutant, d'un bout, au chemin qui tent de Tussé à Durestal, et, d'autre, la terre Guillaume Denis, et coustéant, d'un cousté et d'autre, les courtilz, vi deniers.

Item, ou lieu de Gervèse Lemoulnier, pour... vi deniers.

---

cousté le dit pré à la Lice, d'autre, le chemin tendant de Tucé au gué du Quartier.

1. Au-dessus de ce nom, qui a été barré, on a, au xv° siècle, écrit en interligne : *la tousche de Lenvoiserie*.
2. Ce mot, mis entre crochets, a été ajouté au xv° siècle.
3. On a ajouté ici, au xv° siècle, à la marge extérieure du ms. : *coustéant d'un cousté l'Arable, et d'autre, le vignail que tient de présent Thomas Lucas de nous, d'un bout, aux terres de Rougecul*.
4. Au-dessus de ce mot, on a, au xv° siècle, écrit ce mot : *la d. Thomine*.
5. Cet article, mis entre crochets, a été ajouté au xvi° siècle.
6. Au-dessus de ce mot, on a écrit : *La d. Thomine*.

767. — [Jehan Roquelin, le jeune, ou lieu de Jehan Loyau, à cause d'un bordaige nommé la Béatricerie, contenant, tant en maisons, aistre, aistrage, courtilz, terre et pré, en ung tenant, troys journelx de terre, costéant, d'un costé, le chemin tendant de la Mote au Mans, d'autre costé, les terres de la Luellerie, que tient Gervaise Aucher de nous, aboutant, d'un bout, au chemin tendant à Tucé; item, deux journelx de terre nommez l'Arable, costéant, d'un costé, le vignail Thomine l'Auberde, d'autre costé, le vignail que tient Thomas Lucas de nous [1]; item, ung vignail en gast, contenant journée à vi hommes, ung quartier et demi de vigne, tant en faczon que en gast, costéant, d'un costé, le chemin du Mans, d'autre costé, le vignail des Goutilz Auchers; item, ung autre clos [2], contenant ung journel de terre et demi, joignant, d'un costé, le pré Silvestre] [3].

768. — Jehan Chanteau [4], ou lieu de feu Mathe Béatrix [5], pour ung estre nommé la Béatrixerie, contenant ung journel de terre ou environ, coustéant, d'un cousté, le chemin tendant de Lenvoiserie au Mans, et, d'autre, la terre Noirmort, et aboutant, d'un bout, la vigne de Goutilaucher, et, d'autre, l'estre Aleaume; item, pour une noë ovec ung courtil, contenant ung journel de terre, aboutant, d'un bout, au chemin tendant du gué du Quartier, et, d'autre, la maison Aleaume, et coustéant, d'un cousté, la noë au Roier, et, d'autre, le

---

1. A la suite du mot « nous », il y a un renvoi qui se réfère à la marge extérieure du ms., où se trouve ce mot : *Non*.
2. On a ajouté, à la marge extérieure du ms., et au xvi⁰ siècle, ces mots : *nommé le clos Chesneau, et d'autre le chemin tendant de la Mote au Mans, et, d'un bout, au dit chemin, III sols. et cens. pour ce, III sols*.
3. L'article, placé entre crochets, a été écrit au xvi⁰ siècle.
4. Cet article a été barré tout entier au xv⁰ siècle, et à la marge extérieure du ms. on lit cette note : *Ceste article est mal escript ? car elle est bonne*. Nous avons laissé en blanc un mot que nous n'avons pu lire.
5. Au-dessus des premiers mots de cet article, on a successivement écrit, d'abord, au xv⁰ siècle : *Jehan Aleaume*. Le nom « Aleaume » a été effacé, et on y a substitué : *Roquelin, le jeune, au lieu de Jehan Loyau*. Puis, au-dessus de ces noms, on a, au xvi⁰ siècle, transcrit les suivants : *J. Mehier* et *Gillet Rousay*, lesquels ont été ensuite biffés.

chemin dessus dit ; item, pour deux journelx ¹ de terre sis à l'Errable, aboutant les terres Noirmort et de la Boutonnière ; item, pour demi-journel de terre, coustéant et aboutant les terres du dit Aleaume et de la Boutonnière ; item, pour ung journel de terre sis à la Regnaudière, aboutant les prez de Chasteaufort, et coustéant les terres de la Boutonnière ; item, pour ung quartier de vigne nommé l'Errable, aboutant les terres Adam et coustéant la terre Jehan Noirmort et une terre nommée l'Errable, vi sols obole.

769. — [Jehan Aleaume, ou lieu de Jehan Chauveau, pour ung aistre et terre contenant ung journel de terre ou environ, une noë et terre contenant ung journel de terre ou environ, ung journel de terre sis à la Regnaudière, ung autre journel de terre sis à l'Arable, vi sols obole] ².

770. — Le chapelen de Tussé, pour son champ du Saulay, [contenant deux journelx de terre ou environ] ³, coustéant, d'un cousté, la terre feu Jehan Béatrix ⁴, et, d'autre ⁵, [le chemin tendant de la Béatrixerie au Mans, et aboutant, d'un bout, au chemin du Mans, et, d'autre, aux vignes] ⁶ au vignail Aleaume, iii deniers obole.

Item ⁷, pour ung quartier de vigne sis ou clos du Goutil Auchées, coustéant, d'un costé, le champ Martine la Roqueline, d'autre costé, la terre Jehan Aleaume, aboutant, d'un bout, aux terres de la Petite-Béatricerie, et, d'autre bout, au pré de la Luellerie] ⁸, viii deniers.

---

1. Les mots « deux journelx » ont été rayés, et on y a substitué à la marge extérieure du ms., au xvi⁰ siècle : *ung journel de terre.*
2. Cet article, mis entre crochets, a été ajouté au xv⁰ siècle.
3. Mots ajoutés au xv⁰ siècle.
4. Le nom « Jehan Béatrix » a été barré, et, au-dessus, on a, au xvi⁰ siècle, écrit en interligne : *Thomine l'Auberde.*
5. On a, au xv⁰ siècle, ajouté à la marge extérieure du ms. : *de la Mote au Mans.*
6. Ces mots entre crochets ont été barrés et remplacés, au xv⁰ siècle, par : *au vignail Aleaume.*
7. Au-dessus de ce mot, on a ajouté, au xv⁰ siècle : *le d. chappelain.*
8. Ces mots, mis entre crochets, sont postérieurs à la première rédaction du ms., mais remontent au xv⁰ siècle.

771. — Le prieur de Donfront, ou lieu de feu Jehan Balle, pour ung journal de terre sis en Champaigne, coustéant, d'un cousté, la terre messire Jehan Cornilleau, et, d'autre, la terre feu Vigour Lebouchier, et aboutant, d'un bout, au chemin tendant au hais dessus dites de Donfront, IIII deniers.

Item [1], ou lieu du dit feu Vigour, pour ung journal de terre sis au dit lieu, coustéant les terres dessus dites, et aboutant au dit chemin et aux terres feu Quarreau, IIII deniers.

Item, ou lieu de messire Jehan Cornilleau, pour ung journel de terre sis ou dit lieu, aboutant et coustéant, des bouz et coustez, le chemin et terres dessus dites, IIII deniers.

772. — Le chapelen de Saint-Nicholas-de-Montaillier, pour journée à cinq hommes de vigne sis ou cloux du Goutilauchier, coustéant, d'un cousté, la vigne feu Lemoulnier, et, d'autre, la vigne de feu Mathe Béatrix, et aboutant, d'un bout, au pré nommé le pré Sevestre que tient Jehan Roquelin, et, d'autre, le chemin tendant de la Béatrixerie à la Boutonnière, VIII deniers.

773. — [Micheil Chesnel, pour une pièce de vigne et de pré, sis au lieu appellé la Boullaie, et pour journée à deux hommes de vigne sis ou cloux de Goutilaucher, coustéant, d'un cousté, le chemin tendant de la Béatrixerie au Mans, et, d'autre, le pré Sevestre, et aboutant, d'un bout, au chemin tendant de Tussé au Mans, et, d'autre, aux vignes feu Guillaume Lemoulnier, lesquelles choses contiennent [2].... IIII sols II deniers.

774. — Jehan Le Taixier [3], pour quatre journelx de gasts, sis en la paroisse d'Aigné, aboutant, d'un bout, aux Broces de Chasteaufort, et, d'autre, le bois de Dumaret, et coustéant,

---

1. En face de cet article, on lit, inscrit à la marge extérieure du ms., et au XV⁰ siècle : *Inquiratur*.
2. Cet article, mis entre crochets, a été barré, et on lit, à la marge intérieure du ms., la note suivante écrite au XVI⁰ siècle : *Frustra, quia alibi, in folio precedenti*: *de Johanne Roquelin*. Nous avons laissé en blanc deux mots que nous n'avons pu lire.
3. Au-dessus de ce nom, on a écrit, au XVI⁰ siècle : *Jaquet Gervaise Moriceau ou lieu de*.

d'un cousté et d'autre, les terres du dit Taixier et de Dumaret, ii sols [1].

775. — Jehan [2] Moriceau, pour ung mesonnaiz, sis en la ville de Tussé, coustéant, d'un cousté, les choses de la Bouteillerie, et, d'autre, les choses du dit Moriceau, et aboutant, d'un bout, au grant chemin, et, d'autre, les choses Noirmort, vii deniers.

Item, pour journée à deux hommes de courtil, sis davant le dit mesonnaiz, le grant chemin entre deux, aboutant, d'un bout, le dit grant chemin, et, d'autre, la vigne Noirmort, et coustéant, d'un cousté, les choses Guérin Leprévoust, et, d'autre, les terres et chouses du dit Noirmort, obole.

776. — Jehan [3] Roussigneul, ou lieu de Jehanne l'Auberde, pour une maison ovec demi-journel de terre en courtil ou environ, [costéant d'un costé [4], ii sols.

Item, ou lieu de feu Mouschet, pour ung journel de terre, aboutant, d'un bout, l'estre feu Goupil, et, d'autre, l'estre Guillaume Denis, et coustéant, d'un cousté, l'estre du dit Denis, et, d'autre, le courtil du signeur de Tussé, vi deniers.

Item, ou lieu de feu son père, pour son estre nommé... contenant demi-journel de terre, tant en maison que courtil, aboutant au chemin tendant à Durestal [5], xvi deniers.

777. — Perrot Gasnier [6], pour ung mesonnaiz avec journee à six hommes de courtil, aboutant, d'un bout, la croix sise davant la maison Jehan Béatrix, et, d'autre, l'estre Guillaume Denis, et coustéant, d'un cousté, le courtil feu Jehan Noirmort, et, d'autre, le chemin tendant de la dicte croix à la maison d'Atillié, ii sols.

---

1. En face de cet article, on lit, inscrits sur la marge extérieure du ms., ces mots : *Soit faire saisir le blé qui y est de présent*.
2. Le mot « Jehan » a été barré, et on a écrit au-dessus, au xvie siècle : *Guillaume Potier de la Coulture près le Mans, pour*.
3. En face de cet article, à la marge intérieure du ms., on lit ce mot, écrit au xvie siècle : *Inquiratur*.
4. Mots ajoutés au xve siècle.
5. Phrase ajoutée au xve siècle.
6. Au-dessus de ce nom, on a écrit, au xvie siècle : *Thomine l'Auberde, par acquest*.

778. — Jehan Bernard [1], pour son estre nommé Durestal, contenant une maison, trois journelx de terre, journée à deux hommes de pré et journée à cinq hommes de vigne, le tout sis ensemble, ung chemin tendant de Tussé à la Bouteillerie entre deux, coustéant, d'un cousté, l'estang de Durestal, et, d'autre, les prez du Bignon, et aboutant, d'un bout, le chemin dessus dit, et, d'autre....., xviii deniers.

779. — Jehan Méhier, ou lieu de Jaquet Amauri...., vi deniers.

780. — Jaquet Amauri [2], pour son estre [et courtilz que tenent à présent Guillaume Hure et Jehan Roussigneul], vi deniers [3].

781. — Nota [4] que touz ceulx qui tienent de nous depuis le mesonnaiz et courtil de Jehan Moriceau jousques à l'estre de Durestal, tant de rente que censive, nous le tenons de Valhard à troys soulx de taille à poyer au jour de Saint-Front. Le résidu de mon signeur de Tussé, etc., ainssi comme dit est ou premier chapitre.

Cens deuz à cause de la dite terre à Degré, le jour Saint-Martin d'yver.

782. — Richard Savary [5], pour ung journel et demi de terre, aboutant, d'un bout, la terre feu Boulay, et, d'autre, la terre Jehan des Hays, et coustoie, d'un cousté, la terre Boisauren, et, d'autre, le dit des Hays, obole.

783. — Pasquier Boisauren, pour ung journel et demi de terre, coustéant, d'un cousté, la terre du dit Savari, et, d'autre,

---

1. Au-dessus de ce nom, on a écrit, au xvi⁰ siècle : *Jouenne, fille du dit.*

2. Au-dessus de ce nom, on a écrit, au xvi⁰ siècle : *Jouenne la Maurrie.*

3. Ces mots, mis entre crochets, ont été ajoutés au xv⁰ siècle.

4. En face de cet article où les mots : « mesonnaiz et courtil de Jehan Moriceau » ont été barrés, on lit, transcrites, au xvi⁰ siècle, à la marge extérieure du ms., l'une au-dessus de l'autre, ces deux notes : *Le puiz feu Guillaume Dumans? — Nota, du dit puiz, etc.*

5. Au-dessus de ce nom, on a écrit, au xv⁰ siècle : *J. et Guillaume les*, et en face de cet article, à la marge extérieure du ms : *Modo, Gaudin.*

la terre au prieur du dit lieu, et aboutant, d'un bout et d'autre, la terre des Hays, 1 denier obole.

Item, pour demi-journel de pré, coustéant, d'un cousté et d'autre, la terre du dit des Hays, et aboutant, d'un bout et d'autre, la terre du dit Savari, obole.

Item, pour deux journelx de terre [1], nommez de Glasselin, coustéant, d'un cousté, les noës de Guaigné, et, d'autre, les choses Haton, et aboutant, d'un bout, la noë Mautouschet, et, d'autre, le chemin de la Broce, VI deniers.

784. — Jehan de Mautouschet, pour ung journel de terre et pour journée à deux hommes de pré, nommez les noës de Guagnié, sis ensemble, aboutant, d'un bout, les terres du dit Boisauren, et, d'autre, les terres Colin du Temple, et coustéant, d'un cousté, la noë du prieur du dit lieu, et, d'autre, les terres de Gordaine, VI deniers.

785. — La fabrice de l'église de la Chapelle-Saint-Aubin [2] près le Mans, pour les trois pars de journée à ung homme de pré, coustéant, d'un cousté, le chemin de la Quinte, et, d'autre, la rivière qui vient au pont de Degré, et aboutant, d'un bout, au pré de la Bouteillerie, et, d'autre, aux marais de Degré, III deniers.

786. — Jehan Mailloche et Jehan Escouble [3], pour une pièce de pré contenant journée à deux hommes, coustéant, d'un cousté, le chemin tendant de la Quinte au Mans, et aboutant, d'un bout, la rivière qui vient à Degré, et, d'autre, ... IIII deniers.

787. — [Les hoirs feu Jehan Escouble, l'aisné, pour la moitié du pré dessus dit, denier [4]].

---

1. Au-dessus de ce mot, on a ajouté, au xve siècle : *Modo Fouquet Thébault   de rente* ; nous avons laissé en blanc deux mots que nous n'avons pu lire.

2. Au-dessus de ces mots, on a d'abord écrit, au xve siècle : *Modo Fouquet* ; puis ce nom a été barré et l'on a ajouté : *Modo J. Piron*.

3. A côté de cet article, on a écrit, au xviie siècle, à la marge extérieure du ms. : *Le pré que Du Val a acquis*. Au-dessus de ces noms : *Mailloche et Escouble*, on a écrit, au xve siècle : *Modo Guillaume Champion et ses faracheurs* ; et postérieurement : *Vayer*.

4. Cet article, mis entre crochets, a été ajouté au xvie siècle

788. — Jehan des Hais [1], pour deux journelx de terre, appellez le Clouset, coustéant, d'un cousté, le chemin tendant de Tussé à Degré, et, d'autre, le champ de soubz les vignes des Hais, et aboutant, d'un bout, au pré à la Maunière, et, d'autre, le champ de la Vasselière, vi deniers.

Item [2], pour journée à ung homme de pré, coustéant le pré du dit lieu de la Vasselière, et, d'autre, la rivière qui vient de Degré à la Tousche, et aboutant, d'un bout, le pré feu Boullay, v deniers.

Item, pour journel [3] et demi de terre, coustéant, d'un cousté, la terre au Vausseur, et, d'autre, la terre Savari, et aboutant, d'un bout, les terres et choses du dit Jehan des Hays, obole.

789. — Jehan Maunier, pour son pré qui aboute au champ de dessoubz les vignes des Hayes, IIII deniers [4].

790. — Le prieur de Degré, pour sa noë qui coustoye le pré de feu Jehan de Mautouschet, assis aux noës de Gaignié, et pour sa terre qui coustoye la terre Boysauren, VII deniers [5].

791. — Jehan Haton, pour sa terre de Gaignié, modo Escouble, VI deniers [6].

792. — Le secretain de Notre-Dame-de-Gourdaine [x deniers [7]].

Cens du dit lieu deuz à Nouel.

793. — Guillaume Denis, Jehan Béatrix, Robin Barouille et Geffroy Estrigant, pour les chouses déclarées dessus, en la censive de Toussains, xv deniers.

794. — Jehan Lebreton [8], pour le pré dessus déclaré, XIII deniers.

---

1. Au-dessus de ce nom, on a écrit, au xvi⁰ siècle : *Fouquet Thibaut.*
2. Au-dessus de ce mot, on a écrit, au xvi⁰ siècle : *le dit.*
3. Au-dessus de ces mots, on a écrit, au xvi⁰ siècle : *Modo. Richart Savari.*
4. Les mots, mis entre crochets, ont été ajoutés au xvi⁰ siècle. On a écrit au-dessus de cette phrase : *les hoirs feu Richart Savari.*
5. Les mots placés entre crochets ont été ajoutés au xvi⁰ siècle.
6. *Id.*
7. *Id.*
8. Au-dessus de ce nom, on a écrit, au xv⁰ siècle : *La veufve de feu Estienne Payn.*

795. — Jehan [1] Lesaige, pour les choses dessus dictes, vi deniers.

796. — Juliot Adam et Jehan Lucas, pour les choses dessus nommées en deux déclarations, vi sols iii deniers.

797. — Le signeur de l'Antonnière, ii deniers.

798. — Jehan Roquelin [2], pour les choses dessus dictes en huyt déclarations, vi sols x deniers pect.

799. — Nail et Jehan Moriceau [3], iiii deniers.

800. — Symon Moriceau, vi deniers.

801. — Jehan Richier, iiii deniers.

802. — Jehan Roquelin [4], ou lieu de R. d'Atillié, pour les choses dessus dites en trois déclarations, v sols ix deniers obole.

803. — Le signeur de Tussé, pour les choses dessus dites, v sols x deniers pect.

804. — Jehan Noirmort [5], pour les chouses déclarées en sept déclaracions, iiii sols x deniers.

805. — Le chapelen de Tussé, pour son champ de Saulaiz, iii deniers obole.

Vignages deuz à cause de la dicte terre en temps de vendenges.

806. — La femme feu Jehan Syméon, pour journée à deux hommes de vigne sis ou cloux de Goutilaucher, près la vigne Millecent, coustéant, d'un cousté, la vigne Robin Goupil, et d'autre, et aboutant, d'un bout, au chemin tendant de la Béatrixerie au Mans, et, d'autre, au pré Sevestre, de vin, iii pintes.

807. — Nota que Thomine l'Auberde, héritière de feu Jehan Noirmort, fina et compousa avec frère Guillaume Deschères, procureur, pour les deniers qu'elle fait par an à

---

1. Au-dessus de ce nom, on a écrit, au xvi° siècle : *Thomas le.*
2. Au-dessus de ce nom, on a écrit, au xvi° siècle : *Ambroys Roquelin et ses faracheurs.*
3. Au-dessus de ces noms, on a écrit, au xvi° siècle : *Martin Moriceau et explète Gervèse Moriceau.*
4. Au-dessus de ce nom, on a écrit, au xvi° siècle : *J. Belotin.*
5. On a écrit au-dessus de ce nom, au xvi° siècle : *Thomine l'Auberde.*

deux termes des Mors et Nouel, lesquelx deniers vallent, par an, aux diz deux termez, la somme de XIIII solz, ainsi que ce papier le porte par dix articles, et, en ce, n'est point compris XVIII deniers de devoir, pour IIII journelx de terre nommez la Fousse-Chereau, qui furent Jehan Dolebeau, laquelle terre est contancieuse entre la dite Thomine et Jehan Sermaing, sur laquelle somme de XIIII sols aujourd'uy a poyé au dit procureur la somme de huit soux, arréraiges de des diz XIIII sols. Item, elle a poyé au dit jour, XV deniers, pour les ventes du pré qu'elle eut de Julien Estourneau, assis près le Bignon. Item, V sols d'amende, etc., présens : Hamelin Estrigant, Jehan Brochart, Symon Hamon et autres. Ce fut passé le XXVᵉ jour de juillet mil IIIIᶜ LVI. G. Deseschères. G. Cochereau? Verum est¹].

808. — C'est le papier de frère Guillaume Cochereau partie escript de sa men et partie...

809. — [Nota que Thome Lucas tient une pièce de terre nommée le Champ-Rouge, coustéant, d'un cousté, la noë au Royer, et, d'autre, la Petite-Regnauldière, aboutant, d'un bout, au champ Thomine l'Auberde et l'Arable, d'autre bout, au chemin tendant de Tucé au gué du Quartier, etc.

810. — Une aultre pièce de terre nommée la Petite-Regnauldière, contenant ung journal de terre ou environ, en laquelle a de présent une maison que a fait faire le dit Lucas, coustéant, d'un cousté, le chemin tendant de Tucé au gué du Quartier, et, d'autre cousté, la terre Thomine l'Auberde, aboutant, d'un bout, au chemin de Tussé à Rouge-Cul, et, d'autre, au Champ-Rouge, et tient le dit Lucas ce du curé de Saint-Jehan-de-la-Cheverie du Mans, à la somme de cent poires d'Angouesse et les troys pars d'une et VI sols ; Thomine l'Auberde, IIII sols, et le dit Lucas, II sols, XXXIII poyres et le tiers d'une]².

---

1. L'article mis entre crochets date du XVᵉ siècle, mais a été transcrit au XVIᵉ.

2. Le paragraphe mis entre crochets est d'une rédaction postérieure, mais néanmoins du XVᵉ siècle.

811. — L'estre [1] de Lenvoiserie contient une maison ovec une autre aux bestes et une grange, ung pressouer et ung moulage, et journée à huyt hommes de vigne et ung journel de terre sis derrière la dite maison, et troys journelx sis soubz la dite vigne, et deux journelx et demy de terre, sis soubz le dit pressouer et sur les deux petiz estangs.

Item, ung autre pièce de terre nommé le Vignail, contenant deux journelx de terre ou environ, contenant les choses de Lessard et le chemin tendant du dit estre à Tussé, et aboutant, d'un bout, les choses du dit Essard, et, d'autre, le chemin tendant du dit estre à l'estre Juliot Adam.

Item, ung autre pièce de terre nommé les Gasts avecques ung aulney, [le tout contenant IIII [2] journelx [aboutant au chemin tendant du dit estre à Tussé et les terres, prés] [3], contenant ung journel de terre, et ovec demy-journel de terre ou environ, nommé le champ d'Alesne, le tout sis ensemble et contenant IIII journelx et demy de terre ou environ, aboutant, d'un bout, aux prez de la Guasselinière, et, d'autre, le chemin tendant du dit estre à Tussé, et coustéant, d'un cousté, les terres du dit lieu de la Guasselinière, et, d'autre, l'estre de la Mote.

Item, journée à deux hommes de pré ovec ung journel de terre et ovec ung journel de terre nommé la Randonneye, le tout sis ensemble, coustéant les choses, d'un cousté, et, d'autre, l'estang de la Mote, aboutant, d'un bout, au champ du dit lieu de la Guasselinière.

Item, une petite nouete, contenant presque ung journel, ovec semeure d'ung bouesseau de froment de terre arable et ovec une couldroye, contenant demi-journel de terre, le tout sis ensemble, coustéant, d'un cousté, le champ du Pont, et, d'autre, les choses de la Regnaudière, et aboutant, d'un bout, au pré Morin, et, d'autre, au pré de la Mote.

1. Tout ce qui suit a été transcrit au XVe siècle, mais est d'une rédaction postérieure à l'ensemble du ms.
2. Passage raturé postérieurement.
3. Idem.

Item, semeure de troys boesseaux de seigle en terre arable nommé la Tousche, coustéant, d'un cousté, le pré Morin, et, d'autre, le chemin tendant au gué du Quartier, et aboutant, d'un bout, le pré dessus dit, et, d'autre, la terre Noirmort [1].

Item, ung pré nommé le pré Sevestre, contenant trois journelx ou environ, aboutant, d'un bout, aux vignes de Goustilauchier, et, d'autre, le chemin du Mans, et coustéant, d'un cousté, le cloux Chesneau, et, d'autre, le cloux Noirmort.

Item, journel de pré, nommé le pré à l'Abbé, sis aux noës d'Ascé, coustéant, d'un cousté et d'autre, les choses du Bignon, et aboutant, d'un bout, la terre Noirmort, et, d'autre, le dit Bignon.

812. — Je, Jehan Mehier, ay baillé sur la rente que je faiz à mon signeur l'abbé de Beaulieu, premièrement, au prieur de Donfront, xx sols, et à la main de mon signeur, xxxx sols ; item, une pipe de sidre, du pris de xxx sols ; item, ii saluz baillez au proculeur ; item, au prieur de Donfront, ung salut pour emplier en chaux.

---

1. A la suite de cet article, on lit cette note, d'une rédaction postérieure, mais probablement de bien peu : « Nota que Guillaume Roquelin ne confesse que xii deniers, pour le journel des Rotez, pour le champ de la Croys et pour la terre des Rotez, xii deniers. »

FIN

TABLE ALPHABÉTIQUE

TABLE ALPHABÉTIQUE

(On s'est abstenu en général d'indiquer le département pour les communes de la Sarthe.)

A

Aaliz (Arnoul). 223.
Aaliz, femme de Guillaume de Broussin. 221 ; — de Jean de Fresnoy. 49. — Cf. Aliz.
Aallote Jean . 208.
Aassé. Voir Assé.
Abaye (Robin de l'). 50.
Abbé (le pré à l'), à Degré. 212, 270.
Aceclerc (Jean), seigneur de fief en Rouillon. 84.
A..es Colin d'). 196.
Achart Gervais . 54.
Acheis Regnaut de . 153, 154.
Adam (Geoffroy). 59. — (Guillaume). 23, 63 ; — Jean . 52, 53, 63, 130, 223, 255 ; — (Juliot). 245, 249, 250, 251, 261, 267, 269.
Agatha, femme de Geoffroy Bienassis. 122.
Agathe, femme de Geoffroy Gautier. 56 ; — d'Etienne Gondoin. 16, 19, 20 ; — d'Alain Le Forestier. 219 ; — de Guillaume Le Sage. 192 ; — de Gervais Porcheron. 16 ; — de Jean Sanson. 96 ; — fille de Jeanne la Lunère. 92.
Agié (les bois d'). 254. — Vers Degré et Lavardin.
Agnès, femme de Macé d'Aigreville. 32, 46, 47 ; — de Jean Alexandre. 160 ; — de Jean Blanchard. 75, 77 ; — de Guillaume Boussart. 47 ; — de Juliot Brays. 45. — de Jean Brichoterie. 56 ; — de Jamet Chapuis. 156 ; — de Guillaume Chevalier. 54 ; — de Jean du Fresne. 224 ; — de Gervais Goupil. 58 ; — de Jean Jardin. 107, 108 ; — de Guillaume Jordan. 24 ; — d'Hébert Lefèvre. 73 ; — de Juliot Le Vallet. 13 ; — de Jean de Livet, seigneur d'Hauteville. 168 ; — de Geoffroy Mauclerc. 109 ; — d'Etienne Pelouart. 132 ; — de Guillaume Pourtant. 202 ; — de Guillaume Rahier. 120 ; — mère de Robert de Créant. 179 ; — de Jean Duboys. 174.
Aigné, Aignié, Aignyé. 63, 71, 72, 133-135, 204, 224, 239, 248, 256, 258, 262.
Aigreville, Egreville, Esgreville. 29 ; — (Guillaume d'). 32, 45-47, 156, 203 ; — (Hébert d'). 29 ; — (Julien d'). 29 ; — Macé d' . 29, 32, 46, 47 ; — (Macée d'), femme de Vincent Lemoyne. 45, 46 ; — (Perrote d'), femme de Jamet

Chapuis. 32. — *Aigrevílle*, commune de Fay.

Aillères (Etienne des), procureur de Beaulieu. 40.

Albrète, femme de Guillaume du Mineroy. 79.

Aleaume (Gervais). 243, 248, 252, 256, 257; — (Jean). 245, 246, 254, 256-258, 260, 261.

Alençon (Orne). 160.

Alençon (Philippe d'), chanoine de Sillé. 152, 153.

Alenczon (les vignes de), paroisse du Pré, au Mans. 55.

Alesne (le champ d'), à Lavardin. 240, 269.

Alexandre (Jean). 160.

Aliz, femme de Jean Boutier. 181; — de Colin Legendre. 71; — de Geoffroy Sirot. 190; — fille de Jean Rebulet. 194, 195. — Cf. Aaliz.

Allart (Guillaume). 218.

Allemant (Gervais). 150, 151.

Allonnes, Allonne, Allompne, Aallompne, Alompne. 77-79, 208, 233.

Alnoy (l'). Voir Aunoy (l').

Amauri (Jaquet). 257, 264. — Cf. Amorri, Maurrie (la).

Ambriez. 163. — *Ambriers*, commune de Viviers (Mayenne).

Ameline, femme de Guillaume du Puiz. 82. — Cf. Emeline, Hameline.

Amelote, femme de Denis Durand. 28. — Cf. Hamelote.

Amné, Amené-en-Champagne, L'Amené. 86, 97, 104, 110, 118, 119; — (Philippe d'). 165.

Amorri. 251. — Cf. Amauri, Maurrie (la).

Amouroux (les vignes aux), à la Milesse. 61.

Ancinettes. Voir Uncineulle.

Ancinnes, Ancines. 3. — (Agnès d'). 50. — (Jean d'), clerc. 45.

Audegney (le seigneur de), seigneur de fief en Saint-Mars-sous-Ballon et Teillé. 198. — Famille originaire d'Andigné (Maine-et-Loire).

Andoullerie (l'). 222. — *L'Andoullère*, commune de Coulaines.

Angenaut (Jean). 27.

Angers. 4, 165; — (Hubert d'). 63; — (Robin d'). 39.

Angier (Guillaume). 12, 214-216.

Anglais (les), les Angloys. 151.

Angliterre, notaire. 19.

Angot (A.). 160, 166-168, 174, 177, 179.

Angotière (l'). Voir Langotière.

Angouesse (poires d'). 268.

Anjou (l'). 199, 201; — (Michel d'). 54.

Antonnière (l'), Lantonnière, Antonoria, Antoneria. 119, 120, 122, 123, 179, 218, 224, 243, 249, 253, 254, 267. — *L'Antonnière*, commune de Degré. — Cf. Tucé (Guillaume et Hébert de).

Apiancières (les). 100. — Vers Brains.

Arable (l'). Voir Erable (l').

Arcesoy (l'estre du seigneur d'), paroisse de Verron. 165.

Ardenay (Pierre d'), archidiacre de Montfort. 199.

Ardene (Macé de), clerc. 89.

Ardents (la maison-Dieu des), au Mans. 8, 68, 69.

Ardilliers (les), les Ardillers, paroisse Saint-Jean-de-la-Chevrerie. 50, 51, 209, 236. — *Les Ardrillers*, commune du Mans.

Argenson, Argensson (Patri d'), écuyer. 102, 103.

Argenton (Bienvenue de). 55.

Arquengier, Harquengier (Geoffroy). 172; — (Hébert). 31, 73-76, 202.

Artuiz, Artuys (Hubert). 81; — (Richard). 81, 107.

Artuz (feu). 229.

Arve (la rivière de). 161. — *L'Erve*, affluent de la Sarthe. — Cf. Œve.

Ascé. Voir Assé.
Ascelin (Geoffroy). 37 ; — (Jehannot). 15.
Asceline (l'). 10.
Ascelote, fille de Macé Polart. 70.
Aspremontaiune (Hamelin de). 83.
Assé, Ascé (le fief d'), en la ville du Mans. 16, 212.
Assé, Ascé, Acé (les noés d'), paroisse de Degré. 242, 270.
Assé (Geoffroy d'), évêque du Mans, 108. 167. — Cf. Geoffroy.
Assé-le-Bérenger (Mayenne), Aassé-le-Bellenger. 160.
Assé-le-Riboul, Assé, Ascé. 61, 74-76, 102.
Athenay, Attenay, Athenoy. 6, 114, 115 ; — (Guillaume d'). 56. — *Athenay*, ancienne paroisse réunie à Chemiré-le-Gaudin.
Atillié, Atillé (Robin d'). 245, 246, 248, 253, 254, 263, 267 ; — (le champ d'), paroisse de Degré. 243.
Aubanst (Robin). 173.
Auberde (Jeanne l'). 263 ; — (Thomine l'). 242, 248, 256-261, 263, 267, 268.
Auberée (Michel). 169 ; — (Regnaut et Wuillaume les). 171.
Aubert (feu). 250 ; — (Guillaume). 99, 170 ; — (Jean). 127, 128.
Aubigny. 6. — *Aubigné* (Sarthe).
Aucelier (le pont). 186.
Aucher (Gervais). 248, 250-252, 254, 257, 258, 260.
Auderon (feu). 226, 229, 230, 233.
Auffroy (Denis). 204.

Augier (Jean). 187.
Augis (Guillaume). 202.
Augustin (saint). 1.
Aulteville. Voir Hauteville.
Aumosnier (Jean). 120.
Aunay (l'). Voir Launay.
Aunoy (les prés de l'), paroisse de Domfront-en-Champagne. 122, 125. — Cf. Launoy.
Aunoy (la terre de Boudin l'), l'Alnoy, paroisse de Saint-Sauny (Saint-Saturnin). 65. — Cf. Launoy.
Aunoye (l'). 167. — A ou vers Saint-Fraimbault-sur-Pisse (Orne).
Aunoy-Vieil (l'étang de l'), paroisse de Degré. 218. — *L'Aunay*, moulin, commune de Degré.
Ausouys (Robin). 70.
Autrain (Drouin d'), clerc. 182.
Auvers (Saint-Père d'), Auvers-de-soubz-Montfaucon. 2, 96, 104-107, 117. — *Auvers-sous-Montfaucon*.
Auvers (Guillaume d'). 117. — *Auvers*, ancien fief, commune de Malicorne.
Averton, le Bourc-d'Averton. 177 ; — (Geoffroy d'), chevalier. 178, 179 ; — (Guillaume d'), chevalier, 178 ; — (le fief d'), en la ville du Mans. 8, 11, 16, 36, 45, 46, 50. — *Averton* (Mayenne).
Avole (la vigne), près Malpalu, à Sainte-Croix-lès-le-Mans. 17, 33.
Avranches (Manche). 2, 135, 138.
Avril (Jean). 104.

B

Badier (Jean). 50.
Badilelle (Agnès la). 130.
Bagori (Hébert). 80.
Bahu (Jean). 35-38, 187, 206.
Baïf (le fié au seigneur de), s'étendant sur Auvers-sous-Montfaucon. 117. — Baïf (le fié de), s'étendant sur Longnes, 104. — Peut-être *Beffes*, commune de Sablé, ou *Beffes*, commune de Pincé.
Baigneux (Edeline de), fille de Robert de Baigneux. 188 ; — (Guillaume de), recteur de l'église de Maigné. 187, 188 ; — (Guillaume

de), fils de Robert et neveu du précédent. 187, 203, 206; — (Guillaume de), paroissien de Marçon. 214, 216 ; — (Robert de). 187, 188.

Balenaz (Geoffroy). 127.

Balle (Jean). 262.

Balon, Saint-Georges-de-Ballon. 150, 151, 180, 181, 184-186, 198. — *Ballon*.

Balon (Gilles de), recteur d'Auvers-sous-Montfaucon. 106 ; — (Hamelin de). 50.

Balon (Haudejart de). Voir Haudejart de Balon.

Barbe (Colin). 151.

Barbier. Voir Le Barbier.

Barbot (Jean). 15.

Barouille (Robin). 217, 266.

Barre (Jean de la). 106.

Barthélemy (saint). 131.

Basailles, Basailles. 179, 180 ; — (Fouques et Raoul de), chevaliers. 179. — *Bazeilles*, commune du Ham (Mayenne).

Basouge (la). 42, 68-71. — *La Bazoge Sarthe*.

Basouge (l'église de la), la Basouge-de-Lucé, la Basouge-soubz-Lucé. 3, 171. — *La Bazoche-sous-Lucé* (Orne).

Bataillière (la métairie de la), fief mouvant du Plessis-Juyon. 207. — Probablement *la Bataillère*, commune de Rouez.

Baudain (Colin). 112.

Baudri (la métairie de). 147, 149. — *Baudry*, commune de Tennie.

Baugé (Geoffroy de). 219 ; — (Gilles de). 223. — Cf. Beaugié.

Bauhomme (Jean). 51.

Bayeux (Calvados). 200, 204.

Baylle (Jean et Perrot du). 113. — Cf. Brelle, Brouil.

Bayres (le pré de), au fief du seigneur de Sceaux. 190.

Bazogelle (Laurence la). 132.

Béatrix, comtesse de Dreux et de Montfort. Voir Montfort (Béatrix de) ; — femme de Guy de Broussin. 158 ; — de Benoît Moncet. 193, 194.

Béatrix (Jean). 63, 72, 133, 246, 247, 250, 261, 263, 266 ; — (Macé ou Mathé). 215, 259, 260, 262.

Béatrixerie (la), la Béatricerie, bordage. 247, 259-262, 267. — *La Béatisserie*, commune de Lavardin, tenue au XIVe siècle par Macé Béatrix.

Béatrixerie (la Petite-), paroisse de Domfront. 241, 245, 261.

Beauchesne (Jean de), les Beauchesnes. 225, 227, 228, 231, 232, 238, 239. — *Beauchêne*, commune de Trangé.

Beaudeux (Juliot). 103.

Beaufay. 185, 186.

Beaugié. 57. — *Baugé*, commune du Mans, sur l'ancien territoire de Saint-Pavin-des-Champs.

Beaulandois (l'église de). 3. — *Beaulandais* (Orne).

Beaulieu (l'abbaye de). Passim ; — (abbé de). Voir Boys (Guillaume du), Geoffroy, Gillet, Guy, Jean, Lambert, Mathieu, Montihier (Macé de), Morel (Pierre) ; — (procureur de). Voir Aillères (Étienne des), Chapelle (Guillaume de la), Dalée (Michel).

Beaulieu (estre appelé). 210. — *Beaulieu*, commune de Neuville-sur-Sarthe.

Beaumarchez (terres de), paroisse de Lannay. 221.

Beaumart (le fief du sénéchal de), s'étendant sur Brains. 96. — Il faut probablement lire : *Beaumont*, au lieu de : *Beaumart*. Cf. p. 105, ligne 3.

Beaumont, 50, 63, 197, 201, 202 ; — (Richard de). 221 ; — (Robert de). 116. — (le vicomte de). 104. — (le sénéchal de). 105. Cf. l'article précédent. — *Beaumont-sur-Sarthe*.

Beaupaigné (Thomas). 217.
Beauray (Guiot de). 186. — Peut-être le Bourray, commune de Beaufay.
Beaurepayre. 66. — Beaurepaire, commune de Saint Saturnin.
Beausserie (l'estre de la, la Beausserie. 98, 99, 103. — La Bosserie, ou mieux la Beausserie, commune de Brains, baillée à Jean Beaux en 1350. Dès 1347. Gillet de Chenon, paroissien de Brains, est surnommé : de la Beauserie.
Beaux (Jean). 98, 99.
Bedelle (Lucette la). 59.
Beduit (Robin). 216.
Begouste (Jeanne la). 67.
Bel (Jean), prieur de la Garrelière. 53.
Belart (Jean). 14, 192.
Beleborde (Jean de). 155. Belle-Borde, commune de Spay.
Belin (le fief de), s'étendant sur Saint-Saturnin. 204 ; — Macé de . 33 ; — (la dame de). 199. — L'ancien château de Belin, commune de Saint-Ouen-en-Belin.
Bellebranche (Notre-Dame de). 224, 225. — L'abbaye de Bellebranche, commune de Saint-Brice (Mayenne).
Bell-mère (Colin). 220.
Bellerin (Michel). 100.
Belocier (Jean). 232.
Belot (Geoffroy et Guillaume), seigneurs de fief en Domfront. 125. 126 ; — (Jean). 63, 72, 125, 128, 129, 131, 132.
Belotin le champ, à Rouillon. 233.
Belotin (J.). 245, 254, 267.
Beluteau. 112 ; — (Drouet). 116, 117.
Benoist, pape. 138. — Pierre de Luna, pape à Avignon sous le nom de Benoît XIII.
Benoist (Gervais). 82.
Benoiste, femme de Guillaume Angier. 12.

Bequet (Guillaume), chevalier. 94, 95, 233.
Bérard (la terre), à Vallon. 112.
Béraude, femme de Jean de Maule. 66.
Bérengier (Etienne). 29, 30 ; — (Gervais), religieux de Beaulieu. 34 ; — (Richette), femme d'Etienne Laguillier. 29, 30. — Cf. Berrengier.
Bergier ou Le Bergier (Guillaume), prieur de Rouillon. 17, 42, 43, 64, 82-85, 87, 89, 172, 173, 176.
Bergier (Regnaud). 110, 221.
Bernard (Guillaume). 173, 176 ; — (Jean). 120, 264.
Bernarz (des). 164.
Bernier (Gervais). 62 ; — (Jean et Robin). 180.
Berrart (Jamet). 75.
Berrengier (Jean). 80. — Cf. Bérengier.
Berteraye (la). 165. — La Bertraie, commune de Villaines-sous-Malicorne, sur les confins de celle de Verron.
Bidauld. 225.
Bidaut (Jean). 192.
Bienassis (Geoffroy), seigneur de fief en Domfront. 122.
Bienlevaut (Michel). 192.
Bignon (le), l'estre du Buignon. 207, 242, 243, 248, 249, 252, 253, 264, 268, 270. — Le Bignon, commune de Degré.
Biguote (la terre de la). 99. — La Bigote, commune de Brains.
Bilard. 8, 10, 124, 146, 148, 203, 213, 233.
Billart (Jean). 63.
Billequot. 40.
Binot (Jean). 141, 142.
Blanchart (Guillaume). 219 ; — (Jean). 75, 77, 208.
Blancher, Blanchier (Guérin). 234, 238.
Blanchète (Agnès la). 143.
Blanchoit (Hugues), conseiller du

roi, chantre de Paris. 182, 183 ; — (Michel). 141.
Blondéon (Jean). 21.
Blouaelin, Blevaelin (Jean), écuyer, 98, 99, 101.
Bocherie (la vigne de la). 14.
Bodent (la terre de). 48. — Près du Mans, vers la Chapelle-Saint-Aubin et Saint-Saturnin.
Bodin (Hébert), prêtre. 12, 197 ; — (Jean). 215, 216.
Bodine (Jeanne la). 215.
Bodineau (Pierre). 216.
Bodinières (le clos des). 151. — Peut-être *la Bodinière*, commune de Ballon.
Boeres. 101. — *Boire* ou *Boëre*, commune de Coulans.
Boesseau (Robin), mari de Marie de Courgenart. 182.
Bohart (Jean). 158.
Boidoit (Laurent). 216.
Bois (Simon du), prêtre. 40 ; — (...du). 242. Cf. Boys (du), Duboys.
Boisauren, Boys-Auren (le seigneur de). 218 ; — (Pasquier). 264-266. — *Boisauran* (Cassini), ou *Boisoreau* (Triger, Etat-Major), commune de Degré.
Boneri (Guillaume). 96.
Bonfilz (J.). 211.
Bongoust (Pierre). 38.
Bonhommète (la feue). 217.
Bonnelle (Jeanne la). 56.
Bonnestable. 186. — *Bonnétable*.
Bonnet (Hébert). 190 ; — (Jean). 209.
Bordeau (Macé). 104.
Bordeaux (Huet des). 97. — *Les Bordeaux*, commune d'Auvé.
Bordeaux (le féage de), s'étendant sur Rouillon. 237. — Peut-être *Bordeaux*, commune de Roezé ou *Bordeaux*, commune de Saint-Biez-en-Belin. Un autre lieu du même nom est situé commune de Pezé-le-Robert.

Bordon (Macé). 81. Cf. Bourdon.
Borsart (Thomas). 180.
Borssarde (Marie la). 49.
Bote (Geoffroy). 8.
Boterie (la), la métairie de la Bouterie. 161, 163, 166. — *La Bouterie*, commune de Voutré (Mayenne).
Bouays (Jean de), chanoine du Mans. 15.
Bouc (le pré au). 131.
Boucelle (Hébert). 217.
Bouchard (Jean). 62, 63.
Boucin (Gervais). 114.
Boudin l'Alnoy (la terre de). Voir Aunoy (Boudin l').
Bougeri (Guillaume). 202 ; — (Odon et Regnaud). 152.
Bouglier (la noë), paroisse de Congé-sur-Orne. 181.
Bouguer (Simon). 67.
Bouju (Jacques). 14, 15 ; — (Jean). 18 ; — (Moreau). 228 ; — (Pierre). 15, 45.
Boujue (Catherine la). 27, 28.
Boujuz (le fief aux), s'étendant sur Verron. 165.
Boulay (Robert). 171 ; — (feu). 264, 266.
Bouleterie (la), Bouleterres, le champ à la Boullesterie, paroisse de Domfront. 63, 135, 248. — Probablement *la Bouteillerie*, commune de Domfront. — Cf. Bouteillerie (la).
Boullaie. 262. — *La Boulaie*, commune de Lavardin.
Boullaye (la). 71. — *La Boulaie*, commune de la Bazoge.
Boullon (Jean). 228.
Bouquède (Gillet). 32.
Boure-le-Roy. 158, 159. — *Bourg-le-Roi*.
Boure-Nouvel (le). 106, 109, 110, 116, 117, 119, 124, 132, 141, 146, 149, 157, 161, 167, 207, 221. — *Le Bourg-Nouvel* (Mayenne).
Bourdin (Macé), prêtre. 181.
Bourdinière (le fief de la). 165. —

La Bourdinière, commune de Saint-Germain-du-Val.
Bourdon (Gervais). 80; — (Guillaume). 44, 226, 232, 238. — Cf. Bordon.
Bourdonnière ou Bordonnière (l'estre, l'étang, la mare de la). 225-227, 229, 231, 232, 234, 235. — *Les Bourdonnières*, commune de Rouillon.
Bourgière, femme de Jean Eschigot. 25.
Bourgine, femme de Durand. 64; — de Guillaume Gillant. 78; — de Robert Redoublie. 51; — de Jean Tirart. 193.
Bourgoin (Huet). 236.
Boussart ou Boursart (Guillaume). 18, 47, 48; — (Jean). 18, 47, 48, 209; — (Philippe). 18, 47, 48.
Bout (des choses au, paroisse de Verniette. 141.
Boutarde (Marion la). 215.
Bouteiller (Jean). 254; — (Richard). 31; — (Thomas). 42. — Cf. Lebotellier.
Bouteillerie (la, fief. 239, 243, 250, 253, 263-265. — *La Bouteillerie*, commune de Degré. — Cf. Bouleterre (la).
Bouteroe (Etienne). 204.
Boutier (Olivier). 54; — (Regnaud). 181; — (Robin). 119.
Boutonnière (la). 245, 254-256, 259, 261, 262. — *Les Boutonnières*, commune de Lavardin.
Bouvet. 152.
Bouveneraye (la métairie de la). 96. — Probablement *la Boutrière*, commune de Brains.
Boverie (la métairie de la). 165. — Aux environs de Sainte-Suzanne.
Boyères (Etienne de, fils de Simon de Boyères et de Jeanne, dame de Champagné et de Réveillon. 194. — (Simon de), père du précédent. 194.
Boyres (Jean de). 59.

Boys (Geoffroy et Girard du). 97.
Boys, Boays (Guillaume du). 127; — prieur de Villaines-la-Juhel. 172-176; — abbé de Beaulieu. 62, 159, 176. — Cf. Duboys.
Boys (Martin du), seigneur de fief en Domfront. 122.
Boys (la rue du). 245. — A Domfront sont les lieux des *Rues* et de *Bois-Guillaume*.
Boys-Revel (le seigneur du). 201, 202. — *Bois-Rouvel* (Cassini), actuellement *Boislouveau*, commune de Saint-Marceau.
Boys-Saint-Martin (le). 216. — *Le Bois-Saint-Martin*, commune de Château-du-Loir.
Boysyvon, Bois-Yvon (Geoffroy de). 116; — (Jean du). 139, 140. — *Bois-Yvon*, commune de Rouez.
Brac (Thomas de). 49.
Braineail (les hoirs feu). 151.
Brains. 96-103, 113, 119, 153.
Braiteau (Jean de), seigneur de Ravaire (ou de la Rivière). 205.
Brandacier (Guillaume), clerc. 100.
Bray. Voir Brey.
Brays (Jean et Juliot). 45.
Brécoy. 159. — *Brécé* (Mayenne).
Brégeons de Raderay (les). 126. — Peut-être *Radray*, commune d'Assé-le-Riboul.
Brelle (Jean du). 113. — Cf. Baylle, Brouill.
Brellejart. 167. — *Belgeard*, commune du Bourg-Nouvel (Mayenne).
Bretagne (la). 4.
Brétignolle, Brétignolles. 3, 171. — *Brétignolles* (Mayenne).
Breton (le clos au), à Degré. 242.
Breton (Jean et Hugues), prêtres. 25, 26. — Cf. Lebreton.
Breuse (Jean de la), écuyer. 57. — Jean de la Broise. — Cf. Broisi.
Brey (terre sise en), Bray. 189, 191. — Aux environs de Sceaux.
Brices, métairie. 211. — *Brice* ou

Brisse, commune de Neuvillalais, plutôt que Brice, commune de la Bazoge.
Bricet (Jean). 157.
Brichoterie (Jean). 56.
Brien (Jean). 217.
Brioney (le fief de), aux environs de Ballon. 198.
Broce (la). 218, 265. — Fief dont fut seigneur Hébert de Tucé.
Broce (Gervais de la). 174.
Broces (les). 69. — Les Brosses, commune de Saint-Saturnin.
Broces (Colas des). 229; — (Geoffroy et Odon des). 8.
Broces-de-Chasteaufort (les). 262. — Les Brosses, commune d'Aigné.
Brochart (Jean). 208.
Brocier (Guillaume), prieur de Saint-Saturnin. 66.
Broisi (Jean, seigneur de), seigneur de fief en Degré. 120. — Cf. Breuse.
Brol (Willaume de). 106.
Bromence (Drouet de). 223.
Brosart (Sainton). 100.
Brouill (Jean du), seigneur de fief en Crannes. 112. — Cf. Baylle, Brelle.
Broussillon (le comte Bertrand de). 6, 8, 9, 12, 124, 135.
Broussin, Broucin, Brocin. 29, 32, 155, 228, 238; — (le seigneur de). 44, 113, 157, 197, 225 ; — (la dame de). 113, 114; — (Guillaume de). 72, 134, 221 ; — (Guy de).

158. — Broussin, commune de Fay, fief s'étendant aussi sur Crannes et Pruillé-le-Chétif.
Brueil (le). 121. — Le Bas-Breil ou le Bas-Bray, commune de Cures.
Bruère, Bruyère (la). 226, 229, 230, 231; — (Michel de la). 228, 230, 231, 238, 239; — (Vincent de la). 230. — La Bruyère, commune de Rouillon.
Bruères (les). 253, 255. — La Bruyère, commune d'Aigné.
Bruiant (Guillaume). 52.
Brullon, Saint-Père-de-Brullon. 118, 140. — Brûlon.
Brumaust (Robert). 173.
Brunel (Denis). 116; — (Jean). 63.
Brunelle (la terre à la). 112.
Brunett (Guillaume), frère de Saint-Lazare. 143.
Bruyer (Jehannin de la), écuyer, seigneur de la Roche, à Vaas. 211.
Bruyère (Etienne). 113, 114.
Buignon (le). Voir Bignon (le).
Builand (Robert). 167.
Bunesche (le fief de la). — Peut-être la Binoche, près du bourg de Congé-sur-Orne.
Bures (le fief au seigneur de). 140. — Probablement Bures, commune de Neuvy-en-Champagne.
Buricart (Sainton). 99.
Busel (Michel), clerc. 91.
Busson (l'abbé Gustave). 79, 156.
Bussons (Aleaume et Jean les). 256.

C

Cador (Jean). 184.
Calixte II, pape. 1.
Calvemont (Macé de). 203.
Camelin (Guillaume). 17.
Carel (Robin du). 134, 135.
Carme. 167.
Catherine, femme de Guillaume Goudelier. 36; — de Geoffroy Guitois. 82.

Caudfort (la maison-Dieu de). 12, 13, 23, 40, 41, 81, 82, 232, 234, 236, 237. — L'hôpital de Coëffort, au Mans.
Caunorat (les vignes de), paroisse de Brains. 153.
Cauvin (Thomas). 4.
Ceaux. 189-192. — Sceaux-sur-Huisne.

Ceresier (Simon). 57.
Cereys (le fié au seigneur dou). 63. — *Serées, Seay* ou *Séez*, commune de Juillé.
Cergé. 30, 35, 37, 39, 186, 187. — *Sargé* (Sarthe).
Chabot (le fief Jean), sur Mézières-sous-Ballon. 151 ; — sur Sceaux. 191.
Chacerat (Macé). 196.
Challant (la terre au) paroisse de Domfront. 121.
Challot (Geoffroy). 64 ; — (Macé). 189.
Chalopin (Pierre). 80.
Chalumelle (la). 16.
Chamaillart (le fief), s'étendant sur Sainte-Suzanne. 165 ; — sur Ségrie. 74.
Chames. 161. — *Chammes* (Mayenne).
Champagne (l'abbaye de), à Rouez. 61, 163, 178.
Champagné, Champaigné. 194, 195, 206. — *Champagné* (Sarthe).
Champaigne (terre en). 262. — *La Champagne,* contrée du Maine.
Champeaux (le fief de Jean de), s'étendant sur Vouvray-sur-le-Loir 218. — Peut-être *Champeaux,* ancien fief, commune de Vaas.
Champgarreau (Jean de). 231, 232 ; — Champgarreau. 231 ; — Champgarreaux (des). 226 ; — Changareau (la terre). 231. — *Champgarreau,* terres en Rouillon.
Champion (Guillaume). 265.
Champmarin, à Aubigné. 6.
Champs (Juliote des). 101. — Cf. Deschamps.
Champsor (Jean de), écuyer. 101; — alias de la Gabelle. 104. — *Champsor et la Gabelle,* commune de Longnes.
Chanteau. 241 ; — (Jean). 245, 260.
Chantemelle (Gervais de). 156 ; — (Guillaume de). 44, 157. — *Chantemerle,* commune de Pruillé-le-Chétif.
Chantenay (Sarthe). 117.
Chanteperine (Jean), trésorier des guerres. 182.
Chaorces, Chaources. 118, 150 ; — (Artuis de), capitaine du château de Ballon. 151. — *Sourches,* commune de Saint-Symphorien.
Chapeau (Jean). 128.
Chapelain (Regnaud). 21.
Chapelle (la maison de la), au Mans. 40 ; — les terres, le clos de la), à Rouillon. 24, 225, 233-235, 238.
Chapelle (maître Geoffroy de la). 38 ; — (Guillaume de la), religieux et procureur de Beaulieu. 151 ; — (Regnaud de la). 223.
Chapelle (la), la Chapelle-Saint-Albin, Saint-Albin-des-Vignes, l'église de Saint-Albin. 3, 6, 47, 58, 62-64, 225, 228, 233-236, 265. — *La Chapelle-Saint-Aubin.*
Chaperonnière (la), la fontaine de la Chaponnière. 191. — Peut-être *la Chapronnière,* commune de Saint-Maixent.
Chappée (Julien). 57.
Chappellerie (la). 133. — *La Chaplainerie,* commune de Lavardin.
Chapuis (Guillaume). 111 ; — (Jamet). 32, 46, 203.
Chardasne, Char-d'Asne (le champ, les haies de), terre censive mouvant de la Motte de Tucé. 207, 253.
Chardon (Gillet). 116.
Charence (les fousses de). 93. — *Charence,* commune de la Suze.
Charizé (le fief Girard de), s'étendant sur Amné. 118.
Charles VI, roi de France. 183.
Charne ou plutôt Charné. 120. — Vigne en Conlie.
Charnie. 162. — La forêt de la Charnie.

Charpentier (Foucher), 68 ; — (Robin), 65.
Charreières (les), vers Domfront. 257.
Charruel (Guillaume), 152. — Cf. Chérel.
Chartre-sur-le-Loir (la), 214, 215.
Chasset (la fontaine des), à Amné. 118
Chassillié, 3, 108-110, 221. — *Chassillé*.
Chastelier (Gervaisotte et Nicolas du), 223. — *Le Châtelier, commune de Loupfougères (Mayenne)*.
Chastenay (Guillaume de), 47, 48.
Château-du-Loir, 213-220.
Châteauforde (Catherine la), 145.
Châteaufort, Chasteaufort (le gué, le pré, la terre de), à Brains, Domfront et Aigné, 99, 102, 242, 247, 249, 250, 253, 255-258, 261, 262.
Châteaufort (Étienne de), 81 ; — (Jean de), 23, 33, 203 ; — Sainton du, 145, 146.
Château-Guillard (le), 235.
Châteaux, Châteaux-l'Ermitaige, 4, 42, 53. — *Château-l'Ermitage*.
Châteaux (les vignes de), près Villaret, au Mans et non à Coulaines, 48.
Châteaux (Jean de), procureur de Fontevrault, 66.
Chatenoy (Jean), 35.
Chatigné (le chemin de Longnes à), 104.
Chaucherie (le bordage de la), 185. — Peut-être *la Cocherie, commune de Ballon*.
Chaudeau (Perrot), 216.
Chaufor (de), 21.
Chauveau (Jean), 261 ; — (Robin), 141.
Chauvel (Colin), 38, 49.
Chauvelle (Jeanne la), 62, 63.
Chauvin, 100.
Chavigné (Robin de), 189. — *Charigné, commune de Boessé-le-Sec*.

Chemiré-en-Charnie (Robert de), chevalier, 221.
Chemiré-le-Gaudin, 114.
Chemoul (Colin), 113.
Chenaye (la), la Chaenaye, la Chenaie, 93, 94. — *La Chesnaie, commune de Spay*. — Cf. Chesnaie (la).
Chené, 121. — Peut-être pour Tennie.
Chenerru (le fief au seigneur de), s'étendant sur Longnes, 104. — *Chenerru, commune de Pirmil*.
Chenon, 97, 99, 123 ; — (Gervais de), 99, 100, 113 ; — (Gillet de), 86, 96-98 ; — (Gillet de), autrement de la Beauserie, 103 ; — (Jean de), 96-98, 101, 106, 180 ; — (monsieur Jean de), prêtre, 93, 98, 99 ; — (Jean de), alias Greslier, 97 ; — (Jean Gaydes le jeune, alias de), 97 ; — (Macé de), 153. — *Chenon, commune de Brains*.
Chère (l'ayve de), 148. — Affluent ou sous-affluent de la Vègre, sur la commune de Tennie.
Cherel, Cherruau, Cherruel, Chorruel (Ernaud), 60 ; — (Guillaume), 42, 55, 60, 155 ; — (Robin), 61.
Cherelle (Agnès la), 35.
Chesnaie (la), 191, 192. — *La Chesnaie, commune de Sceaux*. — Cf. Chenaye (la).
Chesnaye (Jean de la), alias Durnentière, 190.
Chesne (l'hébergement du), à Saint-Saturnin, 67.
Chesne (Macé du), 220.
Chesne-de-Cuer, 47. — *Chêne-de-Cœur, commune de Saint-Pavace*.
Chesne-du-Bois (le), 254.
Chesneau (le clos), à Domfront, 211, 260, 270.
Chesneau (Guillaume), 117.
Chesnel (Michel), 262.
Chevaignié, 100. — *Chevaigné, commune de Brains*.

Cheval-Escorchié, paroisse de Saint-Germain-du-Val. 165.
Chevalier (Denis). 129 ; — (Denis, Guillaume et Jean), alias Leber. 54 ; — (Fouquet). 145 ; — (Gillet). 237 ; — (Guillaume ou Guillemet). 129, 131, 140, 148, 195 ; — (Guillaume), curé d'Epineu-le-Chevreuil. 221 ; — (Guillot). 72, 242, 250, 253 ; — (Jean). 60, 145, 214, 247, 249, 255-257 ; — (Jeanne). 54 ; — (Macé). 107 ; — (Richard), dit le Maire des Cormes. 77 ; — (feu). 248, 251, 252.
Chevalière (Guillemette la). 232.
Chevaliers (le bois aux). 179.
Chevecier (Jean). 215.
Chevegnié. 168, 169. — Chevaigné (Mayenne).
Cheveneyo (terre de), dite de Fosse-Erraut. 153.
Chevillard (Jean). 159.
Chevillart (Etienne). 186.
Chevillé (Etienne de). 13, 14 ; — (Hugues ou Huet de). 13, 14, 23 ; — (Jean). 211.
Chevreau (Macé). 33.
Chietber (André, Raoul et Tiebin). 212.
Chigrurd (Guillaume). 40, 41.
Chollet (André), tabellion. 31, 94, 181, 183.
Chouen (Martin). 30, 61.
Christiaine, femme de Jean de la Forest. 97.
Chuynart (Jean). 156.
Cité (Tierri de la). 81.
Claray (les terres du), à Rouillon. 228.
Clémence, femme de Jean Bahu. 35-37, 187 ; — de Jean Béatrix. 63 ; — de Guillaume Drocon. 36, 49 ; — de Macé Hirebec. 219 ; — de Jeannin de la Tuffière. 217, 219.
Clénort (le fief de Guillaume de), s'étendant sur Brains. 96.
Clergerie (Hervé). 8.
Clermont (le fief au seigneur de). 75. — Clermont, commune de Ségrie.
Clot (le clos, l'estre du), à Rouillon. 87, 225, 227, 228, 230-232, 234, 237, 238 ; — (Perrot du). 237.
Clouset (terres du). 266.
Cloux (le pré), à Rouillon. 234.
Cochereau (Guillaume). 268.
Cochon (le moulin de). 115. — Cochon, moulin, commune de Maigné.
Coelle (Gervais). 33.
Coheue, Coherre (le clos de la), à Pruillé-le-Chétif. 33, 156.
Coillarde (des vignes à la). 201.
Coisnon (Herbert). 29 ; — (Richette). 29.
Colette, femme de Robin Aubanst. 173 ; — de Geoffroy Balenaz. 127 ; — de Pierre Bongoust. 38 ; — de Jean de Boyres. 59 ; — de Jean de la Broise. 57 ; — de Jean de Champsor. 104 ; — de Jean Gaudin. 60 ; — de Thomas Goupil. 117 ; — de Juliot Johanne. 59 ; — de Pierre Le Maczon. 66 ; — de Juliot Le Roy. 106 ; — de Geoffroy Roncier. 159 ; — fille de Macé Taron. 116, 117 ; — sœur de Thomasse. 66.
Colières. 8, 18, 48, 69. — Colières, commune de Saint-Saturnin.
Collaing courtil appelé, à Saint-Saturnin. 67.
Colle (la vigne de), paroisse de Sceaux. 191, 192.
Collon ou Collyon (le pré), à Domfront. 122, 131.
Conaud (Jean). 122.
Congé, Congié. 180-185 ; — Jeanne de, femme de Macé de Villiers. 182-184. — Congé-sur-Orne.
Coulie. 73, 74, 82, 85, 131, 139, 141, 152, 153, 211, 212.
Coulie (Gervais de), chanoine. 153.
Convenant (Perrot). 184.
Corbin (Bernard), chevalier. 193 ; — (Guillaume). 96 ; — (les choses feu). 99.

Cordel (Fouquaut), 82 ; — (Guillaume), 127 ; — (Jean), 126, 127.

Cormenant, 120, 140, 144. — *Courmenant*, commune de Rouez.

Cormes (le Maire des), 77. — *Cormes* (Sarthe).

Cormeullière (la), terre à Chassillé, 110.

Cormier (le clos du), à Domfront, 246.

Cormier à Degré (le chemin du), 251.

Cornilleau (Jean), 262.

Cornillel (Geoffroy), 121.

Corton (Guillaume), 171.

Cosnuau (Gillet), 247.

Costelerie du Sablonnier (maison appelée), 210.

Coudroy (Robin du), 123. — *Le Coudray*, commune de Domfront.

Coudroye (la), 155. — Probablement *la Coudre*, commune de Roezé.

Coulaines, 48, 49, 222, 223.

Couldre (le pré de la), à Domfront, 219.

Couldroy (Pierre de), 22.

Couldroy (le fief au sire du), s'étendant sur Ségrie, 76.

Coulens, 83, 95, 96, 102, 103. — *Coulans*.

Coullin (Jean), alias Gaucent, 121.

Coulouer (le chemin du), à Domfront, 214.

Coulture (Foulques de la), 209.

Courbe (le fief de la), Culva, Corbe Gervais de la), 69-71. — *La Courbe*, commune de la Bazoge.

Courbefousse, en la paroisse d'Allonnes, 77 ; — en la paroisse de Saint-Georges-du-Plain, 196 ; — (Erembourgine de), 77 ; — (Juliot de), 208.

Courbereau (Macé), 218.

Courlerie (Mayenne), 3.

Courceillon, 215. — *Courceillon*, commune de Dissay-sous-Courcillon.

Courcelle (la chapelle de Saint-Jean de), 3.

Courcesiers, 112. — *Saint-Thomas-de-Courceriers* (Mayenne).

Courcité (Mayenne), 3, 173, 176.

Courgenart (Jean et Marie de), paroissiens de Teillé, 182, 183.

Courgetren (le seigneur de), 189-191. — Peut-être *Couchetran*, commune de Sceaux.

Courraye, Corraye (le pré de la), paroisse de Sceaux, 189, 191, 192.

Court (Fulcon de la), 81.

Courtirant, Courtiron (le sire, le meunier de), 216, 217. — *Courtirant*, commune de Luceau. — Cf. Courtrain.

Courtoys (Guillaume), 113, 209.

Courtrain (le meunier de), 215. — Probablement pour Courtiran. Cf. Courtirant.

Coupepie, près du Mans, 58, 208.

Couperie (la), 172. — *La Petite-Couperie*, commune de Villaines-la-Juhel.

Cousin (Jean), 89.

Coustance (de), 207.

Coustance, Constance (vigne de), paroisse de Sceaux, 190-192, 209.

Coustard (Gervais), 226, 230, 236, 237.

Coustère (le chemin de la), 124. — *Les Coutières*, commune de Domfront.

Cousture (le clos de la), à Degré, 243.

Coutard (l'abbé Albert), 86.

Couterne (Orne), 177.

Couture (la), abbaye et paroisse du Mans, 17, 19, 23, 33, 41-44, 53, 111, 203, 226, 263.

Couefferie (la), 235. — *La Coëfferie*, commune de Rouillon.

Crannes, Crennes, 106, 112-114, 116, 117, 202.

Créant (Guillaume et Robert de), 179.

Crenon, 106, 111, 116, 117, 185 ; — (Jean de), 115, 116. — *Crenon*, commune de Crannes (commune de Vallon avant 1843).

Crespin (Jean), dit Tourenti. 60.
Crez le fief du seigneur de. 91. — *Cré*, commune de Spay.
Crochard (Jean). 250.
Croez (Agnès et Hébert de la). 122. — *La Croix*, commune de Domfront.
Croez (Guillaume et Gillet de la). 50, 51 ; — (Michel de la). 44, 45.

Croix (la), terres à Domfront et aux environs. 243, 248, 250, 270.
Crucifix (le). 51 ; — de Saint-Julien. 12, 89 ; — de Saint-Pierre-de-la-Cour. 12. — Anciennes paroisses du Mans.
Cucheto (Catherine de). 66.
Cultoluero (la paroisse de). 68. — *Courgains*.
Cures. 76, 119-121, 124, 142, 202.

D

Daguier (Robin). 44, 157.
Daign (Laurent). 64.
Dalée (Michel), procureur de Beaulieu. 199.
Dalone (Jean). 185.
Danjeul. 185. — *Dangeul*.
Datillerie (la). 250, 253, 254.
Dauvin (Jean). 53, 54.
Daveise (Thomas). 239.
Daville (Aliz, fille de Colin). 87.
Déable (Perrin le), dit le Fourbissour. 210.
Dedel (Guillaume). 75. — Cf. Dodel, Deul.
Degré, Degrey. 63, 99, 119, 120, 133, 218, 221, 239, 242, 249, 251, 264-266.
Delaunay. 182.
Delaunoy (J.). 208.
Delebeau (Geoffroy). 219.
Dembeille (Jean). 118.
Denis (Guillaume). 245-247, 258, 259, 263, 266 ; — (Perrot). 250.
Denise, femme de Pierre Diexyvoie. 67, 68 ; — de Guillaume Gelin. 202 ; — de Jean de Guinart. 133 ; — de Guérin Lebloy. 86.
Deschamps (Jean). 57. — Cf. Champs (des).
Desséchères (Guillaume). 267, 268.
Despuissaz (Fouquet). 151.
Dessommes (Guérin). 27.
Dessur-les-Eaux (le pré de), au fief de Tucé. 204.

Dessur-l'Estang. Voir Sur-l'Estang.
Deul (Guillaume). 21. — Cf. Dedel.
Diçay, Dissay. 213, 216, 219. — *Dissay-sous-Courcillon*.
Diçoy. 3. — *Dissé-sous-le-Lude*.
Dieuxivois, Diexyvoie (Pierre et Thomas). 67, 68.
Dijon (Jean de), chanoine du Mans, chapelain et aumônier de la reine. 200.
Dimon (Jean de), prieur de Saint-Saturnin. 68.
Dissé (estre, lieu appelé), en la paroisse de Rouillon. 227. — Peut-être *la Disserie* ou *la Dixerie*, commune de Rouillon.
Dodel (Jeannin). 76. — Cf. Dedel.
Dodelerie (la). 102. — *La Dolerie*, commune de Brains.
Dodinière (la). 96. — *La Dodinière*, commune de Coulans. — Cf. l'article suivant.
Dodinière (la varenne de la). 66. — Peut-être le même lieu que le précédent.
Doile (Thomas). 170.
Doissel. Voir Ouyssel.
Dolebeau (Jean). 256, 268.
Dolebel (Jean). 119.
Dolebelle (la). 119. — *La Dorbelière*, commune de Cures, tenue par Jean Dolebel en 1273.
Domfront-en-Champagne. Dompfront-en-Champaigne, Donfront,

Saint-Front-en-Champagne. 2, 63, 72, 73, 82, 121-131, 133-139, 143, 224, 239, 242-245, 262, 270. — *Domfront-en-Champagne* (Sarthe).

Domfront-en-Passais, Saint-Front-en-Passais. 3, 170. — *Domfront* (Orne).

Dorée (la rue), la rue d'Orée, au Mans. 29, 31, 34.

Dorton (Fouques), dit de Charonne, prêtre. 206.

Doucelles. 179. — *Doucelles* (Sarthe).

Doucet, Douceit (J.). 35 ; — (R.). 7, 14, 32.

Douczamye, Douceamye, Doulczeamye, Doulezamie (la vigne de, le pressoir de Vau-Gauthier appelé). 14, 41, 204, 209. — *Douce-Amie*, commune du Mans, dans l'ancien territoire de Sainte-Croix.

Doultreleau. Voir Oultreleau (d').

Doussier (Jeannin). 178.

Doyau, Doiau, Doniau (Guillot, Simon et Yvon de) 37, 38.

Drene (Guillaume). 180.

Dreux, Droux (Robert de). 222 ; — (le comte de). 218 ; — (la comtesse de). 6. Voir Montfort (Béatrix de).

Drocon (Guillaume et Thomas). 36,

49 ; — (Macée). 49. — Cf. Guillaume.

Droet (Thomas). 188, 189.

Dron, Drone (le fief Jean, le fief Philippe, la terre Thomas), à Crannes. 112, 113.

Drouart (Guillaume). 43, 53 ; — (Michel et Vincent). 219.

Drous (Nicolas), chapelain de la chapelle au Nouvelous. 64.

Drouterie (terre appelée la), paroisse de Spay. 211.

Dubois (Mgr). 73.

Duboys (Guillaume). 73 ; — (Jean). 174, 175. — Cf. Bois (du), Boys (du).

Dufresne. Voir Fresne (du).

Dumans (Guillaume). 261.

Dumaret (le bois de), à Aigné. 262, 263.

Dumoulin (Guillot). 178.

Duplessair. Voir Plessair (du).

Dupuiz. Voir Puiz (du).

Durand. 61 ; — (Denis). 28, 312.

Dureau (Jean). 71.

Durelle (la). 8, 67.

Durefort (Perrin). 217.

Durestal. 259, 263, 264. — Vers Lavardin ou Degré.

Dutertre. Voir Tertre (du).

Dyguet (Jean). 184.

E

Ecosse (l'). 6.

Edeline (des terres), à Rouillon. 232.

Edeline (Philippot). 192.

Edeline, femme d'Hébert Arquengier. 75, 76 ; — de Richard Artuys. 107 ; — de Jean Fourmy. 24 ; — de P. Hébert. 21, 22 ; — de Regnaud de Saint-Germain. 90 ; — de Gervais de Silvena. 60.

Egreville, Esgreville. Voir Aigreville.

Elbenne (le vicomte d'). 6, 65, 66, 193.

Emeline, femme de Guillaume Lemesnager. 221. — Cf. Ameline.

Enfer (le clos d'), à Voivres. 108.

Enjorrée (la maison), à Beaufay. 186.

Enjubaut, Enjubaust, Enjoubaut (Jean). 124, 161, 208.

Envaserie (l'). Voir Lenvoiserie.

Erable (l'), l'Errable, l'Arable, terres en Lavardin et en Saint-Saturnin. 65, 245, 259-261, 268.

Ermenge (Guillaume), prêtre, religieux de Beaulieu. 132, 149.

Ernaud (Gervais). 83.
Ernoul (Etienne, Gervais, Robin, Thomas). 60, 74, 75, 155.
Erve (l'). Voir Arve (l').
Eschigot (Agnès, Guillaume, Macée). 72, 73 ; — (Jean). 25.
Escorchevilain (Juliot et Michel). 46, 47.
Escouble (Jean). 265.
Esdin (Jean). 12.
Esperon (Thomas). 220.
Espinou-le-Chevreul, Espiniou-le-Chevreul, le chemin tendant du Mans au pont d'Espinou. 104, 126, 221. — *Epineu-le-Chevreuil* (Sarthe), sur le territoire duquel se trouve un lieu nommé *le Pont*.
Espinou (Jean d', Jean). 58, 215.
Espinoy (Jean d'). 62, 63. — Cf. Lespinay (de).
Esporcé, Espercié. 62, 128. — *Éporcé*, commune de la Quinte.
Essart (l'), Lessart. 240, 247-249, 252, 255, 256, 269 ; — (Guillaume de l'), chevalier. 122. — *L'Essart*, commune de Lavardin ou *l'Essart*, commune de la Chapelle-Saint-Fray.
Esses (Jean de), prieur de la Garrelière. 7, 8.
Estancheau (l'). 242. — Vers Aigné ou Lavardin.
Estienne (Guillot). 43 ; — (Jean). 65, 69.
Estivau. 78. — *Étival-lès-le-Mans*.
Estivau (Notre-Dame-d'), Estival-en-Charnie. 108, 224. — *Étival-en-Charnie*, abbaye, ancienne commune réunie à Chemiré-en-Charnie.
Estourneau (Jean et Julien). 248, 250, 268.
Estriché (Hébert d'). 42, 43.
Estrigant (Geoffroy). 217, 266 ; — (Hamelin). 268.
Etampes (Guy d'), évêque du Mans. 3.
Etimardière, femme de Robin Parcheminier. 80, 81.
Euche de la Court (l'), terre à Brains. 100.
Evron, Esvron, Ebvron. 89, 99, 154, 164, 165. — *Evron* (Mayenne).

F

Faigne (la), à Pontvallain. 6.
Farrière (la), terre vers Saint-Corneille ou Sillé-le-Philippe. 188.
Faucillonnière (le clos sis devant la), paroisse de Saint-Saturnin. 65.
Faucon [....]. 224.
Fauvel (le terroir), à Sillé-le-Philippe. 187.
Fay. 29, 35, 68, 231, 234.
Felart (Julien). 165.
Femmiçon. 187. — *Feumusson*, commune d'Yvré-l'Evêque.
Féraudières (les), à Rouillon. 220.
Ferrecoc (Philippon). 11.
Ferrumiers (les choses, le pré des), au fief de Tucé. 255-257.
Ferté (la), la Freté. 221 ; — (Bernard de la). 193. — *La Ferté-Bernard*.
Fèvre. Voir Lefèvre.
Filles-Dieu du Mans (les). 35.
Filletière (les choses de la), à Rouillon. 228.
Fillié. 90. — *Fillé*.
Fime (les terres Macé de), à Crannes. 118.
Flacé. 115.
Flaé. 217, 218. — *Flée*.
Flèche (la). 15.
Flourence, Flourie, femme de Jean de la Madeleine. 65, 69.
Flouri (Guillaume), prieur de Rouillon. 88.
Flourière (les hers de la). 192.
Foletorte. 121. — *Foulletourte*, commune de Cérans-Foulletourte.
Fondues de sur Sarte (les). 208. —

Les Fondues, commune d'Allonnes.
Fontaine (Gilles de la), prieur de Domfront. 138, 139 ; — (Guillaume de la). 45.
Fontay (Jean de). 67.
Fontenailles (le seigneur de). 193. — *Fontenailles*, commune de Vouvray-sur-Huisne.
Fontenne-Ebvrault, Fontevrat. 65, 66. — L'abbaye de *Fonterrault* (Maine-et-Loire).
Forest (Guillaume de la). 39, 98 ; — (Jean de la). 97.
Forestier (Alain). 219, 220 ; — (Ambroise). 246.
Forestière (Mahoust la). 217.
Forsenne (Patri). 185.
Fosse (la). Voir Fousse (la).
Fosse-Erraut (terre de Cheveneyo, dite de). 153.
Foucher (l'estre), à Pennecières. 31.
Foucher, Fouchier, Fouscher, Fouschier. 252 ; — (Etienne). 133 ; — (Guillaume). 56, 197, 206 ; — (Perrot). 242.
Fougeraiz (terre sise au). 126. — On trouve le lieu des *Fougerais* dans les communes de Brains, de la Chapelle-Saint-Aubin, de Chaufour, etc.
Foullay (le clos du), à Roezé. 91. — Peut-être *le Fouillet*, commune de Roezé.
Fouque (Jean). 112.
Fouquet (Pierre), prieur de Brains. 103.
Four (le), bordage. 211. — *Le Four*, commune de Spay.
Four (Jean du). 161.
Fourmy (Jean, clerc. 21.
Fournigaut (Michel). 92.
Fourrel Noel. 235.
Fousse (la), les Fousses. 36, 49. —

La Fosse, commune de Saint-Pavace.
Fousse (Raoul de la). 62. — *La Fosse*, commune de la Quinte.
Fousse-aux-Batteurs (la), à Rouillon. 226, 227, 234.
Fousse-Chereau (la, terres au fief de la Motte-de-Tucé. 256, 268.
Foussez (le champ, la terre des), au fief de la Motte-de-Tucé. 252.
Frain Jamoit). 192.
Fraisure, Fressure (Thébaut). 8, 42.
Fram... (la dame de). 35.
Frapon (Jean), prêtre. 34, 35.
Fraym de la Grange (l'hébergement de). 171.
Frescul. 188. — *Fricul*, commune de Sillé-le-Philippe.
Freslon (Geoffroy), évêque du Mans. 105, 159, 198, 199. — Cf. Geoffroy.
Fresne (Denis du). 43 ; — (Guillaume et Jean du). 221 ; — (Thomas du), prêtre, seigneur temporel de la Garrelière. 6-10, 67, 70, 121.
Fresnes, au diocèse de Bayeux. 201 ; — (Colin et Raoul de). 204.
Fresnes (Jean des). 216.
Fresnoy, Fresné. 158, 173-175, 180. *Fresnay-sur-Sarthe*.
Fresnoy (Jean de). 49.
Fromenteau (le buisson de), au fief de Sceaux. 190.
Froger, Frogier (Jean). 44, 188 ; — (Michel). 102 ; — (Thébaud). 59.
Froger (l'abbé Louis). 13, 29, 70, 81.
Fromont, Frommont (Denis). 40, 41 ; — (Jean). 228.
Fulcon, comte. 167. — *Foulques V le jeune*.
Fuschet (Etienne), religieux de Beaulieu. 21.
Fuysart (Philippe). 85.

G

Gabelle (la), 21, 101. — *La Gabelle*, commune de Longnes. Cf. Champsor.

Gabron, 172, 173, 202. — *Jarron* (Mayenne).

Gaigné, Guaigné, Guagné, 125, 128, 265, 266 ; — (Guillaume de), écuyer, 125, 126. — *Gaigné* ou *Gagné*, commune de Domfront.

Galaise (les choses à la), en Neuville-sur-Sarthe, 25.

Galebrun (Clément et Jean), 156.

Galebrune (Ameline la), 155, 196, 197.

Galiot (Robert), écuyer, 90.

Gallerin (Jean), 117.

Gallet (Denis et Jean), 31.

Gallonte (Agnès la), 124.

Gandelée (les choses), à Congé-sur-Orne, 181.

Garneret, à Domfront ou aux environs, 126.

Garnerie (Julienne la), 167.

Garreaux (la terre aux), à Auvers-sous-Montfaucon, 107.

Garrelière (la), la Guarrelière, paroisse de la Madeleine du Mans, prieuré de Beaulieu, 5-12, 45, 50, 53, 69, 70 ; — (Geoffroy de la), chevalier, 1290, 1296, mort avant 1301, seigneur de la Garrelière, 8, 10, 69, 70. — *La Galière* ou *les Galières*, commune du Mans, section nord. — Cf. Guarel (Geoffroy).

Gasnier (Perrot), 263.

Gasselinière (la), la Guascelinière, à Lavardin ou aux environs, 240, 241, 247, 248, 250, 252, 257, 269.

Gastelle (la terre à la), à Rouillon, 239. — *Les Gâtelles*, commune de Rouillon.

Gasts (les), pièce de terre en Lavardin, 240, 269.

Gâtine (la), à Rouillon, 239.

Gaudin, 261 ; — (Drouet), 185, 186 ; — (Jean), 60, 84.

Gaudric (Godefroy), 2 ; — (Philippe), archidiacre et chanoine du Mans, 2.

Gaultier (la terre), 65 ; — (Jean), 49 ; — (Thomas). Voir Gontier (Thomas).

Gaupuceau (Macé), 155.

Gausent (Jean), 124.

Gautier (Geoffroy), 56.

Gé (la rivière de), 115. — *La Gée*, affluent de la Sarthe.

Geislardière (la), 154. — *La Gilardière*, commune de Neuvillalais.

Gélin (Gervais), 233 ; — (Guillaume), 202.

Gémages (Macé de), 6 ; — (Ysabeau de), dame de Loudon, 6, 7, 9.

Gemer (André), 52, 53.

Gênes (le fief à la dame de), s'étendant sur Chassillé, 110.

Genest (Richard du), 126. — *Le Genêt* ou *les Genets*, commune d'Epineu-le-Chevreuil.

Geney (le fief du seigneur de), s'étendant sur Vibraye, 191. — Peut-être *Genay*, commune de Bonnétable.

Genis (Marcillot), 218.

Gentel, Gentil (le clos du), à Domfront, 72, 133.

Geoffroy, abbé de Beaulieu, 199.

Geoffroy, évêque du Mans, 160, 220. — Cf. Assé (Geoffroy d'), Freslon (Geoffroy).

Geoffroy Plantagenet, comte d'Anjou et du Maine, 2, 4.

Géré (Guillaume), chevalier, 159.

Germaine, lieu à Degré ou aux environs, 254.

Germennière (la), bordage, 236. —

La Germinière, commune de Rouillon.

Gervais, prieur de Château-l'Hermitage. 4.

Gervaise. 112; — (Robert). 170.

Gervaisotte, femme de Jean Alcaume. 246; — de Jean Esdin. 11, 12; — de Michel de Mongaut. 100; — de Jean Rebillart. 178.

Gièvre. 217. — *Gesvres* (Mayenne).

Giffier (Robin). 245, 246.

Gillant (Guillaume). 78.

Gillet, abbé de Beaulieu. 15, 16, 48, 57, 59, 60, 70, 190; — recteur d'Auvers-sous-Montfaucon. 105, 106; — sénéchal de Beaumont. 105.

Gillette. 58; — femme de Geoffroy Arquengier. 172; — de Michel Bellerin. 100; — de Jean Binot, 141, 142; — de Geoffroy Lebreton. 203; — de Michel Leroy. 47.

Girard (Jean, Colin, etc.). 105.

Giraude (la vigne à la), en Ségrie. 74.

Giraudière (la), paroisse de Rouillon. 43, 225, 228, 235, 238.

Gironde (Jean de). 141. — Probablement *Gironde*, commune de Tennie.

Giroust (Guillaume et Juliot). 161, 162.

Glandiers (les terres des), à Brains. 99.

Glasselin (les terres de), à Degré. 265.

Glérin (Laurent). 248, 250, 252, 253, 255, 256.

Godefroy (Etienne). 214; — (Richard). 198.

Goemeline (Macée ou Martête la). 47, 196, 197.

Gohier (Georget). 69; — (Guillaume). 225.

Gohiers (les). 228.

Gondoin (Etienne). 16, 19, 20.

Gontier ou Gaultier (Thomas), prieur de Saint-Victor du Mans. 135-139.

Gouays (le fief), s'étendant sur Domfront. 124; — (Jean). 125, 127-130. — Cf. Legoué.

Gouesche (les champs à la). 126.

Goudelier (Guillaume). 36.

Gougeul (Pierre), Pierres Goujul, doyen du Mans. 5.

Goujon (Hébert et Macé). 173-175.

Goullart (Guillaume). 111, 112.

Goupil (Gervais). 58; — (Guillaume). 92; — (Jean). 197; — (Macé). 26, 27, 235; — (Robert ou Robin). 247, 257, 267; — (Thomas). 114, 115, 117; — (feu). 251, 263.

Goupillière (la). 114, 115. — *La Goupillère*, près du bourg d'Athenay, commune de Chemiré-le-Gaudin.

Gourdaine, Gordaine, Gourdainne (Notre-Dame de), ancienne paroisse du Mans. 6, 12, 20-22, 50, 82, 202, 205.

Gournaut (le pré), vers Lavardin. 256.

Goutil-Aucher, Goutilauchier, Goustilauchier, Goutil-Auchées, Goutils-Auchers (le ou les), clos, prés, vignes, etc., à Domfront et Lavardin. 241, 245, 246, 257, 258, 260-262, 267, 270.

Gouvelins (Jean et Jeanne les). 155.

Goyerel (Geoffroy de). 96. — Peutêtre *Gohuau*, commune de Brains.

Grandchamp (Sarthe). 170, 171.

Grand'Rue (la), au Mans. 14, 16, 20.

Grange (l'hébergement de Fraym de la). 171.

Grataiz (Philippe des). 91. — *Les Gratais*, commune de Roezé.

Gravelle (les prés de la), à Domfront. 122.

Gravelle (la). 164. — *Les Gravelles*, commune de Sainte-Suzanne (Mayenne).

Greslenetre, Grellenesse (le fief du

seigneur de), s'étendant sur Brains. 100, 102, 103.
Grigné (le clos de), paroisse du Pré, au Mans. 210.
Grisiers (Guérin de). 129.
Gru (Raoul et Geoffroy de). 153.
Guaipaignié (Guillaume de). 218. — Peut-être *Guerpaigné*, commune de Luceau.
Guaranger. 30.
Guarel (Geoffroy), écuyer (1305), chevalier (1315). 5, 8.
Guarnier Guillot. 38.
Guarrel (Pierre). 152.
Guascelin (Hamelot et Macé). 224.
Guascelinière (la). Voir Gasselinière (la).
Guédon (Jean). 95.
Guenayer (J.). 216.
Guercent (Guillaume). 141.
Guerrier (Jean). 220.
Guerrif (le fief), sur Congé-sur-Orne. 181.
Guerriff, Gueriff (Henri). 38, 49.
Gué-Saalard, Gué Séelart, Guéséléart. 42, 90; — (Julien du), clerc. 90. — *Guécélard*.
Guiaudière, Guyaudière (la), terres en Sargé. 37, 39.
Guibert (Jean). 45, 46.
Guierche (la). 71, 184, 252. — *La Guierche* (Sarthe).
Guière (la métairie de la), paroisse de Vibraye. 191.
Guillart (les terres), en Rouillon. 226; — (Jean). 227, 231-235.
Guillaume (le bois). 90. — Peut-être *Bois-Guillaume*, commune de Domfront.

Guillaume (les pâtis), à Brains. 96.
Guillaume. 22, 58.
Guillaume, abbé de Beaulieu. Voir Boys (Guillaume du).
Guillaume, archidiacre du Mans. 10, 11.
Guillaume, évêque du Mans. 185. — *Guillaume Roland*.
Guillaume, prêtre, curé de Moitron. 175, 176. — *Guillaume Drocon*. — Cf. Drocon.
Guillaume, prieur de Villaines-la-Juhel. Voir Boys (Guillaume du).
Guillaume, recteur de Grandchamp. 170.
Guillemette, femme de Guillaume Bruiant. 52; — de Jean Le Breton. 131.
Guillon (Fouquet). 124, 131; — (Guillaume). 128.
Guillonne. 250.
Guillot (Geoffroy). 205.
Guimaut (Guillaume). 96.
Guimous (Pierre, Gervais et Philippe les). 107.
Guinart (Jean de). 133. — Peut-être *Guignard*, commune de la Milesse.
Guiter (Guillaume). 228.
Guitet (Martin). 109.
Guiton (Jean). 192.
Guitoys (Geoffroy). 82.
Guoguo (Jean). 118.
Gutta (le bois de la). 3.
Guy, abbé de Beaulieu. 72.
Guy, évêque du Mans. 162, 164. — *Guy de Laval*.
Guyet (Gillet). 237.

H

Hache (Guillaume). 160.
Ham (le) (Mayenne). 179.
Hamel, Hemel (Guillaume). 257; — (feu). 243, 251, 252, 254, 258.

Hamelin, évêque du Mans. 10, 16, 20; — recteur de Madré. 169.
Hameline, femme de Thomas Hasard. 39. — Cf. Ameline.

Hamelote, femme d'Hébert Rebours. 90 ; — de Guillot Redoublie. 203. — Cf. Amelote.

Hameloteau (les plantes au), à Verron. 165.

Hamon (Robert). 165 ; — (Simon). 208.

Hamonne (la). 161, 162.

Haoysie, femme d'Hébert Bagori. 80.

Harderaye (le bois de la), à Roezé. 91.

Hardi (le pré), à Rouillon. 231 ; — (Jean, religieux de la maison-Dieu. 234. — (Michel). 227.

Hareau (Michel). 225, 234, 237.

Harigaud. Voir Hérigaud.

Harquengier. Voir Arquengier.

Hasard. 35, 187 ; — (Thomas). 39.

Hasay (le fief au seigneur du). 174, 175. — Probablement *Hazé*, commune de Rennes-en-Grenouille (Mayenne).

Haton. 230, 238, 265 ; — (Drouet). 227, 238 ; — (Jean). 266.

Hatonne (la). 232.

Haudejart de Balon (terre appelée), à Monnet, en la paroisse Saint-Ouen du Mans. 189.

Haudemon (Colin). 218.

Hauteville, Aulteville. 168, 169. — *Hauterille*, commune de Charchigné depuis 1838, et auparavant commune de Chevaigné (Mayenne).

Havin (Michel). 119.

Hay (Simon). 106, 202.

Haye (Drouet de la). 150. — *La Haie*, commune de Rouez.

Haye (Robert de la). 170. — *La Haie*, commune de Courcité (Mayenne).

Hayes (le bois des), à la Suze. 93.

Hays (le fief à la dame des). 178. — Sur Villepail (Mayenne).

Hays (la terre des). 265 ; — (Jean des). 264, 266. — *Les Haies*, commune de Degré.

Hays-d'Yettigne (les). 114. — *La Haie-de-Guigne*, alias *Haideguigne*, ancien fief à Athenay, commune de Chemiré-le-Gaudin.

Haytol (Geoffroy). 85.

Hébert (P.), autrement dit Erquengier. 21, 22.

Hédouard, Houdouard. 248, 249, 255, 256. — *Houdouard*, commune d'Aigné.

Héfoussouer (le pré), à Domfront. 244, 255.

Hélie, comte du Maine. 167.

Hellouinière (la). 87, 226, 236, 237. — *Les Hallonnières*, alias *les Haillonnières* (Cassini), *les Alonnières* (statistique postale de 1847), *les Hellonnières* (carte Triger), commune de Rouillon.

Hemel. Voir Hamel.

Henny (Michel). 214.

Hériczon (Jean), juge d'Anjou et du Maine. 182.

Hérigaud, Hérigauld, Harigault, Harigaut. 237 ; — (Guillaume). 84 ; — (Jean). 226 ; — (Macé). 89 ; — (Simon). 25, 51, 52, 89.

Hérigaudière (la), à Rouillon. 232. — *Les Hérigauderies* (Cassini), actuellement *les Rigauderies*, commune de Rouillon.

Hertaut (Jeannin). 67.

Hervé (Jean). 115.

Hervée (Agnès la). 115.

Hildebert, évêque du Mans. 2, 167.

Hirebec (Macé). 249.

Hobelleus (Jean et Guillaume les). 117.

Hodéarde, femme de Jeannin Dodel. 76 ; — d'Hamelot Guascelin. 224 ; — de Guillaume Yvé. 57.

Hodéart. 63.

Homédé ou Homedé (Gervais). 58 ; — (Perrot). 113, 114.

Honorius II, pape. 2.

Houdouard. Voir Hédouard.

Houdri (Michel). 211.

Hourde (Johannot). 58.

Housay (le), Pierre du Housay. 216.
— *Le Houssay*, commune de Dissay-sous-Courcillon.
Houssel (l'église du). 3. — *Le Housseau* (Mayenne).
Houssel (le seigneur de). 95.
Hubert (Raoul), prieur de Saint-Victeur. 138, 139.

Huet (Yves). 220, 231.
Huguet (Geoffroy). 192.
Huisne (l'), la rivière d'Yainne, l'eau d'Aigne. 194.
Humari (Guillaume). 119.
Hure ou Huré (Guillaume). 251, 264 ; — (Jean). 73, 251.

I

Ingrande. 158. — *Ingrande*, commune de Parennes.
Ingrant (Geoffroy). 178.

Izé, Yzé. 188 ; — (Adam d'), seigneur de Monnet. 188, 266. — *Izé* (Mayenne).

J

Jaille (Emeri de la). 216. — *La Jaille*, commune de Chahaignes.
Jamète, fille de Jean Badier. 50.
Jaquet (Macé). 93.
Jardin (Jean). 107, 108.
Jarri (Jean). 113 ; — Mathé. 91.
Jauduy (Juliot). 125.
Javen (la chapelle de). 3. — *Sainte-Madeleine de Jarains*, commune de Tessé-la-Madeleine (Orne).
Jean, abbé de Beaulieu. 78, 175.
Jean, clerc. 23, 24.
Jean, fils de Denise de Vernie. 121.
Jean, fils du roi de France, duc de Normandie, comte d'Anjou et du Maine. 199, 200. — *Jean de Valois*, devenu roi sous le nom de Jean le Bon.
Jean (le roi). 16, 28, 31, 125, 126, 128, 129, 139. — *Jean le Bon*, roi de France.
Jean XXII, pape. 161.
Jeanne, femme de Robin de l'Abbaye. 50 ; — de Guillaume d'Aigreville. 32, 156 ; — de Colin Beaudouin. 112 ; — de Jean Billart. 63 ; — de Michel Blanchoit. 111 ; — de Pierre Bodineau. 216 ; — de Guillaume Bougeri. 202 ; —

de Robin Boutier. 119 ; — de Simon de Boyères, dame de Champagné et de Réveillon. 104 ; — de Jean Brays. 45 ; — de Jamet Chapuis. 203 ; — de Guillaume Cherruel. 42, 60, 152 ; — de Jean Chevecier. 215 ; — de Martin Chouen. 61 ; — de Jean Crespin. 60 ; — de Gilet de la Croez. 51 ; — de Jean Dureau. 71 ; — de Robin Ernoul. 60 ; — de Guillaume du Fresne. 224 ; — de Jean Gallerin. 117 ; — de Gillet, sénéchal de Beaumont. 105 ; — de Jean Gouays. 128, 129 ; — de Jean Guibert. 45, 46 ; — de Guillaume Hache. 160 ; — de Macé Harigault. 89 ; — de Jean Juhes. 74 ; — d'Hamelot Le Barbier. 19, 41, 42 ; — d'Hébert Le Barbier. 203 ; — de Jean Le Barillier. 195, 196 ; — de Robin Le Batoor. 196, 197 ; — d'Hébert Lebert. 111 ; — de Jeannin Le Boucher. 217, 219 ; — de Macé Le Boucher. 27, 28 ; — de Vigour Leboucher. 127 ; — de Robin Le Breton. 116 ; — de Jean Lefebvre. 17 ; — de Macé Legendre. 110 ;

— de Guérin Lemonier. 101; — de Guillaume Lequot. 43; — de Jean Lequot. 53; — de Guillaume Lepeintre. 221; — de Gautier Le Taillandier. 19. 33; — de Jean Mareschal. 46; — de Macé Moreau. 116; — de Jean Mouchet. 62; — de Pierre de Nogent. 35, 187; — de Jean Olivier. 196; — de Gervais Perrouyn. 33; — de Geoffroy Poignant. 154; — de Martin des Porches. 40; — de Regnaud Radort. 118; — de Jean de la Rivière. 147, 149, 150, 175; — de Thomas de la Rivière. 173, 174; — d'Ernoul Rogier. 30; — de Robin de Rubemons. 102, 103; — de Gillet Sarrazin. 13, 82; — de Michel Symon. 109. — de Macé Tatin. 172; — de Jean Touchefou. 53; — de Jean des Touches. 157 — de Gillet Tourgis. 219; — de Juliot Veau. 206; — de Jean Veluet. 58; — d'Etienne de Verniette. 26, 27.

Jérusalem et de Sicile (la reine de). 34. — *Marie de Blois*, femme de Louis Ier d'Anjou.

Jignon (la vallée de), paroisse d'Auvers-sous-Montfaucon. 117.

Jobin. 35 ; — (Germain). 31 ; — (Jean). 18, 24.

Jodin (frère Jean). 153.

Johanne (Juliot). 59.

Joncereau (le), terres à Degré. 242.

Joneyère (le pré de), à Brains. 99.

Jordan (Etienne et Guillaume). 21.

Jourdan, Jordan (Colin). 189, 190; — (Patri). 190-192.

Jouste (Jean). 22.

Jouvignié, métairie. 77; — (Jean de), écuyer. 77. — *Jourigné*, commune d'Allonnes.

Joyé. 110, 111. — *Joué-en-Charnie*.

Joyé (Jean). 155.

Jugle (Robin de). 30.

Juhes (Jean). 74.

Juillé (Jeanne de). 6.

Julian (Jean). 92.

Julienne, femme de Gillet Bouquède. 32; — de Thomas Bouteiller. 12; — de Guillaume Chevalier. 195; — de Philippe des Gratais. 91; — d'Odon Lepeltier. 153; — d'Oudin Letarain. 92; — de Geoffroy Mauchien. 9, 11.

Juliote, femme de Guillaume Augis. 202; — de Jean du Bois-Yvon. 110; — de Jean Chevalier. 60; — de Guillaume Deul ou Dedel. 21, 75; — de Michel Ecorchevilain. 16, 17; — de Jean Ledoux. 22, 23; — de Nicolas Lefèvre. 73; — de Clément Lemeçon. 75; — de Geoffroy Lemestre. 114; — d'Etienne Lermite. 64; — de Jean Maidre. 124; — de Pierre Paien. 67, 69; — de Richard Richier. 74; — de Rublart. 30; — de Guillaume de Saint-Christophe. 50, 51.

Jumeau (le moulin). 149. — Le moulin *Jumeau*, commune de Tennie.

Jupilles (Sarthe). 216.

Juticières (les), en la paroisse de Verron. 165.

L

Labierre (le val), paroisse de Crannes. 113.

Labit, Labbit. 126, 127, 131-133, 147. — *L'Habit*, commune de Domfront.

Laçoy. 172. — *Lassay* (Mayenne).

Lagogué (Bourgine, Robin). 29, 30.

Laguiller (Etienne). 29.

Lambers (les), seigneurs de fief en Athenay. 115.

Lambert, abbé de Beaulieu. 2.
Lambert (Fouquet). 129, 131 ; — (Jean). 196.
Lamenay. 221. — *Lamnay*.
Lancelin (Simon), seigneur de la Lancelinière. 82.
Lancelinière (la). 228. — *La Lancelinière*, commune de Rouillon.
Lande (Nicole de la). 178.
Landellier, notaire. 31.
Landon (les rentes du bois). 105. — Peut-être *Boislandon*, commune de Beaumont-sur-Sarthe.
Landoys (Thomas). 34.
Langotière. 69. — *L'Angotière*, commune de Saint-Saturnin.
Lantonnière. Voir Antonnière (l').
Lapareilleux (le pré). 253.
L'Archevesque (Hugues), chevalier, seigneur de Montfort-le-Rotrou. 188, 189, 222.
Larget (Jean), notaire. 3.
Launay. 148. — *Le Petit-Aulnay*, commune de Tennie.
Launoy (Colette, Denis, Jean et Thévenotte de). 31 ; — (Gilet de). 82 ; — (Guillot de), clerc. 38, 49 ; — (Jean de), sergent. 157 ; — (Perrot de). 87, 235.
Launoy (Robin de). 102. — *L'Aunay*, commune de Brains.
Laurence, femme de Michel d'Anjou. 51 ; — de Macé Roisolle. 222.
Laurens (la terre), à Lavardin. 133 ; — (Julien). 223, 236, 237.
Lavaie (Robert). 50.
Laval. 156, 193.
Lavanderie (l'hébergement de la), paroisse de Villaines-la-Juhel. 175.
Lavardin (Sarthe). 211-213.
Lays (Jean de), recteur du Bourg d'Averton. 177.
Leaudière (le moulin de la). 50.
Le Barbier ou Barbier (Denis). 87, 172, 173 ; — (Hamelot). 19, 33, 41, 42 ; — (Hébert). 203 ; — (Laurent). 145, 146 ; — (Yuguet ou Juguet). 17, 19, 33, 41, 203.

Le Barillier (Jean). 195, 196.
Le Barrier (Hébert). 47.
Le Batoor (Robin). 196, 197.
Lebaule (Jean). 63.
Leber (Guillaume, Hébert, Jean, Perrot). 75, 114, 132, 147.
Le Bergier. Voir Bergier.
Le Bidauld (Guillaume). 236, 237.
Lebidaut (Jean). 156.
Lebignonnet. 105. — Peut-être *la Bignonnière*, commune de Sainte-Suzanne.
Lebigot (Guérin). 181, 185 ; — (Guillaume), alias Sirot. 34 ; — (Jean). 151 ; — (Macée). 34.
Lebloy (Guérin). 86, 97, 98.
Le Boaysne, Le Boesne (Guérin). 16, 60.
Lebotellier (Lambert). 11. — Cf. Bouteiller.
Le Boucher (Jeannin). 217, 219 ; — (Macé). 27, 28, 187, 220 ; — (Vigour). 127, 262.
Lebouleurs (Jean). 185.
Lebourdays (Macé). 181.
Lebouvier (Gervais). 57.
Le Breton (Geoffroy). 203 ; — (Guillaume). 131, 247 ; — (Jean). 247, 248, 258, 260 ; — (Macée, fille de Robin). 163 ; — (Robin). 116, 163. — Cf. Breton.
Lecerclier (Sainton). 106.
Lechambellon (Hugues). 167.
Lechangeour (Michel), chanoine de Beaulieu. 12.
Lecharpentier (Georget). 41 ; — (Jean). 204.
Le Chastelain (Philippe). 41.
Lecoesier (Juliot). 98.
Leconte (Jean). 144.
Lecoq. 208 ; — (Michel). 143.
Le Corraier (Regnaut). 213.
Lecronier (Guillaume). 49.
Ledo (Etienne). 50, 51.
Ledoulx (Jean). 22, 23.
Ledru (l'abbé Ambroise). 57, 79, 150, 156, 182.
Lefèvre, Lefebvre, Fèvre (A.). 208-

210; — (Gervais), 173; — (Guérin), 71; — (Hébert), 73; — (J.), 7; — (Jean), 17, 72, 195, 215; — (Nicolas), 73; — (Pierre, curé de Sainte-Suzanne, 163.

Le Fournier (Guérin), 110; — (Hébert), 231, 232; — (Huet), 239; — (Jean), 224.

Lefroys (Simon), 232.

Legart (Macé), 73.

Legéant (Perrot), 250.

Legendre (Colin), 71; — (Guillaume), 228, 234, 235, 238, 239; — (Macé), 110.

Legentil (Guillot), 178.

Le Gouays. Voir Gouays.

Legoué (Guillot), 113. — Cf. Gouays.

Le Gras (le fief de Jean), sur Sceaux, 191.

Le Gras (Jean), 228.

Leguay, Le Juay (Pierre), 38, 49.

Le Héricé (Michel), 205.

Lehourt (Guillaume), 83.

Le Jars (Guillaume), 233; — (Hébert), 237; — (Michel), 230, 233; — (Pierre, Perrot, Perrin), 225-231, 233, 234, 236-239.

Lelong (Hamelin), 178; — (Julien), 93.

Lemaczon (Pierre), 66.

Lemaistre, Lemestre (Colin), 118, 119; — (Geoffroy), 114; — (Guillot), 118; — (Jean), 72, 133; — (Simon), 118, 119.

Le Marchant, Marchant (Gervais), 211, 231; — (Guillaume), 231, 232; — (Jean), 231, 232, 238.

Lemarié (Colin), 111; — (Guillaume), 58, 93-95.

Le Maynart (Geoffroy), abbé de Montfort, 3.

Lemeçon (Clément), 75.

Lemeille (Macé), 56.

Lemerc (Guillaume), 76.

Lemercier (Jean), 119; — (Perrotin), 93.

Lemesnager (Guillaume), 221.

Le Métaier (Guillaume), 172.

Lemonz (Jean), 119.

Lemoulnier, Lemounier, Lemonier (André), 58; — (Gervais), 259; — (Guérin), 101; — (Guillaume), 133, 258, 262; — (Jean), 207, 212; — (Jean Esdin, autrement dit), 12; — (feu), 262.

Lemoy (Etienne), 239; — (Gervais), 237, 239; — (Vincent), 226.

Lemoyne (Vincent), 15, 46.

Lencolme (Jean), 104.

Lengloys (Gillet), 22.

Lenourriezon (Belot), 21.

Lenvoiserie, 210, 245, 247, 249, 255, 259, 260, 269. — L'Envaserie, commune de Lavardin.

Léoul (le fié dou), 175. — Probablement le Layeul, commune d'Hardanges (Mayenne).

Lepas (Guillaume), 171.

Le Pastour (Philippe), 108.

Le Pecu (Pierre), 57, 65, 66.

Lepeintre (Guillaume), 221.

Le Peletier, Lepeltier (Huet, Yugues), 41, 85; — (Jean), 92, 93; — (Lucas), 180; — (Michel), 16; — (Odon), 153; — (Richard), 154. — Cf. Peletier.

Le Picart, Le Piquart (Guillaume), 79, 93; — (Jean), 92; — (Macé, Maçot), 92, 93, 216.

Le Plat (Jean), 231.

Le Potier (Denis), 129-131.

Leprévoust, Le Provoust (Gervais), 218; — (Girard), 217, 218; — (Guérin), 143, 258, 263; — (Jean), écuyer, 150, 151.

Lequeu (Jean), 210.

Lequot (Guillaume, Hébert, Jean), 43, 53, 56.

Lermite (Etienne), 64; — (Geoffroy), 55; — (Jean), 64, 69.

Lermite (Guillaume), seigneur de la Bataillère, 207.

Leront, 76.

Lerous (Pierre), prieur-curé de Domfront-en-Champagne, 138, 139.

Leroux (Gervais). 56.
Leroy (le fief Guillot), sur Brains. 113.
Leroy (Guillaume), 99, 100; — Juliot, 106, 107; — Michel, 47; — (Thomas), 35, 36, 187.
Le Royer, Leroier (Colas), 226, 232, 233; — (Geoffroy), 129; — (Gillet), 253; — (Jean) 181, 253.
Le Sage, Lesaige (Guillaume), 192; — (Jean), 248, 251, 267; — (Macé et Jeannot), 190, 191; — (Robin), 192.
Le Saige, la terre au Saige, 250, 257.
Lesaignot (Guillaume), 32.
Le Saintier (Gervais), 106.
Lescripvain (Laurent), 222.
Le Secretain (Berthelot), 112, 114, 115; — (Guillaume), 164.
Lésiardière (la), 164. — *La Lézardière*, commune de Sainte-Suzanne (Mayenne).
Lesonneur Colasse, Richard), 203.
Lesourd (Guillaume), 214 216.
Lespicier (Jean), 30.
Lespinay (Gervais de), 118. — *L'Epinay*, commune de Crannes. — Cf. Espinoy (d').
Lessart. Voir Essart (l').
Le Taillandier, Taillaudier (Gautier), 19, 33, 203; — (Michel), 23, 62.
Le Taixier (Jean), 189, 262, 263.
Le Taneur (Gervais), 198.
Letarain (Oudin), 92.
Le Tondeur (Perrot), 14.
Letorneour (Macé), 39.
Letrouvé (Jean), 168.
Lettres (Jean des), sergent, 201.
Leuresse (la maison à la), 56.
Le Vallet, Le Valleit (Juliot), 13, 81.
Levalour (Thomas), 80.
Le Vanour, Le Vannoors (Regnaud), 77, 87.
Le Vavasseur (Hébert), 51, 52, 89, 235.
Level (Richard), 169.
Le Voyer de Voutré (Jean), écuyer, 166.

Lexoviis, Lisieux (Guillaume de), 17, 19.
Leyandière (Macée la), 164.
Liance (Jean), 211.
Liboys (le fief de), 99. — *Libois*, commune d'Auvers-sous-Montfaucon.
Lice, Lisse (le pré ou la noë de la), à l'Envaserie, en Lavardin, 241, 258.
Lièvre (le clos au), 208. — Probablement situé vers l'ancienne rue *aux Lièvres*, au Mans.
Liger (Jean), 154.
Ligier (Guillaume), 19, 33, 41.
Ligoust (Jean), 156.
Ligueite (Agnès), femme de Philippe Le Chastelain, 41.
Lingueite, Lingueste (Jeanne la), 14, 33.
Lisengerie (la dîme de), en l'église de Couterne (Orne), 177.
Lisieux (Guillaume de). Voir Lexoviis (Guillaume de).
Livet (Jean de), chevalier, seigneur d'Hauteville, 168, 169; — (Juliot et Jeanne de), 168.
Loavitain, 223.
Lochet (Jean), procureur de Coëffort, 81.
Loerie (la terre de la), 42. — Peut-être *la Loirie*, commune de Noyen.
Lointaing (Colas), 14, 15.
Loiote (Hébert), 75.
Loiselerre (vigne de), à Saint-Blaise, 222.
Lomaye, Lommaye, Loumelle (la dîme, les pâtures, la ruelle de), à Domfront, 126, 129, 136-138.
Lomont, Lommont, Lomment, Lounount (le féage de), 22, 75. — *Lémont* ou *le Mont*, commune de Ségrie.
Lonclay (l'abbé de), 52. — *Lonlay-l'Abbaye* (Orne).
Long-Aunay (vigne de), 197. — Peut-être *Longaunay*, commune de Mézeray.
Longne-en-Champaigne, Loingne,

Loigne. 21, 100, 103, 104. — *Longues*.

Longueraye, terre à Degré. 243.

Lorier (Guillaume). 113.

Lotie (la), terre à Domfront. 126.

Lotin (Guillaume), chapelain du Vau-Jacob. 166.

Loudon. 6, 7, 9 ; — (Alix de). 6 ; — (Jean de). 6 ; — (Richard de), seigneur de Loudon et de Champmarin. 5, 6 ; — (Robert de), chevalier. 6, 9.

Loudun (Geoffroy de), évêque du Mans. 108.

Loué, Loié. 108, 110.

Louis VI, roi de France. 1.

Louis X, roi de France et de Navarre. 200.

Louis, duc d'Anjou et de Touraine, comte du Maine et seigneur de Montpellier. 200, 201. — *Louis Ier d'Anjou*.

Loupelande. 91, 93, 94. — *Louplande*.

Loupfougière. 3, 223. — *Loupfougères* (Mayenne).

Lourel (Guérin). 165.

Louvigny (Sarthe). 3.

Loyau (Jean). 200.

Lucas, recteur de Saint-Fraimbault-sur-Pisse. 166.

Lucas (Jean). 68, 259, 267 ; — Thomas. 249, 259, 260, 268.

Lucé (les chanoines de). 1. — Lieu où fut construite l'abbaye de Beaulieu.

Lucé. 217-219. — *Le Grand-Lucé*.

Luceau. 218-220.

Lucie, femme de Jean Bohart. 158.

Luellerie (la Grande-), la Luellerie, lieu détruit au XIVe siècle, paroisse de Domfront. 244, 247, 251, 257, 258, 260, 261.

Lulle (Philippot). 191.

Luminier (la disme du). 137. — *Luminier* Cassini, alias *Remigné* (carte Triger), commune de Domfront.

Lunere (Jeanne la). 92.

Luzu (Roger). 200.

M

M. (feu R. père). 215.

Macé (le fié à), à Château-du-Loir ou à Flée. 217.

Macé, abbé de Beaulieu. Voir Montihier (Macé de).

Macé. 60.

Macée, femme de Robin Ausouys. 70 ; — de Colin Bellemère. 220 ; — de Jean Brien, dame de la Roche. 217, 218 ; — de Macé Chacerat. 196 ; — de Geoffroy Challot. 61 ; — de Robin Daguier. 44 ; — de Gervais Ernoul. 74, 75 ; — d'Etienne Godefroy. 211 ; — de Guillaume Harigaut. 84 ; — de Denis Le Barbier. 87, 173 ; — d'Etienne Ledo. 50, 51 ; — de Jean Lefèvre. 195 ; — de Berthelot Le Secrétain. 115 ; — de Macé. 60 ; — de Robert Richard. 172 ; — fille d'Hodéarde la Poignante. 74.

Machegruel, Maschegruel (Roland). 27, 42, 43.

Madeleine (la), la Magdeleine, Marie-Magdalène, ancienne paroisse du Mans. 6, 8, 40, 42, 53, 59-61, 64, 201, 202 ; — (Jean de la). 65, 69.

Madelle (... de la). 180.

Maedré (Jean), châtelain du Mans. 84.

Mahot (Geoffroy et Jean). 17, 39.

Maidre (Jean). 124.

Maidré, Maydré. 169. — *Madré* (Mayenne).

Maien, Moyen (le moulin). 147, 149.
— Le moulin *Méan* ou *Moyen*, commune de Tennie.

Maignié, 111, 115, 117, 187, 222. — *Maigné* Sarthe.

Maillart (Gervais), 82.

Mailloche (Jean). 205.

Maine (le). Passim.

Maint-Nof (le fief de). 171. — *Mainé-Neuf* État-major, commune de la Bazoche-sous-Lucé (Orne).

Maladerie (la terre de la), à Brains. 90, 113.

Malet. 234, 236; — (Gervais). 235, 238; (Michel). 236, 237.

Malète (la). 234, 236; — (la plante à la). 231.

Maletz (Gervais, Guillaume et Jean les). 231, 232; — (les terres des), à Rouillon. 226, 233.

Malicorne. 116, 117.

Malpalu, Maupalu. 14, 17, 19, 33, 42, 203. — *Malpalu*, commune du Mans, ancien territoire de Sainte-Croix.

Mandanier (Thébaut de). 106.

Mans (le). Passim; — (le chapitre du). 29, 33, 62, et passim; — (le châtelain du). 93; — (l'évêque du). 3, 21, 47, 97, 201. Voir Assé (Geoffroy d'), Étampes (Guy d'), Freslon (Geoffroy), Guillaume, Guy, Hildebert, Loudun (Geoffroy de), R.; — (l'hôpital, la maison-Dieu du). 44, 157, 196, 237. Voir Ardents, Caudfort; — (le sénéchal du). 9.

Maussel (Nicolas), maître de la maison-Dieu de Coëffort. 81.

Manussert (Jean). 210.

Marays (le pré du), à Degré. 249.

Marchand (Le). Voir Le Marchant.

Marchande (Gervaisotte la). 226-228, 230-232.

Marcillié, Marsillié. 3, 199. — *Marcillé* (Mayenne).

Mare (la), terre à Brains. 102, 103.

Mareschal (Jean). 46; — (Pierre). 111.

Maresché. 201.

Marguerie (Geoffroy). 73.

Marguerite, femme d'Yuguet Barbier. 17; — de Guillaume Boneri. 96; — de Guillaume Foucher. 197, 206; — de Geoffroy Guarel. 8; — de Pierre Guarrel. 152; — de Colin Jourdan. 190; — de Pierre Le Juay. 38; — de Guillaume Picard. 48; — de Guillaume de Valauberon. 132.

Marhaign, Marhaig, Marhain. 78, 93. — Les bois de *Mars-Hain* (carte Triger), commune d'Allonnes.

Mariage-Port (la vigne de), paroisse d'Yvré-l'Évêque. 193.

Malidort (Jacques), chevalier. 233, 237. — *Jacques de Maridort*.

Marie, femme de Guillaume Béquet. 94; — de Jean Lemercier. 119.

Mariette (Jean), clerc. 198.

Marion, femme de Jean Barbot. 15; — de Macé Goupil. 26, 27; — de Gervais Leroux. 56.

Marson, Marsson. 213-216. — *Marçon*.

Martel (Lucas). 236.

Martelle (la). 221.

Martin (Guillaume). 212; — (Jeannot). 131, 135; — (Laurent). 63, 134, 135.

Martine, femme de Guillaume de Chantemelle. 41, 157; — d'Hébert d'Estriché. 42, 43; — de Girard Le Prévoust. 217.

Martins (les). 259.

Martineaux (les bruyères des), à Domfront. 244.

Martinière (la), bordage. 93-95. — *La Martinière*, commune de Spay.

Maslon (Guillaume). 79.

Masserie (la). 35. — *La Masserie*, commune de Fay.

Mathefelon (Geoffroy de), seigneur de Maigné. 222.

Mathieu, abbé de Beaulieu. 88. — Cf. Monthier (Macé de).

Maubert (Jean). 178.
Maubuysson, en la paroisse de Crannes. 106. — Peut-être *le Buisson*, commune de Crannes.
Mauchien (Geoffroy), seigneur de la Garrelière. 9-11 ; — (Hubert). 11.
Mauclerc (Geoffroy). 106, 109.
Maule. 6, 8, 37, 43, 65, 66, 69 ; — (Jean de), chevalier. 37, 38, 65, 66. — *Maule*, commune de Saint-Saturnin.
Maulévrier (le fief au sire de). s'étendant sur Beaufay. 186.
Maumuczon (le fief de). 198. — *Maumusson*, commune de Congé-sur-Orne.
Maunier (Jean). 266.
Mauny (G. de), chevalier. 73.
Maupertuys, Malpertuys (la terre de), paroisse de Sillé-le-Philippe. 187, 214.
Mauquartier (le manoir de). 108, 109. — *Maucartier*, commune de Chassillé.
Mauquartier (la terre de). 152.
Maurousset (Jean). 207.
Maurrie (Jouenne la). 264. — Cf. Amauri, Amorri.
Mautouché, Mautouschet (Jean de). 128, 265, 266. — Probablement *Mautouchet*, commune de Cures.
Meher, Meheyer, Mehier (Jean). 242, 244, 260, 264, 270.
Mennel, Mennet (Girard, Guillaume, Jean). 161, 162, 165.
Mergier (le). 145. — Peut-être *le Merizier*, commune de Tennie.
Merriol, Méruel. 99, 153. — *Merrun*, commune de Brains.
Meson (Gilet de). 198.
Métairies (Gervais des). 101. — *Les Métairies*, commune de Brains.
Metouze (Thomasse la). 115.
Méseré. 92. — *Mézeray* (Sarthe).
Messières. 150, 151. — *Mézières-sous-Ballon*.
Meszières. 211. — *Mézières-sous-Lavardin*.

Michèle (la). 99.
Michelesse l'estre nommé la, paroisse de Rouillon. 239.
Milesce, la Millèce. 64, 242. — *La Milesse* (Sarthe).
Milesce, Millèce le pré de, à Domfront. 123, 125.
Milête (Jeanne la). 218.
Millecent. 248, 250, 251, 267.
Milon, Millon. 96, 97, 98 ; — (Jean de). 99. — *Milon*, commune d'Amné.
Mineroy, Myneroy, Mineroiz (l'estre, l'hôtel, le bordage, le bois, les terres, la mare du ou des). 225, 228, 229, 232-238 ; — (Gervais du). 59, 225, 227, 228, 230, 231, 234, 236 ; — (Guillaume du). 79 ; — (Jean). 44. — *Le Mineray*, commune de Rouillon.
Moeserie (le fief de la), s'étendant sur Villaines-la-Juhel. 175.
Moesi, Moysi (Guillaume). 143, 144.
Moeson. 17.
Moetron. 175, 176. — *Moitron*.
Moinet (Philippe). 193.
Monard. 243, 248, 250-252. — Vers Degré et Domfront.
Moncellis (Guion de). 110.
Moncet (Benoît). 193.
Monnet, en la paroisse Saint-Ouen du Mans. 37, 39, 189, 206 ; — Durand de. 188, 189. — *Monnet*, commune de Coulaines.
Montalion (Sarthe). 215.
Montaillier (Saint-Nicolas de). 138, 239, 240. — *Montaillé*, commune de la Milesse.
Montbauld (Gillet). 230 ; — (Noël). 236.
Montéhart (le seigneur de). 68, 71. — *Montheart*, commune de Neuville-sur-Sarthe.
Montesson (R. de). 86.
Montfaucon. 96, 97, 103. — *Montfaucon*, commune d'Auvers-sous-Montfaucon.
Montfort. 37, 38, 49, 186, 188-192, 199, 222. — *Montfort-le-Rotrou*.

Montfort, Saint-André-de-Monfor. 179.
Montfort (Saint-Jacques de). 3, 4. *Montfort-sur-Meu* (Ille-et-Vilaine).
Montfort (Béatrix de), comtesse de Dreux. 6, 214, 222. — *Béatrix de Montfort-l'Amaury* (Seine-et-Oise).
Montgaut, Montgaust ou Monthaust (Juliot de). 152; — (Michel de). 100. — *Monbeau* (Cassini), *Mont-Beau* (Triger) ou mieux *Montbault*, commune de Neuvillalais.
Montgermant (Jean de). 119.
Montguerre (Ernoul de). 86.
Monthier (Macé ou Mathieu de), abbé de Beaulieu. 39-41, 104, 109, 134, 149, 158. — Cf. Mathieu.
Montméard (Saint-Laurent de). 177, 178. — *Montméart*, commune de Courcité (Mayenne).
Mont-Mirable (le). 112. — *Le Mirail*, commune de Crannes.
Montoté. 185 ; — (Macé de). 184, 185. — *Montoté*, commune de Congé-sur-Orne.
Montoulain. 7, 55, 199. — *Apud Montem-Olain*, in parrochia de Capella-Sancti-Albini (Liberalbus, p. 113).
Mont-Saint-Michel (l'abbaye du). 2, 135-139.
Montulon (le fief de). 90.
Morand (Geoffroy). 76 ; — (Gervais). 43, 59.
Moreau (Guillemet). 100 ; — (Juliot). 192 ; — (Macé). 116 ; — (feu). 238.
Morel (Guillaume). 152 ; — (Jean). 197 ; — (Julien). 62, 63, 201, 202.
Morel (Pierre), abbé de Beaulieu. 9, 11.
Moriaux (le pressoir aux). 165. — Peut-être *le Pressoir*, commune de Verron.
Moriceau, Moricel (Gervais, Jean, Martin, etc.). 129, 133, 135, 243, 244, 249, 253, 256, 257, 262-264, 267.

Morillon (Guérin). 45, 50.
Morillon (le clos), à Rouillon. 232.
Morillonne (la). 21.
Morin (Guillaume, Simon). 150, 210, 241, 247, 269, 270.
Moron (Drouet de). 156.
Mortier (Fouquet). 18.
Mortier Teelaen (le), à Saint-Saturnin. 65.
Mote (la), la Motte de Tussé, fief s'étendant sur Aigné, Degré et Domfront. 63, 72, 120, 133-135, 207, 269-270 ; — (Macé de la). 120.
Motte (le clos de la), à Rouillon. 226.
Moulard (P.). 67.
Moulin (le bois du), à Rouillon. 231.
Moulin-Neuff (le). 212. — *Le Moulin-Neuf*, commune de Neuvillalais.
Moulnière (la). 252.
Mouchet (Jean). 62.
Mouchette, Mouschette (la). 147, 251.
Mouschet (le fief Geoffroy), sur Degré. 120.
Mouschet (feu). 248, 263.
Mouschoit (Faucon). 21.
Moussetière (les terres de la). 243.
Moynes (les moulins aux). 48. — *Le Moulin-aux-Moines*, commune de la Chapelle-Saint-Aubin.
Mucerotes (le moulin des). 95. — *Musserote*, commune de Chaufour.
Mulain (Guion). 214.
Mulotière (les terres de la), à Rouillon. 225, 230. — *La Mulotière*, commune de Rouillon.
Murgières (les), terres à Joué-en-Charnie. 111.
Muron (les courtils de). 208.
Musière (Jeanne de la), femme de Geoffroy de Mathefelon. 222.
Myneroy. Voir Mineroy.

N

Neuvi (Foulcon de). 32; — (Guillaume de). 78.
Neuvi-en-Champagne, Neufvi, Novi. 76, 143, 147. — *Neuvy-en-Champagne*.
Neuville (Fulcon de), prêtre. 73.
Neuville, Neuville-Laalés. 116, 151, 152, 154, 212, 213. — *Neuvillalais*.
Neuville-sur-Sarthe. 25, 72, 73, 210.
Nicole, femme de Jean Espinou. 215.

Noes-aux-Boours (les). 161. — Probablement *les Noës*, commune de Sainte-Suzanne.
Nogen (Pierre de). 35, 187.
Nogent-le-Bernard. 194.
Noien-sur-Sarte. 117. — *Noyen*.
Noiremort (Macé). 63.
Noirmort (Jean). 211-270.
Nooray (le fief du seigneur de). 97. — *Nouray*, commune de Bernay.
Nouel (Jean et Michel). 30, 42.
Nouens. 184. — *Nouans*.
Nouvelous (la chapelle au). 64.

O

Œve (le chemin d'), à Sainte-Suzanne. 162. — Probablement la rivière d'*Erve*. — Cf. Arve.
Ogier, chanoine de Beaulieu. 193.
Olivier (Colin). 217; — (Jean). 196.
Olivière (Jeanne l'), Jeanne la Louvière. 215-217, 220.
Orée (la rue d'). Voir Dorée.
Ormeaux (le clos des), à Rouillon. 232.

Oufray (Denis), alias des Fresnes. 66.
Oultreleau (Guillaume Picard, alias d'). 16, 48; — (Jean d'). 78.
Ouscheron (l'), Leuscheron, terre, pré. 253, 255.
Ouyssel (Colin de), Colin Doissel. 36, 37.

P

Paganel (Gervais). 170.
Paien (Guillaume et Pierre). 67, 69.
Paigerie (la), en la paroisse de Moitron. 175, 176.
Pail (la forêt de). 179. — Au nord du dép. de la Mayenne.
Pailler (Jean), prieur de la Garrelière. 10.
Painchant (Jean). 116.
Paluau, Paluel. 6, 18, 48; — (Guillaume de). 6, 28. — *Paluau*, commune de la Chapelle-Saint-Aubin.

Pantouf (Guillaume), archidiacre de Laval. 156, 193.
Papes. Voir Benoist, Calixte II, Honorius II, Jean XXII.
Papineau (Guillaume), clerc. 91.
Parcheminier (Robin). 80.
Parence (Robert). 82.
Parennes (Sarthe). 158.
Parenson (Denis de). 126.
Parigné-l'Évêque. 6.
Paris. 182, 201.
Parroyn. Voir Perroyn.

Parteninère (le fief de la). 171. — Peut-être *la Poiterinière*, au nord du bourg de Lucé (Orne).
Pasneyère, Paneyre (la vigne de la), au Mans. 37, 38.
Pasquier (Jean). 202.
Pasquière, femme de Jean Lemaistre. 72, 133.
Pasquière (Agnès la). 250, 259.
Passavant (Guillaume de), évêque du Mans. 2.
Pastoureau (Etienne). 54, 55, 208, 225.
Pasture (la croix feu). 39.
Patri (Habert). 185, 186.
Pautonneir (Raoul). 11.
Pauvert (Geoffroy). 51, 126.
Paveillon (Perrot). 236, 237.
Payenne (Macée la). 247.
Payn (Etienne). 266.
Péan (Jean). 35, 210, 211.
Pèlerin (Geoffroy). 65, 211.
Peletier (Cyprien). 132, 133 ; — (Guillaume). 106. — Cf. Le Peletier.
Pelice (la). 30.
Pelignac (Hugues de), chevalier, le bastard de Poudignac. 182, 183.
Pelouart (Etienne). 132, 133 ; — (Guillot). 64 ; — (Pierre). 83.
Penchèvre (feu). 259.
Penlou (Gervais), seigneur de l'Aunay, à Tennie. 148, 150 ; — (Jean). 148.
Penlouyère (la). 146, 147, 149. — *La Penlouère* ou *la Panloire*, commune de Tennie.
Pennecières. 34, 225, 230, 236, 237. — *Pennecières*, commune du Mans.
Pentloup (la terre), paroisse de Verniette. 141.
Perchaz (Jean). 39.
Périer (Gillet). 227-238 ; — (Jean), procureur de Beaulieu. 199.
Périeu (le champ), à Domfront. 248.
Perrail (le). 247. — Peut-être *le Perray*, commune de Domfront.
Perraust (Guillaume). 156.
Perreiz (les religieux des). 80.
Perrigne (l'abbaye de la), à Saint-Corneille. 6, 218.
Perroin (Perrot). 33, 35 ; — (feu). 187.
Perronne, femme de Pierre du Houssay. 216.
Perronnelle, femme de Guillaume Lesourt. 214-216 ; — de Richard des Prés. 139-144, 148 ; — de Pierre Soys. 59.
Perrotin. 91.
Perrotte, femme de Jamet Chapuis. 156 ; — de Gilet de Chenon. 98 ; — d'Hébert Le Barrier. 47 ; — de Jean Lemercier. 112 ; — de Guillaume Morin. 150 ; — de Jean Segant. 72, 133.
Perroux Resterie (le gué). 167.
Perroyn, Parroyn (Gervais), alias de la Roche, clerc. 33, 72.
Pertherain (Gervais). 15.
Pesaz (Geoffroy), recteur de Longnes. 103, 104.
Pescherie (la), paroisse de Rouillon. 225.
Petit (Robert). 50.
Philippe, femme de Jean Goupil. 197.
Philippe Ier, roi de France. 1.
Philippe VI, roi de France. 51, 57, 200, 201.
Piacé. 63.
Piau (Pierre). 41.
Pichon. 255 ; — (Gervais). 125 ; — (Jamet). 144, 146 ; — (Jean), clerc. 131 ; — (Jean), prêtre. 109, 145, 221 ; — (Jean), religieux de Beaulieu. 46 ; — (Jean). 242-244, 246, 248, 250 ; — (Regnaud). 124; — (feu). 251.
Pié-de-Crennes (le). 152-154, 211, 212. — *Crannes*, commune de Conlie.
Piélarron (Guillaume), religieux de Beaulieu. 149.

Pierres (les). 210. — Peut-être la Pierre, commune du Mans.
Pilet (Jean). 181.
Pinel (Jean). 163.
Piolin (dom). 6.
Piron (J.). 265.
Pitié (la), la Pitié-Dieu. 35, 187. — L'abbaye de l'Épau, à Yvré-l'Évêque.
Planchétes (les). 231, 233. — Probablement la Planche, bordage détruit, commune de Rouillon, propriété de Beaulieu en 1740.
Plantes (les), la Plante, terre vers Domfront. 247, 251, 258.
Plantoys (Etienne du). 195.
Plessair (Colin du). 119. — Le Bas et le Haut-Plessis, commune de Brains.
Plessair (G. du), G. Duplessair. 26; — (Raoul du), dit Lucas. 203, 204.
Plessair (le sire du), le Plessays, Macé du Plessair. 70, 71. — Le Plessis, commune de la Bazoge.
Plessair-Juyon (le). 100-102, 119, 207. — Probablement le Plessis, commune de Rouez.
Pocherie (la). 254.
Pohier (Jaquet). 253.
Poignant. 31 ; — (Geoffroy). 74, 152, 154; — (Guillaume). 77.
Poignante, Poignande (Hodéarde ou Hodie (la), femme de Guillaume Poigant. 74, 76, 77.
Poignon (Jean). 160, 163.
Poile (Jean), alias des Rouenerais. 93-95. — Les Rouenerais, commune de Fillé.
Poille (Juliot). 81.
Poillé (Sarthe), Poullié. 117.
Poillé (la métairie de). 220. — Poillé, commune de Luceau.
Poillé (Pierre de). 215. — Poillé, commune de Marçon.
Pointeau (Guillaume). 148.
Poisson (Jean). 181.
Poitiers, Peictiers. 65, 131.

Polart (Macé). 70.
Pommier (Hamelot). 107.
Pont (le champ du). 241, 249, 269.
Pont-Marie (le chemin par lequel l'en vait de la Vaidière au), paroisse de Rouez. 150.
Pontault (Jean). 238, 239.
Pontaut. 230.
Porcel (Jean). 123.
Porcheron (Gervais). 16, 17.
Porches (Martin des), clerc. 40.
Poterie (la). 72, 204. — La Poterie, commune d'Aigné.
Poterie (Michel de la). 50.
Poteron (Denis). 171 ; — (Jean). 175.
Potier (Denise). 72 ; — (Georget). 21; — (Guillaume). 263; — (Jean). 72, 133.
Poulain (Etienne), recteur du Bourg d'Averton. 177.
Pouleaze (Guillaume), clerc. 38.
Poulièrelerie (les vignes de la), à Brains. 99.
Poullardière (la). 70. — La Poulardière, commune de la Bazoge.
Poullier (Guillaume). 99.
Poupart (Philippot). 57.
Pourrie, Poherie, Porrie. 13, 81, 82, 180 ; — (Fulcon de), écuyer, seigneur de Pourrie. 81, 180. — Pourrie, lieu détruit depuis 1881, commune de Rouillon.
Pourtant (Guillaume). 202.
Praiz (les). 130. — Peut-être le Perray ou Perrée, commune de Domfront.
Pratellis (Nicolas de). 204.
Pré (l'abbaye, la paroisse du), au Mans. 3, 6, 15, 21, 24, 28, 45, 51, 53, 55-57, 60, 82, 201, 209, 210, 229.
Préront (Guillot et Geoffroy du). 204. — Pré-Rond, commune de Mézières-sous-Lavardin.
Pressouer-au-Gras (le). 13, 81, 82, 228. — Le Pressoir-Gras, commune de Rouillon.

Pressouer de Rouillon (l'estre nommé le), paroisse de Rouillon. 81, 232.
Presteaux (le clos des), à Voivres. 107.
Prez (le moulin de). 122. — Probablement *Vray*, moulin, commune de Domfront. — Cf. Vray.
Prez (Ernaut des). 60 ; — (Pierre des), chevalier, bailli du Maine. 171 ; — (Richard des). 139-148.
Proin (Gervais et Jean). 204.
Pruillié. 29, 33, 41, 44, 155-157, 222, 232, 236, 238. — *Pruillé-le-Chétif*.
Puillé (le clos de), à Longnes. 104.
Puiz (Guillaume du). 82 ; — Jaquet du). 41.

Q

Quabaret (Jean). 181.
Qualois (Macé). 215.
Quarré (Denis). 145.
Quarreau (feu). 262.
Quartier (le gué du), à Domfront. 241, 249, 250, 255, 259, 260, 268, 270.
Quentin (Geoffroy). 219.
Quentine (le fief à la), s'étendant sur Saint-Benoît-sur-Sarthe. 93.
— Peut-être *le Quetin*, commune de Chemiré-le-Gaudin.
Querre (Jaquet de la), seigneur de fief en Rouillon. 24.
Quéru (Perrot). 119.
Queston (Jean). 129.
Quinte (la), paroisse. 62, 82, 265.
Quinte (la), banlieue du Mans. 44.
Quohier (Martin). 156.

R

R., évêque du Mans. 135-138, 199. — *Robert de Clinchamp*.
Rabinant (Thomas). 213.
Raboz (les). 215.
Radebine (Juliote la). 205.
Raderay (les Brégeons de). 126 ; — (Guillaume de). 144. — Peut-être *Radray*, commune d'Assé-le-Riboul.
Raderay, Raderoy (G. ou Jean). 4, 34, 37, 39, 89, 168, 206.
Radort (Regnaud). 118.
Rahart. 219. — *Rahart*, commune de Luceau.
Rahier (Guillaume). 120 ; — (Jean). 239.
Rambout (le pré). 129.
Randonneye, Randonnoie (la), terre proche l'Envaserie, à Lavardin. 241, 209.
Raoulet (la fontaine). 69.
Raset (Etienne), clerc. 163.
Raterie (la). 93. — *La Raterie*, commune d'Allonnes.
Ravaire. 203. — Probablement *la Rivière*, actuellement Bresteau, commune de Beillé, ou peut-être *la Raroire*, commune de Tennie.
Ravayre (Juliot). 104.
Réalche (la), au fief de Sceaux. 190.
Rebillart (Jean). 178.
Reboulart (les hoirs). 215.
Rebours (Hébert). 90.
Rebulet (Jean). 194, 206.
Rechier (la métairie du). 58.
Redoublé (Guérin et Guillaume). 52.
Redoublie (Guillot). 203 ; — (Robert). 51.
Regnaudière (le bois de la), à Chassillé. 109.
Regnaudière (la), et la Petite-Re-

20

gnaudière. 241, 249, 256, 259, 261, 268, 269. — Probablement les Renaudières, commune de Lavardin.
Regnaut (Jean). 130.
Regnote (Juliote la). 35.
Rel. 32.
Remberge, comtesse. 167. — Eremburge, femme de Foulques V d'Anjou.
Remon (André). 232.
Renardet, Renordert (les prés de), à Domfront. 122, 126.
Renart (Geoffroy). 93.
Renier (Colas). 232; — (Guillaume). 180.
Renouart (Guillaume). 192.
Réveillart (Jean). 197.
Riboul, Riboule (Drocon), écuyer. 204 ; — (Foulques), seigneur d'Assé. 61, 167 ; — (Hubert ou Hébert), chevalier. 19, 20, 57, 151.
Richard (Robert). 172, 173.
Richarde, femme de Regnaud d'Acheis. 153.
Richehomme (Guérin), sénéchal de Louplande. 91.
Richer, Richier (Geoffroy, Gillet, Jean, etc.). 74, 106, 167, 253, 254, 267.
Richette, femme de Guillaume de la Croix. 50, 51 ; — de Macé Guascelin. 224.
Ridaude (Julienne la). 114.
Rigaudière (la). 110. — La Rigaudière, commune d'Epineu-le-Chevreuil.
Rigaut (Jean). 192.
Riomer (le fief, la terre de). 3, 108, 110, 221. — Riomer, commune de Chassillé.
Rivaillon, Rivaillon. 194, 195, 206. — Réveillon, commune de Champagné.
Rivière (le fief du seigneur de la). 152 ; — (Jean de la), écuyer, seigneur de la Penlouère. 146, 147,
119, 150. — Peut-être la Rivière, commune de Rouez.
Rivière (la). 194, 195. — La Rivière, commune d'Yvré-l'Evêque.
Rivière (Thomas de la), clerc. 173-175.
Rivières (les). 136. — La Rivière, commune de Domfront.
Robert de Clinchamp. Voir R.
Roche (la), bordage. 191, 192. — La Roche, commune de Sceaux.
Roche (la). 214. — La Roche, commune de Vaas.
Roche (la). 217. — La Roche, commune de Saint-Jean-de-la-Motte.
Roche (Pierre de la), clerc. 57, 58.
Rocher, Rochier (Guillaume du). 51, 89.
Rochier (Jean). 131.
Roe (l'abbaye de la), la Roue. 4.
Rogier (Ernoul). 30.
Roigne (Marie la). 229.
Rollay (la vigne du), à Roëzé. 91.
Roisolle (Macé). 222, 223.
Roland. 242, 244, 249, 255, 257. — Roland, commune de Lavardin.
Roland (Jean). 61.
Rome. 2.
Ronce (la), vers Conlie ou Cures. 76.
Ronceray d'Angers. Voir Sainte-Marie-de-la-Charité.
Roncier (Geoffroy). 159.
Roquelin (Ambroise, Jean, etc.). 240-270.
Rotes, Rotez, Roctes, Rotiz (le clos, l'ouche des), vers Domfront. 241, 242, 244, 245, 247, 248, 251, 256-258, 270.
Rouelé. 170. — Rouellé (Orne).
Rouen. 171.
Roueneraiz (des). Voir Poile.
Rouessolerie (la métairie de la), paroisse de Guécélard. 42.
Rouez-en-Champagne (Sarthe). 61, 150.
Rouezé. 90-92, 167, 220, 221. — Roëzé.

Rouge (le champ). 250, 259, 268.
Rouge-Cul. 254, 256, 259, 268.
Rougemont, paroisse de la Bazoge. 68, 71.
Rougemont vigne de. 210. — *Rougemont*, commune du Mans, ancien territoire de Saint-Pavin-des-Champs.
Rougier (Jean). 68 ; — (Macé du). 55.
Rouil (Guillaume). 110.
Rouillon, Roillon, 3, 13, 17, 21, 25, 42-44, 51-53, 59, 64, 79-80, 155, 172, 173, 176, 185, 196, 197, 208, 209, 221, 239 ; — (Ameoise, Guillaume, Hébert. Richard, Robert de). 79, 80. — *Rouillon* (Sarthe).
Rousay. 211, 245, 247, 251, 258 ; — (Gillet). 211, 215, 260 ; — (Jean). 243, 250, 258.
Rousay (Jean de). 156. — *Le Rosay*, commune de Pruillé-le-Chétif.
Rousay (Hébert de). 87 ; — (Jean du). 44.
Rousaye (la). 259.
Rousières (les), le pressoir de Rosière, 23, 62, 63, 223. — Peut-être *les Rosiers*, commune de la Chapelle Saint-Aubin.
Rousières (les), métairie. 121. — Vers Cures.
Rousières (Perrot des). 57.

Rousseau, Roussel (Colin). 67-69, 186 ; — (Gervais). 237 ; — (Guillaume). 196 ; — (Jean). 35, 39, 68, 187.
Rousselière (le clos de la), paroisse de Cures. 121.
Rousset (le clos de), à Domfront. 214.
Roussigné (Raoul de). 185. — Probablement *Roussigné*, commune de Saint-Aignan.
Roussigneul (Gillet). 242, 252, 256 ; — (Jean). 218, 254, 263, 264 ; — (feu). 246.
Rouyer, Roier, Royer (les terres, la noé au). 150, 250, 260, 268.
Ruaudin. 209.
Rubemons (Robin de). 102, 103.
Rublart (Jean). 39.
Rues (Guillaume des). 158.
Rues-de-Baugé (les), au Mans. 204.
Rufrançois (le moulin de). 153, 222 ; — (Francon ou Faucon de). 153, 221, 222.
Ruicelée de Veniette (la), appelée Marterée. 145. — *Martré*, commune de Conlie, ancien territoire de Verniette.
Ruigné (Martin de). 165. — *Ruigné*, commune de Pontvallain.
Ruisseaux (le clos des). 254.

S

Sablonnier (Colin du). 50, 205 ; — (Jean du). 50 ; — (Michel du). 82.
Saint-Albin-des-Couldrais. 89, 189, 190. — *Saint-Aubin-des-Coudrais* (Sarthe).
Saint-Augustin (ordre de). 3, 4.
Saint-Avy. 159. — *Saint-Aril*, commune de Brécé (Mayenne).
Saint-Benoît du Mans. 29-36, 235.
Saint-Benoît-sur-Sarthe, ancienne paroisse, réunie à Chemiré-le-Gaudin. 93.

Saint-Blaise. 222. — *Saint-Blaise*, commune du Mans, ancien territoire de Sainte-Croix.
Saint-Chair. 186. — *Saint-Cher*, commune de Beaufay.
Saint-Chéron. 213. — Ancienne paroisse réunie à Mézières-sous-Lavardin.
Saint-Christofle. 213. — *Saint-Christophe* (Indre-et-Loire).
Saint-Christofle (Guillaume de). 50, 51.

Saint-Christofle-du-Jamboit. 173-175. — *Saint-Christophe-du-Jambet.*

Saint-Côme (le prieuré de), à Tours. 4.

Saint-Corneil, Saint-Corneille (Sarthe). 6, 97, 188.

Sainte-Croez. 17, 19, 33, 41, 203, 209. — *Sainte-Croix,* ancienne commune réunie au Mans.

Saint-Eloy (la chapelle de). 51, 89.

Sainte-Marie-de-la-Charité. 3. — L'abbaye du *Ronceray,* à Angers.

Sainte-Marie-du-Bois (Mayenne). 3.

Sainte-Suzanne (Mayenne). 110, 160, 166.

Saint-Florent de Saumur (l'abbaye de). 3.

Saint-Fraimbauld, Saint-Fraimbaut, 3, 166, 167. — *Saint-Fraimbault-sur-Pisse* (Orne).

Saint-Fraimbaut. 91, 220, 221. — *Saint-Fraimbault,* commune de Roëzé.

Saint-Front. Voir Domfront.

Saint-Georges (le Grand-), ou Saint-Georges-du-Bois. 196, 225, 228, 233-235.

Saint-Georges (le Petit-), ou Saint-Georges-du-Plain, ancienne commune réunie au Mans. 6, 95, 196-198, 228.

Saint-Germain, ancienne paroisse du Mans. 6, 52-56, 60, 210.

Saint-Germain (le curé de). 102.

Saint-Germain (Regnaud de). 90.

Saint-Germain-du-Val (Sarthe). 165.

Saint-Hilaire, ancienne paroisse du Mans. 6, 18, 22-28, 40, 47, 48, 58, 223.

Saint-Hilaire, 193. — *Saint-Hilaire-le-Lierru.*

Saint-Jean (le seigneur de), seigneur de fief en Sainte-Suzanne. 162.

Saint-Jean-de-la-Cheverie. Saint-Jean du Mans. 6, 24, 50-52, 70, 209, 259, 268. — *Saint-Jean-de-la-Cherrerie,* ancienne paroisse du Mans.

Saint-Jean-de-la-Motte. 217.

Saint-Jean-des-Echelles. 221.

Saint-Jean-du-Désert. 159, 222. — Voir p. 159, note 1.

Saint-Jean-l'Huillier. 159. — Voir p. 159, note 1.

Saint-Jouin-de-Marne (l'abbaye de), au diocèse de Poitiers. 131.

Saint-Julien du Mans. 1, 3, 12.

Saint-Julien-en-Champagne, Saint-Juliain. 157.

Saint-Karileph (Jean de), clerc. 151. — *Saint-Calais,* commune de Tennie.

Saint-Ladre. 51, 57, 58, 142, 143, 147. — La maladrerie de *Saint-Lazare,* au Mans.

Saint-Loup. 202. — *Saint-Loup-du-Gast* (Mayenne).

Saint-Malou-de-l'Isle. 3, 4. — *Saint-Malo* (Ille-et-Vilaine).

Saint-Marcel. 201, 202. — *Saint-Marceau* (Sarthe).

Saint-Mars (Isabelle de), femme de Bernard Corbin. 193.

Saint-Mars, Saint-Médart-de-Balon. 166, 180, 198. — *Saint-Mars-sous-Ballon.*

Saint-Martin (la chapelle, le féage de). 224, 225.

Saint-Martin (la flarie de). 151.

Saint-Martin-des-Monts. 193.

Saint-Medart-du-Désert. 197. — *Saint-Mars-du-Désert* (Mayenne).

Saint-Michel (la chapelle de). 166.

Saint-Michel-du-Mont. 2, 135-139. — Le *Mont-Saint-Michel.*

Saint-Morice (le tertre), au Mans. 38, 49.

Saint-Nicolas, ancienne paroisse du Mans. 33, 39-41.

Saint-Omer (Drocon de), seigneur de fief en Rouillon. 87.

Saintont (Jean), sergent. 34, 35.

Saint-Ouen, ancienne paroisse du Mans. 35-39, 49, 65, 187, 189, 201.

Saint-Pavace. 36, 49, 223.
Saint-Pavin-de-la-Cité, ancienne paroisse du Mans. 12, 15-20, 27, 40, 48, 62, 212.
Saint-Pavin-des-Champs, ancienne commune, réunie au Mans. 56-59, 89, 210, 212, 227.
Saint-Père-d'Auvers. Voir Auvers.
Saint-Père du Mans. 223.
Saint-Père-l'Enterré, ancienne paroisse du Mans. 40.
Saint-Père, Saint-Pierre-de-la-Cour, au Mans. 6, 12, 27, 40, 78, 140, 209.
Saint-Poul (Olivier de), prieur de Villaines-la-Juhel. 176.
Saint-Sauny, Saint-Saunyn. 3, 6, 12, 42, 43, 45, 48, 64-70, 204. — *Saint-Saturnin.*
Saint-Siméon (Orne). 159.
Saint-Victour, Saint-Victor du Mans, prieuré. 8, 40, 51, 135-139, 204.
Saint-Vincent, abbaye et paroisse du Mans. 18, 36, 44-49, 189.
Saint-Ypolite (la fontaine), au Grand-Lucé. 218.
Sanson (Jean). 96.
Sardes (Colin). 176.
Sargé. Voir Cergé.
Sarrazin (Gillet). 13, 82, 155.
Sarte (la). 7, 26, 32. — *La Sarthe.*
Sarte (Marguerite de), dame du Plessis-Juyon. 100-102.
Saucaye (le pré de la), à Sceaux. 189, 191, 192.
Saulay, Saulaiz (le), terre vers Domfront. 244, 258, 261, 267.
Saulnerie (la), Salnaria. 2, 15.
Sauners (vigne aux). 55.
Savary (Richard). 264-266.
Savigné-l'Evêque. 97, 195, 196.
Savoure (Guillaume). 20.
Sayvet (Jean), clerc. 147, 148, 205.
Sceaux. Voir Ceaux.
Scolace, femme de Geoffroy Pèlerin. 65.
Sédille (le pré). 131.
Sédille, femme de Gillet de Baugé.

223; — de Nicolas de Chastelier.
223; — de Laurent Lescripvain.
222; — de Guillaume de Lisieux. 19; — de Philippot Lulle. 191, 192; — de Jean Nouel. 30.
Segant (Jean). 72, 133.
Ségrie. 22, 74-77, 151, 158; — (Guillaume de), écuyer. 74.
Sépulchre (les vignes du). 236.
Sérard (le pont). 167.
Sermaing (Jean). 255, 256, 268.
Sevestres (le fief aux), s'étendant sur Athenay. 115.
Sevin (Geoffroy). 192.
Sillié (Jean de). 55.
Sillié-le-Guillaume. 18, 74, 75, 85, 132, 152-155, 171, 173, 224. — (Bérard de). 1; — (Hubert, Hugues, Macé, Richard et Simon de), fils de Bérard. 1.
Sillié-le-Philippe. 181, 187, 188, 214.
Silvena (Gervais de). 60.
Silvestre, Sevestre (le pré), à Domfront. 241, 257, 260, 262, 267, 270.
Sion (J.). 11.
Sirot (Frain). 189; — (Geoffroy). 189, 190; — (Guillaume), religieux de Beaulieu, prieur de Saint-Aubin-des-Coudrais. 189, 190; — (Jean). 189.
Solesmes. 116.
Soligné jouste Vaalon. 85. — *Souligné-sous-Vallon.*
Solignié (Guillaume de). 212.
Sommerel ou Pommerel (la dîme du), à Domfront. 137.
Sorel (Hugues), chevalier. 90.
Sorinière (la métairie de la), paroisse de Neuvillalais. 212.
Soubz-Loumel (Jean de). 172.
Soutif (Barthélemy). 213.
Souvigné. 126. — *Souvigné,* commune de Tennie.
Souvré, Sovré (Geoffroy de), dit Leroy. 18, 47, 48.
Soys (Pierre). 59.
Spay, Spoy, Cepay. 93-95, 211, 232. — *Spay.*

20*

Suhart (Jean). 132 ; — (les heirs feu. le flef). 161. 162, 165 ; — (les voliers). 129.
Supplice (Jean). 146.
Sur-le-Pont (Pierre de). 40.
Sur-l'Estang (de), Dessur-l'Estang (Michel). 41, 53, 54, 157.

Susanne (Jean et Jeannin). 78.
Suze, Suse (la). 42, 78, 91-93.
Syméon (Jean). 267.
Syméonne (le clos à la), à Degré. 243, 252.
Symon. 112 ; — (Drouet et Jean). 57 ; — (Michel). 109.

T

Tabari (les terres), paroisse de Verniette. 141.
Tabari (Jean), clerc. 76, 142.
Taconnière (la), faubourg de Sainte-Suzanne. 161.
Taillandier. Voir Le Taillandier.
Taillaye (Geoffroy de la). 61.
Talemer (Jean). 207.
Tallevacière (vigne de la). 212. — *Les Talvasières*, commune du Mans, ancien territoire de Saint-Pavin-des-Champs.
Tannerie, Tennerie (la rue, la porte de la), au Mans. 7, 26-28, 82, 210, 213 ; — (la Vieille-). 23.
Taron (Macé et Richard). 114, 116, 117.
Taronne (Colette la). 112.
Taronnière (le flef, le clos de la). 111, 112. — *La Taronnière*, commune de Maigné.
Tacé (le féage du seigneur de), s'étendant sur la paroisse de Sainte-Croix. 41. — Probablement *Tassé* (Sarthe).
Tassillié. 114. — *Tassillé* (Sarthe).
Tatin (Denis, Macé, Martin). 172.
Taupin (Jean). 253.
Teillay, Taillay. 182, 198. — *Teillé* (Sarthe).
Telaye (Guillaume). 198 ; — (Jean). 34, 200, 209.
Temple (Colin du). 265 ; — (Jean du). 199.
Tennie, Thenye, Tanie, Tanye. 85, 121, 126, 144-150, 212. — *Tennie*.
Terceul (la terre feu), à Rouez. 150.

Tertre (Gervais du). 232 ; — (Jean du). 141, 234, 236.
Tertre-Grimier (vigne du). 197. — Peut-être *le Tertre*, commune de Mézeray.
Tesloché. 39. — *Teloché*.
Tessé. 3. — *Tessé-la-Madeleine* (Orne).
Thierri, Tierri (Jean). 24-26, 126.
Thibaut, Thébaut (Fouquet). 265, 266.
Thiele (le flef de). 175. — Probablement *le Teil*, commune d'Hambers (Mayenne).
Thoffin (Jean). 213.
Thomasse, femme de Guillaume Adam. 23 ; — de Pierre Le Pécu. 65, 66 ; — d'Hamelot Pommier. 107 ; — de Geoffroy de Souvré. 46, 47.
Thubaut (Jean). 207.
Thyol (Geoffroy et Richard). 196.
Tibergelle (Edeline la). 220.
Tiephaine, femme d'Hubert d'Angers. 63 ; — de Robert Richard. 173.
Tiercelen. 17.
Tirart (Jean). 193.
Tolet (Michel). 208.
Tomet (Jean). 127.
Tonesac (Michel de). 113. — *Tournesac*, commune de Crannes.
Torcé. 164. — *Torcé-en-Charnie* (Mayenne).
Torreau, Thoreau (Jean). 226, 229 ; — (Michel). 44, 225, 236.
Touchefou (Jean). 53.

Tousche (la), terre vers Degré ou Domfront. 211, 218, 266, 270.
Tousche Hamelin de la, 142. — *La Touche*, commune de Saint-Thomas-de-Courceriers (Mayenne).
Tousche-Brochard (la), paroisse de Parennes, 158. — Lieu dont le nom semble s'être conservé sous celui de *la Brochardière*, commune de Parennes.
Touschechière (Jean de), 156, 157. *Touchère*, commune de Pruillé-le-Chétif.
Tousches (Jean des), 157. — Peut-être *la Touche*, commune Neuvy-en-Champagne.
Tousche-Valier, Tusche-Valier, Tuscevaliers, 161, 163, 164. — *La Touche-Chevalier*, commune de Voutré (Mayenne).
Toufeite (Testre de la), 38.
Touraine la, 4.
Tourgis Gillet, 219.
Touril Guillaume, 73.
Tournart (...), 160.
Tours, 2, 54.
Touvoie, Thouvaye, 97, 103, 185, 186. — *Touvoie*, commune de Saint-Corneille.
Travaillarde Juliote la, 180.

Tremblaye Guillaume, 197.
Trengé (Jean de), 227, 235, 238, 239 ; — Perrot de, 238. — *Trangé* Sarthe.
Triberge (Gervais), 232.
Triger (Robert), 110.
Triquart (Colin), 208.
Tropnet (Guillaume), 76.
Trot (Jean de), 185.
Trouilu (Jean), 227.
Trousseau, 15.
Tucé, Tussé, Tuscé, Toussé, 62-64, 72, 119, 122, 124, 125, 127, 129, 131-135, 141, 144, 146, 179, 204, 213, 239, 240, 242-244, 247-269 ; — (Guillaume de), seigneur de l'Antonnière, 122, 123 ; — Hébert (de), chevalier, seigneur de l'Antonnière et de la Brosse, 119, 120, 122, 179, 218, 221 ; — (Hugues de), chevalier, 103 ; — (Jean de), 179 ; — (Louis de), 72 ; — Macé (de), écuyer, 124 ; — Pierre de, 140. — *Lavardin* Sarthe.
Tuflane (le seigneur de), seigneur de fief en Saint-Germain-du-Val, 165.
Tufière Jeannin de la, 217, 219. — *La Tufière*, commune du Grand-Lucé.

U

Uncineulle, 3. — *Ancinettes*, communes d'Anciunes et de Louvigny.

Usages, 18, 48, 58, 63 ; — Guillaume d', 6. — *Usages*, commune de la Chapelle-Saint-Aubin.

V

Vaas, 214.
Vaidière (la), 150. — *La Veillère*, ou mieux *la Vaidière*, commune de Rouez.
Val (du), 265 ; — (Perronne du), 215.

Val (de), paroisse de Viviers (Mayenne), 160, 163.
Valaubron Guillaume de, 132. — *Valaubrun*, ou *Valaubron*, commune de Domfront.
Valée (J.), 30, 31.

Valesce (le fief de la), le fé Macé de la Valète. 160, 163. — *La Valette*, commune de Viviers (Mayenne).

Valet (le), terre. 252.

Val-Labierre (de), paroisse de Crannes. 113.

Valle (J. de). 13.

Vallée (Eugène). 214, 222.

Vallées (les). 147. — Peut-être *Vaux Cassini*, alias *Val-de-Cures*, commune de Coulie, ancien territoire de Verniette.

Vallées (le fief Jean Suhart des). 132. — *Les Vallées*, commune de Domfront. — Cf. Volers (les).

Vallier, Valier (Guillaume), chapelain de la Garrelière. 12; — clerc. 162, 166; — prêtre. 162, 165, 166; — (Jean), prieur de Saint-Saturnin. 12; — Jeannin, Michel, etc.). 164; — (Nicolas), curé de Sainte-Suzanne. 160-166.

Vallon, Vaalon. 86, 93, 96-101, 101-107, 111-116, 202; — Simon de). 34.

Vanier (Edeline). 31, 32; — (Jeanne). 31, 32; — Regnaud. 31.

Vanssay (Emma de), femme de Foulques Riboul. 61.

Varenne (la), vigne à Saint-Saturnin. 66.

Varenne (Perrot). 147.

Vassé, Vaacé. 73, 113, 118, 158. — *Vassé*, commune de Rouessé-Vassé.

Vasselière (la). 266. — *La Vasselière*, commune de Degré.

Vauchaton, paroisses d'Yvré-l'Evêque et de Champagné. 194, 195, 206. — *Vauchaton*, commune de Champagné.

Vaudegrat. Valle-de-Grat, paroisse de Saint-Pavin-de-la-Cité, au Mans. 12, 40, 122.

Vaudoier (feu). 226.

Vau-Gautier. 209. — *Vaugautier*, commune du Mans, ancien territoire de Sainte-Croix.

Vau-Jacob, chapellenie à Sainte-Suzanne. 160-166.

Vaulahart, Valhard. 134, 138, 239, 243, 246, 264. — *Vaulahard*, commune de Domfront.

Vau-Noël (le), paroisse de Coulie. 212. — Probablement *le Vau*, commune de Coulie.

Vaurous, Vaurousée, paroisse de Saint-Pavin-des-Champs. 56, 212.

Vauselle (le fief de la). 175; — Raoul de la). 174. — *La Vaucelle*, commune de Villaines-la-Juhel (Mayenne).

Vausseur (le). 266.

Vau-Symon (le). 76. — Vers Ségrie.

Vau-Tierri (la terre de), paroisse de Neuvillalais. 152.

Vaux (Guillaume de ou des). 65, 66.

Vavasseur (Hébert). 25.

Vayer. 265; — (Robert), chapelain de Vau-Jacob. 164, 166.

Vaygre (l'ayve de). 148, 149. — *La Végre*, affluent de la Sarthe.

Veau (Juliot). 206.

Vedernoir. 257.

Veluet (Denis). 60; — (Jean). 58.

Vendel (Yvon de), chevalier. 219, 220.

Venières. 110. — *La Vinière*, commune de Chassillé.

Venneur (Pierre). 214.

Venullié (le moulin de), en la paroisse de Maigné près Vaalon. 115. — Probablement le moulin du *Petit-Verni*, commune de Maigné.

Verbier (Guillaume). 14.

Vernie. 3, 9, 73, 76, 77, 158; — (Catherine de), dame de Foulletourte. 121; — (Denise de). 85, 121; — (Fauleon de). 133; — (Jean de), chevalier. 121; — (Pierre de). 133.

Verniette, Veniette, Veniète. 76, 125, 139-147, 150; — (Etienne de). 26, 27. — *Verniette*, ancienne commune, réunie à Coulie.

Vernoil (Geoffroy, seigneur de). 213. — *Verneil*. commune de Dissay-sous-Courcillon.

Verrerie (la rue de la), au Mans. 7, 27.

Verron. 165.

Versé (le van de). 41. — Probablement *Versé*, commune du Mans, ancien territoire de Sainte-Croix.

Vesque (les terres du). 30.

Viau (Thomas). 184.

Vibroye. 191. — *Vibraye*.

Vieille-Porte (la), au Mans. 32.

Viers (la vigne aux), à Verron. 165.

Vignail (le). 240, 255, 269.

Vigneau (le bordage du). 211. — *Le Vigneau*, commune de Spay.

Vilain (Geoffroy). 26.

Villaines, Vilaines-la-Juhés, Vilayne, Villainne. 3, 87, 171-176, 178, 199, 223. — *Villaines-la-Juhel* (Mayenne).

Villareeau, à Saint-Martin-des-Monts. 193.

Villaret. 48, 49. — *Villaret*, commune du Mans et non de Coulaines.

Villeborel (le moulin de). 213. — *Villeboureau*, actuellement *Villebaucq* (Indre-et-Loire).

Villes-pandue (Robert de), prieur de Saint-Ouen du Mans. 201.

Villehert. 112. — *Le Petit-Villée*, commune de Grannes.

Villentrun (l'étang de), paroisse de Rouillon. 225, 226, 229, 230.

Villepail (Mayenne). 178.

Villiers, Viliers. 181-184; — (Gervais de). 180; — Macé de, écuyer. 181-184; — (Mellet de). 183. — *Villiers* commune de Congé-sur-Orne.

Vimarcé (Mayenne). 169, 170.

Vinay. 126, 145. — *Vinay*, commune de Conlie.

Viviers (Mayenne). 160, 163.

Viviers (Laurent de), maître de Saint-Ladre. 143.

Volers (les). 136. — *Les Vallées*, commune de Domfront. — Cf. Vallées (le fief Jean Suhart des).

Voutré (Mayenne). 116, 161, 163, 166.

Vouvray. 193. — *Vouvray-sur-Huisne*.

Vouvray. 218. — *Vouvray-sur-le-Loir*.

Voyer (Geoffroy). 26; — Jean. 58, 212. — Cf. Le Voyer.

Voyevres. 107, 108. — *Voitres*.

Voyre (Dionise la). 67.

Vray (le ruisseau de). 125. — *Le Vray*, affluent de la Sarthe. — Cf. Prez.

W, Y

Willaume, de Domfront. 121, 122.

Ysabeau. 23 ; — femme de Guillaume Bernard. 173, 176 ; — de Belot Lenourriczon. 21 ; — de Geoffroy Maucler. 106.

Ysabel (maître Jean). 197.

Ysouard (le pont), au Mans. 56.

Yve Guillaume. 57.

Yverne (Gervais). 98, 101.

Yvré-l'Évêque. 3, 135, 138, 187, 193-195, 206.

Laval. — Imprimerie A. Goupil.

Archives historiques du Maine

Tome I, 1900. Comte Bertrand de Broussillon : **Cartulaire de l'Évêché du Mans, 936-1790.** Table dressée par E. Vallée ; in-8° de xv-368 pages. **15 fr.**

Tome II, 1901-1902. Abbés Busson et Ledru : **Actus pontificum Cenomannis in urbe degentium.** Table par E. Vallée ; in-8° de cxlvii-603 pages. **25 fr.**

Tome III, 1902. Comte Bertrand de Broussillon, du Brossay et A. Ledru : **Cartulaires d'Assé-le-Riboul, d'Azé et du Genéteil. Plaintes et doléances du chapitre du Mans en 1562** ; in-8° de 256 pages. **10 fr.**

Tome IV, 1903-1907. Vte Menjot d'Elbenne et abbé L.-J. Denis : **Cartulaire du chapitre royal de Saint-Pierre-de-la-Cour du Mans** ; in-8° de vii-436 pages, avec une planche. **18 fr.**

Tome V, 1904. Comte Bertrand de Broussillon : **Documents inédits pour servir à l'histoire du Maine au XIVe siècle.** Table par E. Vallée ; in-8° de xii-580 pages. **20 fr.**

Tome VI, 1905. Eugène Vallée : **Cartulaire de Château-du-Loir** ; in-8° de xv-336 pages. **15 fr.**

Tome VII, 1906. Abbés Busson et Ledru : **Nécrologe-Obituaire de la cathédrale du Mans.** Table par E. Vallée ; in-8° de xvi-399 pages. **20 fr.**

Tome VIII, 1907. Abbé Froger : **Inventaire des titres de l'Abbaye de Beaulieu du Mans.** Table par E. Vallée ; in-8° de iv-313 pages. **15 fr.**

Notice historique sur le Chapitre royal de Saint-Pierre-de-la-Cour du Mans *(sous presse)*.

Cartulaire de l'Évêché du Mans, tome II *(sous presse)*.

Cartulaire de l'Abbaye Saint-Julien de Tours *(sous presse)*.

J. Chappée et L.-J. Denis : **Archives du Cogner :**
Série H. 1 vol. in-8° de iii-341 pages. **12 fr.**
Série E. (art. 1-144). 1 vol. in-8° de 318 pages. **12 fr.**
Série E. (art. 145-262). 1 vol. in-8° de 328 pages. **12 fr.**

www.ingramcontent.com/pod-product-compliance
Lightning Source LLC
Chambersburg PA
CBHW070629160426
43194CB00009B/1402